Oskar Sahlberg

Baudelaire und seine Muse auf dem Weg zur Revolution

Suhrkamp

Für Anregung und Kritik danke ich Wolf-Dieter Bach, Harald Eggebrecht, Peter Fischer, Norbert Miller, Michael Nerlich, Roland Rall, Erika Runge und Hartmut Stenzel.

CIP-Kurztitelaufnahme der Deutschen Bibliothek
Sahlberg, Oskar:
Baudelaire und seine Muse auf dem Weg zur Revolution/Oskar Sahlberg. – 1. Aufl. – Frankfurt am Main: Suhrkamp, 1980.
ISBN 3-518-07534-9

Erste Auflage 1980

Druck: Thiele & Schwarz, Kassel
Printed in Germany

SV

Inhalt

DAS LUST-ICH AUF DER BÜHNE DER GESCHICHTE 9
Die Phantasie als Spiegel der Gesellschaft in der Seele
Baudelaires Widerspiegelungstheorie in »Segen«. »Genie ist die wiedergefundene Kindheit« 9
Die Klassenkämpfe in Frankreich als Inhalt von Baudelaires Dichtung 25
Die Sprache der Gefühle 29

DIE BOHEME (1839–1844) 33
Auf der Suche nach der neuen Klasse
Die Idylle 33
Prostitution und Proletariat 45

LESBOS (1845–1847) 57
Die Utopie der neuen Liebeswelt

LIMBUS (1848–1851) 68
Von der Auferstehung zur Kreuzigung. Siege und Niederlagen des Proletariats in der Zweiten Republik
Die »schöne Revolution« des Februar und die »häßliche Revolution« des Juni 68
Neue Hoffnungen und Rückkehr zur Wirklichkeit 82
Die Katastrophe des Staatsstreichs vom 2. Dezember 1851 90

DIE BLUMEN DES BÖSEN (1852–1857) 100
Die Errichtung einer Traumwelt
Die Verarbeitung des Staatsstreichs durch Buße und Blasphemie 100
Der Neubeginn aus frühester Erinnerung 113
Die Konstruktion des Bandes »Die Blumen des Bösen« mit »Segen« und »Spleen« 123

PARISER BILDER (1858–1861) 138
Das Erwachen zur Wirklichkeit
Der Sprung in den Abgrund 138
Die Faszination durch das Zweite Kaiserreich 142
Der Ausweg aus dem Konflikt 150

DER SPLEEN VON PARIS (1861–1865) 156
Wiederkehr und Neugestaltung des Februar und Juni 1848
»Die Menge«. Der Rausch des Februar 1848 156
Der Einbruch der Realität in den Rausch 165
Die neue Klasse in Gestalt der Arbeiterkinder 168
Die Muse als »Dämon des Kampfes«. Das Bekenntnis zum Juni 1848 auf dem Wege zur Commune von 1871 173

»TRAUM UND TAT« – FOURIER UND BLANQUI 189
Zur Aktualität Baudelaires

Anmerkungen 195
Abkürzungen 262
Register 265

Baudelaire und seine Muse auf dem Weg zur Revolution

Das Lust-Ich auf der Bühne der Geschichte

Die Phantasie als Spiegel der Gesellschaft in der Seele

Baudelaires Widerspiegelungstheorie in »Segen«. »Genie ist die wiedergefundene Kindheit«

Baudelaire stellte an den Anfang des ersten Kapitels der »Fleurs du Mal« das Gedicht »Segen«, in dem »der Dichter« geschildert wird. Durch seinen Inhalt und die hervorgehobene Stellung innerhalb des Bandes hat dies Gedicht den Charakter eines Manifests. Baudelaire zeigt hier in programmatischer Weise seine Vorstellung vom Wesen der Dichtung und des Dichters. »Segen« läßt sich als Theorie der Ursprünge der dichterischen Produktivität auffassen, als Versuch der Erforschung des Prozesses, der zur Entstehung von Dichtung führt. Baudelaire bewegt sich bei diesem Unternehmen der Erkenntnis, der Selbsterkenntnis, in einem religiösen Rahmen, der auf einen heutigen Leser ganz traditionsverhaftet, ja befremdlich wirken mag; Benjamin und Butor, die die historische Wahrheit von Baudelaires Dichtung suchten, haben »Segen« nicht beachtet, es erschien ihnen wohl allzu unrealistisch, doch nehme ich an, daß Baudelaire hier Prinzipien und Voraussetzungen seines Werkes darstellen wollte, und so beginne ich meine Untersuchung mit einer Lektüre von »Segen«, um einen ersten Begriff von der Thematik wie der Struktur und Gesetzmäßigkeit von Baudelaires dichterischem Werk zu gewinnen.

»Segen« beschreibt den Lebenslauf des Dichters: Die »höchsten Mächte« schicken ihn in diese Welt; die Mutter empfindet nur Haß für das Kind und trachtet ihm nach dem Leben, doch steht es unter dem Schutze eines Engels, es berauscht sich an der Sonne, es spielt mit dem Wind und spricht mit der Wolke; der Dichter wird erwachsen, seine Frau verachtet ihn, doch betet er sie an; die anderen Menschen sind dem Dichter auch feindlich gesinnt, er aber betet zu Gott, der für ihn einen Thron beim

Fest der Engel und eine Krone zur Herrschaft über das Universum bereithält. –
Der Dichter wird offenbar mit Christus gleichgesetzt: Gott schickt ihn auf die Erde, um dort zu leiden, danach aber wird er zum Himmel auffahren und zur Rechten des Vaters thronen. Die Kritik hat diesen erstaunlichen Gedankengang dahingehend erklärt, daß Baudelaire hier Themen gestalte, die »Gemeinplätze der romantischen Literatur« gewesen seien, nämlich »den Fluch, der auf dem Dichter« liegt und seine »göttliche Berufung«;[1] doch wird man sagen, daß es nicht nur um eine »göttliche Berufung« geht, sondern daß Baudelaire den Dichter mit Gott gleichsetzt: Am Ende des Gedichts erscheint er wie Christus als wesensgleich mit Gott, dem Schöpfer des Himmels und der Erde. Man kann sich diese Apotheose mit Michelangelos Darstellung Christi auf dem Jüngsten Gericht in der Sixtinischen Kapelle vor Augen führen, um sich so das Staunen zu bewahren, das Baudelaire offenbar im Leser hervorrufen wollte, denn sein Gedicht ist eine Provokation, ein Skandalon.
Bevor ich auf dieses allgemeine Thema näher eingehe, möchte ich die Einzelheiten genauer betrachten, in denen sich Baudelaires Gedanke realisiert. Der Lebenslauf des Dichters besteht aus drei Hauptetappen: In jeder findet eine Begegnung mit anderen Menschen statt, bei welcher man den Dichter mit Haß empfängt und sein Liebesverlangen abweist, worauf er jedesmal eine göttliche Szene erblickt. Nach der Verstoßung durch die Mutter »findet« das Kind »Ambrosia und Nektar wieder«, die Speise und den Trank der Götter. Aus der haßerfüllten Frau macht der Dichter ein »antikes Idol«, dem er »göttliche Huldigungen« darbringt. Die Menschen, die der Dichter »lieben will«, sind ihm feindlich; angesichts der »wütenden Völker« blickt der Dichter zum Himmel und sieht dort »das ewige Fest der heiligen Legionen«.
Die erste Etappe erscheint als die grundlegende; sie prägt das Verhalten des Dichters. Die Mutter möchte das Kind »wie einen Liebesbrief ins Feuer werfen«, sie will »diesen elenden Baum« zerbrechen und seine »verpesteten Knospen nicht sprossen« lassen. Das Kind erlebt eine tödliche Bedrohung, aber unter dem Schutze des Engels findet es die göttliche Nahrung wieder,

bei seinem Spiel und Gespräch bewegt es sich dann in kosmischen Dimensionen. Das Kind beantwortet den Entzug der Mutterliebe, indem es die schlimme Mutter durch einen göttlichen Nahrungsspender ersetzt; auf das Verbot zu wachsen, reagiert es, indem es sich zu göttlicher Größe wachsen läßt. Aus einer Situation des Leidens, der Bedrohung wird ein Triumph; aus dem Fluch der Mutter wird ein Segen. (Vom »maudite« in Str. 2 zum »bénis« in Str. 15; von der Malediktion zur Benediktion.) Der erwachsene Dichter betont diesen Zusammenhang: Das Leiden »bereitet auf« die »heiligen Lüste vor«, es ist der »einzige Adel«. Hinter dieser Logik scheint allerdings eine andere von gegensätzlicher Art zu stehen, denn das Leiden existiert eigentlich vor allem als Bedrohung, als mögliche Gefahr, es wird als solches nicht ausgemalt und scheint den Dichter auch nicht wirklich zu berühren, denn das Kind ist »fröhlich« und der erwachsene Dichter »heiter«.

Die Fähigkeit des Dichters, sich aus den Bedrohungen der irdischen Existenz in eine göttliche Seinsweise zu retten, besteht in seiner Gabe, sich an seine göttliche Herkunft zu erinnern. Jene frühere Existenz wird am Schluß des Gedichts etwas genauer sichtbar: Die Krone wird aus den »ursprünglichen Strahlen des heiligen Heims« gemacht sein. Im Rahmen der Bilder des Gedichts ist dieses »heilige Heim« mit dem Ort der »höchsten Mächte« vom Anfang des Gedichts identisch. Mit jenen »Strahlen« bleibt der Dichter auch in seiner irdischen Existenz verbunden; wenn sich das Kind »an der Sonne berauscht«, so findet es in ihr offenbar jenes Licht wieder. Der Dichter kann dies Licht dann selbst ausstrahlen: Er erhebt seine Frau zu einer göttlichen Figur; angesichts der »wütenden Völker« gehen »mächtige Blitze« von seinem Geiste aus, und er wird dann zu den Engeln gehören, die auch Lichtwesen sind.

Da diese »ursprünglichen Strahlen« aus dem »heiligen Heim« stammen, in dem die »höchsten Mächte« weilen, wird man sich letztere als Personen vorstellen: Aus ihren Augen leuchten diese Strahlen. Es heißt am Schluß, daß »die sterblichen Augen nur trübe und klägliche Spiegel« dieser Strahlen sind; man kann folgern, daß die Augen des göttlichen Dichters im Gegensatz dazu ›reine und triumphierende‹ Spiegel sind, die diese Strahlen in gleicher Stärke zurückstrahlen können. Ein Gegenüberstehen des Dichters und der »höchsten Mächte«, ein Anschauen und Angeschautwerden ist der Ursprung, die Keimzelle des dichterischen Vermögens.[2]

Das göttliche Licht ist mit Bildern des Trinkens verknüpft. Das Kind »berauscht sich an der Sonne« (»berauschen« kommt auch in Str. 7 nochmals vor), danach findet es Speise und Trank der Götter wieder. Das Thema der Berauschung erscheint dann im Zusammenhang mit der Frau des Dichters; es könnte auch im Fest der Engel mitgegeben sein und ist offenbar mit den »ursprünglichen Strahlen« verbunden, da diese »geschöpft« werden. So ist das Licht ein Trank: Die Augen trinken ein Licht, das berauscht und zu göttlicher Größe erhebt und das dann vom Dichter auf die Welt zurückgestrahlt wird, wodurch sich diese verwandelt. Der Vorgang der Aneignung und Steigerung von Welt und Ich zeigt sich besonders deutlich bei der Ausmalung der Krone: »Alle Zeiten und Welten müssen ihr untertan sein«, die kostbarsten Juwelen, die es je gegeben hat, können ihr nicht Genüge tun, nur die »ursprünglichen Strahlen« reichen dazu hin. Die Vorstellung der Krone saugt gleichsam das gesamte Sein in sich auf. Der gleiche Vorgang ist durch die Christusfigur angedeutet, mit der der Dichter gleichgesetzt wird: Christus verkörpert die ganze Menschheit, als Schöpfergott umfaßt er die Gesamtheit des Seins, bzw. hat er dieses hervorgebracht. Zugleich wird die Menschheit, bzw. das Sein durch diese Figur vergöttlicht (die in der Bibel selbst wieder Speise und Trank ist).

Der dichterische Prozeß verläuft auf zwei zeitlichen Ebenen: Die Gegenwart ist der Anlaß für das Aufsteigen der Vergangenheit. Eine Begegnung in der Gegenwart erweckt ein Verlangen im Dichter, das nicht erfüllt wird und so erwacht die Erinnerung, es erwacht ein phantastisches Wesen, das zugleich Mund und Spiegel ist und nimmt die Welt in sich auf und verwandelt sie in eine göttliche Szenerie, deren Mittelpunkt das gegenseitige Anschauen göttlicher Augen ist. Der Quell der Kraft liegt in der Vergangenheit, die Erinnerung bewirkt die Wiedergewinnung eines verlorenen Paradieses; andererseits beschreibt das Gedicht einen kontinuierlichen Prozeß des Wachstums, der Dichter blickt von der Gegenwart aus in die Zukunft, in der sich seine der Vergangenheit entstammenden Wünsche erfüllen werden.

Baudelaires Theorie läßt sich durch einige Passagen aus dem (etwa drei Jahre nach der Veröffentlichung von »Segen« entstandenen) Aufsatz »Der Maler des modernen Lebens« verdeutlichen. Ein »Genesender«, der »gerade erst aus den Schatten des Todes zurückgekehrt ist, atmet mit Wonne alle Keime und Ausströmungen des Lebens ein; da er auf dem Punkte stand, alles zu vergessen, erinnert er sich und hat den glühenden Wunsch, sich an alles zu erinnern«. Baudelaire sagt dann: »Die Genesung ist wie eine Rückkehr zur Kindheit.« »Dem Kind erscheint alles *neu*, es ist immer *trunken*. Nichts ähnelt mehr dem, was man Inspiration nennt, als die Freude, mit der das Kind Form und Farbe in sich aufnimmt.« Das »Genie ist nur die willentlich *wiedergefundene Kindheit«*. Baudelaire spricht dann vom Künstler (wie ihn C. Guys repräsentiert), er sei ein »Liebhaber des universalen Lebens«, »er gehe in die Masse hinein wie in einen ungeheuren Behälter von Elektrizität. Man kann ihn auch einem Spiegel vergleichen, der ebenso ungeheuer wie diese Masse ist, mit einem mit Bewußtsein begabten Kaleidoskop, das bei jedem Schütteln das vielfältige Leben und den beweglichen Reiz aller Lebenselemente darstellt. Er ist ein *Ich*, unersättlich nach *Nicht-Ich*, das in jedem Augenblick dieses in lebendigeren Bildern wiedergibt und ausdrückt, als es das unbeständige und flüchtige Leben selbst könnte.« Baudelaire führt dann Guys beim Erwachen vor, dieser sieht, wie »die lärmende Sonne an die Fensterscheiben stürmt« und sagt: »welche Fanfaren von Licht«, »wieviel *erleuchtete* Dinge hätte ich schon sehen können« und er sieht dann den »Strom der Lebenskraft majestätisch und strahlend dahingleiten«. (II, 690 f.)
Der Gedankengang dieser Prosastelle ist der Struktur von »Segen« parallel: Auf eine tödliche Bedrohung folgt eine Genesung, bei welcher sich die Erinnerung entfaltet, die ein Aufnehmen von Sinneseindrücken ist, das berauscht und als dichterischer Akt (»Inspiration«) bezeichnet wird. Wenn Baudelaire den Künstler durch die Worte »ungeheuer« und »uner-

sättlich« charakterisiert, so deutet sich ein Wesen aus Größe und Gier an, das die Umwelt verschlingt und in gesteigerter Form wieder von sich gibt. Wie in »Segen« ist das Licht von zentraler Bedeutung: Es strahlt den Künstler an, der wie ein Spiegel ist; zugleich hat dieser Spiegel eine eigene Lebenskraft, bzw. gewinnt sie durch das Licht, das ihn anleuchtet, wie am Schluß von »Segen«.

Die Vorstellung des Verschlingens findet sich öfters bei Baudelaire. Im »Salon von 1859« schreibt er, das »ganze sichtbare Universum« sei »eine Art Nahrungsmittel, das die Phantasie verdauen und umbilden muß«. (II, 627) In dem Aufsatz »Das künstliche Ideal – Das Haschisch« (ein Jahr nach »Segen« veröffentlicht) hat der Berauschte vor dem Höhepunkt seiner Halluzinationen die Empfindung, daß er sich zum »Mittelpunkt des Universums« gemacht habe: »Für mich hat die Menschheit gearbeitet, hat sie gelitten, – ist sie geopfert worden, – um meinem unstillbaren Hunger nach Erregung, Wissen und Schönheit als Weide, als Futter zu dienen.« Und nun »entspringt ein letzter, höchster Gedanke dem Gehirn des Träumers: *›Ich bin Gott geworden!‹«* (I, 437)

Wie in »Segen« ist im Guys-Aufsatz die Umwelt der Anlaß, die Auslösung der künstlerischen Tätigkeit, sie ist die Nahrung, die den Appetit erwachen läßt. Im Unterschied zu »Segen« herrscht in dem Aufsatz aber keine Feindseligkeit zwischen Künstler und Umwelt; damit fehlen auch die Leidensargumente, wohingegen der Willensaspekt stärker ist (der in dem Gedicht durch das zweimalige »Ich weiß« von Str. 16 und 17 zum Ausdruck kommt): Genie ist eben die »willentlich« bzw. »nach Wunsch« wiedergefundene Kindheit, d. h. der Künstler erschafft sich selbst durch einen Akt seines Willens, er läßt sein »ungeheures«, »unersättliches« Ich aufsteigen und gewährt ihm Befriedigung.

Wie in »Segen« wird die Gegenwart von dem Kind im Künstler erfaßt und gestaltet. Im Aufsatz »Ein Opiumesser« schreibt Baudelaire, daß »wir in Aufzeichnungen, die die Kindheit betreffen, den Keim der seltsamen Träumereien des erwachsenen Menschen, oder besser gesagt, seines Genies, finden« und er fügt hinzu, »wäre es nicht leicht, durch einen philosophischen Vergleich der Werke eines reifen Künstlers mit dem Seelenzu-

stand seiner Kindheit zu beweisen, daß das Genie nur die genau formulierte Kindheit ist, die nun männliche und kraftvolle Organe für ihren Ausdruck besitzt?« (I, 498)
In »Segen« ist in dem Dichter, der das Fest der Engel und die Krone erblickt, das Kind tätig, das sich berauscht, doch in dem Gedicht wird das Wiederfinden bereits mit dem Kind verbunden (das berauschte Kind ist hier bereits ein genesenes). So sind in dem Gedicht zwei Ebenen der Vergangenheit vorhanden: Der göttliche Appetit entstammt einer Urvergangenheit, dem »heiligen Heim« und seinen »ursprünglichen Strahlen«. Der Künstler wird zum Genie, indem er das Kind in sich wiederfindet, ein Kind, das selbst bereits ein Genie ist, da es seine einstige Göttlichkeit wiedergefunden hat. Der künstlerische Akt besteht aus einem Erinnerungsprozeß, der durch zwei Dimensionen der Vergangenheit aufsteigt.

Ich habe bisher versucht, Baudelaires Vorstellungen vom Wesen des Dichters, wie er sie in »Segen« präsentiert, herauszuarbeiten und mich dabei, in beschreibender Weise, im Bereiche seiner Darlegungen bewegt. Es stellt sich nun das Problem, wie diese Ideen und Bilder Baudelaires zu verstehen sind: Führt das Gedicht nur »Gemeinplätze der romantischen Literatur« vor (s. oben S. 10), ist es eine Montage aus Versatzstücken altehrwürdiger Überlieferungen wie des Christusmythos und der Anamnesislehre Platos sowie zeitgenössischer Theorien über die Kindheit als den Ursprung der dichterischen Inspiration[3] – oder hat Baudelaire sich selbst und seine Erfahrungen dargestellt, unter Verwendung von traditionellem Material, das aber nur als »Verkleidung und Maske« dient (deren Benutzung ein »Privileg des Dichters« ist, wie Baudelaire in dem Prosagedicht »Die Menge« schreibt)? In letzterem Falle wird man sich fragen, welche irdische Geschichte in der göttlichen verborgen ist bzw. wie aus einer irdischen Geschichte eine göttliche wurde.[4] Das Gedicht könnte trotz seines religiös-unrealistischen Charakters doch eine sehr konkrete und adäquate Abbildung bzw. Mimesis von Baudelaires persönlicher Realität sein. Einige Kritiker haben das Bild der furchtbaren Mutter aus Baudelaires Biographie erklärt.[5] Man wird weitergehen können und es für möglich halten, daß auch die Gleichsetzung des Dichters mit Christus eine ganz persönliche Phantasie Baudelaires war, wie sie sich z. B. im Tagebuch (etwa zur gleichen Zeit) andeutet: *»Jeden Tag der Größte aller Menschen sein wollen!!!«* (I, 702) Auch die zitierte Stelle der Gottwerdung im Haschischrausch kann auf eigene Erfahrungen Baudelaires zurückgehen.[6] »Segen« schildert einen Dichter, der die Phantasie der Allmacht hat und diese Phantasie scheint eine der Wurzeln künstlerischer Produktivität zu sein.[7] Ich gehe somit von der Hypothese aus, daß sich Baudelaire in »Segen« selbst *als Dichter* darstellte. Indem er eine Analyse seiner Gewordenheit und seiner Tätigkeit gibt, läßt er das Wesen und die Struktur seiner Gedichte erkennen.

Durch die Ableitung des Genies aus der Kindheit und die Kennzeichnung der dichterischen Tätigkeit als Erinnerung und Phantasie verfährt Baudelaire nach Prinzipien der heutigen Tiefenpsychologie. Ich möchte daher versuchen, die beiden Zentren des Gedichts, die Entstehung des Dichters und seine Aktivität als Erwachsener, mit den Begriffen der Psychoanalyse[8] zu beschreiben, um auf diese Weise ein Interpretationsmodell zu gewinnen. Ich gehe davon aus, daß das religiöse Weltbild des Gedichts der Darstellung psychologischer Vorgänge dient: Das Jenseits ist nicht das der Religion, sondern die Kehrseite des Bewußtseins. Das Thema des Gedichts ist die Erforschung der Phantasie, des Unbewußten; Baudelaire stellt Erfahrungen dar, die erst durch Untersuchungen der letzten Jahrzehnte genauer verstehbar geworden sind.

Der Dichter hat eine Urerinnerung an »höchste Mächte« und an ein »heiliges Heim« mit »ursprünglichen Strahlen«; auch »Ambrosia und Nektar« als »wiedergefundene« gehören hierzu. Diese Bilder haben eine Entsprechung in der frühesten Phase der kindlichen Entwicklung, dem sog. »primären Narzißmus«, in dem das Kind in symbiotischer Verschmolzenheit mit der Mutter lebt, es fühlt sich eins mit ihr. Freud schrieb: »Unser heutiges Ichgefühl ist also nur ein eingeschrumpfter Rest eines weitumfassenderen, ja – eines allumfassenden Gefühls, welches einer innigeren Verbundenheit des Ichs mit der Umwelt entsprach.« (XIV, 425) In jener Zeit entstehen die »archaischen Größenphantasien«; die »Ausformung einer narzißtisch besetzten, allmächtigen und allwissenden, bewunderten und idealisierten, emotional stützenden Elternimago findet statt«. (Kohut 23[9]) Dieses »narzißtische Selbst« oder »Größen-Selbst« nennt Kohut eine »grandiose und exhibitionistische Struktur« (45), es stimme »ungefähr mit dem Zustand überein, den Freud das ›purifizierte Lust-Ich‹ genannt hat«. (130; auch 46) Eine plastische Bezeichnung des gleiches Phänomens ist »Love's Body«.[10] – Die »wichtigsten Interaktionen zwischen Mutter und Kind liegen gewöhnlich im visuellen Bereich: Das Kind bietet seinen Körper der Mutter dar und sie reagiert darauf mit einem Aufglänzen ihres Auges«. (Kohut 142) Es ist »der Glanz im Auge der Mutter, der die exhibitionistische Darbietung des Kindes widerspiegelt« und das »Selbstwertgefühl des Kindes« stärkt; sie soll »an der narzißtischen Lust des Kindes teilnehmen und sie so bestätigen«. Das Kind erhält seine »narzißtische Befriedigung« durch »das Anschauen der Mutter und das Angeschautwerden durch sie«. (141 f.)[11]

Für das Kind von »Segen« wurde jener frühe Zustand offenbar in traumatischer Weise beendet: Es findet sich plötzlich einer furchtbaren Mutter gegenüber. Es kann ein plötzliches Erlebnis der Trennung, des Verlustes stattgefunden haben oder auch eine allmähliche Komplikation in der Interaktion zwischen Mutter und Kind, die schließlich zu einem heftigen Konflikt führte. In einem solchen Fall spaltet sich das Bild der Mutter, eine böse Mutter steht nun neben der guten oder schiebt sich vor diese, wie es offenbar in »Segen« geschehen ist.[12] Das Kind erlebt große Angst, es fühlt sich abgelehnt, verlassen, schwach und ohnmächtig; es ist, als fiele es ins Nichts. Das Kind sehnt sich nach dem früheren Zustand zurück, es beschwört ihn in seiner Vorstellung, um ihn wiederzugewinnen. Es nimmt aus seiner Erinnerung die guten Teile der Mutter und versucht, sich diese wieder aufzubauen. Es sucht in der Gegenwart nach Elementen, die auf den früheren Zustand verweisen. Die Sonne scheint das Kind an den Glanz im Auge der Mutter zu erinnern, es sieht deren Augen in die Sonne hinein. Mit Kohut könnte man sagen, daß das Kind »die Einheit mit dem narzißtisch besetzten verlorenen Objekt durch visuelle Verschmelzung wiederherzustellen« sucht (123). Beim Essen und Trinken erinnert sich das

Kind an das frühere Essen und Trinken, das noch mit der vollen Genußfähigkeit des Säuglings erlebt wurde. Mit »Wind und Wolke« ahmt das Kind den einstigen Umgang mit der Mutter nach. So hat das Kind die ganze Welt in eine gute Mutter verwandelt, die zwar unsichtbar ist, doch auf der Ebene der sinnlichen, gefühlsmäßigen Erfahrungen ist sie anwesend.[13] Wenn das Kind aus dem Guys-Aufsatz sich an »Form und Farbe« berauscht und dieser Vorgang als »Inspiration« bezeichnet wird, so deutet sich die Muse an, die den Dichter nährt.[14] Man kann das Trauma kurz nach dem Spracherwerb ansetzen. Das Kind hatte die Worte der Mutter als Zuwendung und Liebesbeweise empfunden; es wiederholt nun diese Szenen in seiner Phantasie, d. h. es läßt die frühere gute Mutter in sich sprechen. Eigentlich spricht das Kind nun mit sich selbst, doch glaubt es, daß die Mutter in ihm spricht und so fühlt es sich eins mit ihr: Es hat sich seine Muse geschaffen und läßt sich von ihr Worte der Liebe und Größe sagen, wodurch sich das Lust-Ich, das Größen-Selbst wieder entfaltet. In »Segen« spricht die Mutter nur Worte des Hasses; auch die furchtbare Mutter spricht aus dem Dichter, er hat eine Muse des Hasses, doch im Hintergrund, tief im Unbewußten verborgen, spricht die Muse der Liebe.

Das Kind hat sich die gute Mutter wiedererschaffen (es hat sich mit ihr identifiziert, indem es sie in sich aufbaute) und zwar in einer imaginären, überhöhten, idealisierten Form.[15] Zugleich hat das Kind dadurch das eigene Lust-Ich wiedergefunden; es hat die Angst, die Enttäuschung, den Verlust überwunden und ist wieder in den Besitz seiner Wunschkräfte gelangt und zwar in deren früher Form: Das Kind hat das narzißtische Weltgefühl, das mit der Umwelt verschmolzen ist (bzw. diese verschlingt und durch sie trunken wird) zurückgewonnen. Durch diesen Prozeß von ›Zerstörung und Rekonstruktion‹ (wie man in Anlehnung an Lorenzer sagen kann) ist in dem etwa dreijährigen Kind das Sensorium und die Erlebnisweise des etwa einjährigen gefestigt und gekräftigt worden. Im Unterschied zur üblichen Entwicklung, bei der allmählich durch die Wendung nach außen und die aktive Bewältigung der Umwelt diese frühe Erlebnisweise dem Vergessen verfällt, wird sie hier zum bleibenden Teil der inneren Landschaft: Das »Genie« (wie Baudelaire es beschreibt) ist entstanden, genauer gesagt: Es hat sich selbst erschaffen. Man kann sich vorstellen, daß das Kind zu einem bestimmten Zeitpunkt sich seiner Aktivität inne wird: Es hat eine Niederlage in einen Sieg verwandelt, es kann seine Welt beherrschen und sich seine Wunschobjekte selbst schaffen – ein Gefühl der Stärke und des Triumphes wird daraus resultieren.

Der Prozeß des ›Wiederfindens‹, der Rekonstruktion, steht in »Segen« »unter dem Schutze« (bzw. der »Vormundschaft«) eines Engels. Im Rahmen der frühkindlichen Entwicklung repräsentiert er die dritte Person, die es dem Kind ermöglicht, die Dual-Union von Mutter und Kind zu verlassen und zur Selbständigkeit zu gelangen.[16] Diese dritte Person pflegt der Vater zu sein (es können auch andere Personen, z. B. ältere Geschwister oder sonstige Erwachsene diese Funktion einnehmen). Voraussetzung dieser Vorwärtsentwicklung ist allerdings, daß durch eine frühere Bestätigung und Anerkennung aus dem Auge der Mutter der Keim zur Autonomie gelegt wurde.[17] Dieser Keim macht es dem Kind möglich, auch das Auge des Vaters und die darin liegenden Möglichkeiten zu erfassen; man kann auch sagen, daß dies väterliche Auge potentiell oder real in den »ursprünglichen Strahlen des heiligen Heims« mitenthalten war. Der Engel »sieht« das Kind; er wird als »Geist« bezeichnet, er ist das Prinzip des Ichaufbaus (gleichsam der belebende Geist Gottes; man denke an die »Beseelung Adams« von Michelangelo in der Sixtinischen Kapelle). Das Kind nahm Größe und Kraft des Vaters bzw. des väterlichen Auges wahr; durch dieses Vorbild der Unabhängigkeit gegenüber der Mutter wurde das Kind in »Segen« fähig, sich mit den Vernichtungswünschen der furchtbaren Mutter zu konfrontieren und sie zu ertragen, ohne in den Wahnsinn (in eine ohnmächtige Regression) abzustürzen. Der Engel ist etwas Neues gegenüber der Mutter-Kind-Union und man kann vermuten, daß die Entdekkung dieser neuen Person die Wurzel jener Empfindung ist, die das Kind im Guys-Aufsatz hat, das »alles *neu* sieht« und dessen Trunkenheit als »Inspiration« bezeichnet wird.[18] So ist der Engel das Prinzip, das beim Aufbau der Muse wirkt. Er gewährt dem Kind einen geschützten Bereich, in dem es das Bild der frühen guten Mutter und damit das eigene Lustverlangen rekonstruieren kann. Die Tatsache, daß das väterliche Prinzip nur als unsichtbarer Engel und nicht als real helfender Vater auftritt, zeigt andererseits die Gefährdung des Dichters. Der Vater war offenbar schwach und wenig anwesend, was im Gedicht auch gesagt wird. In Str. 3 wird der »traurige Ehemann« erwähnt. Dieser Vater wirkt ganz schattenhaft; er hinterließ ein wenig tragkräftiges Vorbild, wodurch der Wunsch nach einem allmächtigen, rettenden Gottvater entstand, der im übrigen sehr ambivalente Züge trägt, denn er wird ja als letztliche Ursache des Leidens bezeichnet.[19]

Die bisherigen Ausführungen sind eine Nachzeichnung von Baudelaires Gedicht unter Verwendung psychoanalytischer Muster der frühkindlichen Entwicklung.[20] Ob das Gedicht eine zutreffende Darstellung von Baudelaires früher Kindheit gibt, ist eine andere Frage (auf die ich später zurückkomme). Man kann annehmen, daß Baudelaire seine Kindheit zur Zeit, als er das Gedicht schrieb, so gesehen hat oder so sehen wollte. Er beschreibt offenbar eine Beschädigung des kindlichen Narzißmus und den Versuch der Heilung, wodurch eine bestimmte Weise der Reaktion auf die Umwelt, d. h. eine bestimmte Charakterstruktur entstand, die sich dann auch im Erwachsenen auswirkt: Er fühlt sich als Genie; sein Ichgefühl, seine Identität stammen aus jener Zeit. In gewisser Weise ist der Erwachsene nur ein Anhängsel seines Kinder-Ichs; er kehrt immer wieder in dieses zurück, um die berauschende Erfahrung der Selbsterschaffung zu machen. Der ›unersättliche‹ Appetit ist ein Zeichen, daß die ursprüngliche Kraft des Wunsches wiedergefunden wurde, doch da er ›unersättlich‹ ist, eine Sucht nach Rausch, zeigt er auch noch den einstigen Mangel und so ist diese Gier als andauernder Versuch der endgültigen Behebung dieses Mangels zu erkennen, als immer wiederholter Akt des Aufstiegs aus der Depression in die Euphorie, aus der Ohnmacht in die Allmacht. Im Guys-Aufsatz nennt Baudelaire die »Neugier« eine »fatale und unwiderstehliche Leidenschaft« des Genesenden (II, 690). Dieser Akt ist zugleich der Versuch, die Umwelt

endgültig in ihren ursprünglichen Zustand zu verwandeln, was sich an der Frau des Dichters zeigt. Sie ist böse wie die Mutter, doch betet er sie an. Der Dichter hat sich offenbar eine Frau nach dem Vorbild der furchtbaren Mutter gesucht. Der geheime Sinn dieser Wahl ist wohl der Wunsch, die furchtbare Mutter in die gute zurückzuverwandeln. Ein Grundproblem dieser dichterischen Aktivität besteht darin, daß das Genie eben ein Kind ist. Damit sind die anderen Menschen als Erwachsene riesig groß, wie Götter. Der Dichter ist so in der Position der Schwäche und Unterlegenheit, wodurch dann aber wieder die Größenphantasien ausgelöst werden, die so außerordentlich lustvoll sind. Nur aus dem ›Fluch‹ ergibt sich der ›Segen‹.
Die Tätigkeit der Rekonstruktion bildet die Grundlage des Dichtens (das als solches in »Segen« nicht dargestellt ist). Baudelaires Benennung seiner Gedichte als »Fleurs du Mal«, als »Blumen der Krankheit«[21] wirkt sehr treffend: Es drückt sich darin der Akt der Heilung, der Genesung aus, der freilich immer wiederholt werden muß. So ist Dichten für Baudelaire ein therapeutischer Vorgang. Gewisse Analogien zum psychoanalytischen Prozeß sind offenkundig. Der Dichter ist fähig, sich zu erinnern und seine Kindheit wiederzufinden. Er kann seinen frühen Urwunsch nach Allmacht zulassen. Dieser Wunsch, der sich im Unbewußten vieler Menschen findet, doch meist verdrängt ist, erscheint im Bewußtsein des Dichters und wird formuliert. Indem er diesen Wunsch zu einem Gedicht verarbeitet, wird die Möglichkeit der Kommunikation, des Dialogs eröffnet; der Dichter macht seine Wünsche öffentlich. Er nimmt damit eine aktive Haltung ein: Einerseits stellt er so den Anspruch auf Erfüllung seines Wunsches, andererseits ist es denkbar, daß durch die Bewußtwerdung, Aneignung und Verarbeitung des Wunsches ein Prozeß der Erkenntnis, der Veränderung, der allmählichen Wandlung der Tiefenstruktur einsetzt.

Ich habe bisher die kindlichen Wurzeln der dichterischen Tätigkeit und vor allem deren innere, subjektive Seite beschrieben. Nach Baudelaires Theorie resultiert diese Tätigkeit aber aus dem Stoffwechsel zwischen Ich und Umwelt im Medium des primären Narzißmus, von dem Marcuse sagt, er sei »mehr als nur Autoerotik; er zieht die Umgebung in sich hinein, indem er das narzißtische Ich mit der objektiven Welt integriert«. (166) Der Prozeß der Integration ist eine Aneignung und Gestaltung der Umwelt und wird von dieser ausgelöst. Eine Begegnung in der gegenwärtigen Realität ruft das frühe Szenarium von Ohnmacht und Allmacht herauf; durch einen aktuellen Anlaß[22] erwacht der metaphysische Durst. Die Realität bietet bzw. verweigert dem riesigen Spiegelmund Nahrung und das Ich verschlingt die Welt bzw. spiegelt sie wider.[23] Das *»Ich,* das unersättlich nach *Nicht-Ich«* ist, füllt sich mit dem Nicht-Ich: Das Ich ist das Gefäß, die Form; das Nicht-Ich ist der Inhalt. Im Guys-Aufsatz bildet »die Masse« diesen Inhalt; sie wird vom Ich aufgenommen, das so zu einem kollektiven, überpersönlichen wird. Man kann auch sagen, aus dem Ich wird ein Wir[24] und aus dieser Vervielfachung des Ichs, aus dem kraftspendenden Wir-Gefühl läßt sich die Empfindung der Steigerung und des Rausches ableiten. Die Masse ist so zur Muse des Dichters geworden, er trinkt sie als »Inspiration« und so spricht sie dann auch wieder aus ihm.

In »Segen« scheinen die »wütenden Völker« die Nahrung für das Dichter-Ich zu bilden, das zu Christus, zur Inkarnation der Menschheit wird. Ein wesentlicher Unterschied zwischen beiden Texten besteht darin, daß »die Masse« im Guys-Aufsatz breit dargestellt wird, und als solche erkennbar ist, wohingegen in »Segen« die »wütenden Völker« anscheinend in ein Gegenbild, die »heiligen Legionen« der Engel bzw. in Christus als die Verkörperung der Menschheit, verwandelt werden. Im Guys-Aufsatz besteht eine positive Beziehung zwischen »Ich« und »Nicht-Ich« (dem Künstler und der Masse), während in »Segen« dem »Ich« Feindseligkeit von Seiten des »Nicht-Ichs« entgegengebracht wird. Man kann folgern, daß sich der Dichter von »Segen« angesichts der großen Bedrohung winzig fühlt und sich daher um so gewaltiger aufbauen muß, wodurch der Inhalt des »Ichs«, das »Nicht-Ich« fast unkenntlich wird. Baudelaires Theorie besagt somit, daß das Lust-Ich auf der historischen Bühne agiert und daß der Inhalt der Kunstwerke von der jeweiligen Beziehung zwischen »Ich« und »Nicht-Ich« abhängt.

Da die Realität die Kunstwerke im Künstler entstehen läßt, sind sie nur durch die Kenntnis der Realität verstehbar.
Hinweise auf die verborgene Realität in »Segen« könnten in dem Ausdruck »monde ennuyé« (Str. 1) sowie in der Maske liegen, die der Dichter trägt, d. h. in der Christus-Rolle. Man wird »ennuyé« vom »Ennui« her verstehen, wie ihn Baudelaire im Gedicht »An den Leser« darstellt: Er »würde gerne aus der Welt einen Trümmerhaufen machen« und »träumt von Schafotten«, d. h. er ist unterdrückter, gestauter Haß. Die Mutter, die Frau und die »wütenden Völker« von »Segen« sind offenbar Produkte der Welt des »Ennui« und der Dichter-Christus wurde gesandt, um die Welt vom »Ennui« zu befreien. Sein Erscheinen hätte, wie das des historischen Christus, die Zäsur der Weltgeschichte bedeuten sollen, die Zeitenwende; er hätte die frohe Botschaft, das Reich der Liebe, das Heil verkündet. Der Dichter-Christus von »Segen« ist dagegen ein verhinderter Christus, er verkündet keine Botschaft; er ist auch ein verhinderter Dichter, von seinen Werken ist nicht die Rede. Er ist nur ein Tagträumer. Freud nannte den Tagtraum das »Rohmaterial der poetischen Produktion« (XI, 96), Bloch betrachtet ihn als »Vorstufe der Kunst« (105). Das Wesen des Dichters jedoch besteht gerade in seiner Fähigkeit, den Übergang vom Tagtraum zur Dichtung zu leisten, wodurch er auch die Möglichkeit gewinnt, sich mit seinen Adressaten, die ja aus ihm sprechen, zusammen an die Erfüllung der gemeinsamen Wünsche zu machen.[25] Der Christus von »Segen« erschien umsonst, Baudelaires Dichter bleibt stumm, bzw. spricht nur zu Gott. Es ist, als habe Baudelaire diesen verhinderten Dichter gefunden und, indem er ihn hier vorstellt, nun doch noch dessen Wünsche öffentlich gemacht, gleichsam posthum oder durch die Hintertür.
Bedenkt man nochmals den Anfang des Gedichts, wo hinter der furchtbaren Mutter das Bild einer guten Mutter erkennbar wurde, so erscheint es möglich, daß sich auch hinter den »wütenden Völkern« eine Szene von entgegengesetzter Bedeutung verbirgt. Eine liebende Menschheit, deren Augen nicht »trübe und klägliche Spiegel« sind, sondern die im Glanz der »ursprünglichen Strahlen« leuchteten. Der Dichter-Christus

hätte in einer ›Atmosphäre universaler Liebe‹ das ›allgemeine Heil‹ verkündet. Eine totale Umwälzung könnte stattgefunden haben, die man sich mit Bloch ausmalen kann: Die »Jugend« des Dichters fiel »in revolutionäre Zeiten, also in *Zeitwende*« und »Jugend, Zeitwende und Produktivität« sind sich begegnet (133 und 137). Ein »utopistisch übersteigertes Ego« (101) trat aus dem Dichter ans Licht, er erlebte »die ungeheuren Augenblicke der glücklich begonnenen, dann sieghaft sich feiernden Revolution«. (216) Der Dichter fand »das höchste Gut, hereinbrechende Seligkeit, die so noch nicht da war«. (122) Er glaubte, den ›größten Tag der Menschheit‹ zu erleben und empfand das Volk, das diesen Tag ermöglicht hatte, als den ›Erlöser der Menschheit‹. Sein Dichter-Ich nahm dieses Nicht-Ich in sich auf und wurde selbst zum Erlöser; er konnte seine Botschaft verkünden und erlebte seine Geburt als Dichter, als Genie. Sein Lust-Ich, sein Größen-Selbst brach im visionär-ekstatischen Zustand hervor, weil es an die Erfüllung seiner Wünsche glaubte. Dann aber erfolgte sogleich eine Katastrophe. Der Dichter erlebte einen Schock und nun stieg der Schock der Kindheit auf, aber auch sein damaliges Verhalten, nämlich die eigene Rekonstruktion und diese Uraktivität gestaltete er dann in dem Gedicht. Die einstigen Hoffnungen sind nun ins Jenseits verlegt, die Wirklichkeit ist ausgespart, da sie unerträgliche Ängste heraufbeschwört. Die Zukunft wird mit den Bildern der Religion gestaltet, denn diese ist »das Selbstbewußtsein und das Selbstgefühl des Menschen, der sich entweder noch nicht erworben oder schon wieder verloren hat. (...) Sie ist die *phantastische Verwirklichung* des menschlichen Wesens, weil das *menschliche Wesen* keine wahre Wirklichkeit besitzt«. (Marx 1, 378)
Das Scheitern der Revolution, der Verwirklichung, hätte zu einer Wendung nach innen geführt, damit aber auch zu einer Selbsterkenntnis, einer psychologischen Selbstanalyse. Der verletzte Narzißmus wurde durch eine neue narzißtische Phantasie geheilt, die zugleich mit theoretischer Einsicht verbunden war. Der Verlust der Außenwelt führte zum Gewinn der Innenwelt, wo nun der Mechanismus der Selbstrekonstruktion gleichsam ohne Inhalt, man könnte sagen, in seinen formalen Aspekten

sichtbar wurde; es trat das reine Formprinzip ans Licht, die kreative Matrix als solche, die auf diese Weise erkennbar wird.

Baudelaires Gedicht, sein Modell der dichterischen Tätigkeit hat nun sehr paradoxe Züge gewonnen. Es werden zwei Ebenen vorgeführt, die Kindheit und die Gegenwart, doch wurden die Kindheitsbilder eben durch die Gegenwart erweckt, sie sind eine Reaktion auf diese und deuten daher auf die Gegenwart, ihre Bedeutung ist von dieser herzuleiten. Umgekehrt wird die Gegenwart in Kindheitsbilder verwandelt und muß aus diesen herausgelesen werden. Die Gegenwart ist kaum sichtbar, doch ist sie Anlaß und Inhalt des Gedichts. So besteht das eigentliche Problem des Verstehens in der Erforschung der Gegenwart. Im Gegensatz zum Dichter, der die Kindheit wiederfindet, muß der Leser sich ans Wiederfinden der Gegenwart machen und die Bühne erbauen, auf der das Dichter-Ich seine Rolle spielt. Erst aus der historischen Situation der Entstehung von Baudelaires Theorie der Entstehung des Dichters wird sich auch diese Theorie und ihr Wahrheitsgehalt adäquat reflektieren und begreifen lassen.[26]

Die Klassenkämpfe in Frankreich als Inhalt von Baudelaires Dichtung

Der Weg zum historischen Kern von »Segen« – und damit zum Inhalt des Gedichts, zum darin gespiegelten »Nicht-Ich« – ist schwierig und, soweit ich sehe, noch nie gegangen worden, trotz der Berühmtheit Baudelaires. Das Gedicht erschien 1857 in der ersten Auflage der »Fleurs du Mal« und hat die Funktion einer programmatischen Einführung in den Band, der in fünf Kapitel eingeteilt war. Baudelaire legte auf die Struktur des Bandes, die durch die Abfolge der Kapitel gebildet wird, großen Wert. Die Kapitel sind Etappen eines Weges, den der Dichter durchschreitet. Dieser Weg geht von der Höhe, vom Aufschwung, vom Gedanken an Gott (vom »Ideal«) allmählich hinab, zum »Spleen«, zur Depression und führt dann im zweiten Kapitel »Blumen des Bösen« zu blutigen Visionen und zum Bereich der lesbischen Liebe und im dritten Kapitel, »Revolte«, zu Satan; das vierte Kapitel, »Der Wein«, enthält hauptsächlich wieder Visionen des Aufstiegs zu Gott und das fünfte Kapitel, »Der Tod«, beendet den Band mit dem Ausblick aufs Jenseits. So wiederholt der ganze Band noch einmal den Weg des Dichters aus »Segen«: Eine große Verheißung wurde nicht erfüllt, das Leben besteht aus Leiden, es bleibt nur die Hoffnung auf das Jenseits. Diese Weltsicht, d. h. die Architektur des Bandes, die sie zum Ausdruck bringt, entstand kurz vor 1857 und ist aus der Lage Baudelaires zu jener Zeit zu erklären. Macht man sich an die Untersuchung der geschichtlichen Wirklichkeit und auch an eine genauere Betrachtung des Gedichtbandes und der einzelnen Gedichte, so stellt man fest, daß viele der Gedichte schon früher entstanden waren und dann von Baudelaire in einen Rahmen gestellt wurden, der ihnen ursprünglich ganz fremd war. Die Untersuchung der historischen und biographischen Hintergründe ergibt, daß Baudelaire tatsächlich vom oben geschilderten Enthusiasmus erfaßt wurde und zwar im Februar 1848. Im Juni 1848 und nochmals am 2. Dezember 1851 geschah das, was Benjamin »die Zertrümmerung der Aura im Chokerlebnis« nannte.[27] Es folgte die Zeit der größten Schwäche der Arbeiterbewegung, die Zeit von Baudelaires tiefstem Pessimismus. In jener Phase entwickelte er die Konzeption der »Blumen des Bösen«; und gerade durch diese ist er bekannt geworden. In dieser Zeit der Katastrophe baute er die ›Trümmer‹ seiner poetischen Utopie in einen mystisch-pessimistischen Rahmen ein, der die Bedeutung vieler Gedichte stark veränderte. Um die ursprüngliche Bedeutung zu finden, muß man Baudelaires Architektur der »Blumen des Bösen« zerschlagen und die Gedichte in der Reihenfolge ihrer Entstehung lesen. Wird Baudelaires Werk auf diese Weise »gegen den Strich gebürstet« (Benjamin), so zeichnet sich eine neue Architektur ab, eine ganz andere innere Ordnung, nämlich Akte eines Dramas, in dem der historische Prozeß, in seinen dramatischen Zuspitzungen, erkennbar wird. Die einzelnen Gedichte müssen also in die jeweilige Situation gestellt werden, in der sie, als Antwort auf diese, entstanden sind.[28]

Die erste Arbeit des Lesers auf dem Weg zur Wirklichkeit

Baudelaires besteht in der Erstellung der Chronologie, was durch die Forschungen von Leakey und Pichois möglich geworden ist.[29] Es zeigen sich damit bestimmte Entwicklungsphasen Baudelaires; die Wichtigkeit dieses Aspekts hat im übrigen bereits Butor gesehen. Ich stelle die frühesten Gedichte (von 1839–44) unter den Titel ›Die Bohème‹, ein Wort, dessen vielfältige Bedeutungen Benjamin zeigte. 1845 kündigte Baudelaire einen Gedichtband »Die Lesbierinnen« an, was er 1846 und 1847 wiederholte, doch erschien dieser Band nicht. Im November 1848 erfolgte die Ankündigung eines Gedichtbandes »Limbus«; im April 1851 erschienen elf Gedichte mit diesem Obertitel, der auch noch auf einem Manuskript steht, das zwischen September 1851 und Januar 1852 entstand. 1855 erschienen achtzehn Gedichte mit dem Obertitel »Die Blumen des Bösen«, der dann zum Titel des Bandes von 1857 wurde. In die zweite Auflage der »Blumen des Bösen« von 1861 fügte Baudelaire ein neues Kapitel »Pariser Bilder« ein. Die Prosagedichte, die im wesentlichen ab 1861 entstanden, sollten »Kleine Gedichte in Prosa« oder »Der Spleen von Paris« genannt werden.

Ich benutze diese Titel Baudelaires, die (abgesehen von ›Die Bohème‹) jeweils einer dichterischen Konzeption Baudelaires entsprechen, zur Bezeichnung der verschiedenen Phasen, die tatsächlich auf diese Weise gut zusammengefaßt werden. Jede Phase ist als Einheit zu sehen, die einzelnen Gedichte bilden darin Stufen in einem einheitlichen Prozeß mit Anfang und Ende; er wurde jeweils durch ein äußeres Ereignis bzw. durch einen Entwicklungsschritt der gesellschaftlichen Konflikte ausgelöst, wodurch die Phantasietätigkeit Baudelaires, seine dichterische Produktivität, in Bewegung versetzt wurde. Baudelaire inszeniert sein Wunsch-Ich, sein dichterisches Ich auf der »Bühne der Welt«, auf der Bühne der Geschichte,[30] wobei jeweils bestimmte Probleme verarbeitet und bewältigt werden. Baudelaire reagiert auf die äußere Situation, indem er sie analysiert und zu einer Perspektive umbaut, die ihm ein Fortschreiten, ein Handeln erlaubt. Seine Gedichte sind »Träume nach vorwärts« (Bloch 9), Entwürfe des Kampfes oder der Utopie. Alle Gedichte sind Teile eines dynamischen Prozesses, sie sind »Spannungsfiguren«, »tendenziöse Prozeßgestalten«, sie enthalten etwas »noch nicht manifest Gewordenes« (Bloch 188).[31] Auch enthalten die frühen Gedichte im Keime die späteren und diese lassen ihre Vorformen wieder in den frühen erkennen.

Was aus Baudelaire spricht, ist einerseits der von ihm geschilderte Tagträumer, mit seiner in der Kindheit geprägten kreativen Matrix als dem Impetus und der Ermöglichung der dichterischen Gestaltung. Auf diesen Aspekt hat Baudelaire selbst oft hingewiesen: »Der Charakter, das Genie, der Stil eines Menschen werden durch die scheinbar vulgären Umstände seiner ersten Jugend gebildet. Wenn alle Menschen, die auf der Bühne der Welt aufgetreten sind, ihre Kindheitseindrücke aufgezeichnet hätten, welch ausgezeichnetes psychologisches Wörterbuch würden wir besitzen!« (II, 253) Was diese Möglichkeit oder Latenz, diese noch virtuelle Form dann zur Gestalt, zur Wirklichkeit bringt, ist der gesellschaftliche Prozeß der Zeit, die Klassenkämpfe der Epoche. Baudelaire entstammte dem Bürgertum und versuchte, zum Proletariat überzugehen: Das ist die Grundfigur seines Werkes. Sie wird im Kommunistischen Manifest erwähnt: »In Zeiten endlich, wo der Klassenkampf sich der Entscheidung nähert, nimmt der Auflösungsprozeß innerhalb der herrschenden Klasse, innerhalb der ganzen alten Gesellschaft einen so heftigen, so grellen Charakter an, daß ein kleiner Teil der herrschenden Klasse sich von ihr lossagt, und sich der revolutionären Klasse anschließt, der Klasse, welche die Zukunft in ihren Händen trägt.« (MEW 4, 471)

Ein zentrales Problem für Baudelaire und seine Zeitgenossen resultierte aus der Tatsache, daß das Proletariat erst im Entstehen war; es hatte von sich selbst noch kein klares Bewußtsein, es war sich selbst noch nicht zum revolutionären Subjekt der Geschichte geworden. Baudelaire ist vor dem Hintergrund der industriellen Revolution zu sehen, die die neue Klasse erzeugte und damit auch deren theoretische Versuche, sich selbst und ihre Zukunft zu erfassen. Die Selbstverständigung der Arbeiterklasse in der Julimonarchie ging einerseits von Babeuf und seinen Nachfolgern aus, andererseits von den utopischen Frühsozialisten. Mit Proudhon erreichte die sozialistische Theorie eine neue Stufe, die ökonomischen Probleme wurden schärfer ins Auge gefaßt. Als der junge Marx 1844 nach Paris kam, war es vor allem Proudhon, der sein Interesse erregte. Es ist sehr erhellend, Baudelaire als den Zeitgenossen von Marx ins Auge zu fassen (sie waren fast gleichaltrig). Die »Pariser Manuskripte«, das »Manifest der Kommunistischen Partei«, »Die Klassenkämpfe in Frankreich 1848 bis 1850«, »Der achtzehnte Brumaire des Louis Bonaparte« analysieren die gleichen Probleme und Ereignisse, in die auch Baudelaire verwickelt war.[32] Die frühesten Gedichte Baudelaires (›Die Bohème‹) zeigen seine erste Wahrnehmung des Proletariats. Die Konzeption von »Die Lesbierinnen« beruht auf den Saint-Simonisten und Fourier. »Limbus« ist Resultat des Februar und Juni 1848; seit etwa April 1848 orientiert sich Baudelaire an Proudhon. »Die Blumen des Bösen« sind eine Reaktion auf den Staatsstreich vom 2. Dezember 1851 und auf dessen Folgen. Die »Pariser Bilder« verarbeiten die wieder erwachte politische Opposition wie auch den wirtschaftlichen Aufschwung im Zweiten Kaiserreich. »Der Spleen von Paris« spiegelt die neue Sammlung der Arbeiterbewegung, die sich von den Niederlagen von 1848 und 1851 erholt hat und auf dem Weg zur Commune von 1871 ist. So geht Baudelaire durch das 19. Jahrhundert, zusammen mit seiner Muse – einer anderen Mutter Courage – auf dem Wege zur Revolution, auf dem Weg zum Glück.

Die Sprache der Gefühle

Dem Leser, der Baudelaire aus der bisher gängigen Perspektive kennt (wie sie etwa in Hugo Friedrichs »Die Struktur der modernen Lyrik« vorgeführt wird), werden diese Zusammenhänge recht fremd vorkommen, zumal die beiden letzten Phasen, die auch von Benjamin und Butor nicht gesehen wurden.[33] Baudelaire beginnt mit vergleichsweise realistischen Texten, die seine Gegenwart erkennen lassen; auch die Gedichte über die lesbische Liebe sind in verständlicher Weise auf die

historische Realität bezogen, wenn man sie in den Kontext der frühsozialistischen Theorien stellt. Mit »Limbus« aber beginnt der rätselhafte und geheimnisvolle Baudelaire, der sich in einem irrealen Bereich zu bewegen scheint.[34] Gleichwohl vollzieht Baudelaire auch hier eine Mimesis der historischen Entwicklung. Seine Gedichte sind »symbolische Handlungen«, »the dancing of an attitude«,[35] um die gesellschaftlichen Konflikte und die Lösungsmöglichkeiten, die er sieht, vorzuführen – freilich vollständig »als *innerliche* Anschauung und Empfindung derselben«, »die Sache selbst in ihrer (...) äußeren Realität«[36] ist ganz unsichtbar geworden. Man sieht nur noch den »persönlichen Mythos«[37] Baudelaires; seine Wünsche und Gefühle, seine Sinnlichkeit, sein Sensorium sind ganz innerlich geworden. Den Schlüssel zum Verständnis dieses Phänomens fand Benjamin: Baudelaire habe »die Chokerfahrung ins Herz seiner artistischen Arbeit hineingestellt«.[38] Meines Erachtens wurde Baudelaire durch die historischen Katastrophen – in die er aktiv verwickelt war – traumatisiert und in den Bereich früher Phantasien zurückgeworfen. Er agierte die Niederlagen des Proletariats im Medium seiner frühen Beziehungsstrukturen und Konflikte aus, doch was er agiert, sind die aktuellen Probleme. Sichtbar im Text aber sind nur die Seelenfiguren, sowie deren Entwicklung und Verwandlung. Ich beginne daher die Betrachtung der Gedichte in jeder Phase bzw. Etappe mit der Darstellung dieser Oberfläche und frage erst dann nach dem, was sie auslöste.[39]
Zum Verständnis der Gedichte ist es notwendig, sich mit dem Medium, in dem Baudelaire die äußeren Vorgänge erlebte und schilderte, d. h. mit dem Bereich der Gefühle, der seelischen Prozesse, vertraut zu machen und eine passende Begriffssprache zu ihrer Bezeichnung zu verwenden. Gefühle stellen sich in Bildern dar; der Leser muß von den Bildern aus die seelischen Figuren und Szenen konstruieren, um so von der Erscheinung zum Wesen vorzudringen.[40] Der Lesevorgang besteht in der Reproduktion des Textes in der Vorstellung des Lesers, d. h. er erzeugt die Phantasie des Autors selbst noch einmal.[41] Man muß dazu in die Phantasie des Autors hineingehen und sich in diesen Szenen bewegen. Ein derartiges »szenisches Verstehen« voll-

zieht sich über eine Identifizierung.[42] Das szenische Verstehen setzt einen einzelnen Text sodann in den Zusammenhang der psychischen Struktur des Individuums und weist ihm seinen Ort in der psychischen Entwicklung zu und das heißt auch, seine Funktion in der jeweiligen Phase der Entwicklung.

Ich versuche in dieser Arbeit nichts weiter als die einzelnen Gedichte in die innere Figur (»the figure in the carpet«) einzusetzen, aus der die Grundstruktur von Baudelaires Werk besteht.[43] Auch jede Phase bildet wieder eine einheitliche Figur (z. T. ist diese in sich nochmals gegliedert in zwei oder mehrere Etappen). Jede Phase (bzw. Etappe) besteht aus einem Entwurf der Phantasie, des Wunsch-Ichs, das Bilder der Erfüllung schafft. Für Baudelaire war die Poesie eine Gestalt der Hoffnung, die vorwärtsschreitet (II, 35). Man versteht seine Gedichte, wenn man in ihnen (im Rahmen der jeweiligen Phase und ihrer Möglichkeiten) eben diese Gestalt wahrnimmt. Diese Art der Lektüre verschafft sich den »Genuß der Sinngebung der Erscheinung«.[44] Als strukturalistischer Bastler baue ich die Gedichte in das Grundmuster der seelischen Entwicklung des Individuums ein und stelle dann dieses in die geschichtliche Entwicklung der Epoche.[45] Bei solcher Tätigkeit entsteigt Baudelaire der »Totenküche«, in die ihn die herrschende Literaturwissenschaft – in der Nachfolge von Napoleon III. – ein Jahrhundert lang gelegt hat.[46]

Das Interesse, das eine derartige Lektüre beanspruchen kann, läßt sich als produktives Resultat der ›Chokerfahrung‹ Baudelaires begreifen. Er wurde in die Tiefe seines Gedächtnisses geschleudert, in die Bereiche, wo sich die »subjektive Struktur«[47] gebildet hatte und da er die Kraft besaß, von dort her immer wieder aktiv zu werden, in Form ständiger Wunschproduktion, wurde er zum Entdecker und Gestalter von Bereichen des Seelenlebens, die erst später bekannt werden sollten. Sehr vieles, was Freud erforschte und in der Sprache der Wissenschaft beschrieb, wurde von Baudelaire als ›symbolische Handlung‹ vorgeführt,[48] in der Sprache der Lust. Es spricht darin die Muse und ihr »göttlich-utopisches Wesen« (II, 35), das dem Elan von 1848 entstammt, als Baudelaire sich selbst fand. Diese Muse will den Leser verführen, sich seine Gefühle zu erschaffen[49] und Bekanntschaft mit dem eigenen Lust-Ich zu machen, das in der Tiefe schlummert und erwachen möchte.

Die Bohème

1839-1844

AUF DER SUCHE NACH DER NEUEN KLASSE

Die Idylle

In dem frühen Gedicht »Pariser Landschaft« sagt der Dichter am Anfang, er wolle »Hirtenlieder komponieren«, in einer Mansarde, von der aus er über die Stadt blicken wird, um die Jahreszeiten zu betrachten; im Winter wird er sich nachts Feenpaläste erbauen, er wird sich Gärten mit singenden Vögeln erträumen und »alles, was die Idylle an Kindlichstem hat«.[1] – Das Gedicht ist eine Zukunftsvision (die Verben stehen im Futur), eine Willenserklärung (zweimal heißt es »ich will«), es ist ein poetisches Programm in poetischer Form, das einen bestimmten Inhalt hat: Baudelaire will Hirtenlieder, »Eklogen« schreiben, er will also die antike Naturdichtung fortführen; die »Idylle« ist ebenfalls eine antike Literaturform. Auch in anderen Gedichten der Frühzeit wird die Dichterexistenz als eine zukünftige ins Auge gefaßt: »Ich, der Autor sein will«, heißt es in »Ich habe als Maîtresse«. In »Der Wein der braven Leute« (später »Die Seele des Weins«) »wird die Poesie geboren werden«. »Ich möchte, daß deine Brust immer von kräftigen Gedanken besucht sei«, sagt der Dichter zu seiner Muse (»Die kranke Muse«). Die Tatsache, daß Baudelaire in jener Zeit zwei Gedichte an die Muse schreibt, weist auf die gleiche Situation hin, da der Musenanruf eine Vorbereitung für die eigentliche Dichtung ist.

Die Antike, die an mehreren Stellen als Vorbild genannt wird, ist mit der Idee einer fruchtbaren Natur verbunden: Die Verse sollen wie »antike Silben« sein, über die »Phoebus«, »der Vater der Lieder« und »der große Pan, der Herr der Ernten« herrschen (»Die kranke Muse«). Neben »Phoebus« wird »Cybele« beschworen, »fruchtbar in großzügigen Erzeugnissen« (»Ich liebe die Erinnerung«). »Cybele« läßt »Wasser aus dem Felsen fließen und die Wüste erblühen« (»Die Karawane der Zigeuner«, später »Zigeuner auf Reisen«). In jener Zeit war die »Natur von mächtiger Kraft« und schuf »ungeheure Kinder« (»Die Riesin«). Die Sonne ist ein »Nährvater« mit Zügen eines Sonnengottes und bringt »in den Feldern Verse wie Rosen zum Erwachen«; sie ist wie »ein Dichter« (»Die Sonne«). »Vögel und Blumen« erscheinen auch in »Ich liebe die Erinnerung«. Sonne und Erde erschaffen den Wein, der dann in die Brust des Menschen fällt, »wie das Saatkorn in die Furche« und aus »dieser Verbindung wird die Poesie geboren werden, die wie ein Schmetterling zu Gott aufsteigen wird«. (»Der Wein der braven Leute«). Der Wein ist der »Sohn der Sonne« und läßt den Lumpensammler, der wie »ein Versemacher« ist, sich als »Kaiser« träumen (»Der Wein der Lumpensammler«, erste Fassung).

Es deutet sich hier die Funktion dieser antikisierenden Dichtungskonzeption an: Sie soll eine durchaus unidyllische Wirklichkeit zur Idylle verwandeln, sie soll das Reale idealisieren und die Moderne in die Antike zurückverwandeln, bzw. die Stadt ins Land (was im Titel »Pariser Landschaft« impliziert ist). Der Dichter als »Sonne«, als »König« »veredelt«, man kann auch sagen »adelt«, »das Los der gemeinsten Dinge« (»Die Sonne«). Geadelt wird der Lumpensammler, der durch Elendsviertel voller »frierender Familien« geht (»Der Wein der Lumpensammler«); die frierende und hungernde Geliebte, die sich prostituieren muß, wird zur »Herzogin«, zur »Königin« erhoben; die »käufliche Muse« »liebt die Paläste«; die »kranke Muse« soll an der Kraft der antiken Götter teilhaben; ganz ähnlich hebt die Poesie den müden Arbeiter, seine betrübte Frau und sein krankes Kind zu Gott empor (»Der Wein der braven Leute«). »Der Dichter« lebt unter einer »kränklichen Rasse«, die »der Gott des Nützlichen« häßlich macht und er sucht die »ursprüngliche Größe« der Antike (»Ich liebe die Erinnerung«).

Am deutlichsten wird die Funktion dieser Poesie in »Pariser Landschaft«. Baudelaire schreibt »Hirtenlieder« nicht nur gegen Nacht und Winter, wie schon erwähnt; nach der zitierten Stelle (»was die Idylle an Kindlichstem hat«) fährt das Gedicht fort: »Und dann mag der Aufruhr gerne an mein Fenster stürmen,/ Ich werde nicht die Stirn von meinem Pult erheben.« Baudelaire setzt die Idylle also gegen den Aufruhr, er träumt sich in eine andere Welt – aus Angst vor dem Aufruhr? Oder weil er die Neigung spürt, daran teilzunehmen? Um welchen Aufruhr handelt es sich?

Mit diesem Aufruhr pocht die geschichtliche Wirklichkeit ans Fenster der Mansarde. Um Baudelaires Idylle zu verstehen,[2] ist ein Blick auf diese Wirklichkeit, auf diesen Aufruhr zu werfen. Es handelt sich vermutlich um den Aufstand von Blanqui und Barbès vom 12. Mai 1839.[3] Es war der letzte Aufstand, der nach dem alten putschistisch-konspirativen Konzept durchgeführt wurde und der sehr schnell scheiterte.[4] Hatte Baudelaire »die Neugier des Flaneurs in den Aufruhr hineingeraten lassen« – um eine Wendung aus dem »Salon von 1846« zu gebrauchen? (II, 490) Vermutlich noch nicht, erst ab Februar 1848 wird er bei jedem Aufruhr zugegen sein (und aktiv daran teilnehmen). Diese Neugier wurde von anderen Schriftstellern geteilt. Hugo, das ›geliebte Vorbild‹ des jungen Baudelaire (Cor. I, 81) beobachtete die Kämpfe von 1839; als Barbès zum Tode verurteilt wurde, richtete er ein Gnadengesuch in Form eines Gedichts an den König.[5]

Man muß diese Neugier – Baudelaire wird sie später als »unwiderstehliche Leidenschaft« bezeichnen, die den Künstler ausmacht, er ist wie »ein Kind«, »trunken« und »sieht alles neu« (II, 690) – prägnant sehen, sie richtet sich auf das Novum, sie ist »Dämmerung nach vorwärts«; »im Tagtraum eröffnet sich so die wichtige Bestimmung des *Noch-Nicht-Bewußten«*, dies ist »der psychische Geburtsort des Neuen«, es ist »ein aus der Zukunft erst heraufdämmernder Bewußtseinsinhalt«. (Bloch 131 f.) Es war die »Witterung für die objektive Tendenz, objektiv-reale Möglichkeit seiner Zeit« (Bloch 163), die Baudelaire zum Aufruhr trieb, bzw. zu den Orten, wo dieser entsteht. Er steigt aus seiner Mansarde herab und erforscht die Wirklichkeit. Er geht nicht zu den Palästen, die seine Muse liebt (»Die käufliche Muse«) und von denen er in »Pariser Landschaft« träumte, sondern, früh am Morgen, durch die »alten Vorstädte«, die Arbeiterviertel (»Die Sonne«, vgl. Leaky[6]). Dort sieht er die »armen Frauen«, die »Sterbenden« im »Hospiz«, die

»Wüstlinge«, und dort wird ihm die Stadt zu einem »arbeitenden Greis« (»Die Morgendämmerung«). In dieser Gegend wird er auch »Die rothaarige Bettlerin« und »Die junge Gauklerin« gesehen haben,[7] sowie die »käufliche Muse«, die die »Milz des Pöbels« erheitert. Dort ist die »Gasse«, die »abseitige Straße« seiner ersten Geliebten, einer jüdischen Prostituierten, genannt ›die schielende Sara‹ (»Ich habe als Maîtresse«). Den Lumpensammler sah er z. B. in den Elendsvierteln um die Kirche Sainte-Geneviève;[8] »Der Wein der braven Leute« spielt in einer der Kneipen außerhalb der Stadtgrenze, wo die Arbeiter sonntags mit ihren Familien hingingen, da der Wein dort billiger war.[9]
Die Neugier, die Baudelaire in diese Gegenden führte, ist auch in den biographischen Zusammenhang zu stellen. Er hatte 1839 sein Abitur gemacht (nachdem er kurz zuvor wegen ›Disziplinlosigkeit‹ aus der vornehmen Schule ›Louis-le-Grand‹ entlassen worden war[10]); die Familie wollte ihn »in eine hohe gesellschaftliche Stellung« bringen und war entsetzt, »als Charles alles ablehnte, was man für ihn tun wollte« und »Autor werden wollte!«[11] (Es ist bemerkenswert, daß sich in diesem Brief der Mutter die gleiche Wendung findet wie in dem Gedicht »Ich habe als Maîtresse«; s. oben, S. 33.) Es gab Streit in der Familie, Baudelaire wurde von seinem Stiefvater geohrfeigt. Es kam zum Bruch, Baudelaire zog in die Mansarde, die Behausung der Armen, der Studenten, der Künstler.

Diese persönlichen Details hatten etwas Exemplarisches. Der Bruch mit der Familie und die darauffolgende Existenz in der Mansarde, wo sich der ungehorsame Sohn zum Genie mausert, waren bereits ein Klischee. Balzac hatte 1821 so gehandelt und es später auch beschrieben.[12] Die geschichtliche Entwicklung war inzwischen fortgeschritten; für Balzac und seine Helden konnte der Bruch mit der bürgerlichen Familie nur bedeuten, den Versuch zu machen, sehr erfolgreich zu werden, bzw. in die Finanzaristokratie aufzusteigen. Inzwischen gab es eine andere Alternative zur Bourgeoisie: das Proletariat, die neue Klasse.[13] Sie war zur Verkörperung von Auflehnung, Protest, Rebellion, Revolte geworden und sie bedeutete die Zukunft (s. oben, S. 28). Aber diese Klasse war erst dabei, sich ihrer selbst bewußt zu werden, der »Riese Proletariat«[14] begann erst zu erwachen.

Baudelaire ist von Neugier erfüllt, doch sein Kopf ist noch voll alter Ideen, bzw. zum Teil voll gewisser gegenwärtiger, neuer Ideen, die noch dem Alten verhaftet sind. Er sieht seine neue Umgebung durch das Bewußtsein seiner bürgerlichen Herkunft und Bildung, er fühlt sich als Autor, als Dichter, der alles adelt.[15] Die Dichtung versöhnt die realen Widersprüche, sie verklärt das Elend. Diese schon erwähnte idyllisierende, idealisierende Tendenz wird (in fast biedermeierlicher Weise) in »Pariser Landschaft« deutlich, wo »die Werkstatt« (»l' atelier«, heute wäre es die Fabrik) »singt und schwatzt«. Besonders dicht ist diese Ideologie auch in »Die Sonne«, wo die Dichter-Sonne nicht nur die »Krückenträger wieder jung macht«, sondern auch »als König in alle Krankenhäuser und in alle Paläste kommt«.
Man wird beide Aspekte von Baudelaires Position dieser Zeit wahrnehmen: Er stülpt die romantische, bürgerlich-aristokratische Konzeption der Dichtung wie eine Aufstiegsideologie über die Proletarier, aber andererseits bilden eben diese bereits die Wurzel, die Ermöglichung seiner Dichtung. Er stellt sich mit der Prostituierten gleich: »sie hat ihre Seele verkauft«, »ich verkaufe meine Gedanken« (»Ich habe als Maîtresse«). (Das Wort »Seele« wirkt hier freilich recht idealisierend.) Er vergleicht den Lumpensammler mit einem Dichter, also mit sich selbst. Die Poesie entsteht in der Brust des Arbeiters (»Der Wein der braven Leute«), was zugleich heißt, daß Baudelaire als der Dichter sich hier als Arbeiter vorstellt. Er sucht eine neue Klasse, mit der er sich als Dichter, als kollektives Ich, identifizieren kann; er sucht eine Menschheit, in der es sich inkarnieren kann (II, 27; s. oben S. 22). Man wird diese Dimensionen in der Wendung »Diese Bohème ist mein alles« (»Ich habe als Maîtresse«) mitsehen müssen.
Derartige Wünsche und Ideen laufen über allgemein verbreitete Ideologien. In »Der Wein der Lumpensammler« deutet sich der Napoleonmythos an, der für die Arbeiterklasse von Bedeutung war.[16] Im Arbeiter von »Der Wein der braven Leute«, dessen Gedanken zu Gott emporsteigen, wird man Ideen des christlichen Sozialismus wahrnehmen, wie er durch Lamenais, Leroux, Buchez und Cabet vertreten wurde; sie lehnten den Klassen-

kampf ab und glaubten, daß sich die Lage der Arbeiter durch Reformen in Zusammenarbeit mit der Bourgeoisie verbessern lassen würde.[17]

Die letzten vier Zeilen von »Pariser Landschaft« lassen sich in den bisher sichtbar gewordenen Rahmen des Verstehens – die Suche des jungen bürgerlichen Dichters nach der neuen Klasse als dichterischem Subjekt – nicht unmittelbar einordnen. »Und werde mich nicht mehr aus dem antiken Sessel rühren,/In dem ich komponieren will für einen jungen Sarg/(Unsern Toten muß man schmeicheln, in ihren dunklen Winkeln)/Süße Verse, wild dampfend wie die Räucherpfannen.« Baudelaire wiederholt hier den Anfang (»Ich will, um zu komponieren«) und führt nun die Addressaten seiner Dichtung ein: Er schreibt für die Toten, um ihnen zu schmeicheln; sie stehen geisterhaft in den Winkeln der Mansarde. Ein gegenwärtiger biographischer Bezug hat sich für den »Sarg« nicht finden lassen.[18] Im Kontext des Gedichts[19] könnte es scheinen, als begegnete dem Dichter der Aufruhr, den er draußen hält, nun in Gestalt dieser Toten von innen. Zugleich wird man eine Beziehung dieser Toten zur ›kindlichen Idylle‹ vermuten können, da der Dichter seine Verse, und damit die Idylle, für die Toten schreibt.
In dem Gedicht »Das Dienstmädchen« ist von »den Toten« die Rede, die »ohne Freunde, ohne Familie« im kalten Grab liegen; man hätte Blumen bringen sollen, was aber anscheinend nicht geschehen war. Der Dichter erinnert sich an das Dienstmädchen, wie sie am Abend in ihrem Sessel saß (ist es der »antike Sessel« aus »Pariser Landschaft«?) und ihren »mütterlichen Blick« auf das Kind richtete. Es handelt sich um Mariette, das Dienstmädchen der Familie Baudelaire; sie war 1832 gestorben.[20] In der Wendung »auf das Sie eifersüchtig waren« wird die Mutter angesprochen. In diesem Gedicht ist von »den Toten« und in »Pariser Landschaft« von »unseren Toten« die Rede. In einem »Gebet« im Tagebuch heißt es: »Ich empfehle dir die Seelen meines Vaters und Mariettes.« (I, 692) Eine andere Stelle lautet: »Jeden Morgen zu Gott beten, (. . .) zu meinem Vater, zu Mariette und zu Poe als Mittler« (I, 673). Es wird sich in beiden Gedichten um die gleichen Personen handeln.[21]

In diesen »Toten« taucht die Vergangenheit Baudelaires auf, Erfahrungen seiner Kindheit, die von prägender Bedeutung waren. Die Ursache für dies Aufsteigen der alten Bilder aus dem Gedächtnis liegt in der gegenwärtigen Situation des Dichters: Er ist allein in der Mansarde und träumt; da er sich nicht hinauswagt, wendet er sich nach innen und nun nahen sich die Gestalten seiner Frühzeit. Baudelaire hatte 1839 mit seiner Familie gebrochen und so sucht er sich neue Bezugspersonen, ein neues Elternpaar für seine ›kindliche Idylle‹. Er proklamiert sich als der Dichter, der für diese Toten schreibt. Im Prosagedicht »Um ein Uhr Mitternacht« (zur Nacht wie in »Pariser Landschaft«) bittet er Gott, ihm einige Verse einzugeben, damit er sein Selbstgefühl wieder bekomme. Im Tagebuch werden Mariette und der Vater »Mittler«, »Fürsprecher« bei Gott genannt: sie sollen ihm gleichsam die Verse überbringen. Diese Gestalten geben ihm die Inspiration, sie haben die Funktion der Muse, sie sollen zu ihm sprechen. Doch vom Porträt seines Vaters schrieb Baudelaire, »es ist immer stumm« (Cor.II, 152). Das Thema der Stummheit klingt auch in »Das Dienstmädchen« an, diesmal freilich auf den Dichter bezogen, der nicht weiß, »was er dieser frommen Seele antworten könnte«.

Um die Szene von »Pariser Landschaft« in ihrer ganzen Komplexität zu begreifen, ist sie als Wiederholung einer früheren Erfahrung zu sehen, die eben mit diesen Figuren assoziiert ist. Der Bruch mit der Familie ließ die Zeit aufsteigen, als Baudelaire sieben Jahre alt war. Auf den Tod des Vaters folgte ein Jahr, von dem Baudelaire später schreiben wird, es sei »die gute Zeit der mütterlichen Zärtlichkeit« gewesen, »damals lebte ich immer in Dir; Du gehörtest mir ganz allein«. (Cor. II, 153) Dann kam Aupick, was das Kind zuerst begrüßte. Man wird annehmen können, daß der Offizier dem Kind seiner Braut schmeichelte; auch war die Mutter wieder lustig und trug schöne Kleider.[22] Zudem war dem Kind der neue Vater lieber als der alte, der bei der Geburt des Kindes zweiundsechzig Jahre war und mit dem es wohl wenig hatte anfangen können.[23] Dann aber wurde die Mutter schwanger,[24] ihre Aufmerksamkeit richtete sich nicht mehr auf Charles und nach der Hochzeit entpuppte sich Aupick als strenger prügelnder Vater. Das Kind fühlte sich ausgestoßen und versank in Depressionen. Es suchte Zuflucht bei Mariette und träumte sich in eine frühere Zeit zurück; der tote Vater erschien nun in einem anderen, positiveren Licht. Aber der Trost wurde nicht recht wirksam, denn das Kind hatte Schuldgefühle, da es den Vater eben nicht gemocht und zudem gerade an Aupick verraten hatte.[25] Und bei Mariette konnte es doch die Mutter nicht ganz vergessen. (In dem Gedicht »Das Dienstmädchen« deutet sich ein schlechtes Gewissen gegenüber Mariette an.) Diese Ambivalenzen sind ein Teil der Gründe, daß der Dichter in »Pariser Landschaft« den Toten »schmeicheln« muß, er will sie versöhnen.

Man mag diese Kindheitsgeschichte banal nennen;[26] auf den Einwand, daß seine Gedichte hier einer psychoanalytischen Reduktion unterworfen werden, könnte man mit Baudelaire antworten, daß eben der »Charakter, das Genie, der Stil eines Menschen durch die scheinbar vulgären Umstände seiner ersten Jugend gebildet« werden (II, 253); »die Biographie wird dazu dienen, die geheimnisvollen Abenteuer des Gehirns zu erklären und sozusagen zu *verifizieren.* In den Notizen über die Kindheit finden wir den Keim der seltsamen Träumereien des Erwachsenen, besser gesagt: seines Genies. (...) Ein kleiner Kummer, eine kleine Freude eines Kindes, maßlos vergrößert durch eine besondere Sensibilität, werden später im Erwachsenen, selbst ohne sein Wissen, zum Ursprung des Kunstwerks«, denn »das Genie ist nur die genau formulierte Kindheit, die jetzt, um sich auszudrücken, mit männlichen und kräftigen Organen versehen ist« (I, 497 f.).

Baudelaire greift in seiner Mansarde auf ein früheres, analoges Modell der Erfahrung zurück, um die Gegenwart zu bewältigen. Er vollzieht in seiner Phantasie eine ›kontrollierte Regression‹, die Kris als die Grundfigur des kreativen Vorgangs bezeichnete, wobei zu erwähnen ist, daß diese Regression dazu dient, ein Bild der Zukunft zu entwerfen.[27] Letzteren Aspekt betonte Bloch: »Regredieren also geschieht künstlerisch erst dann mit Gewinn, wenn auch im Archetyp noch ein Ungewordenes, ein künftig Mögliches eingekapselt ist.« (116)[28] Tatsächlich ist in dieser Phantasie Baudelaires die »Zukunft in der Vergangenheit« (Bloch 8) enthalten. Die Kindheitserinnerungen, die mit diesen »Toten« verknüpft waren, umfassen nämlich die ersten Ahnungen der neuen Klasse, die Baudelaire suchte. Als Dienstmädchen verkörperte Mariette das Proletariat (s. unten, S. 51) und der Vater besaß eine geheimnisvoll-faszinierende Kehrseite: Er war ursprünglich Priester gewesen und verließ dann seine Klasse, er ging zur Revolution über. Damit wurde es ihm auch möglich zu heiraten und seinen Sohn zu erzeugen.[29] Das von der Mutter fromm erzogene Kind dachte später, der Vater habe sich Satan angeschlossen und käme dafür in die Hölle. Insgeheim aber sympathisierte es mit dem Bösen und träumte sich selbst als Sohn Satans, als Sohn der Revolution, was es ja tatsächlich war. So war das Modell des Klassenkampfes (und des Klassenwechsels), die politisch-ideologische Frontstellung, die der erwachsene Baudelaire allmählich wahrnahm, schon in seine frühen Erfahrungen eingebaut.[30]

Man muß die Situation Baudelaires von 1839 in ihrer ganzen Komplexität, in ihrer konfliktvollen Spannung sehen. Die gesellschaftlichen Inhalte dieser Kindheitserfahrungen, bzw. der Freudschen Begriffe mit denen man sie beschreiben kann, sind zu begreifen. Deleuze und Guattari weisen darauf hin, daß sich die Ödipusfabel wie auch Freuds Eigenanalyse und die Analyse des »Wolfsmannes« vom »gesellschaftlichen Feld« her verstehen lassen. Im Zentrum dieser Geschichten steht der Unterschied zwischen »Reichtum und Armut« in Gestalt »einer reichen und einer armen Frau«. Sie wenden sich dagegen, daß »alle diese *gesellschaftlich-sexuellen* Besetzungen der Libido und diese Objektwahlen als einfache Abkömmlinge des Familienödipus angesehen werden« und fordern eine »Theorie der Kindermädchen und Hausangestellten im Denken Freuds«.[31] Baudelaires Tendenz zur »armen Frau« bedeutet, als konkrete Tatsache, den Versuch, mit seiner Herkunft zu brechen und die eigene Klasse zu verlassen (was noch kein politischer Akt ist, sondern auf Sozialisationserfahrungen beruht). Gleiches gilt für die männliche Bezugsperson. Deleuze/Guattari zeigen »zwei große Typen gesellschaftlicher Besetzung« auf: »ein faschisierender paranoischer Typ oder Pol«, der sagt: »ja, ich bin einer der Euren und gehöre der höheren Klasse und Rasse an.« Der Gegensatz ist »ein schizorevolutionärer Pol, der den *Fluchtlinien* des Wunsches folgt, durch die Mauer bricht und Ströme fließen läßt, seine Maschinen und fusionierenden Gruppen in den Enklaven oder an der Peripherie aufstellt und in allem umgekehrt zu Werke geht als der erste Typ: Ich bin keiner der Euren, ich bin auf ewig von niederer Rasse, ich bin ein Tier, ein Neger.«[32] Deleuze/Guattari bringen »eine Montage: nach dem Feldzug in Vietnam wieder in ihr Dorf zurückgekehrt, läßt sich das Lumpenpack der *Marines* (...) vom Lehrer (...) schlagen und genießt, so böse gewesen zu sein und so prächtig gefoltert zu haben.« Dann weisen sie auf den Film *»Der 17. Breitengrad:* man sieht Oberst Patton, den Sohn des Generals, erklären, wie prächtig seine Burschen sind, daß sie ihren Vater, ihre Mutter und ihr Vaterland lieben, daß sie im Religionsdienst um ihre gefallenen Kameraden trauern, brave Burschen – plötzlich wechselt das Gesicht des Obersten, wird zur Grimasse und enthüllt einen großen Paranoiker in Uniform, der zum Abschluß brüllt: und im übrigen, es sind wahre Schlächter«.[33] Es gilt das Typische in Baudelaires Vater und Stiefvater zu sehen; sie wurden für ihn zu Verkörperungen der beiden Pole, die Deleuze /Guattari schildern. Aupick begann seine Laufbahn als Soldat unter Napoleon, setzte sie in der Restauration fort, wurde in der Julimonarchie General, in der Zweiten Republik Gesandter, im Zweiten Kaiserreich Senator. Er war kein Unmensch, sondern ein normaler Karrierist von großem Geschick und offenbar ein sehr tapferer Soldat: Man setzt ihn im März 1830 bei der Eroberung von Kolonien in Afrika ein; als im November 1831 die »Revolte des Hungers« in Lyon ausbricht, wird er dorthin geschickt; beim Lyoner Aufstand von 1834 zeigt er großen Mut bei der Niedermetzelung der Arbeiter; er war auch am 12. Mai 1839 in Paris wieder im Einsatz und wurde dafür befördert.[34] Man stelle sich einen normalen deutschen General, etwa bei der Niederschlagung des Warschauer Aufstands, oder einen US-General in Vietnam vor – dies ehrenvolle Vorbild lehnte Baudelaire ab. Er wollte nicht der »große Paranoiker« werden, den Deleuze und Guattari zeigen. Aber ein Teil in ihm war natürlich von diesem Vorbild fasziniert und so entstand ein

Konflikt. Indem er Aupick ablehnte, lehnte er Aktivität und Aggression überhaupt ab, er geriet in eine passive, als weiblich empfundene Position, die mit homosexuellen Phantasien assoziiert zu sein pflegt.[35] So suchte er die Vorstellung des revolutionären Vaters und die Erinnerung an Mariette festzuhalten; außerdem beobachtete er die Arbeiterkinder, die ihn faszinierten (was erst viel später erkennbar werden wird, s. unten, S. 171). Er hatte schon als Kind nicht nur von der »Idylle« geträumt, sondern vom »Aufruhr«; schon damals wollte er seine Klasse verlassen. Für den jungen Dichter waren das alles aber nur sehr vage und ferne Erinnerungen; dem wohlerzogenen Sohn gutsituierter Eltern mußte es schreckliche Angst einjagen, sich dem Proletariat, den Elenden, Hungernden, Zusammengeschossenen anzuschließen. Gleichwohl probiert er es aus, in der Phantasie, indem er sich heimlich vorstellt, eine neue Familie zu finden.

Diese Suche nach einer neuen Familie läßt sich in »Der Wein der braven Leute« (»Die Seele des Weins«, 1. Fassung) entdecken. Man kann (mit Benjamin) annehmen, daß Baudelaire die Arbeiter in den Weinkneipen beobachtete und daß er sich dabei vorstellte, er sei einer der ihren. Da die »Poesie« aus der »Verbindung« mit dem Arbeiter entsteht, hat sich Baudelaire in diesen versetzt. (Der Dichter vermag »in jeden einzugehen«, »sich alle Berufe anzueignen«, wird er später schreiben. S. unten, S. 156). Dann taucht in Baudelaire eine Phantasie aus der Kindheit auf, als er sich überlegt hatte, wie es wäre, ein Arbeiterkind zu sein. (Auch diese Phantasie wird erst später ganz klar, s. unten, S. 171). Das Kind Baudelaire ist in dem Sohn des Arbeiters verborgen, der durch den Wein wieder »Kraft und Farbe« bekommt und so zu einem antiken Ringkämpfer wird, wohl voller »kräftiger Gedanken«, wie sie die Muse haben soll (»Die kranke Muse«), damit sie dem Dichter bei seinem »phantastischen Gefecht« (»Die Sonne«) beistehen kann.[36] Aber dieses Gefecht ist eben noch phantastisch und so steigt am Ende die Poesie zu einem Gott auf, in dem sich der christliche Sozialismus mit der offiziellen Ideologie der herrschenden Klasse vermischt, d. h. Baudelaire geht nicht zum »Aufruhr«, sondern bleibt im Rahmen seiner »Idylle«.[37] Gleiches gilt für die Lumpensammler; im Rausch träumen sie davon, Kaiser zu sein und »schwören, ihre Völker glücklich zu machen«. Es sind Träume von »Weltverbesserung« (Bloch 102),die sich aber an der Vergangenheit ausrichten und auch vom Dichter als »Illusionen« bezeichnet werden. Auch hier erscheint am Ende Gott, »er schuf den Schlaf« und »wollte den Wein hinzufügen, den Sohn der Sonne,/Um das Herz wieder zu erwärmen und das Leiden zu mildern/Aller Unglücklichen, die schweigend sterben«. So schließt das Gedicht nicht mit dem Aufruf zum Kampf, sondern mit einem menschenfreundlichen, philantropischen Akzent.[38] In »Der Wein des Einsamen« gibt der Wein »Hoffnung, Jugend und Leben« (ähnlich wie in »Der Wein der braven Leute«) und auch »den Stolz, den Schatz jeden Bettelvolks,/ Der uns triumphierend und den Göttern gleich macht.« Die Allmachtsphantasie, die auch in »Der Wein der Lumpensammler« impliziert war, wird nun offen ausgesprochen. Es scheint kennzeichnend für Baudelaire, daß es eben der »fromme Dichter« ist, der sich im Rausch als Gott träumt.

Die Idylle wird gesprengt in »Der Wein des Mörders«; ein anderer Bereich wird hier sichtbar. Das Gedicht läßt einen Mann sprechen, der seine Frau umgebracht hat. Er fühlt sich frei und kann sich völlig betrinken. Mehrere Gründe werden für den Mord angegeben: »Wenn ich ohne einen Pfennig nach Hause kam,/Ging mir ihr Geschrei auf die Nerven.« Später heißt es: ›Ich liebte sie zu sehr, daher soll sie sterben.‹ Die Liebe bestand aus einem »höllischen Zug von Aufregungen«, aus »Gifttränken und Tränen,/Aus dem Lärm von Ketten und Knochen«.

Vergleicht man dies Gedicht mit den bisher betrachteten, so läßt es sich an »Der Wein der braven Leute« anschließen; dort entstand die Dichtung aus dem Arbeiter, nun ist das sprechende Ich ein Arbeiter geworden. Baudelaire versetzte sich in eine Arbeiterexistenz und fühlte sich dadurch beengt und seiner Freiheit beraubt. Er sucht den einsamen Rausch (was auch in »Der Wein der Liebenden« zu bemerken ist, er möchte dort »zum Paradies meiner Träume«). Das Geschrei der Frau wirkt wie eine realistische Beobachtung; der höllische Zug mit Gift und Knochen gehört dem Bereich der dämonischen Prostituierten an, dem Baudelaire sich nun nähert. Der Mörder klagt: »Keiner kann mich verstehen./Dieser unverwundbare Pöbel,/ Der wie Maschinen aus Eisen ist,/ Kannte nie die wahre Liebe.« Dann denkt der Mörder daran, wie er sich betrinken wird: Er wird wie ein Hund auf der Erde liegen, die Wagen mögen ihn überfahren, er wird sich nicht darum kümmern, ebensowenig wie um Gott oder Teufel. Dieser Schluß wirkt wie eine Selbstbestrafungsphantasie, doch folgt dann die freche Geste der Gleichgültigkeit. Die eigentliche Bedeutung des Gedichts scheint mir im Auftauchen des »unverwundbaren Pöbels« zu liegen: Das freundliche Bild des Arbeiters von »Der Wein der braven Leute« und »Der Wein der Lumpensammler« wird nun zerstört. Baudelaire läßt die andere Seite der Arbeiter sichtbar werden, wobei er sich in Klischees der herrschenden Klasse bewegt. Granier de Cassagnac schrieb 1838 über »den Ursprung der Proletarier«, »sie formieren eine Klasse von Untermenschen, die aus einer Kreuzung von Räubern und Prostituierten entstanden ist«.[39] Wenn Baudelaire im »Salon von 1846« »die Verbrecher und die ausgehaltenen Dirnen« als Beispiele des modernen »Heroismus« nennt (II, 495), so ist er dabei, dies Klischee umzuwerten. In dem Gedicht nähert sich Baudelaire dem kämpfenden Arbeiter, dem Revolutionär, der von der herrschenden Klasse als gemeiner Verbrecher angesehen wurde. Baudelaire möchte so sein wie dieser, doch hat er Angst davor. Gleichwohl ist das Gedicht ein Versuch, diese Angst zu überwinden; indem er sich als Verbrecher phantasiert, gehört er eigentlich schon zum »Pöbel«. Zum offenen Bekenntnis wird er freilich erst am Ende seines Lebens gelangen (s. unten S. 176 und S. 179).[40]

Prostitution und Proletariat

Betrachtet man die frühen Gedichte erotischen Inhalts und hat dabei die chronologischen Angaben von Pichois und Leakey im Auge, so zeichnet sich eine Entwicklung ab, die mit Bildern spielerischer Harmlosigkeit beginnt und mit der Gestalt einer dämonischen und riesenhaften Frau endet. Diese Entwicklung läßt sich in eine gewisse Relation zu drei Frauen setzen, die Baudelaire inspirierten: eine junge Straßensängerin, Sara und Jeanne. Die erste Frauengestalt, die in »Das löchrige Kleid einer rothaarigen Bettlerin« (»An eine rothaarige Bettlerin«, 1. Fassung) erscheint, ist durch die Verbindung von »Armut« und »Schönheit« charakterisiert; ihr Körper ist »kränklich«, doch »hat er seine Süße«. Es vereinen sich Poesie und Sexualität in ihr, indem man Gedichte auf sie schreibt und sie begehrt.[41] Auch das Mädchen aus »An eine junge Gauklerin« ist der »Traum der Dichter« und zugleich »Sultanin des Trottoirs«. (In dem Gedicht »Ich liebe ihre blauen Augen« liebt der Dichter »den schlechten Geschmack« dieser Frau und ist »fasziniert von ihrer rohen Schönheit«.) Diese Straßensängerin machte offenbar einen tiefen Eindruck auf Baudelaire, da sie das Vorbild für die Muse seiner beiden Musen-Gedichte wurde.

Sara ist in dem Gedicht »Ich habe als Maîtresse« von monströser Häßlichkeit. Erst zwanzig, hat sie schon keine Haare mehr und trägt eine Perücke; ihre Stirn ist faltiger als die eines Leprakranken. Sie schielt. Ihre Brüste hängen wie Kalebassen herab. Sie ist schwindsüchtig. Gleichwohl liebt sie der Dichter und findet ihre Augen schöner als die der verführerischsten Frauen. Jede Nacht ist er bei ihr, saugt an ihr und beißt sie wie ein Neugeborener. Er schleckt sie eifriger ab als Magdalena die Füße des Heilands. Sie ist sein alles: »Sie wiegte mich auf ihrem siegreichen Schoß,/Sie hat mein Herz in ihren beiden Händen wieder erwärmt.« An Sara ist auch »Eines Nachts war ich bei einer entsetzlichen Jüdin« gerichtet. Der Dichter liegt »wie eine Leiche neben einer Leiche« und denkt bei »diesem verkauften Körper« an eine »traurige Schönheit« und deren »ursprüngliche Majestät«; er hätte ihren »edlen Körper geküßt«, »wenn diese Königin der Grausamen den Glanz ihrer kalten Augen gemildert hätte.« In dieser anderen Frau sieht man Jeanne (vgl. Pichois in I, 893).

In »Ich bete dich an« wird die Frau mit dem »nächtlichen Himmelsgewölbe« verglichen, sie ist ein »Gefäß der Trauer«. Im zweiten Teil geht der Dichter »zum Angriff vor«, »wie eine Schar von Würmern auf eine Leiche«; die Frau ist wie ein

»grausames Tier«, dessen Kälte er gerade liebt. In »Ein Aas« wird ein Kadaver beschrieben, der wie eine lüsterne Frau wirkt. Die Fäulnis hat ihm ein gespenstisches Leben gegeben, die »große Natur« ist hier am Werke, »dunkle Bataillone von Larven« strömen hervor. Dann wird der Geliebten gesagt, daß sie eines Tages wie dieses Aas sein wird, »die Würmer werden dich mit Küssen verzehren«. In »Posthume Reue« wird die Geliebte im Grabe vorgestellt, der Dichter wird ihr Vorwürfe machen. »Und der Wurm wird deine Haut wie die Reue zernagen.« In »Du würdest das ganze Weltall in dein Lager tun« sagt der Dichter zu der Frau: »Der Ennui macht deine Seele grausam«. Jeden Tag verschlingt diese Frau ein Herz, sie ist eine »blinde und taube Maschine«, die »das Blut der Welt trinkt«; die Natur bedient sich dieser »Königin der Sünden«, um »ein Genie zu schaffen.« In »Sed non satiata« geht eine übermächtige Faszination von der Frau aus, sie ist eine »bizarre Gottheit«, ein »Dämon ohne Mitleid«; um sie zu bezwingen, möchte der Dichter »in der Hölle deines Bettes Proserpina werden.« In »Die zwei barmherzigen Schwestern« sind »Tod und Unzucht« zwei »liebenswerte Mädchen«, »reich an Küssen und an Gesundheit«; der Dichter findet »in Gräbern und Bordellen« ein »Bett ohne Reue«, voller »schrecklicher Lüste«. In »Allegorie« wird eine »schöne Frau« vorgeführt; »der rüden Majestät ihres festen und geraden Körpers« können Tod und Unzucht nichts anhaben. Sie ruft »die menschliche Rasse« an ihre Brüste. Ihre Schönheit ist über Hölle und Fegefeuer erhaben, in ihrer letzten Stunde wird sie den Tod »ohne Haß und Reue« ansehen, »wie ein Neugeborenes«.

Ich möchte versuchen, Baudelaires Pandämonium (aus Barock und schwarzer Romantik[41a]) als Entwicklung einer Phantasiewelt zu begreifen, die eine Widerspiegelung seiner realen Lage ist. Er hatte mit seiner Familie, mit seiner Klasse gebrochen. Man sah ihn in der Mansarde (»Pariser Landschaft«), dann ging er in die Arbeiterviertel, dort fand er auch die Prostitution. Die ›Rothaarige Bettlerin‹ wurde noch aus der Ferne betrachtet; mit Sara hatte er die ersten sexuellen Erfahrungen (und infizierte sich dabei mit Syphilis). Wie die Bettlerin zeigt Sara die Verbindung von Armut und Schönheit (die freilich nur für den

Dichter existiert), von Krankheit und erotischer Anziehung, doch ist das Kranke nun gesteigert, Sara wirkt leichenhaft und ist von grotesker Häßlichkeit. Doch am Ende steht der freundliche Ton der poetischen Klischees (wie in »Das löchrige Kleid einer rothaarigen Bettlerin«; von dieser hieß es: »tu vas gueusant«, Sara ist »la Gueuse«): »meine Perle, mein Juwel«.[42] Das Gedicht hat etwas Rührendes. Es ist, als sei der einsame Dichter aus seiner Mansarde herabgestiegen und habe eine Gefährtin gefunden; zwei Einsame, Ausgestoßene sind sich begegnet. Der Dichter verteidigt diese Frau gegen die »Herren«; die »Göttin Hunger zwang sie an einem Winterabend, ihre Röcke im Freien hochzuheben.« In der letzten Strophe spricht ein Gefühl der Dankbarkeit, der freundschaftlichen Verbundenheit. In »Das löchrige Kleid« stellte sich der Dichter auf eine Stufe mit der Bettlerin, er nannte sich »armselig«. Gegenüber Sara kommt dies Thema stärker zum Ausdruck: »sie hat ihre Seele verkauft« (was freilich recht beschönigend klingt), »ich verkaufe meine Gedanken«. In »Eines Nachts« hat sich diese Beziehung geändert. Sara ist hier eine »entsetzliche Jüdin«. Die leichenhaften Züge des ersten Gedichts sind nun offenkundig, sie wird als »Leiche« bezeichnet. Der Dichter wendet sich von ihr ab und denkt an eine andere Frau, die »Königin der Grausamen«.

Die Leiche und die Grausame sind freilich nur zwei Aspekte des gleichen Frauenbildes. In »Ich bete dich an« wird die Frau als »grausames unerbittliches Tier« bezeichnet und mit einer Leiche verglichen, die der Dichter als Würmerschar angreift. Die gleiche Vorstellung erscheint in »Ein Aas« und in »Posthume Reue«. Der Kampf pflegt bei Baudelaire eine Metapher für die Liebe zu sein (s. unten S. 138). Man kann »Ein Aas« als Phantasie lesen: Der Dichter verwandelt die Geliebte in eine Leiche, um dann den Geschlechtsverkehr zu vollziehen. Das gleiche geschieht in »Posthume Reue« im Grab (»das den Dichter immer versteht«). Das Grab ist der Ort der Liebe in »Die zwei barmherzigen Schwestern«, wo es mit einem Bordell und zugleich mit der Hölle gleichgesetzt wird.[43] Betrachtet man »Tod« und »Unzucht« nur als Begriffe, so handelt es sich um ein düsteres, pessimistisches Gedicht; konkretisiert man aber die Bilder, die Szene, so wird eine Orgie sichtbar. Auch »Sed non satiata« mit den Anspielungen auf Messalina führt die Totenwelt als Bordell vor.[44] Der sexuelle Wunsch Baudelaires verwandelt also die Frau in eine Leiche und findet dann seine Befriedigung. Diese scheinbar nekrophile Tendenz läßt sich als Wirkung eines christlichen Über-Ichs begreifen: Sexualität ist Sünde und zieht den Tod nach sich. Der Dichter schreckt aber vor diesem Verbot, bzw. vor der Strafe nicht zurück, er läßt sie als Angstphantasie zu und agiert dann trotzdem seinen Wunsch aus; er nimmt gleichsam die Strafe bzw. die Strafphantasie vorweg, verwandelt die Szenerie sogleich in ein Grab bzw. in die Hölle und macht daraus dann ein Bordell.[45]

Die Bettlerin war harmlos und kränklich, Sara war freundlich und leichenhaft. Mit Jeanne findet eine Steigerung ins Gewaltige statt, wobei zuerst die negativen Züge dominieren; sie ist ein düsterer Vampir, dem der Dichter ausgeliefert ist. In »Die zwei barmherzigen Schwestern« und in »Allegorie« zeigt sich eine Verwandlung: Die zwei Schwestern heißen zwar »Tod« und »Unzucht«, aber sie sind »liebenswert« und vor allem »reich an Gesundheit«. Man wird hier das Resultat eines Phantasieprozesses, eines psychischen Fortschreitens sehen: Der Dichter kämpfte sich in seinem »phantastischen Gefecht« vorwärts (»Die Sonne«), er hat die Ängste zugelassen und so verwandeln sich die Figuren seiner Phantasie, aus der Angst tritt der Wunsch hervor (dieser Vorgang wird später sehr klar, s. unten S. 130). Der »Tod« ist zum Leben geworden und die »Unzucht« zur Liebe »ohne Reue«, ohne Sündenbewußtsein. Indem Baudelaire diese Ideen bzw. Gefühlskomplexe zu Allegorien machte, vollzog er eine begriffliche Klärung und eine Bewältigung eines Konflikts. In »Allegorie« wird die neue Sicht dann offenkundig. Diese Frau verkörpert die Lust und die Schönheit. Als »Tod« und »Unzucht« erscheinen, lacht sie und man möchte vermuten, sie vergnügt sich mit ihnen, da es sich ja (wie das andere Gedicht zeigte) um zwei Mädchen aus dem Bordell handelt. Es deutet sich hier bereits das Thema der lesbischen Liebe an (wie übrigens auch in »Sed non satiata«).[46] Dieser Frau kann nichts etwas anhaben, sie hat auch vor dem Sterben keine Angst, sie ist der Triumph des Lebens, man möchte sie mit Nietzsche die ›Unschuld des Werdens‹ nennen. Sie ist auch nicht mehr grausam und kalt, sondern lädt die Menschheit an ihre Brüste ein – die »Cybele« der ersten Gedichte scheint wiedergekehrt, die große Mutter Natur. Ein Unterschied zu dieser besteht nur darin, daß die Frau von »Allegorie« eine »unfruchtbare Jungfrau« ist, ähnlich den zwei Schwestern, die »nie Kinder hatten«.

Gleichwohl wird durch die gewaltige Größe dieser Frau eben die Vorstellung der Mutter evoziert, die auch schon bei Sara anklingt: Dort war der Dichter wie »ein Neugeborener«, womit Sara zu seiner Mutter wird.[47] Wenn von der Frau in »Du würdest das ganze Weltall« gesagt wird, sie sei notwendig, »um ein Genie zu schaffen«, so deutet sich darin der Geburtsvorgang an. Die zwei »barmherzigen Schwestern« an der »Bahre« könnten das Bild von zwei Frauen bei einem Baby implizieren. Man wird die ›Unfruchtbarkeit‹ dieser Frauen als physische verstehen, gerade deswegen können sie das Genie, den Dichter erschaffen. Es geht um die Vorstellung geistiger Fruchtbarkeit, geistiger Zeugung und Geburt. Seit jeher hat man den schöpferischen Akt mit solchen Bildern gekennzeichnet[48] und sie sind offensichtlich auch in Baudelaire wirksam. In »Das Aas« heißt es am Ende, daß der Dichter »die Form und göttliche Essenz seiner zerfallenen Liebe bewahren wird«. Seine Dichtung bewahrt diese nicht nur, sondern ist aus der Fäulnis entstanden, d. h. aus dem Geschlechtsakt der Leichen, der als geistiges Geschehen zu sehen ist,[49] und zwar ganz konkret als Geschehen im Geiste Baudelaires. In den Winkeln seines Zimmers stehen die Toten aus seinem Gedächtnis (»Pariser Landschaft«, s. oben S. 38) und da für Baudelaire der Tod mit der Liebe verknüpft ist, befinden sich diese Toten im Geschlechtsakt, eben um den Dichter (bzw. die Dichtung) in einer höllischen Hochzeit zu erzeugen.[50] Die Metapher für den poetischen Schöpfungsakt wurzelt in einer tieferen Bedeutungsschicht: Der Vater als Revolutionär und Mariette sollen Baudelaire neu erzeugen – als Sohn Satans, als Proletarierkind. Die »unreine Frau«, die »nötig für den Gang der Welt« ist, wird »blinde und taube Maschine« genannt; sie »schafft das Genie«: als ihr Kind wird es so sein wie die »eisernen Maschinen«, wie »der Pöbel« (»Der Wein des

Mörders«). Baudelaire verknüpft das Problem des Klassenwechsels mit Wiedergeburtsphantasien und baut das dazu notwendige Szenarium auf.[51]
Mit »Allegorie« ist Baudelaire zu einer optimistischeren Stufe gelangt. Am Ende wird diese Frau als »Neugeborenes« gezeigt, so wie Baudelaire sich selbst bei Sara nannte. Baudelaires Phantasie hat die riesige Frau in ein Baby zurückverwandelt, wohl in eine Schwester, in eine Muse, die nicht mehr krank ist.

Man wird die objektive Bedeutung dieser subjektiv-persönlichen Phantasien Baudelaires weiter zu bedenken haben. In dieser Phase ist für ihn als Dichter die Liebe gleichbedeutend mit der Beziehung zu Prostituierten. Er geht nicht heimlich ins Bordell, sondern bekennt sich durch seine Gedichte dazu. Er greift damit die bürgerliche Moral an und zugleich die Liebeslyrik der Romantik. Dies Vorgehen läßt sich als Strategie des literarischen Marktes verstehen; Baudelaire bietet etwas Neues und Pikantes an, da er ja »seine Gedanken verkaufen« muß (»Ich habe als Maîtresse«). Er schafft sich eine »marktgerechte Originalität«.[52] Aber zugleich ist die Erhebung der Prostituierten zum Sujet der Liebespoesie und zur Muse im Rahmen von Baudelaires Versuch des Klassenwechsels zu sehen. Benjamin schrieb, die »Prostitution eröffnet die Möglichkeit einer mythischen Kommunion mit der Masse.«[53] Die Prostituierten (wie auch die Dienstmädchen) entstammten dem Proletariat. Wie eng die beiden Vorstellungen miteinander verbunden waren, zeigte Marx, wenn er sagt, daß die »Prostitution nur ein *besonderer* Ausdruck der *allgemeinen* Prostitution des *Arbeiters*« ist (MEW, Erg. bd. 1, 538). Die »bürgerliche Familie« »findet ihre Ergänzung in der erzwungenen Familienlosigkeit der Proletarier und der öffentlichen Prostitution.« Von den »Bourgeois« heißt es, »daß ihnen die Weiber und Töchter ihrer Proletarier zur Verfügung stehen.« (MEW 4, 478 f.) Auch die Arbeiter hatten die Vorstellung, daß »die Existenzweise als Arbeiterin die Prostitution nach sich ziehe. Solche Annahmen weisen auf die Möglichkeit hin, Arbeiterin und Prostituierte gleichzusetzen, und auf die Tatsache, daß jene sozial tatsächlich noch verachteter war als die männlichen Arbeiter.«[54] Indem

Baudelaire Liebesgedichte über Prostituierte schreibt, macht er Proletarierinnen zum Gegenstand seiner Dichtung; die verachtetsten Wesen werden von ihm in die hohe Poesie aufgenommen, nur sie werden dazu für würdig befunden, die bürgerliche Frau ist ausgeschlossen.

Die Entwicklung, die sich in den Gedichten vollzieht, ist von der gesellschaftlichen Situation aus nochmals zu bedenken. Die Betonung des Leichenhaften an Sara wurde von der Kritik als »Anti-Petrarkismus« verstanden, und man wies darauf hin, daß Sara in Wirklichkeit eine schöne Frau war (auch die Bettlerin war wohl nicht krank).[55] Man kann diesen Anti-Petrarkismus als Realismus auffassen: Baudelaire verwandelte Sara ins Typische, er stellt in ihr die Armut, den Hunger, die Krankheit, den frühen Tod der Proletarierin dar; sie wird zum Symbol des grausigen Elends, in dem diese Klasse damals lebte.[56] Andererseits aber war mit dem Proletariat die Vorstellung einer freien Sexualität verknüpft, die aus der Sicht der bürgerlichen Moral als Unzucht bezeichnet wurde.[57] In einer Notiz Baudelaires aus dem Zweiten Kaiserreich – »Die Fickerei ist die Lyrik des Volkes« (I, 702) – kommt dieser Sachverhalt in abwertender Weise zum Ausdruck. In der Zweiten Republik dagegen verherrlichte er die Liebeslyrik der Volksdichtung Duponts, für den die Liebe ein »Allheilmittel« war.

Mit den Gedichten an Jeanne erscheint die Prostituierte als kalt und grausam. In dem Satz »Der Ennui macht deine Seele grausam« wird man reale Erfahrungen Baudelaires konstatieren können. In der Bettlerin und in Sara deutet sich noch das literarische Klischee der edlen Prostituierten an, wie es etwa bei Sue zu finden war.[58] Baudelaire merkte dann, daß die Realität anders war. Der Zwang, sich zu verkaufen, erzeugte Haß. Ennui ist unterdrückter, ohnmächtiger Haß (s. unten S. 108) und dieser macht grausam.[59] Baudelaire erkennt hier nicht mehr die Armut und den Hunger als Ursache der Grausamkeit, sondern dämonisiert diese Frau (vielleicht ein Resultat der Tatsache, daß er selbst ab 1842 nicht mehr arm war, da er das Erbe seines Vater erhalten hatte). In dieser dämonischen Frau, der der Dichter mit Angst und Aggression gegenübersteht, erscheinen kollektive Vorstellungen, wie sie in revolutionären Zeiten von

der herrschenden Klasse verbreitet werden. Es zeigt sich hier die »abergläubische Furcht vor dem ›Unten‹. Uralte Mythologien, allerneueste Auffrischungen ihrer kommen der Unwissenheit zuletzt noch zu Hilfe, werden zum Dienst neuer Teufelsfurcht mobilisiert«. Da ist »die große Hure von Babylon, die ebenfalls aus dem Abgrund herauf will.« »Frauen der Revolution sind, die Sturmglocke läutend, durchaus Hyänen; die sexuelle Angst und das Mißtrauen des Kleinbürgers vorm allemal ungeordneten Weib steuern damit der Revolution eine besondere Note bei.«[60]
Angesichts dieser Frau spricht aus Baudelaire die bürgerliche Moral, doch zugleich ist er fasziniert. Diese Frau ist auch »heilsames Werkzeug« der »großen Natur«, die früher in der »Karawane der Zigeuner« erschien. Dem »prophetischen Stamm« steht »das vertraute Reich der zukünftigen Dunkelheiten offen.« Die Zigeuner repräsentieren das Volk, freilich in altertümlich-literarischer Weise; wie sich 1851 in »Der Wein und das Haschisch« und später in »Die Berufungen« zeigen wird, suchte er in ihnen das Proletariat, die »Klasse, welche die Zukunft in ihren Händen trägt.« (MEW 4, 471)[61]
In »Allegorie« hat sich die riesige Frau gewandelt. Sie ist »notwendig für den Gang der Welt« (ähnlich wie früher für die »Erschaffung des Genies«), aber sie verkörpert nicht mehr Tod und Unzucht, sondern steht diesen souverän gegenüber. Als Symbol des Lebens, der Lust, der unzerstörbaren Schönheit und zumal der Angstlosigkeit ist sie ein Bild des Sieges. Sie erinnert an zwei andere allegorische Frauengestalten: an Delacroix' »Die Freiheit führt das Volk« und an die »Freiheit« Barbiers (den Baudelaire 1851 verherrlichen wird): »Sie ist nicht eine Gräfin/Aus dem vornehmen Faubourg Saint-Germain«. (Diese Zeile erinnert an den Anfang von »Ich habe als Maîtresse keine berühmte Salonlöwin«.) »Es ist eine starke Frau mit mächtigen Brüsten«. (Baudelaires »Allegorie« beginnt: »Es ist eine schöne Frau mit reichem Mieder«.[62]) »Feuer in den Augen,/Marschiert sie energisch mit großen Schritten«. »Es gefällt ihr das Schreien des Volkes, der blutige Kampf,/Der lange Wirbel der Trommeln,/Der Geruch des Pulvers«. »Sie nimmt ihre Liebhaber nur aus dem Pöbel,/ Ihr großer Schoß

steht nur jenen offen,/Die stark wie sie sind und sie will, daß man sie/Mit Armen rot von Blut umfaßt.« »Diese stürmische Jungfrau, das Kind der Bastille«, »mit den Allüren einer Dirne,/ Versetzte fünf Jahre das ganze Volk in Brunst«.[63]

Baudelaires »Allegorie« bleibt namenlos und wirkt unpolitisch. Es fehlen die Elemente des Kampfes; allerdings wird er 1858 Théroigne in »Sisina« mit den Bildern Barbiers als Kämpferin darstellen (s. unten S. 138). Jetzt aber hält er diesen Aspekt fern, wie den »Aufruhr« in »Pariser Landschaft«. Es wirkt darin Angst (als »Angst« wird der Aufruhr im vierten »Spleen« einbrechen, s. unten S. 132) und inzwischen auch der Einfluß der Frühsozialisten, die den Klassenkampf ablehnten, was sich z. B. in der Verurteilung des »Aufruhrs« in dem »Salon von 1846« zeigt. Man kann »Allegorie« schon im Zusammenhang mit der ›neuen Liebeswelt‹ sehen, die Baudelaire in »Lesbos« gestalten wird und damit auch als Reflex der »Frau Messias« des Saint-Simonisten Enfantin.[64] Vergleicht man nochmal die allegorischen Frauengestalten von Baudelaire und Barbier und zieht den Kontext der anderen Gedichte Baudelaires heran, so läßt sich ein Grund erschließen, warum Baudelaire die kämpferischen Elemente verbannt: Er fühlte sich nicht in der Lage, der »Liebhaber mit den Armen rot von Blut« zu sein; er war nicht »aus Eisen« wie der »unverwundbare Pöbel« aus »Der Wein des Mörders«, wohingegen Baudelaires allegorische Frau mit dem »Granit ihrer Haut« durchaus an den »Pöbel« erinnert, sie ist auch mächtig wie »Proserpina« aus »Sed non satiata« und so wollte der Dichter ja sein. Am Ende des Gedichts verwandelt er die Frau in ein »Neugeborenes« und darin war seine Phantasie vermutlich auch von Barbier angeregt, dessen »Freiheit« ein »Kind der Bastille« ist: Dieser Ausdruck evozierte für Baudelaire seine eigene Geburt, er selbst war ja ein Kind des Bastillesturms. Baudelaire phantasiert sich eine Schwester, die ihn an der Hand nehmen wird, im Sinne von Delacroix' »Die Freiheit führt das Volk«. Er wird diesen Wunsch später in »Sammlung« und »Fräulein Bistouri« gestalten und schließlich wird es ihm auch gelingen, sich mit dem Kampfesimpuls dieser Frauengestalt zu identifizieren (in »Prügeln wir die Armen!«).

In ihrer schillernden Vielfältigkeit vereinigt Baudelaires »Allegorie« die Züge der Prostituierten und der Lesbierin in sich, die beide mit der Vorstellung einer Liebe verbunden waren, die die Fesseln der bürgerlichen Moral sprengte, und ebenso waren beide mit der neuen Klasse, mit dem Proletariat verknüpft. Benjamin leitete Baudelaires Gedichte über die lesbische Liebe aus dem Frühsozialismus ab (s. unten S. 64)[65], er nannte die »Lesbierin die Heroine der modernité« (98) und wies auf die »Bewegung der Vésuviennes« hin, sie »stellte der Februarrevolution ein Corps, das sich aus Frauen zusammensetzte.« (102) In noch stärkerem Maße war in der zeitgenössischen Gedankenwelt die Prostituierte mit der Revolution assoziiert. Die Todesverachtung, die Baudelaire seiner Allegorie zuschreibt, zeigten die beiden Mädchen, die auf der ersten Barrikade des Juniaufstands erschienen und Delacroix' Allegorie Wirklichkeit werden ließen: Mit der Fahne in der Hand traten sie dem Feind entgegen. Engels hielt die Szene fest, er schrieb von zwei »Grisetten«; Hugo stellte dasselbe Ereignis dar, er schrieb von zwei »Prostituierten«.[66] Sie fielen unter den Kugeln der Bourgeoisie – Tod und Unzucht waren vereint. Aus der Sicht der Herrschenden war die Unzucht wieder mit dem Tod besiegelt worden. Die beiden Mädchen wirken wie das Exempel auf die Korrektheit von Baudelaires Phantasie, in der sich immer wieder das Bild des Todes über die Gestalt der neuen Klasse legte; zugleich läßt sich hier der Grund finden, daß er den Kampf, den Aufruhr von seiner »Allegorie« fernhielt, die ein Bild der Hoffnung sein sollte.

Indem Baudelaire seine Geliebte zur Allegorie steigerte, verwandelte er sie in ein Allgemeines, in die Repräsentantin ihrer Klasse. Seine Phantasie war das Medium, in dem diese neue Klasse in die Poesie einbrach, freilich allegorisch verhüllt. Gleichwohl ist die »schlammige Größe« (»Du würdest das ganze Weltall«) der ›schwarzen Venus‹ wie auch die triumphierende Lust von »Allegorie« nicht aus dem Kostüm des Barock zu verstehen; diese Figur des »nächtlichen Tags« hat »Aurora-Funktion« und ist eine »Real-Chiffre«.[67] Bloch nannte den »Fortbezug« der Allegorie »kreuz und quer«, sie gibt einen »noch (...) in der Vergänglichkeit, ja Zerbrochenheit befindlichen Sinn«; sie enthält eine »hin und her geschickte Vorläufigkeit, Mehrdeutigkeit« und ist »der währenden Unentschiedenheit des Weges hingegeben«. Sie teilt mit dem Symbol das »Ineinander von Eröffnetem und Verhülltem, noch nicht aus der Hülle Herausgebrachtem.« »Sehnsucht, Vorwegnahme, Abstand, noch währende Verhülltheit, das sind Bestimmungen im Subjekt wie im Objekt des Allegorisch-Symbolischen.« (Bloch 200-203)

Lesbos

1845-1847

Die Utopie der neuen Liebeswelt

Im Oktober 1845 stand auf dem Umschlag eines Buches von Pierre Dupont: »Demnächst erscheint: ›Die Lesbierinnen‹, von Baudelaire-Dufays«.[1] Die Ankündigung wiederholte sich 1846 und 1847, aber der Band erschien nicht. Die drei Gedichte über die lesbische Liebe im Kapitel »Blumen des Bösen« aus »Die Blumen des Bösen« wird man als Zentrum des geplanten Gedichtbandes sehen. (Die Wiederholung des Titels in der Kapitelüberschrift, ohne den Artikel, scheint darauf zu deuten, daß hier der Ursprung des späteren Bandes zu finden ist.) Die Gestalt, die diese Gedichte 1845 hatten, ist nicht mehr feststellbar, doch dürfte ihre Tendenz optimistischer als 1857 gewesen sein; die Änderungen, die Baudelaire an Str. 12 nach 1850 (als »Lesbos« zum ersten Mal erschien) vornahm, wie auch die wohl erst 1857 geschriebenen letzten fünf Strophen von »Verdammte Frauen - Delphine und Hippolyte« gehen in eine ganz pessimistische Richtung.[2]

»Lesbos« beginnt mit der Schilderung eines Liebesparadieses, wo alle Wünsche erfüllt werden. Ab Str. 5 setzt eine Rechtfertigung, eine Verteidigung von Lesbos gegen die herrschende Moral ein; Lesbos habe eine andere, höhere Art der Religion. Diese Argumentation kulminiert in Str. 9: »Denn ich wurde seit der Kindheit zum dunklen Mysterium zugelassen«. Ab Str. 12 wird Sappho geschildert, sie war schöner als Venus und starb, als sie sich einem Manne hingab. Seither klagt Lesbos. – »Verdammte Frauen – Delphine und Hippolyte« zeigt die beiden Frauen nach dem Liebesakt, der für Hippolyte der erste war. Delphine preist diese Liebe, die zarter sei als die brutale Liebe des Mannes. Hippolyte aber ist von Schreckensvisionen erfüllt, doch sie liebt Delphine, auch wenn es ihr Untergang wäre. Delphine verteidigt daraufhin diese Liebe, und Hippolyte bekennt sich wieder dazu, wie zuvor mit Bildern des Todes. – »Verdammte Frauen« hat einen ganz pessimistischen Ton, diese Frauen leiden hier nur noch an ihrer unersättlichen Liebe. –

Versucht man, sich das Wesen dieser Liebesbeziehung klar zu machen, so fallen mehrere Züge auf. In »Lesbos« wird am Anfang mit »den Kaskaden von Küssen«, auch mit dem »Übermaß von Küssen« (in Str. 5) ein unbegrenztes Maß von Liebkosungen evoziert. Zu dieser Vorstellung der totalen Fülle paßt die Idee von Str. 3, wo sich die Mädchen »gegenseitig anziehen« und »nie ein Seufzer ohne Echo bleibt«, d. h. jeder Wunsch wird erfüllt, in einer Art prästabilisierter Harmonie der Liebeswünsche; man möchte sagen, es herrscht das uneingeschränkte Lustprinzip, das auch nie versiegt: »die Raffinements sind unerschöpflich« (Str. 5). Ein narzißtischer Aspekt wird damit in Str. 4 verbunden, wo sich die Mädchen vor dem Spiegel liebkosen. Ein weiteres Charakteristikum dieser Liebe zeigt sich ab Str. 6: Es sind »ehrgeizige Herzen«, die »ein strahlendes Lächeln aus anderen Himmeln anzieht«. Zu diesem Ehrgeiz passen die »Arbeiten« von Str. 7. Wie Str. 8 dann sagt, handelt es sich um eine Religion, »erhaben wie eine andere«. Dieser Aspekt steht in einem gewissen Gegensatz zu den Küssen, die gleichsam von selbst, ohne Anstrengung gegeben werden, sich »in Abgründe fallen lassen«, wohingegen nun von einer Anziehung der Höhe, von Ehrgeiz und Arbeit die Rede ist. Es existiert eine Art Konkurrenz zu einer anderen Religion, also der normalen Religion, die in Str. 5 durch Plato, in Str. 12 bis 13 durch Venus verkörpert wird.
In »Delphine und Hippolyte« erscheinen ebenfalls die Küsse (Str. 8) und zwar auch in einem großen Bild; von »Liebkosungen« ist in Str. 1 die Rede. Auch hier wird die lesbische Liebe als eine Religion, bzw. als eine Gegenreligion dargestellt (besonders in Str. 15–17), die im Streit mit der Religion der Normalen liegt. Das Unheimliche, tödlich Bedrohende, das in »Lesbos« nur anklingt (»Martyrium« in Str. 6), ist in diesem Gedicht sehr betont. Hippolyte ist von Schreckensvisionen erfüllt, sie sieht »blutige Horizonte«, diese Liebe ist eine »Falle, die zur Vernichtung führt«, ein »Vulkan«, ein »Ungeheuer mit einer brennenden Fackel« und schließlich wird diese Liebe durch den Tod, durch das Grab verbildlicht. Auffällig ist die Parallelität zwischen Sappho und Delphine. Sappho wird »männlich« genannt, Delphine ist die »starke Schönheit«, die einem »Raub-

tier« ähnelt; Sappho ist »Dichterin«, Delphine ist die Pythia (evoziert durch den »Dreifuß«), die orakelverkündende Priesterin aus Delphi. In beiden Gedichten erscheint auch das Thema des »brutalen Mannes«, wobei aber Sappho ihm erliegt, wohingegen in »Verdammte Frauen« Hippolyte dieser Versuchung ausgesetzt ist und Delphine diejenige ist, die sich gegen den Mann stellt und in diesem Kampfe siegreich bleibt.

Fragt man sich, ob diese Gedichte typische Züge der lesbischen Liebe vorführen und nimmt etwa die Untersuchung von Charlotte Wolff, so ergeben sich frappierende Übereinstimmungen. Wolff geht von der Situation der lesbischen Frau in der Gesellschaft aus: Die Lesbierin war immer eine »Außenseiterin« und eine »Ausgestoßene« und tendierte daher dazu, »die Wirklichkeit in eine Traumwelt« umzuformen.[3] Lesbierinnen zeigen eine »Disposition zu emotionaler Intensität und Dramatik«, sie »sehnen sich mehr als andere Frauen nach romantischer Liebe.« »Der Romantizismus gibt der Phantasie und den Emotionen Licht und Feuer.«[4] Wolff spricht von der »Sehnsucht, die aus der Frustration und aus dem Wunsch nach dem Unerreichbaren erwächst, der untrennbar mit der lesbischen Liebe verbunden ist.« (S. 17) Auf die Frage nach der »Motivation hinter diesem quälenden Verlangen nach romantischer Liebe, die alle Eigenschaften eines Zwangs aufweist«, antwortet sie: »Lesbierinnen erwarten voneinander nicht weniger als die Wunscherfüllung einer inzestuösen Mutter-Tochter-Beziehung. Es soll eine allumfassende Vereinigung sein – unter totalem Ausschluß des Mannes.« (S. 73) Lesbierinnen haben »das Verlangen, ein verlorenes Paradies wieder herzustellen – die Einheit mit der Mutter.« (S. 54) Unter Hinweis auf Groddeck betont Wolff den narzißtischen Aspekt; Lesbierinnen lieben »das Gleichsein im anderen« (S. 62).[5] Schließlich wird man noch eine Ausführung Freuds erwähnen, auf die Wolff hinweist: Er führt die weibliche Homosexualität »auf die Fixierung auf die orale erogene Zone zurück, wodurch das Küssen eine besondere Bedeutung erlangt.«[6]

Es scheint mir, daß in diesen Ausführungen von Wolff alle wesentlichen psychologischen Elemente der beiden Gedichte genannt werden. Baudelaire schildert das Paradies einer idealen

Liebe, die eine totale Vereinigung von Gleichartigen darstellt, wobei das Tochter-Mutter-Verhältnis sowohl in der Beziehung der Mädchen gegenüber Sappho wie in der Beziehung von Hippolyte zu Delphine vermutet werden kann. Außerdem ragt in beide Gedichte die feindliche Umwelt herein, direkt in »Lesbos« durch den brutalen Mann und in »Delphine und Hippolyte« durch den brutalen Bräutigam, vor allem aber indirekt, verinnerlicht, indem in »Lesbos« diese Liebe ein Martyrium ist (wesentlich stärker ist dieser Aspekt in »Verdammte Frauen« II) und in »Delphine und Hippolyte« Hippolyte von Angstvisionen heimgesucht wird.[7]

Man kann sich nun fragen, ob Baudelaires eigene Gefühle und Phantasien in diesen Gedichten zu finden sind. Im Gegensatz zu den meisten Kritikern[8] sah Butor hier eine Selbstdarstellung Baudelaires, die er aus der damaligen Situation des Dichters ableitete. Baudelaire hatte 1842 das väterliche Vermögen im Wert von einer halben Million heutiger DM geerbt und die Hälfte in kurzer Zeit verschleudert.[9] Er wurde daher von den Eltern im September 1844 entmündigt und unter Vormundschaft gestellt. Butor meint, daß Baudelaire dies wie eine »Entmannung« empfunden habe. Baudelaire ist »nur noch ein Kind oder eine Frau.« Er bleibt sexuell ein Mann, doch ist er wie »eine Frau, die eine Frau begehrt«. Baudelaire habe diese Situation im Verhältnis zu Jeanne ausagiert. Butor setzt Delphine mit Jeanne und Baudelaire mit Hippolyte gleich. Außerdem sei für Baudelaire die Lesbierin das Symbol des angehenden Dichters, der noch nichts veröffentlicht habe.[10] Butors Überlegungen sind recht plausibel, doch wohl nicht tiefgehend genug. Sein Ausgangspunkt ist sicher korrekt, die Vormundschaft war ein Schock, aber Baudelaires Reaktionen waren komplexer als Butor es sieht.

Die beiden Gedichte sind in ihrer Verschiedenheit zu betrachten. »Lesbos« ist eine Klage um ein Paradies, das verloren ging, als Sappho sich einem Mann hingab. Das lyrische Ich ist hier keine Frau, sondern ein Mann (»entre tous«, »choisi«). Er wurde »unter allen ausgewählt und seit der Kindheit zugelassen ins dunkle Mysterium, um das Geheimnis der blühenden

Mädchen zu singen.« Die nächste Strophe beginnt: »Und seither wache ich«. »Sappho starb am Tage ihrer Blasphemie« endet die vorletzte Strophe und die letzte beginnt: »Und seither klagt Lesbos«. Die Katastrophe fand also bereits in der Kindheit des Dichters statt. Was dieser Dichter »singt«, ist die Religion Sapphos. Sie war »Liebende und Dichterin«. Die Existenz des Dichters besteht darin, daß er wacht, auf Sappho wartet und von ihr erzählt. Er verkündet ihre Religion, als Dichter ahmt er sie nach. Er besteht überhaupt nur aus der Erinnerung an Sappho: Was ihn erfüllt, was aus ihm spricht, ist Sappho. Es ist das Musenthema, das hier vorgeführt wird: Im Dichter lebt ein Bild aus der Kindheit, nach dem er sich sehnt. Er spricht die Worte der Muse und diese spricht so aus ihm – er ist mit ihr identisch.[11]

Man kann nun die Fabel des Gedichts in den Zusammenhang von Baudelaires Erfahrungen in ihrer Schichtung setzen. Die Entmündigung evozierte den Bruch von 1839 und vor allem das Trauma von 1828 (s. oben S. 39). Der Verlust erzeugte Phantasien der Wiedergewinnung, die aus frühen positiven Erfahrungen bzw. Phantasien erbaut wurden. Man kann annehmen, daß es schon in dieser frühen Zeit Probleme gegeben hatte, schon damals waren Phantasien als Reaktion auf Frustrationen aufgebaut worden. Die Katastrophe im Gedicht geschieht dadurch, daß Sappho »ihren Körper zur Weide eines Brutalen machte«. In Baudelaires Bewußtsein evozierte dieses Bild die Mutter, die sich Aupick hingab (der sie sogleich schwanger machte). Sie starb nicht wirklich, aber sie starb für das Kind: Sie wurde zur bösen Mutter, auf die es Haß und Tötungswünsche richtete, und zwar stellte es sich anscheinend vor, daß sich die Mutter selbst das Leben nimmt (Sappho stürzte sich ins Meer). Dahinter steht die ödipale Phase, der Vater war der erste Eindringling und Rivale gewesen. Noch früher hatte es orale Aggressionen gegeben, Beißwünsche hatten sich geäußert und waren unterdrückt worden, wodurch zum erstenmal das Bild der bösen Mutter auftauchte. Der »Brutale« ist das Kind selbst, wie das Bild der »Weide« andeutet. (Saugen und beißen erschienen schon in »Ich habe als Maîtresse«!) Auch ist es auffällig, daß der Dichter als Mann ins Paradies der Frauen zugelassen wurde: Er ist der Vorläufer des Brutalen, er ist dieser selbst. Die gute Mutter versank ins Meer, ins Unbewußte; der Dichter hofft, daß ihr »Leichnam« wiederkehrt – wozu? Damit die Liebe wiederbeginnt – aber es wäre die Liebe mit einer Toten, was freilich an die früheren Gedichte gemahnt, an »Ein Aas«, an »Ich bete dich an«, an »Posthume Reue« und auch an »Pariser Landschaft«, wo ja der Dichter auch schon für die »Toten« dichtete, bzw. sie dichteten in ihm, ganz wie es jetzt Sappho tut.

In »Delphine und Hippolyte« ist die Situation anders. Delphine hat männliche Züge und als Pythia ist sie auch eine Dichterin. Mit Butor ist anzunehmen, daß Baudelaire (bzw. ein Teil Baudelaires) in Hippolyte dargestellt ist. In diesem Gedicht ist nun Sappho gleichsam wieder lebendig und sie ist es, die gegen den Mann spricht. Biographisch gesehen heißt das: Die Mutter nimmt nicht den Stiefvater, sondern das Kind zum Liebesobjekt. Wolff schreibt: »Liebesobjekt einer anderen Frau zu sein, ist das höchste Ziel aller Lesbierinnen, die (unbewußt) den emotionalen Inzest mit der Mutter suchen.« (S. 62) Indem diese Delphine-Mutter den Mann abweist, sprechen die Gedanken des Kindes aus ihr, von dem sie beherrscht wird. Es hat sich eine Mutter geschaffen, wie es sie sich wünscht. Man kann hier eine großartige Wunscherfüllung Baudelaires erkennen. Ich möchte sagen, er zeigt sich hier in seiner ganzen dichterischen Größe. Er tastete sich schrittweise bis zu der Situation vor dem Chok hin, zu jener Zeit, als das Brutale, das Aggressive, das Männliche noch nicht aufgetreten war und dort tauchte das Bild der guten Mutter wieder auf, wie eine Sonne, die sich aus dem Meer erhebt: Sappho kehrte zurück, diesmal lebendig, als die »rote Sonne der Liebe« (Str. 17), als riesige Frauenfigur mit männlichen Zügen, d. h. mit den Zügen einer sehr frühen (phallisch vorgestellten) Mutter. Um sie zu behalten, mußte man auf das Aggressive, auf das Männliche verzichten, d. h. eine Frau sein, ein kleines Abbild dieser Mutter, ein Mädchen.[11] Dann würde man von ihr geliebt werden, man war wie sie, eines der Mädchen aus Lesbos, aus dem Liebesparadies, denen jeder Wunsch erfüllt wird. Freilich bedeutete dieses Wunschbild für Baudelaire einen Verzicht auf Aktivität und die Verleugnung des eigenen männlichen Körpers. Die Kehrseite der Beherrschung der Mutter ist das Beherrschtwerden durch sie.[12] Impulse der Befreiung und Aktivität müssen ständig unterdrückt werden, das Festhalten an der Symbiose schließt die Entwicklung zur Selbständigkeit aus. Von hier aus werden die bedrohlichen Bilder des Gedichts, die auf den ersten Blick wie Klischees der schwarzen Romantik aussehen, bedeutungsvoll. Das Bild des Kampfes bzw. der Niederlage von Hippolyte ist von der Wirklichkeit eines zarten Mädchens aus nicht logisch, doch handelt es sich hier um Reflexe der Männlichkeit Baudelaires, die in einem inneren Kampf besiegt werden mußte. Zugleich erscheint darin freilich auch die Lust des Besiegtwerdens, die Lust, die in dieser Art von Masochismus verborgen zu sein pflegt, nämlich Lustgefühle, die für viele Männer in der Vorstellung, Frau zu sein, enthalten sind.[13] Delphine ist wie »ein Raubtier, das über seiner Beute wacht«: Hier zeigen sich plastisch die bedrohlichen Aspekte einer solchen Mutterbindung, die eine »tödliche Falle« ist und zum »Grab« werden kann, da keine Entwicklung mehr möglich ist. Freilich hat dies Grab für Baudelaire eine weitere Bedeutungsschicht, da es ja gerade der Ort der Liebe ist (s. oben S. 48) und da Hippolyte dies Grab »auf dem Schoß« von Delphine findet, deutet sich auch hier eine Wiedergeburtsphantasie an, bzw. eine weitere Stufe der Identifizierung.[14]

Es sind die vielfältigen inneren Konflikte und Barrieren, die die Verschmelzungswünsche behindern und dadurch noch steigern; auf diese Weise entsteht das Gefühl des »unstillbaren Durstes« (Str. 20; in »Verdammte Frauen« II wird dies Motiv auch sehr betont). Dieser Durst ist nicht an sich unstillbar, nur als halb verdrängter wird er zur brennenden Sehnsucht. Um sie zu stillen, müßte sich das Ich des Erwachsenen zurückbegeben in den Zustand von Kleinheit und Hilflosigkeit des Babys, wo dieser Durst seinen Ursprung hat, doch hat der Erwachsene davor große Angst. Das wünschende Ich müßte sich wirklich »ohne Angst in bodenlose Abgründe fallen lassen« (»Lesbos«, Str. 2) und die »Küsse wie Falter über großen durchsichtigen Seen« fühlen (»Delphine und Hippolyte«, Str. 8). 1859 wird es Baudelaire gelingen, die Todesangst ganz zuzulassen (»Die

Reise«) und sich wieder als Baby im Arm der Mutter zu fühlen: »Unendliches Wiegen balsamischer Muße« (»Das Haar«).

Die bisherige Betrachtung war eine rein psychologische, sie faßte die Gedichte als individuell-subjektive Phantasien auf. Die Ermöglichung dieser Gedichte, also vor allem die Umsetzung der privaten Phantasien ins öffentliche Medium der Dichtung, hing aber zu einem wesentlichen Teil von Baudelaires Umwelt ab. Benjamin erwähnt das Vorkommen der lesbischen Liebe bei Delatouche, Balzac, Gautier und Delacroix und sagt dann: »Das Motiv ist im Saintsimonismus beheimatet«. Er weist auf den »Mutter-Mythos von Enfantin« hin, auf Claire Demar sowie auf eine anonyme Saintsimonistin, die für die lesbische Liebe eintrat (S. 102). Ebenso wichtig dürfte Fourier gewesen sein, dessen Ideen einer »leidenschaftlichen Anziehung« und einer »Harmonie der Leidenschaften« ganz im Einklang mit Baudelaires Gedichten stehen (vgl. »Lesbos«, Str. 3); überdies verteidigte Fourier die lesbische Liebe.[15] Wie Dolf Oehler zeigte, war Baudelaire in jener Zeit stark vom Frühsozialismus beeinflußt, er orientierte seine Ästhetik an dessen Theorien.[16] Die ideologische Position, die in diesen Gedichten zum Ausdruck kommt, läßt sich aus der bisherigen Entwicklung verdeutlichen. Auf der Suche nach der neuen Klasse war Baudelaire auf den »Aufruhr«, auf den »Pöbel« und auf die Prostitution gestoßen, die als Symptome des Proletariats und zwar seines revolutionären Flügels (unter Blanqui, Barbès und anderen) verstanden werden konnten. Baudelaire war fasziniert, doch blieb er im Zwiespalt. Die Enterbung bedeutete eine Unterstützung seiner Neugier, denn er wurde dadurch mit Gewalt dorthin befördert, wo es ihn ja hinzog, er gehörte nun ganz real zu den »enterbten Klassen« (II, 172). Er reagierte nicht aggressiv, sondern depressiv und machte im Juni 1845 einen Selbstmordversuch,[17] d. h. die Aggression ging nach innen. Als psychischen Ausweg fand er dann die Regression zu einer ganz frühen Phantasie. Er sitzt gleichsam wieder in der Mansarde und schreckt wieder vor dem »Aufruhr« zurück; er begibt sich nun vollständig in die Antike mit ihren Eklogen und erbaut sich die »kindlichste Idylle« (»Pariser Landschaft«), die aber nun durchaus einen Protest darstellt, freilich nur vom Standpunkt des reformistischen Flügels der Arbeiterbewegung aus. Er träumt gleichsam »De tout ce que l' Idylle a le plus Enfantin«.[18] Ermöglicht wurden diese Phantasien durch die Existenz der frühsozialistischen Bewegung mit ihren Utopien einer ›Neuen Liebeswelt‹, die ihn bei seinem Absturz seelisch auffing. Hier war eine Gruppe, die Hoffnung und Ich-Stärkung geben konnte und eine Zukunftsperspektive anbot.[19]

Allerdings verlegt Baudelaire seine Utopie in die Vergangenheit, in die Antike; zugleich sind die realistischen Züge der früheren Gedichte verschwunden. Man wird diese Antike symbolisch sehen, sie repräsentiert die frühe Vergangenheit Baudelaires. Tatsächlich ist der Bezug zu den Frühsozialisten ganz indirekt, Baudelaire bekennt sich in keiner Weise offen zu ihnen.[20] Benjamin hob diesen Aspekt bereits hervor, er sprach in diesem Zusammenhang von Baudelaires »Mangel an Überzeugung, an Einsicht, an Stetigkeit« und zitiert dann Lemaître, der glaubte, »das spezifisch Baudelairesche besteht darin, immer zwei entgegengesetzte Arten der Reaktion zu vereinigen«. Tiefer scheint mir eine andere Überlegung Benjamins zu gehen. Baudelaire habe sich von »der Vermännlichung der Frau« angesprochen gefühlt. »Baudelaire bejahte also diesen Vorgang. Gleichzeitig aber kam es ihm darauf an, ihn aus der ökonomischen Botmäßigkeit zu lösen. So gelangte er dazu, dieser Entwicklungsrichtung einen rein sexuellen Akzent zu geben.« (S. 102 f.) Meines Erachtens löst Baudelaire diese Entwicklungsrichtung nicht nur aus ihrer ökonomischen Botmäßigkeit, sondern aus jeder unmittelbaren Bindung an die politischen Lager seiner Gegenwart. Er entzieht sich dem zeitverhafteten Engagement, um nicht an dessen Enge gebunden zu sein.[21] Es kam ihm darauf an, eine die Gegenwart übersteigende Utopie von riesenhaften Ausmaßen zu erbauen. Er führte dabei die frühere Entwicklung fort; mit »Allegorie« hatte er das Lustprinzip, die Konzeption einer freien und totalen Liebe aus den Bildern des Todes, der Unreinheit, der Prostitution weitgehend gelöst. Das universale Bordell ist zu Lesbos, dem Reich der freien Liebe geworden. Der Dichter als »Neugeborener« ist nun ein Mädchen. Die allegorische Frau ist in Sappho und Delphine wiedererstanden, als religiöse Gründerfiguren lassen sie Enfantins »Frau Messias« ahnen und der Dichter verkündet deren Frohbotschaft, eigentlich ist er selbst der neue Messias. Er ist ein weiblicher Narziß mit riesigen Spiegeln, in denen eine tiefe Schicht des historischen Prozessen sichtbar wird.

Enfantins »Frau Messias« war Ausdruck der von den Frühsozialisten begonnenen Emanzipation der Frau, womit die jahrtausendelange Unterdrückung des weiblichen Geschlechts sich ihrem Ende näherte. In dieser Perspektive erhalten Baudelaires Gedichte überraschende Dimensionen. »Die große Muttergottheit der matriarchalischen Völker wurde als Schöpferin des Universums angebetet und war sowohl mit weiblichen als auch mit männlichen Kräften versehen.« »Es waren Frauen, die den ersten Staat gründeten.« (Wolff, S. 71) Baudelaires Sappho, die ein Liebesreich gründete, hat Züge einer solchen Muttergottheit. Gleiches gilt für Delphine, deren Namen überdies Bezüge zu den Mythen aufweist, in denen sich die Kämpfe zwischen Matriarchat und Patriarchat widerspiegeln, die mit dem Sieg des Patriarchats endeten.[22] Baudelaires Gedichte sind wie eine Ankündigung der Rückkehr des jahrtausendelang Unterdrückten, das sich im Zuge des Aufstiegs der neuen Klasse wieder zum Leben meldete.

In diesen Gedichten erscheinen »Qualitäten wie Rezeptivität, Sensitivität, Gewaltlosigkeit, Zärtlichkeit«, die »in der langen Geschichte der patriarchalischen Gesellschaft eher der Frau als dem Manne zugeschrieben« wurden und die im Gegensatz stehen zur »Militarisierung, Brutalisierung der Kräfte von law and order«.[23] Eben diese Kräfte triumphierten am 2. Dezember 1851 wieder und da Baudelaire die Gedichte in der Phase veröffentlichte, als er ihnen nicht mehr Widerstand leistete, wird er seine »armen Schwestern« (»Verdammte Frauen« II) »den Weg zur ewigen Hölle« (»Delphine und Hippolyte«) hinabschicken. Doch auf das Kapitel »Blumen des Bösen«, in das er diese Gedichte stellte, läßt er »Revolte« folgen, wo sich die Besiegten in der Hölle zu neuem Aufstand sammeln, als wollte er sagen, daß eben doch zuerst der Kampf nötig sei, bevor die Utopie, das »Reich des freien Eros« (wie Marcuse sagt), errichtet werden kann.

So kann man Baudelaires Liebesutopie als Entwurf und Vorwegnahme »eines anderen Realitätsprinzips« verstehen, das Marcuse in den Mythen von Orpheus und Narziß entdeckte und seine Ausführungen lassen die Stationen von Baudelaires innerem Weg erkennen. »Die orphisch-narzißtischen Urbilder sind die Urbilder der ›Großen Weigerung‹; der Weigerung, die Trennung vom libidinösen Objekt (oder Subjekt) zu ertragen. Die Weigerung zielt auf Befreiung ab – auf die Wiedervereinigung dessen, was getrennt wurde.«[24] Diese Stelle beschreibt die Wurzel von Baudelaires Phantasie; auch die unheimlichen Aspekte und das Element des »Sterilen« (»Lesbos«, Str. 4; »Delphine und Hippolyte«, Str. 25) findet sich in diesen Mythen: »Die orphisch-narzißtischen Bilder aber sprengen die Wirklichkeit, sie vermitteln keine ›Lebensform‹; sie sind der Unterwelt, dem Tode verhaftet.« »Die klassische Tradition setzt Orpheus mit der Einführung der Homosexualität in Verbindung. Wie Narziß verwirft er den normalen Eros, nicht um eines asketischen Ideals, sondern um eines noch volleren Eros willen. Wie Narziß protestierte er gegen die unterdrückende Ordnung der zeugenden Sexualität.« Marcuse sieht »Prometheus« als den »Archetypus des Helden des Leistungsprinzips«; die »Imago« von Orpheus und Narziß dagegen ist »die der Freude und der Erfüllung, ist die Stimme«, die »den Menschen mit der Natur eint.«[25] Die Sprache des »orphischen Eros ist *Gesang*, sein Werk ist *Spiel*.« Dieser Eros spricht aus dem Dichter von »Lesbos«, er »singt vom Geheimnis der blühenden Mädchen«, von der »Mutter der römischen Spiele und der griechischen Lust«.

Limbus

1848-1851

Von der Auferstehung zur Kreuzigung. Siege und Niederlagen des Proletariats in der Zweiten Republik

Die »schöne Revolution« des Februar und die »häßliche Revolution« des Juni

Im November 1848 ließ Baudelaire einen Gedichtband »Limbus« (»Les Limbes«) ankündigen: »Dies Buch wird in Paris und Leipzig am 24. Februar 1849 erscheinen.« Die Ankündigung wiederholte sich 1850: Dies Buch »ist dazu bestimmt, die Unruhe und die Melancholie der modernen Jugend darzustellen«. (I, 793) Im April 1851 erschienen in einer Zeitschrift elf Gedichte unter dem Obertitel »Limbus« (mit nochmaliger Ankündigung des Buches). Außerdem entstand zwischen September 1851 und Januar 1852 das sogenannte »Manuskript der zwölf Gedichte«, das auch den Obertitel »Limbus« trägt. Baudelaire hatte eine neue Konzeption für seinen Gedichtband gefunden.

Von den elf Gedichten des April 1851 waren »Die Katzen« schon 1847 erschienen und »Der schlechte Mönch« wohl noch früher entstanden (s. oben, S. 65, Anm. 19). Von den neun anderen Gedichten haben drei den Titel »Der Spleen« (gleichbedeutend mit Ennui, Melancholie, Depression): Es sind der spätere erste »Spleen«, »Die gesprungene Glocke«, »Der fröhliche Tote«. Das Gedicht »La Beatrix« wird 1855 »Spleen« heißen, ab 1857 »De profundis clamavi«. In zwei Gedichten erscheint der Tod im Titel: »Der Tod der Liebenden«, »Der Tod der Künstler«. Die drei übrigen heißen »Das Faß des Hasses«, »Das Ideal«, »Die Eulen«. Wie die Titel zeigen, sind die Gedichte durchweg düster und pessimistisch (nur »Das Ideal« macht teilweise eine Ausnahme). »Limbus« scheint ein Totenreich zu sein. Der Dichter wird als Sterbender oder Toter vorgeführt; in »Das Ideal« erscheint der Tod in aktiver Form, als Mord. Daneben tritt das Thema der Liebe mehrfach auf: In

dem ersten »Spleen« ist von der »toten Liebe« die Rede; in »La Beatrix« wird die Geliebte um Hilfe angerufen; in »Der Tod der Liebenden« ist die Liebe wie der Tod; »Der Tod der Künstler« beschreibt die Suche nach einem »Idol«, das erst im Tod gefunden wird; »Das Ideal« ist eine Liebeserklärung.
Man wird sich die Szenerie vergegenwärtigen. Der Obertitel »Limbus« deutet auf die Hölle. Im christlichen »Credo« fährt Christus nach der Kreuzigung zum Limbus hinab; bei Dante ist der Limbus die Vorhölle (bzw. der erste Kreis der Hölle); bei Balzac ist Limbus ein Wort für Hölle, ähnlich bei Gautier und bei Baudelaire selbst.[1] In Fouriers »Theorie der vier Bewegungen« gibt es einen ersten und einen zweiten »Lymbus«.[2] Später setzt Fourier den »gesellschaftlichen Limbus« mit dem Bereich der »geistigen Dunkelheit« gleich; es ist die »Epoche, in der Satan herrscht, denn Satan existiert«.[3] So evoziert der Titel von Baudelaires Gedichtserie die Figur eines Abstiegs zur Hölle. Die Ursachen sind nicht zu erkennen, die Gedichte wirken durchaus rätselhaft, doch sind sie voller Figuren und Szenen. Ich lese sie daher zuerst wieder im Sinne eines »szenischen Verstehens« (Lorenzer, s. oben S. 30), als Darstellung von Phantasien, in denen sich ein Wunschprozeß entfaltet. Da die Gedichte durchaus nicht alle in gleicher Weise Depression und Tod vorführen, sondern auch, in verschiedenem Ausmaße, aktive Impulse enthalten, gehe ich von der Vermutung aus, daß sich Impulse, die unterdrückt wurden, allmählich wieder emporarbeiteten. Ich betrachte die Gedichte als Etappen eines inneren Prozesses, der auf Heilung oder Kräftigung hinzielt (vgl. oben S. 31 zur »Bastelei«).
Aus dieser Sicht wird man »Die gesprungene Glocke« an den Anfang stellen. Es wird zuerst eine »Glocke mit kräftiger Kehle« genannt, die »fromm ihren religiösen Ruf aussendet, wie ein alter Soldat, der im Zelte wacht.« Dann heißt es: »Ich aber, meine Seele ist gesprungen«; ihre Stimme »ähnelt dem Heulen eines Verwundeten, der an einem Blutsee unter einem großen Haufen von Toten, ohne sich zu rühren, in ungeheurer Mühsal stirbt.« – Das Sterben ist auch das Thema von »Der Tod der Liebenden«. Im Tod erblickt der Dichter einen »Engel, der die Pforten öffnet und die toten Flammen wieder belebt«. Das

christliche Element, das auch in »Die gesprungene Glocke« erschien, ist nun beherrschend. Statt des einsamen Todes unter den Leichenhaufen wird ein Liebestod evoziert. – In »La Beatrix« ist das Jenseits nicht mehr nur erst vorgestellt wie in »Der Tod der Liebenden«, sondern gegenwärtig. Der Dichter ist in einem »dunklen Abgrund«, in einer »Nacht voller Schrecken und Kälte und Blasphemien.« Die christliche Hoffnung scheint sich als Illusion erwiesen zu haben; allerdings ist sie gleichwohl noch vorhanden, in der Gestalt von Beatrice, die um Mitleid angefleht wird. Man könnte in ihr die Geliebte oder auch den Engel von »Der Tod der Liebenden« sehen. Die Art, wie der Dichter Beatrice anfleht, läßt an ein kleines Kind denken, das nach der Mutter ruft, die aber nicht hilft. Indem der Dichter an einem »Ort voller Blasphemien« ist, kann man folgern, daß diese von ihm stammen, bzw. daß er zur Strafe für die Blasphemien eben in die Hölle kam. Er »möchte schlafen«, doch kann er es nicht – vermutlich weil Haß und Aggression in ihm toben. – In »Der Spleen« (= »Der fröhliche Tote«) wird dieser Haß auch ausgesprochen; er richtet sich gegen den Toten selbst, die »Raben« sollen ihn »bluten lassen«, die »Würmer« sollen ihn quälen. Immerhin ist die Klage durch Wut ersetzt, was eine erste Erleichterung ist, und so ist dieser Tote »frei und fröhlich«, unter »anderen Toten«. Das Motiv des Schlafens erscheint wieder; jetzt wird erkennbar, was in »La Beatrix« darin verborgen war: Er »will wie ein Hai schlafen«, er möchte also ein bösartiges Raubtier sein. – In »Das Faß des Hasses« wird die Aggression thematisiert. Die »wilde Rache gießt Blut und Tränen der Toten« in das Faß, aber selbst wenn die Opfer wieder erwachen würden, könnte der Durst des Hasses nicht gestillt werden, der sich durch das Trinken noch verstärkt, er »kann nicht betrunken in Schlaf versinken«. – »Der Spleen« beginnt mit dem Wort »Pluviôse«, dem Regenmonat des Kalenders der Französischen Revolution. Aus einer »Urne« werden »große Fluten dunkler Kälte« ausgegossen – als gäbe es jetzt genug zu trinken, vom schwarzen Haßtrank. Er besteht aus »Sterblichkeit«, die sich über die »faubourgs«, die Arbeiterviertel ergießt. Es »plaudern der schöne Herzbube und die Pikdame schaurig von ihrer toten Liebe«. Die Pikdame wird man als aggressive, kämpfende Frau sehen; die »tote Liebe« war wohl ein Kampf und beide trauern ihm nach, bzw. wollen ihn erneuern. – In »Der Tod der Künstler« wird ein »Asyl« gesucht, wo die »gute Natur« endlich »Ruhe finden« läßt. Die Suche gilt der »idealen Figur«, »der düstere Wunsch nach ihr erfüllt uns mit Schluchzen«. »Manche haben ihr Idol nie gesehen und haben nur die Hoffnung, daß der Tod wie eine neue Sonne die Blumen ihres Gehirns blühen läßt.« – Was sich hier erst andeutet, wird in »Das Ideal« erkennbar. Der Dichter wendet sich gegen die »bleichsüchtigen Schönheiten«, er »findet dort nicht die Blume, die meinem roten Ideal gleicht.« »Was mein abgründiges Herz braucht, ist Lady Macbeth, Seele des Verbrechens mächtig«, oder »die große Nacht des Michelangelo, mit ihren Reizen, die für die Münder von Titanen gemacht sind.« Die »Pikdame« und die »ideale Figur« haben nun eine konkrete Gestalt angenommen (und Beatrice hat sich verwandelt). Die mächtige Geliebte wird als »Ideal« bezeichnet; das Ideal ist ein Bild dessen, was man erstrebt und auch ein Bild dessen, was man sein möchte: »Fähig zum Verbrechen«. Lady Macbeth freilich wurde wahnsinnig, aber sie wird dann ersetzt durch die »Nacht«, die die »Titanen«, ihre Söhne, säugt (und die sicher den stärksten Durst stillen kann, etwa wie die »Cybele« der frühen Gedichte). Die »unermeßliche Nacht«, die dem »alten Chaos ähnelt«, wurde in »La Beatrix« noch mit »äußerstem Schrecken« wahrgenommen; jetzt hat sie sich ins Positive gewendet. Baudelaire läßt Wünsche zu: Sohn der Nacht will er sein, einer der Titanen, die den Aufstand gegen Zeus machten, der freilich fehlschlug. Aber dies Bild enthält nicht nur eine Wiedergeburts- sondern auch eine Identifizierungsphantasie. Baudelaire will sich die riesige Nacht einverleiben (die Identifizierung ist ein »Abkömmling der oralen Phase«. Freud XIII, 116), um so wie sie zu sein, mächtig und damit siegreich.[4] In gleicher Weise läßt sich auch der erste »Spleen« verstehen: Der »Herzbube« möchte zur »Pikdame« werden. – Der Dichter verbirgt sich wohl auch in den »Eulen«, diesen »fremden Göttern«, die im Dunkel »meditieren«, »mit roten Augen wie Pfeilen«, auf »Tumult und Bewegung« wartend. Es könnte der Tumult sein, den die Titanen mit ihrem Kampf entfachen werden.

Betrachtet man die Gedichte als Serie, so lassen sie sich als Resultat einer Katastrophe verstehen, die Baudelaire in seiner Phantasie als Höllensturz empfand. Er versucht, sich wieder aufzurichten, er will sich zu seinem Haß bekennen und sucht dabei Hilfe bei einer riesigen Frauenfigur. Es deutet sich ein Übergang von christlichen Vorstellungen, die zuerst, in der Niederlage, vorherrschen, zu heidnischen, antiken an, mit denen sich die neue Hoffnung verbindet.

Es gilt nun, den Anlaß für diese Phantasien zu finden. Man muß die Realität ausgraben, die sich in diesen Texten widerspiegelt. Ein Hinweis findet sich bei der ersten Ankündigung dieser Gedichte in der ganz ungewöhnlichen Bemerkung, daß »Limbus« »am 24. Februar 1849 erscheinen« solle, d. h. am Jahrestag der Februarrevolution.

Baudelaire hatte sowohl im Februar wie im Juni an den Kämpfen auf Seiten der Aufständischen teilgenommen. In den Schriften von Marx und Engels werden die Ereignisse in den riesenhaften Dimensionen anschaulich, die sie für die Zeitgenossen besaßen.[5] Marx sagte von der Februarrevolution, sie war »eine *Überraschung* der alten Gesellschaft, und das Volk proklamierte diesen unverhofften *Handstreich* als eine weltgeschichtliche Tat, womit die neue Epoche eröffnet sei«. (MEW 8, 117) »Die *Februarrevolution* war die *schöne* Revolution, die Revolution der allgemeinen Sympathie« (MEW 5, 134). »Die Phrase, welche dieser eingebildeten Aufhebung der Klassenverhältnisse entsprach, war die fraternité, die allgemeine Verbrüderung und Brüderschaft«; man erlebte eine »schwärmerische Erhebung über den Klassenkampf« (MEW 7, 21).

Baudelaire beobachtete die großen Demonstrationen, die am 22. Februar begannen und bald in Kämpfe übergingen, an denen er dann am 24. Februar teilnahm.[6] Am 27. 2. und 1. 3. gab er zusammen mit Toubin und Champfleury die Zeitschrift »Le Salut public« (»Das Gemeinwohl«) heraus, die im wesentlichen als sein Werk anzusehen ist.[7] Das Blatt enthält eine hymnische Verteidigung der Februarrevolution und der Republik, und zwar im Sinne einer Versöhnung der Klassen: »Volk und Bourgeoisie« haben zusammen das gemeine alte Regime gestürzt. Die Zeitschrift plädiert vor allem für das »Vertrauen« in die Provisorische Regierung; sie wendet sich gegen das »Mißtrauen«, besonders in der zweiten Nummer, wo Raspail deswegen kritisiert wird. Rothschild wird gelobt, da er der neuen Regierung vertraut und nicht daran denkt, zu emigrieren. Die zweite Nummer war mit einer Zeichnung von Courbet verziert; auf Wunsch Baudelaires wurde die Fahne als Trikolore kenntlich gemacht und die Worte »Gottes Stimme – Volkes Stimme« darauf gesetzt,[8] was eine Parteinahme für Lamartine bzw. für die Provisorische Regierung bedeutete und eine Ablehnung Blanquis (dessen »Zentrale Republikanische Gesellschaft« Baudelaire am 27. 2. besucht hatte).[9] Die Arbeiter hatten am 25. Februar gefordert, die Trikolore durch die rote Fahne zu ersetzen, was Lamartine verhinderte. Blanqui schrieb daraufhin seinen Aufruf »Für die rote Fahne«.[10] Kennzeichnend für die ideologische Richtung des »Salut public« sind die Erwähnung von Affre, dem Pariser Erzbischof und von Lacordaire, einem republikanischen Mönch, sowie die stilistischen Anlehnungen an Lamenais.[11] Die Priester werden angesprochen: »Euer Herr Jesus Christus ist auch der unsere; er war mit uns auf den Barrikaden und durch ihn, durch ihn allein haben wir gesiegt. Jesus Christus ist der Gründer aller modernen Republiken«. Der 24. Februar wird »der größte Tag der Menschheit« genannt. »Französisches Volk, sei stolz auf dich; du bist der Erlöser der Menschheit.«

Von März bis Juni wuchs der Konflikt zwischen Bourgeoisie und Proletariat. Die Wahlen vom 23. April endeten mit dem Sieg der Konservativen, von 900 Abgeordneten vertraten nur etwa 30 die Interessen der Arbeiter. Am 15. Mai drangen demonstrierende Arbeiter in die Nationalversammlung, lösten sie auf und proklamierten eine neue Regierung mit Blanqui, Barbès und Albert. Nach wenigen Stunden waren die Truppen der bürgerlichen Regierung wieder Herr der Lage, die Anführer der Arbeiter wurden verhaftet. – Von April bis Juni war Baudelaire Redaktionssekretär der »Tribune nationale«, die der Linkskatholik Lamenais im Februar gegründet hatte. Sie vertrat die Interessen der Arbeiter von einem reformsozialistischen, kleinbürgerlichen Standpunkt aus;[12] sie plädierte für die friedliche Lösung der sozialen Probleme mit Ideen, die zum Teil an Proudhon anklingen. Für die Wahlen zum 4. Juni wurden Proudhon, Caussidière und Leroux vorgeschlagen. Die Kommunisten wurden abgelehnt. Am 5. Juni wurde die Regierung scharf kritisiert, da ihre Maßnahmen den sozialen Frieden bedrohen: »All das ist ein Ruf zu den Waffen, es ist eine Provokation zum Bürgerkrieg, zum entsetzlichsten Ausrottungskrieg, den die Geschichte jemals in ihren blutigen Annalen aufzuzeichnen haben wird.«[13]

Durch die Schließung der Nationalwerkstätten provozierte die Bourgeoisie die Arbeiter zum Aufstand, der am 23. Juni begann. In der ersten Nachricht über die Pariser Ereignisse in der »Neuen Rheinischen Zeitung« heißt es, »die Insurrektion« habe sich »entwickelt zur *größten Revolution, die je stattgefunden«*; »der Sieg des Volkes ist *unzweifelhafter als je.«* (MEW 5, 116) Zwei Tage später schrieb Engels: »Die Junirevolution bietet das Schauspiel eines erbitterten Kampfes, wie ihn Paris, wie ihn die Welt noch nicht gesehen.« (MEW 5, 118) Auch 1852 spricht Marx von der »Juni-Insurrektion« als »dem kolossalsten Ereignis in der Geschichte der europäischen Bürgerkriege.« (MEW 8, 122) Am 26. Juni endete der Aufstand in einem grauenhaften Massaker.[14] Marx konfrontierte nun die »schöne Revolution des Februar« mit der »Junirevolution«, diese war die »häßliche Revolution, die abstoßende Revolution, weil an die Stelle der Phrase die Sache getreten ist, weil die Republik das Haupt des Ungeheuers selbst entblößte, indem sie ihm die schirmende und versteckende Krone abschlug.« (MEW 5, 134)

Kurz nach Beendigung der Kämpfe am 26. Juni traf LeVavasseur Baudelaire und Dupont. Baudelaire war wie von Sinnen, voller Zerstörungswut und Todesbesessenheit.[15] Im Oktober 1848 arbeitete Baudelaire für wenige Tage für die Zeitung »Le Représentant de l'Indre« in Chateauroux. Er schrieb dort zwei Artikel, die bezeichnenderweise nur vom Februar und vom Juni 1848 handeln. Der Februar wird gepriesen, der Juni wird verurteilt; er sei »ohne Grund« (»gratuit«) erfolgt, er war ein »Verbrechen«, ein Werk von »Demagogen«.[16] Baudelaire scheint nicht dabei gewesen zu sein, er verleugnet oder ver-

drängt seine Teilnahme. Im November erfolgt dann die Ankündigung von »Limbus« und das angegebene Erscheinungsdatum klingt wie eine Hoffnung auf einen neuen Februar.
Baudelaires ideologische Position (in den Artikeln) hat sich von Februar bis Oktober 1848 im Prinzip nicht geändert. Zwar gelangte er von der christlichen Begeisterung des »Salut public« unter dem Einfluß Proudhons zur Wahrnehmung der realen Lage der Arbeiter und engagierte sich für sie, doch bleibt er auf einem reformsozialistischen Standpunkt, der an eine friedliche Lösung der Probleme glaubte. Von Februar bis Oktober lehnte er den »Antagonismus«, den Klassenkampf, ab und stellte sich damit gegen den revolutionären Flügel des Proletariats. Im »Kommunistischen Manifest« (es erschien auf Französisch Anfang Juni) werden die utopischen Frühsozialisten und auch Proudhon dem bürgerlichen Lager zugerechnet.[17] Trotzdem hatte sich Baudelaire im Juni (und wohl auch schon am 15. Mai) auf die Seite der revolutionären Arbeiter gestellt – im Widerspruch zur ideologischen Position, die er in seinen schriftlichen Äußerungen vertrat.
Auffällig ist es, daß Baudelaire die Vorgänge von 1848 später fast völlig mit Schweigen überging; seine Teilnahme am Juni, die man als das zentrale Ereignis seines Lebens ansehen muß, wäre ohne LeVavasseurs Bericht nicht bekannt. Im Tagebuch von etwa 1860 taucht 1848 kurz auf: »Mein Rausch im Jahre 1848.
Welcher Art war dieser Rausch? Lust auf Rache. *Natürliches* Vergnügen an der Zerstörung.
Literarischer Rausch; Erinnerung an Gelesenes.
Der 15. Mai. – Immer noch die Lust auf Zerstörung. Berechtigte Lust, wenn alles Natürliche berechtigt ist.
Die Greuel des Juni. Wahnsinn des Volkes und Wahnsinn der Bourgeoisie. Natürliche Liebe zum Verbrechen.« (I. 679)

– – –

»1848 war nur amüsant, weil jeder Utopien wie Luftschlösser errichtete.
1848 war nur köstlich durch das Übermaß an Lächerlichkeit.« (I. 680)

– – –

»Zwei schöne Religionen, unsterblich auf den Mauern, die ewigen Obsessionen des VOLKES: ein Schwanz (der antike Phallus) – und ›Hoch Barbès!‹ oder ›Nieder mit Philippe!‹ oder ›Es lebe die Republik!‹« (I. 700) Wie im Oktober 1848 erinnert sich Baudelaire an seine Begeisterung vom Februar, die aber nun abgewertet und lächerlich gemacht wird, wobei der Hinweis auf die Zerstörungslust und die sexuellen Assoziationen durchaus glaubhaft sind. Wieder scheint es, als habe er mit dem Juni nichts zu tun gehabt; es werden nur Greuel auf beiden Seiten erwähnt.

Einen Aufschluß gibt meines Erachtens eine ganz späte Notiz aus Belgien: »Wenn ich bereit bin, Republikaner zu sein, *tue ich das Böse und weiß es.* Ja! *Es lebe die Revolution!* Immer! Trotz allem!

Aber ich mache mir nichts vor, ich habe mir nie etwas vorgemacht! Ich sage *Es lebe die Revolution!* wie ich sagen würde: *Es lebe die Zerstörung! Es lebe die Buße! Es lebe die Züchtigung! Es lebe der Tod!* Nicht nur wäre ich glücklich, Opfer zu sein, ich hätte auch nichts dagegen, Henker zu sein – um die Revolution auf beide Arten zu fühlen!

Wir haben alle den republikanischen Geist in den Adern, wie den Tripper in den Knochen, wir sind demokratisiert und syphilitisch.« (II, 961) Hier bricht ein Impuls durch: Baudelaire tritt für die Revolution ein und sie verbindet sich mit Bildern der Zerstörung, der Buße, der Strafe und des Todes. Eben diese Erfahrungen hatte Baudelaire im Juni gemacht, der nicht nur in dieser Notiz, sondern auch in den Prosagedichten der gleichen Zeit aufstieg (s. unten). Zugleich wirkt die Notiz wie eine Erläuterung zu den Eindrücken, die LeVavasseur aufzeichnete.

Ich möchte nun versuchen, die Phantasien, die durch die Ereignisse von 1848 in Baudelaire ausgelöst wurden, anhand des vorliegenden historischen Materials zu rekonstruieren. Als Ausgangspunkt wird man Baudelaires Lage vor der Februarrevolution nehmen. In einem Brief vom 6. Dezember 1847 wird ein Zustand der Resignation, der Verzweiflung geschildert: Baudelaire will alle seine literarischen Pläne aufgeben und eine Stelle als Hauslehrer auf der Insel Mauritius annehmen. Bis zum

Februar des folgenden Jahres will er sich Bedenkzeit geben! Toubins Bericht über den 22. und 23. Februar zeigt einen enthemmten, einen euphorisch begeisterten Baudelaire. Am 24. Februar war schließlich aus Orpheus, aus Narziß, aus der ›zarten Schönheit‹ Hippolyte (vgl. oben) ein Barrikadenkämpfer geworden.

Er soll gerufen haben: »Man muß den General Aupick erschießen!« Die meisten Kritiker benutzten diese Anekdote, um Baudelaires Engagement als Ausdruck infantilen Hasses auf den Stiefvater zu sehen und damit das Problem ›Baudelaire und 1848‹ für erledigt zu halten.[18] Freilich war dieser Haß vorhanden und er besaß sogar eine durchaus objektive Berechtigung: Die Anekdote besagt, daß Baudelaire dazu aufrief, einen der »großen Paranoiker« und Arbeitermörder zu erschießen (s. oben S. 42). Auf einen Kollegen dieses ehrenwerten Soldaten reagierten die Arbeiter im Juni kaum anders, als sie riefen: »Nieder mit Cavaignac!« »Tod dem Henker des Volkes.«[19] Gleichwohl war Baudelaires Ausruf sicher auch mit einem ganz persönlichen, durchaus infantilen Wunsch verbunden, den er in seiner Phantasie ausagierte: Er beseitigte Aupick in seiner inneren Landschaft und nun tauchte die Zeit vor Aupick auf und mit ihr Baudelaires Vater. In der Figur des Barrikadenkämpfers Christus vereinte Baudelaire die beiden Seiten seines Vaters, des Priesters und Revolutionärs,[20] womit er einen ganz tiefen Konflikt löste. Indem er das ›allgemeine Heil‹ und so die Botschaft des Vaters verkündete und wie dieser handelte, fühlte er sich eins mit ihm. »Ich und der Vater sind eins.«[21] Baudelaire phantasierte sich als Christus, wie später in »Segen«.

Derartige Phantasien lassen sich öfters beobachten, man denke an Fourier,[22] an Hölderlin[23] oder an Hegel, über den Topitsch einen Aufsatz mit dem plastischen Titel »Gottwerdung und Revolution« schrieb.[24] Ein Verständnis der psychologischen Vorgänge in Baudelaire läßt sich aus Freuds »Massenpsychologie und Ich-Analyse« gewinnen. (Freud geht von Le Bon aus und meint, daß dessen Schilderung durch »die Charaktere der revolutionären Massen, besonders der großen Französischen Revolution« beeinflußt wurde. XIII, 90) In der Masse kann der Mensch »die Verdrängungen seiner unbewußten Triebregungen abwerfen.« (XIII, 79) Es findet eine »Steigerung aller Gefühlsregungen zum Extremen und Maßlosen« statt (83) sowie eine »Vorherrschaft des Phantasielebens« (85). »Liebesbeziehungen« machen »das Wesen der Massenseele« aus (100). Die »gegenseitige Bindung der Massenindividuen« beruht auf einer »Identifizierung durch eine wichtige affektive Gemeinsamkeit«, die aus der »Bindung an den Führer« (118) oder aus der »Hingabe an eine abstrakte Idee« (125) bestehen kann, wobei »der Einzelne sein Ichideal aufgibt« und es gegen das »Massenideal vertauscht.« (144)[25]

Baudelaires »Massenideal« läßt Züge einer Frau erkennen. Das Heil liegt im »ABSOLUTEN GLAUBEN an die Republik«, in dieser herrscht »eine Atmosphäre universaler Liebe«. Im Oktober 1848 schrieb er, daß »am 24. Februar 1848 die Republik von ihren Barrikaden herabstieg, um sich im Rathaus der Mutterstadt einzurichten«; es war ein »Traumbild, von den einen bewundert, von den anderen gefürchtet«, das »von neuem unter uns erschien«, und »ganz Frankreich warf sich in die Arme der Republik.« (II, 1060) Im »Salut public« heißt es in dem Abschnitt »Die Schönheit des Volkes«: »Seit drei Tagen ist die Bevölkerung von Paris von wunderbarer körperlicher Schönheit.« »In den Gesichtern leuchtet Begeisterung und republikanischer Stolz.« Baudelaire verwendet Klischees, er bewegt sich in den kollektiven Phantasien jener Tage,[26] aber als Dichter agiert er zugleich seine persönlichen Phantasien aus, seine Wünsche, die er früher in seinen Gedichten beschrieben hatte: Die Liebesutopie von »Lesbos« war Wirklichkeit geworden, Sappho war wiedergekehrt; die Frau von »Allegorie«, die »die Menschheit in ihre geöffneten Arme ruft«, hatte sich in der Republik verkörpert; der »Gott des Nutzens«, der die Menschen häßlich machte (»Ich liebe die Erinnerung«) war vertrieben, die antike Schönheit, die »ursprüngliche Größe« war wieder erstanden und damit »Cybele«, die große Mutter, die Christus Baudelaire, eins mit dem Vater und auch eins mit dem Volk, nun lieben durfte. Als er 1851 seinen Februarimpuls durch die Identifizierung mit Dupont wiederfindet, nennt er das »Geheimnis« von dessen Poesie »die unendliche Liebe zur Republik«; diese Republik ist eins mit der »Poesie« und ihrem

»göttlich-utopischen Wesen«. (II, 33 u. 35) »Nach dreitausend Jahren Sklaverei hat das Recht endlich seinen Einzug in die Welt gehalten und die Wut der Tyrannen wird nichts dagegen vermögen.« (»Salut public«) Es war *»Zeitwende«* (Bloch 133), es waren »die ungeheuren Augenblicke der glücklich begonnenen, dann sieghaft sich feiernden Revolution« (Bloch 216). Bloch hat den »Tanz auf den Trümmern der Bastille« (186) dabei im Auge, von dem er sagt, er sei »ein neu ergreifendes Urbild, von den archaischen Reigen der Seligen durch ganz neue Inhalte abgetrennt.« Für Baudelaire war dieser Tanz das Symbol seiner Geburt und ein Versprechen, das sich nun in gesteigerter Form erfüllen sollte. »Ganz sicher wird die Revolution von 1848 größer als die von 1789 sein; sie beginnt ja, wo die andere aufgehört hat.« (»Salut public«) Die Wiederkehr Christi bedeutete den Anbruch des Paradieses und Baudelaire fand »das höchste Gut, hereinbrechende Seligkeit, die so noch nicht da war.« (Bloch 122)

Was Baudelaire erlebte, läßt sich mit Marx beschreiben: Es war die »gemeinsame Erhebung mit ihren Illusionen, ihrer Poesie« im »trunkenen Paris« (MEW 7, 17) und man wird *beide* Aspekte sehen, sowohl die Illusionen wie auch die Poesie. Es wirkt psychologisch gesehen durchaus folgerichtig, daß diese Art der Trunkenheit zu einer neuen Existenzform führte, zur nüchternen Aktivität als politischer Journalist bei der »Tribune nationale«.[27] Er lernte, die sozialen Probleme genauer zu sehen und beschäftigte sich mit Proudhon. Er warnt vor dem Bürgerkrieg; als dieser ausbricht, steht Baudelaire auf der Seite der Arbeiter. Man kann annehmen, daß Baudelaire ähnlich wie Marx und Engels die welthistorische Größe des Aufstands (der der Vorläufer von 1871 und 1917 war) ahnte und daß sein »utopistisch übersteigertes Ego« (Bloch 101) wieder hervorgetreten war. Vermutlich war er anfangs ähnlich wie Marx und Engels davon überzeugt, daß das Volk siegen würde und daß damit die endgültige Lösung der Probleme, die endgültige Errichtung der Utopie kommen werde. Statt dessen brach die Katastrophe herein. Le Vavasseur schildert einen wahnsinnig wirkenden Baudelaire. Rätselhaft ist es, daß Baudelaire diese Vorgänge später verschwieg und daß sie nur am Ende seines Lebens vage auftauchen. Einer der Gründe dafür war seine ideologische Position: Er orientierte sich an Proudhon und lehnte daher den bewaffneten Kampf ab. Was ihn zum Juni (und wohl schon zum 15. Mai) geführt hatte, waren also vor allem emotionale Gründe: Seine alte »Neugier« (vgl. den »Salon von 1846«), in der sich »Vergnügen an der Zerstörung«, Haß auf die Ungerechtigkeit und Solidarität mit den Hungernden sowie die Hoffnung auf das Neue verbanden. Doch angesichts des Gemetzels am Ende konnte er seine Handlung in seinem Bewußtsein, vor seiner theoretischen Position, nicht rechtfertigen.

Die Gedichte deuten noch auf einen anderen Sachverhalt. Benjamin schrieb, daß Baudelaire die »Chokerfahrung ins Herz seiner artistischen Arbeit hineingestellt« habe. Benjamin geht von einer Hypothese Freuds aus, wonach »das Wesen des traumatischen Choks ›aus der Durchbrechung des Reizschutzes‹« bestehe. Nur derartige Erfahrungen, die vom Bewußtsein nicht abgewehrt wurden, können »Bestandteil der mémoire involontaire« und damit der dichterischen Erfahrung werden.[28] Benjamin baut seine These auf einer Passage aus dem Prosagedicht »Das Confiteor des Künstlers« auf: Baudelaire »spricht von einem Duell, in dem der Künstler, ehe er besiegt wird, vor Schrecken aufschreit. Dieses Duell ist der Vorgang des Schaffens selbst.« Benjamin sieht in diesem Bild den »Ausfall der Chokabwehr« festgehalten. Meines Erachtens verbirgt sich in diesem Bild (und in dem Sachverhalt, den Benjamins Intuition erfaßte) die Junierfahrung. Baudelaire hatte die grauenhaften Vorgänge nicht im Bereiche seines Bewußtseins verarbeitet, sie waren ins Unbewußte eingebrochen und wurden in dem frühkindlichen Szenarium erlebt und dann in die christliche Mythologie übersetzt, die diesem sehr ähnlich war und die zudem auch unter den Junikämpfern verbreitet war; Pujol pflegte das Volk mit dem »gemarterten blutenden Leib Christi« zu vergleichen.[29] Der Juni war ein verdichteter Augenblick im »ununterbrochenen Opferfest der Arbeiterklasse« (Marx, MEW 23, 511), er war die Kreuzigung Christi, mit dem sich Baudelaire identifizierte. LeVavasseurs Ausdruck, daß Baudelaire »zum Martyrium wollte«, deutet auf die gleiche Vorstellung, ebenso wie Baudelaires Verbindung von »Revolution«

und »Opfer« im Tagebuch (I, 680 u. 678). Ein Reflex der Christusphantasie scheint auch das Gedicht »Die Züchtigung des Stolzes« zu sein, das 1850 erschien. Es schildert einen mittelalterlichen Gelehrten, der sich in seiner Klugheit größer als Christus dünkte und daraufhin wahnsinnig wurde.[30] Nach diesem Moment der Schwäche aber setzte Baudelaire seine Christusphantasie mit Energie und Konsequenz fort: Auf die Kreuzigung folgt der Abstieg zur Hölle und Baudelaire verwandelte diesen Vorgang in einen Prozeß der ›kreativen Regression‹ (Kris). Der Christus, der die Frau Republik liebt, steigt mit ihr zusammen in die Hölle hinab und setzt dort seine Liebe fort. Die Entwicklung dieser Liebesphantasien und die Verwandlung der mächtigen Frau bilden den Inhalt der »Limbus«-Gedichte. Die beiden Glocken in »Die gesprungene Glocke« sind Reflexe der Erfahrungen des Februar und des Juni, wobei der Dichter hier allein unter den Toten ist. »Der Tod der Liebenden« ist ein Versuch, die Liebesbeziehung mit in den Tod zu retten. In »La Beatrix« fleht der Dichter die Geliebte an, die als Beatrice aber seinem Haß ablehnend gegenübersteht. In »Der fröhliche Tote« wächst dieser Haß; in »Das Faß des Hasses« tauchen die Danaiden auf, die den Haß fördern. Im ersten »Spleen« erscheint dann eine andere Geliebte, die »Pikdame«, und zwar gerade in Verbindung mit einem Hinweis auf den Kalender der französischen Revolution, der im Jahre 1792 begann (auf eine Anekdote aus der Zeit der ›Terreur‹ scheint auch »Das Faß des Hasses« zurückzugehen. Vgl. I, 971); das Gedicht evoziert die Arbeiterviertel, über die sich die »Sterblichkeit« ergießt. Dies Erlebnis hatte Baudelaire im Juni gehabt.[31] Die »bleichen Bewohner des Friedhofs« werden erwähnt, die Toten sind gespenstisch anwesend und nehmen wohl am Gespräch über die »tote Liebe« teil – als seien sie die Kinder dieser Liebe zwischen Baudelaire und dem Aufstand.[32] »Der Tod der Künstler« beginnt sehr resigniert, doch dann erscheint die »ideale Figur«, das »Idol«, als abwesendes freilich noch, aber »diese verdammten Bildhauer« haben die »Hoffnung«, daß der »Tod« wie »eine neue Sonne die Blumen ihres Gehirns blühen lassen wird.« Schließlich beschwört der Dichter Lady Macbeth, sein »rotes Ideal«, und die »Nacht« von Michelangelo.

Diese Vorgänge sind nur Schatten und Schemen, aber sie lassen doch erkennen, daß Baudelaire sich von den Vorstellungen des Februar löst bzw. sie ins Böse, ins Satanische umbaut: Er verwandelt sein Liebesideal. Das Element der Sünde, der Unreinheit der riesigen Prostituierten der ersten Phase wird nicht wieder aufgenommen. Es ist die Frau von »Allegorie« und auch Sappho, die fortgeführt und nun mit Zügen des Kämpferischen versehen werden.[33] Es ist, als nähere sich Baudelaire der »Freiheit« Barbiers, freilich ohne das sexuelle Moment, das nun ganz verschwunden ist. Die Heroine, die sich Baudelaire erbaut, erinnert in keiner Weise an eine Arbeiterin, sondern ist ein Produkt der Kunst, ganz äußerlich durch die Übernahme der Figuren von Shakespeare (bzw. von Delacroix, der Lady Macbeth 1850 dargestellt hatte);[34] man kann in ihnen Bundesgenossen sehen, die Baudelaire um Hilfe ruft. In »Der Tod der Künstler« ist das »Idol« als Produkt der »Bildhauer« zu verstehen: Baudelaire versucht, sich aus eigener Kraft aufzurichten, aber die Wurzel seiner Kraft entstammt eben auch dem Juni, als er am »Verbrechen« (II, 1062), teilnahm, das er als »Titan« (»Das Ideal«) neu beginnen möchte.

Neue Hoffnungen und Rückkehr zur Wirklichkeit

Das »Manuskript der zwölf Gedichte« mit dem Obertitel »Limbus« wird auf den Zeitraum zwischen September 1851 und Januar 1852 angesetzt und so stellt sich die entscheidende Frage, ob diese Gedichte vor oder nach dem 2. Dezember entstanden sind. Ein Teil der Gedichte läßt sich als optimistisch und realistisch bezeichnen, es handelt sich hier um Texte aus der Frühzeit, die Baudelaire jetzt wieder aufnimmt und z. T. umarbeitet: »Das löchrige Kleid einer rothaarigen Bettlerin«, »Die Seele des Weins«, »Der Wein der Lumpensammler«, »Zigeuner auf Reisen«, »Die Morgendämmerung«. Als neues Gedicht kommt »Die Abenddämmerung« hinzu. Diese Gedichte entsprechen der Haltung Baudelaires, wie sie in dem

Aufsatz »Der Wein und das Haschisch« vom März 1851 und im Dupont-Aufsatz vom August 1851 zum Ausdruck kommt und auch noch in »Die braven Dramen und Romane« vom November 1851 und z. T. in »Die heidnische Schule« vom Januar 1852 zu finden ist. Die übrigen Gedichte sind »Die Verleugnung des heiligen Petrus«, »Eine Reise nach Cythera«, »Die Lust« (später »Die Zerstörung«), »Der Weinbeutel der Lust« (später »Die Verwandlung des Vampirs«), »Der Blutbrunnen«, »Der Unstern«, »Der Tod der Armen«, »Das Lösegeld«. Im Gegensatz zu den erstgenannten Gedichten sind diese tief pessimistisch und zudem durchaus unrealistisch und allegorisch; eine schwer faßbare Katastrophe läßt sich in ihnen ahnen. Ich sehe hier die Wirkung des 2. Dezember.

Baudelaires Tendenzen und Interessen um 1850/51 kommen in den Aufsätzen klar zum Ausdruck. In »Wein und Haschisch« finden sich Prosaversionen von »Die Seele des Weins« und »Der Wein der Lumpensammler«, in denen die »sozialistische und humanitäre Färbung« der Versgedichte intensiver ist. (Pichois, in I, 1045). In der Prosafassung von »Die Seele des Weins« werden die Freude und die Hoffnung, die der Wein gibt, betont. Der angesprochene Mensch ist ein »Arbeiter« (»travailleur«). Von den Gesängen der Liebe und des Ruhms ist die Rede. Die Poesie steigt nicht zu Gott auf, sondern es heißt: Wir beide »werden einen Gott machen.« Auffällig ist der Satz: »Unglücklich ist der Egoist, dessen Herz den Leiden seiner Brüder verschlossen ist und der nie diesen Gesang gehört hat«. Schließlich wird auf Christus verwiesen: Wenn er heute »auf der Anklagebank erschiene«, würde ein Staatsanwalt zeigen, daß dieser Fall durch seine »Rückfälligkeit« sehr ernst sei. »Der Wein der Lumpensammler« unterscheidet sich besonders am Ende von der Versversion; der dortige Schluß mit dem Trost für die Elenden fehlt wie auch die Erwähnung Gottes. Am Ende stehen Triumphbilder. Auffällig ist auch der Ausdruck »die Gottheit der Industrie«, sie wird hier positiv gesehen; ähnlich wird später der Arbeiter, der die Maschine verflucht, abgelehnt. (Diese Einstellung fand sich schon im »Salut public«, wo es hieß: »Jede Maschine ist heilig wie ein Kunstwerk.«) Auf den Vorwurf hin, »Sie idealisieren den Pöbel«, verteidigte Baudelaire den Wein, er sei notwendig »für die Gesundheit und den Intellekt des Planeten«.

An die Thematik von »Die Karawane der Zigeuner« erinnern die »Anekdoten«, die Baudelaire anschließend erzählt. Man sah einen Betrunkenen mit einem glückseligen Lächeln auf dem Boden liegen; sein Freund band einen Strick um ihn und zog ihn fort. Der Betrunkene lächelte, er hatte »diesen mütterlichen Gedanken« verstanden. Baudelaire nennt diese Szene »hyper-sublime«, sie »übersteigt die poetischen Kräfte des Menschen«. Dann wird von einem Spanier berichtet, der mit dem jungen Paganini das Vagabundenleben der Zigeuner führte, der »Leute ohne Familie und ohne Vaterland«. Der Spanier freundete sich mit einem Steinmetz an, der auch gerne trank. Als der Spanier ein Konzert geben soll, überredet er den Freund, Geige zu spielen, obwohl dieser das kaum kann; dessen kreischende Melodie bekleidet er dann mit den Tönen seiner Gitarre, »glanzvoll und mütterlich«. Der Spanier hatte ein solches Talent, »daß er wie Orpheus sagen konnte: Ich bin der Herr der Natur.«

Baudelaire beschreibt dann die Wirkung des Haschisch. Es führt zu einem Zustand des »absoluten Glücks«. »Alle Widersprüche sind zur Einheit geworden. Der Mensch ist Gott geworden.« Er spürt eine »unermeßliche Liebe« zu den anderen Menschen. Am nächsten Tag jedoch ist man »unfähig zur Arbeit« und hat »keine Energie mehr zum Handeln.« Baudelaire verurteilt am Ende das Haschisch, es sei »antisozial« und eine »Waffe für den Selbstmord«; der Wein dagegen wird gepriesen, er sei »gesellig« und wie »ein Mensch der Tat.«

Im Dupont-Aufsatz entwickelt Baudelaire, ausgehend von Barbier, das Programm einer engagierten Dichtung. Dichtung sei »untrennbar von der Moral und der Nützlichkeit«. Baudelaire wendet sich gegen die Romantik und deren Abkömmling, die »puerile Utopie der Schule des L'art pour l'art«, die die Moral und die Leidenschaften ausschloß und daher »steril« sei. Baudelaire zieht den Dichter vor, der sich »in einer ständigen Kommunikation mit den Menschen seiner Zeit« befindet und »in melodischeren Schwingungen den menschlichen Gedanken, der ihm übermittelt wurde, zurückgibt«. »Jeder echte Dichter

muß eine Inkarnation sein«. Baudelaire beschreibt dann das Elend der Lyoner Seidenarbeiter und Duponts Engagement. Als wesentliche Züge Duponts hebt Baudelaire seine Liebesmystik und vor allem seinen Optimismus hervor. Das »große Geheimnis« dieses Dichters bestehe »in der Liebe zur Tugend und zur Menschheit« und in »der unendlichen Liebe zur Republik«. »Es gibt noch etwas, ja es gibt noch mehr. Das ist die Freude!« Baudelaire wendet sich gegen »die Schatten von René, Obermann und Werther«: »Der Geist der Tat gewährt euch keinen Platz mehr unter uns.« Zum Ende hin heißt es: »Zu Großem ist die Dichtung bestimmt. Freudig oder klagend, immer wird sie das göttliche Wesen der Utopie in sich tragen.« »So schreite in die Zukunft und singe, Dichter, den uns die Vorhersehung gesandt hat, deine Gesänge sind das leuchtende Abbild der Hoffnungen und Überzeugungen des Volkes!«
Der theoretische Bezugspunkt von Baudelaires Darlegungen ist Proudhon, zu dem er eine »geheime Wahlverwandtschaft« empfindet. In »Die braven Dramen und Romane« vom November 1851 heißt es: »Proudhon ist ein Schriftsteller, um den uns Europa immer beneiden wird.« In diesem Aufsatz wendet sich Baudelaire gegen die Heuchelei, und zwar sowohl gegen die bürgerliche wie gegen die sozialistische; er fordert eine realistische Literatur, unter Hinweis auf Balzac. Der Schriftsteller habe wie »ein Arzt« die Wunden zu untersuchen. In »Die heidnische Schule« vom Januar 1852 schreibt Baudelaire, »die Zeit ist nicht fern, wo man begreifen wird, daß jede Literatur, die sich weigert, brüderlich zwischen der Wissenschaft und der Philosophie zu marschieren, eine mörderische und selbstmörderische Literatur ist.«[35]
Benjamin nannte den Dupont-Aufsatz Baudelaires »revolutionäres Manifest« (25), doch wird man bei genauerer Betrachtung zu einem anderen Ergebnis kommen. In dem Aufsatz wird die Februarrevolution gepriesen, kurz danach aber ist vom »abscheulichen Bürgerkrieg« (II, 32) die Rede und Baudelaire zitiert zwei Zeilen von Dupont; sie entstammen dem Gedicht »Die Junitage« (was Baudelaire nicht erwähnt). Baudelaire hat immer noch die ideologische Position von 1848 und wie damals wird der Juniaufstand verurteilt, bzw. ist geradezu tabu.

Baudelaire verherrlicht den »Geist der Tat«, doch nicht im Sinne des revolutionären Kampfes, sondern im Zusammenhang mit Proudhon und dessen Begeisterung über ein Arbeitslied.[36] Gleich danach verwendet Baudelaire ein Bild des Kampfes: »Die Axt in der Hand, kappte Dupont die Kette der Zugbrücke zur Festung«, doch bezieht sich diese Stelle auf den Sieg der »Dichtung des Volkes«.[37] Wie Proudhon beabsichtigt Baudelaire »keineswegs die Abschaffung der bürgerlichen Produktionsverhältnisse, die nur auf revolutionärem Wege möglich ist«; wie die Frühsozialisten erblickt er »auf der Seite des Proletariats keine geschichtliche Selbsttätigkeit« und sieht es nur unter dem Gesichtspunkt »der leidendsten Klasse«. (Kommunistisches Manifest, MEW 4, 489 f.)[38]
In Baudelaires Poesie kommen allerdings die Schichten der Wirklichkeit, die er in der Prosa beiseite schiebt, zum Ausdruck, freilich in verschleierter Weise. Im Gedicht »Die Abenddämmerung« läßt sich Baudelaires innerer Konflikt in dieser Zeit beobachten. Der »Abend« ist ein »Freund des Verbrechers«, ein »Komplize«, heimlich wie ein Wolf; »der ungeduldige Mensch verwandelt sich in ein wildes Tier«. Es folgt ein Absatz und nun wird der Abend nochmals angesprochen, das Gedicht beginnt gleichsam von neuem, und zwar in ganz anderer Tonart. Der Abend wird von den Menschen ersehnt, die von ehrlicher Arbeit müde sind, vom Arbeiter und vom Wissenschaftler. Danach knüpft das Gedicht gleichsam an den Anfang an: Dämonen erwachen, die Prostitution und die Gauner und Diebe beginnen ihr Werk. Nach diesen Passagen, die die äußere Realität beschreiben, erscheint das sprechende Ich: »Sammle dich, meine Seele, in diesem ernsten Augenblick, /Und verschließe dein Ohr vor diesem Gebrodel.« (Erste Fassung) Dann wird die Nacht erwähnt, sie packt die Kranken, der Tod naht. »Für viele wird es nicht mehr eine duftende Suppe geben, / Abends am Feuer, neben einer geliebten Seele./Und dabei haben die meisten nie gekannt/Die Süße des Heims und haben nie gelebt.« –
Die gebetsartige Aufforderung an die Seele, sich abzuwenden, bedeutet, daß das Ich eine Versuchung fühlt, nach draußen zu gehen und an den geschilderten Vorgängen teilzunehmen. Der

Abend erscheint zuerst als Verführer zum Verbrechen. Mit dem zweiten Anfang aber taucht eine ganz andere Gestalt des Abends auf, der Feierabend, der Ruhe und auch Linderung der Schmerzen bringt. Doch dann wird der erste Aspekt wieder aufgenommen. Die »Prostitution« wird mit einem »Ameisenhaufen« verglichen, auch mit einem »Wurm« in der »Stadt des Schmutzes«. Zusammen mit dem Wort »Wolf« und dem »Alkoven« des Anfangs wird die Stadt zu einem Bordell, in dem die Menschen als Tiere auftreten.[39] Die Seele des Dichters fühlt sich zu diesen Bildern hingezogen und wird zurückgerufen, und zwar durch Bilder des Todes, die wie eine Drohung wirken: Das Ich, das zugleich ein Über-Ich ist, hält die Seele von der Sünde fern, indem es den Tod vorführt, der gleichsam die Strafe für die Sünde ist. Es folgen dann, wie aus einem Impuls des Mitleids, Bilder einer Idylle, die freilich eine abwesende ist. Das Zentrum dieses komplexen Gedichts besteht in der Doppeldeutigkeit des Abends; er ruft zwei entgegengesetzte Reaktionen in Baudelaire hervor: Er verwandelt den ungeduldigen Menschen in ein wildes Tier, das zu Prostitution und Verbrechen hinstrebt; andererseits bringt er den Abendfrieden, Bilder der Sehnsucht, Bilder der Wünsche des arbeitenden Menschen, die freilich kaum erfüllt werden.

Man wird diese Bilder mit früheren Gedichten und mit den Erfahrungen Baudelaires verknüpfen. »Prostitution« und »Verbrechen« wirken wie eine Anspielung auf die Theorie von Granier de Cassagnac (s. oben S. 45), d. h. für einen damaligen bürgerlichen Ideologen handelte es sich um ein Gedicht über das Proletariat als der »gefährlichen Klasse«,[40] mit der Baudelaire im »Salon von 1846« den ›modernen Heroismus‹ verbunden hatte (s. oben S. 45). Merkwürdig ist, daß die Prostitution »sich einen geheimen Weg bahnt,/Wie der Feind, der einen Handstreich versucht.« Der Handstreich stand im Zentrum des Denkens der Konspirateure, wie Benjamin zeigte. In dem »ungeduldigen Menschen, der sich in ein wildes Tier verwandelt«, kann man aus solcher Perspektive die »verbissene Wut« erkennen, »die ein halbes Jahrhundert von Barrikadenkämpfen in Pariser Berufsverschwörern genährt hatte.« (13) Der Abend als »Freund des Verbrechers« erinnert auch an die »natürliche

Liebe zum Verbrechen«, mit der Baudelaire im Tagebuch den Juni erklären wird (den er im Oktober 1848 als »Verbrechen« bezeichnet hatte. S. oben S. 74). Die bürgerlichen Vorstellungen, hinter denen sich der Juniaufstand verbirgt, sind zugleich typische Produkte psychischer Verdrängungen. Die Wünsche sind zu tierischen Trieben geworden und können nur in dieser Gestalt ins Bewußtsein aufsteigen.[41] Die Ursache dieser Verdrängtheit ist Angst, die reale Todesangst, die in der »Chokerfahrung« ins Unbewußte einbrach. Es kommt ein weiterer Grund hinzu: Baudelaire dämonisiert in diesem Gedicht den Juni nicht nur aus Angst; der christliche Sozialismus und die damit zusammenhängenden Gefühle und Ideen wirken in die gleiche Richtung. Schon im Oktober 1848 hatte er von den »Leiden der Unschuldigen«[42] gesprochen; im Dupont-Aufsatz findet sich ein starkes Mitgefühl mit den Armen. Diese Gefühle zeigen sich nun in dem Arbeiter, der müde nach Hause kommt, und in der »Süße des Heims« und der »duftenden Suppe« neben »der geliebten Seele«. Baudelaire hat sich einen neuen Lebensbereich erschlossen: Im Unterschied zur Euphorie der Wein-Gedichte (und auch zum Liebesparadies von »Lesbos«) gestaltet Baudelaire nun Wünsche des einfachen Arbeiters, Wünsche, die in der Wirklichkeit erfüllbar sind. Er hat sein altes Phantasie-Ich verlassen; er hat Teile des Verbrüderungsrausches aus dem Februar in die Wirklichkeit überführt und in sein Bewußtsein integriert. Man wird diese Wandlung in Zusammenhang mit dem Gefühl der Freundschaft bringen, das Baudelaire in »Wein und Haschisch« schilderte und das man auch als die Wurzel des Dupont-Aufsatzes ansehen kann. Dupont stammte aus Lyon, wo Baudelaire 1832–1836 gelebt hatte; mit dieser Zeit verband er »Melancholie« und »Einsamkeit«,[43] aber sicher auch Wünsche nach Kontakt, wie sie dann später auftauchen werden (s. unten S. 171).

Der Weg von »Die gesprungene Glocke« bis zu »Die Abenddämmerung« läßt sich als einheitliche, wenn auch verschlungene Entwicklung verstehen. (Beide Gedichte sind übrigens Wiederaufnahmen von »Pariser Landschaft«.[44]) In der ersten »Limbus«-Serie arbeitete sich Baudelaire durch den Chok der Niederlage hindurch, und zwar im Bereich des Phantastischen;

dann hatte er genug Stärke gefunden, um sich wieder in die Realität zu begeben und an seine Thematik von 1839–1844 anzuknüpfen und sie weiter zu entwickeln. In »Die Abenddämmerung« konfrontiert er sich mit der Gegenwart und nun steigt der Juni sehr bedrohlich auf. Was in der Verkleidung der Kunstfiguren (»Das Ideal«) möglich war, erzeugt nun Angst: Der »Freund des Verbrechers« trifft einen Dichter, dessen »Seele mächtig des Verbrechens« sein möchte, es erscheint die »Nacht« – aber nicht als die riesige Mutter der Titanen, sondern als Figur des Todes. Gleichwohl ist dies Gedicht (Benjamin sprach von seinem »schwerergründlichen Charm«[45]) im Zusammenhang der bisherigen Entwicklung ein großer Schritt in Richtung auf eine Konfrontation mit den inneren und äußeren Problemen, was freilich erst sehr viel später ganz offenkundig werden wird (s. unten S. 175).

Die Entwicklung Baudelaires in den Jahren 1850/51 ist ein Reflex des gesellschaftlichen Prozesses, der Anlaß zu neuen Hoffnungen gab, wie Äußerungen von Marx und Engels erkennen lassen. Marx schrieb Ende März 1850 über die Vorbereitung der Wahlen vom 10. März 1850, als »de Flotte, Vidal und Carnot« aufgestellt wurden: »Es war dies eine *allgemeine Koalition gegen die Bourgeoisie und die Regierung, wie im Februar.* Aber diesmal war das *Proletariat der Kopf der revolutionären Ligue.*« »*Die Wahl vom 10. März 1850! Es war die Zurücknahme des Juni 1848*: Die Massacreurs und Deporteurs der Juniinsurgenten kehrten in die Nationalversammlung zurück, aber gebeugt, im Gefolge der Deportierten, und ihre Prinzipien auf den Lippen.« (MEW 7, 91) Etwa zur gleichen Zeit schrieb Marx auch: »Die Revolution (...) steht im Gegenteil nahe bevor, sei es, daß sie hervorgerufen wird durch selbständige Erhebung des französischen Proletariats oder durch eine Invasion der Heiligen Allianz gegen das revolutionäre Babel.« (7, 245) Im Oktober 1850 faßte er den Moment ins Auge, an dem »die ökonomischen Verhältnisse selbst wieder den Entwicklungspunkt erreicht haben, wo eine neue Explosion diese sämtlichen hadernden Parteien mit ihrer konstitutionellen Republik in die Luft sprengt.« (7, 107) Im April 1851 schrieb Engels: »Ich nehme als ausgemacht an, daß jede siegreiche

Pariser Revolution im Jahre 1852 sofort den Krieg der Heiligen Allianz gegen Frankreich zur Folge hat« und er erwog die »Bedingungen und Aussichten« eines solchen Krieges (7, 468). Im Juni 1851 untersuchte Marx die Machtgruppen Bourgeoisie, Volk und Napoleon und kam zu dem Ergebnis, daß im Falle eines offenen Konflikts »die Armee und die Bourgeoisie gegen das Volk« kämpfen würden. »Der Ausgang hängt von dem Mut, der Klugheit und der Einigkeit des Volkes ab. (. . .) Die Zukunft geht mit großen Ereignissen schwanger und das gegenwärtige Frankreich ist eines der interessantesten Studienobjekte, welche die Geschichte bietet.« (7, 506)[46]

Die Katastrophe des Staatsstreichs vom 2. Dezember 1851

Die späteren Gedichte aus dem »Manuskript der zwölf Gedichte« wirken rätselhaft, nur »Die Verleugnung des heiligen Petrus« scheint unmittelbar verständlich. Ich versuche wieder, diese Gedichte als Teile eines einheitlichen Szenariums ins Auge zu fassen.

In »Die Verleugnung des heiligen Petrus« wird am Anfang Gott als prassender Tyrann im Himmel gezeigt, der sich an den Leiden der Menschheit berauscht; auf der Erde findet die Kreuzigung statt. Sie wird mit der Erinnerung von Christus an seinen triumphalen Einzug in Jerusalem kontrastiert. Dann wendet sich der Blick zu Petrus, der kämpfen wollte. Er verleugnete Christus, der sich widerstandslos hinrichten ließ und der Dichter gibt Petrus recht: Man hätte kämpfen sollen, auch wenn es der Untergang gewesen wäre. – Am besten läßt sich das Gedicht begreifen, wenn man es als Meditation Baudelaires vor dem Gekreuzigten und seinen gräßlichen Martern betrachtet. Der Dichter sieht die »Nägel« im »lebenden Fleisch«, die »Dornenkrone«, »Blut« und »Schweiß« des »zerbrochenen Körpers«, der am Kreuz hängt, mit der »Lanze« in der Brust. Dabei stellt sich der Dichter vor, daß Christus in dieser Situation seinen Entschluß, nicht zu kämpfen, bereute und diese Reue schmerzte schlimmer als die Lanze.

In »Eine Reise nach Cythere« kommt der Dichter ins Land der Liebe, er sieht dort einen Galgen mit einem Gehenkten, in dem er sein eigenes Bild erkennt. Das Grauen der körperlichen Zerstörung ist hier noch stärker als in »Die Verleugnung des heiligen Petrus«: Vögel hacken in dem blutenden Leichnam, die Augenhöhlen sind leer, die Eingeweide hängen heraus, der Leichnam ist »absolut kastriert«. – Die Situation des Dichters läßt sich als die gleiche wie in »Die Verleugnung des heiligen Petrus« begreifen: Er steht vor einem Getöteten. Man kann folgern, daß er sich auch in Christus selbst sah. In beiden Gedichten erfolgt ein Umschlag von der Euphorie in den gräßlichen Tod. Christus verkündete die Botschaft der Liebe, das »ewige Versprechen« an den »leuchtenden und schönen Tagen«, »das Herz geschwellt von Hoffnung und Tatkraft«. Ähnlich beginnt »Eine Reise nach Cythere«: Das Herz des Dichters ist wie ein »freudiger Vogel«, der »frei umherflog«; von den »Festen des Herzens« ist die Rede. – In »Der Weinbeutel der Lust« (später »Die Metamorphose des Vampirs«) wird »die Frau« vorgeführt, eine allegorische Figur von absoluter Verführungskraft. »Als sie mir das Mark aus den Knochen gesaugt hatte, erblickte ich nur noch einen Weinbeutel voller Läuse«. Die Frau hat sich in ein Skelett verwandelt. – Wie in »Eine Reise nach Cythere« erfolgt ein Umschlag von der Liebe in den Tod, bzw. von der Euphorie in das Schauerlich-Ekelhafte. – In »Die Lust« (später »Die Zerstörung«) ist von einem »Dämon« die Rede, der ständig um den Dichter ist; er verwandelt sich manchmal in die verführerischste Frau und bringt den Dichter in die »Ebenen des Ennui« und wirft ihm »schmutzige Kleider, offene Wunden und das blutige Werkzeug der Zerstörung« in die »Augen«. – Wie in den anderen drei Gedichten verwandelt sich eine Liebeserfahrung in ein Zerstört-werden. – In »Der Blutbrunnen« ist es dem Dichter, als ob sein Blut aus einer unsichtbaren Wunde herausfließt und das ganze Land überflutet. Die Liebe ist für ihn eine »Matratze von Nadeln,/Gemacht, um diesen grausamen Mädchen zu trinken zu geben!« – »Der unbekannte Künstler« (später »Der Unstern«) läßt sich als eine Art Abschluß dieser Phantasieserie lesen. Der Dichter hat nicht den Mut von »Sisyphos« und geht zu einem »einsamen Friedhof«; er legt sich gleichsam selbst ins Grab.[47]

Nur in »Die Verleugnung des heiligen Petrus« ist die Ursache der Zerstörung erkennbar: Ein grausamer Gott herrscht über die Menschen und vernichtet ihre Hoffnungen. Von der Bibel aus gesehen, war es allerdings die Liebe zu den Menschen, die Christus dazu bewegte, sich für sie zu opfern. Dieser Gedanke könnte auch die Grundfigur der vier Gedichte sein, in denen die erotische Liebe den Tod bringt; diese Liebe hat religiöse Züge: So heißt es etwa in »Eine Reise nach Cythere«, daß hier »alle sterblichen Herzen in Anbetung/Wie Weihrauch wirken« (erste Fassung, Zeile 15–16). Die Paradoxie des Vorgangs wird deutlich in der Ersetzung des Titels »Die Lust« durch »Die Zerstörung«; letzterer würde auch zu »Der Weinbeutel der Lust« passen, in dessen späterem Titel eben die Verwandlung ausgedrückt wird. (Im gleichen Sinne wird in »Eine Reise nach Cythere« in Zeile 48 »alte Lieben« durch »alte Schmerzen« ersetzt.) Das Rätselhafte des Vorgangs kommt z. B. in »Die Lust« zum Ausdruck, wo die Augen »voller Verwirrung« sind; in »Der Blutbrunnen« sucht der Dichter vergeblich die Wunde. Das Wort »Allegorie«, das der Dichter in »Eine Reise nach Cythere« verwendet, wirkt wie eine Aufforderung, nach Hintergründen zu suchen, die Baudelaire selbst nicht bewußt waren oder die er absichtlich verschleierte.

Bei weiterer Betrachtung der Gedichte fällt das Thema des Trinkens und Getrunkenwerdens auf. In paradoxer Weise erscheint es in »Der Weinbeutel der Lust«, wo dem »Erdbeermund« der Frau zuerst »Worte voller Moschus« entströmen, dann aber der Dichter selbst leergesaugt wird. In »Die Lust« wird der »Dämon« »eingeatmet« und »verschlungen«, als Frau gibt er dann einen »infamen Trank«. In »Eine Reise nach Cythere« ist Venus wie ein »Aroma«, das »eingeatmet« wird. In »Der Blutbrunnen« sucht der Dichter Zuflucht beim Wein, aber vergeblich; dann trinken die Mädchen sein Blut. Man kann die Vögel von »Eine Reise nach Cythere« hierherstellen, die den Körper des Gehenkten fressen; am Anfang war sein Herz selbst wie ein Vogel. Das »Erbrechen« des Dichters läßt sich auch in den Bereich des sich verwandelnden Trinkens stellen. Diese

Bildvorstellungen erscheinen auch in »Die Verleugnung des heiligen Petrus«, gleichsam in erklärender Weise: Gott trinkt die »Fluten von Blasphemien« und auch die »Schreie der Märtyrer und Verurteilten«. Eigentlich sollte Gott der Quell der Liebe sein, im Tagebuch wird ihn Baudelaire »das gemeinsame, unerschöpfliche Reservoir der Liebe« nennen. (I, 692)
Es zeigt sich in diesen Bildern eine Figur seelischer, emotionaler Erfahrung: Ein Liebesimpuls verwandelt sich in ein Erlebnis des Schrecklichen; das Liebesobjekt wird zu etwas Todbringendem, Grausamen, Ekelhaften. Der Liebende wird zerstört, zerstochen, zerstückelt; das, was getrunken wurde, strömt nun wieder hervor, der Trinker wird getrunken. Derartige Vorstellungen bilden sich in der oralen Phase: Entbehrungen schlagen in Frustration und Aggression um; werden sie unterdrückt, so wenden sie sich zurück gegen das eigene Ich und erzeugen Phantasien der Selbstzerstörung, die als Wahnsinnsbilder empfunden werden.[48]
Diese frühen Bilder bzw. Erfahrungen sind in den Gedichten mit Ängsten aus späteren Phasen vermischt. »Der Weinbeutel der Lust« wirkt wie ein Inzesttraum, wo sich die begehrte Mutter in ein verschlingendes, kastrierendes Monstrum verwandelt; dies Thema bildet auch den Inhalt von »Eine Reise nach Cythere«, wo die Kastration wörtlich genannt wird, und ist symbolisch auch in »Die Lust« vorhanden, da sich der Schluß als Blendung verstehen läßt (die Augen sind oft ein Phallussymbol).
Liest man die Gedichte in der zuerst angegebenen Folge als Serie, so wird etwas Weiteres sichtbar. In »Die Verleugnung des heiligen Petrus« ist Gott, ein Vatersymbol, die Ursache des Leidens; in den anderen Gedichten ist es ein weibliches Element, ein Muttersymbol. Diese Abfolge läßt sich als Regression verstehen: der Sohn des Vaters wird wieder zum Kind der Mutter. Der Vater lehnte ihn ab und so erfolgte die Rückkehr zur Mutter.
Wesentlich ist in dieser Serie die Rolle des Hasses, der Aggression. In »Die Verleugnung des heiligen Petrus« wendet sich der Dichter gegen Christus und plädiert für den Kampf, freilich in einer sehr pessimistischen Weise: es gibt nur den

Untergang, aber er soll wenigstens nicht passiv erlitten werden. Dieser Haß ist auch in »Eine Reise nach Cythere« zu erschließen, eben als Folge des Gehenktwerdens, und ebenso in »Der Weinbeutel der Lust«. »Die Lust« zeigt nun etwas Zentrales: Der Dämon bzw. die Frau wirft dem Dichter das »Werkzeug der Zerstörung« in die Augen. Da das Gedicht eine Phantasie ist, muß man den Vorgang der Zerstörung als Wunsch (als Wunscherfüllung) auffassen. Eigentlich möchte sich ein solcher Wunsch aber nach außen wenden, d. h. der Dämon bzw. die Frau will den Dichter zur Zerstörung anstiften. Eben diese Zerstörung ereignet sich insgeheim in »Der Blutbrunnen«: als Phantasie gelesen, besagt das Gedicht, daß die ganze Welt im Blut ertränkt werden soll. Man kann das Blut des Dichters mit dem Blut von Christus gleichsetzen, durch das die Welt erlöst werden soll. (Es soll »den Durst jeder Kreatur löschen« und Pichois bemerkt dazu, daß dieser Satz nur »im Mund von Christus« seinen Sinn erhalte. In I, 1064.) Jetzt soll dieses Blut die Welt vernichten.
So sind paradoxe Gedanken im Zentrum dieser Phantasien zu beobachten: Was ich liebte, hat mich zerstört. Oder: Weil ich liebte, wurde ich zerstört. Dann wandelt sich dieser Gedanke: Ich will so sein wie das, was mich zerstörte.[49] Ich will ein Dämon der Zerstörung, des Kampfes sein (und so wird es später auch formuliert werden, s. unten S. 78). Der Ennui taucht hier auf, wie schon vor 1844 und wie später, z. B. in »An den Leser« und im vierten »Spleen«. Bereits in der ersten »Limbus«-Serie vollzog sich diese Entwicklung von der Niederlage zum Haß, doch kann sie sich diesmal nicht durchsetzen und so erfolgt die Wendung in die Resignation von »Der Unstern«, »Das Lösegeld«, »Der Tod der Armen«.[50]

Die bisher abstrakt gebliebenen Seelenfiguren erhalten eine konkrete Bedeutung, wenn man sie als Reaktion Baudelaires auf den Staatsstreich versteht, womit zugleich ihre Genese sichtbar wird.
Baudelaire war bei den kleinen Gruppen gewesen, die den Widerstand zu organisieren versuchten. Im Tagebuch wird er später schreiben: »Meine Wut beim Staatsstreich. Wieviel

Schüssen war ich augesetzt! Noch ein Bonaparte! Welche Schmach! Und doch hat sich alles beruhigt. Kann der Präsident nicht ein Recht für sich in Anspruch nehmen? Was der Kaiser Napoleon III. ist. Was er wert ist. Die Erklärung für sein Wesen und seine Vorherbestimmtheit finden.« (I, 679) »Alles in allem wird der große Ruhm Napoleons III. vor der Geschichte und vor dem französischen Volk in dem Beweis liegen, daß der erste beste, indem er sich des Telegraphen und der Nationaldruckerei bemächtigt, eine große Nation regieren kann. Dummköpfe sind die, die glauben, daß solche Dinge ohne die Zustimmung des Volkes geschehen können – und ebenso die, die glauben, daß der Ruhm nur auf echten Tugenden beruhen könne.« (I, 692) Am 5. 3. 1852 heißt es in einem Brief: »Der 2. Dezember hat mich *physisch entpolitisiert.*« Am 27. 3. 1852 ist von der »niederschmetternden Wirkung« der »politischen Ereignisse« die Rede.

Wie typisch Baudelaires Reaktion war, zeigt ein Vergleich mit den Analysen von Marx und Engels. Marx schrieb, für Frankreich war der Staatsstreich »ein Blitzstrahl aus heiterem Himmel« (MEW 8, 119). »Es genügt nicht zu sagen, wie die Franzosen tun, daß ihre Nation überrascht worden sei. Einer Nation und einer Frau wird die unbewachte Stunde nicht verziehen, worin der erste beste Abenteurer ihnen Gewalt antun konnte. Das Rätsel wird durch dergleichen Wendungen nicht gelöst, sondern nur anders formuliert. Es bliebe zu erklären, wie eine Nation von 36 Millionen durch drei Industrieritter überrascht und widerstandslos in die Gefangenschaft abgeführt werden kann.« (8, 129 f.) Marx erwähnt »die kleinlaute Verzweiflung, das Gefühl der ungeheuersten Demütigung, Herabwürdigung, das die Brust Frankreichs beklemmt und seinen Atem stocken macht. Es fühlt sich wie entehrt.« (8, 197) Ähnlich schrieb Engels: »So etwas ist noch nie dagewesen, solch eine Schmach hat keine Nation erduldet, seit die prätorianischen Legionen des untergehenden Roms das Imperium unter den Hammer brachten und an den Meistbietenden verkauften.« (8, 221) Das eigentliche Problem bestand freilich in der Tatsache, daß das Proletariat – entgegen der Annahme von Marx aus dem Juni 1851 – keinen Widerstand geleistet hatte und so heißen Engels Aufsätze von Februar und März 1852: »Die wirklichen Ursachen der verhältnismäßigen Inaktivität der französischen Proletarier im vergangenen Dezember«, und Marx geht der gleichen Frage in »Der achtzehnte Brumaire des Louis Bonaparte« nach. Das Proletariat kämpfte nicht, weil Napoleon nur die politischen Rechte der Bourgeoisie abschaffte, es selbst hatte nichts mehr zu verlieren. Hätte es gekämpft, so wäre die Bourgeoisie sofort ein Bündnis mit Napoleon eingegangen. Es ist hinzuzufügen, daß Napoleon sich als Errichter des Sozialismus proklamierte und ein Teil der Arbeiter und ihrer Theoretiker war geneigt, ihm zu glauben. So sagt Marx von »Proudhons Coup d'état«: »Unter der Hand verwandelt sich ihm jedoch die geschichtliche Konstruktion des Staatsstreichs in eine geschichtliche Apologie des Staatsstreichshelden.« (8, 559) Das Plebiszit vom 20. Dezember 1852 ließ Napoleon als »Repräsentanten eines nahezu einmütigen Frankreichs« erscheinen. (Engels 8, 227) Im Brief vom 20. 3. 52 erwähnt Baudelaire den »napoleonischen Sozialismus« und spricht davon, daß man die Ereignisse aus der »Perspektive der Vorhersehung« betrachten müsse; dieser Gedanke erscheint auch in der »Vorherbestimmtheit« der Tagebuchnotiz. In dem Brief wird man diesen Begriff noch von Proudhon herleiten, in der Tagebuchstelle kann man ihn auf de Maistre beziehen, wodurch er ins gänzlich Pessimistische verkehrt ist.[51]

Wieder ist der Unterschied zwischen den Prosareflexionen, wo Baudelaire immer noch Proudhon zu folgen scheint, und der Poesie zu betonen, wo Baudelaire im Rahmen seiner Phantasiewelt reagiert. Im Medium des Christusmythos gestaltet er seine »Wut beim Staatsstreich«, den vergeblichen Kampf und die »Zustimmung des Volkes« zur »Schmach«. Christus war im Februar 1848 das Symbol des Volkes gewesen,[52] und Baudelaire hatte sich über dies Symbol mit dem Volk identifiziert, sich in ihm inkarniert, »in jenen strahlenden und schönen Tagen, als das ewige Versprechen erfüllt werden sollte«, als Christus »die elenden Händler mit kräftigen Schlägen peitschte«, als er »endlich Herr war« (»Die Verleugnung des heiligen Petrus«). Im Juni 1848 war dieser Christus zur Hölle abgestiegen und Baudelaire mit ihm. Dort suchte er Hilfe bei der riesigen Frau, um sich seinen Haß anzueignen, der in die Christusgestalt nicht integriert werden konnte. 1851 tauchte Baudelaire wieder auf der Erde auf, als christlich-proudhonistischer Arbeiter, der eine Figur des Kompromisses ist. Der abstrakte Christus aus dem »Salut public« hatte sich über die Identifizierung mit Dupont[53] zur Inkarnation des Volkes fortentwickelt, wobei natürlich der »abscheuliche Bürgerkrieg« des Juni abgelehnt wurde. Dann kam der Staatsstreich und Christus ließ sich kreuzigen. Mit »Die Verleugnung des heiligen Petrus« reißt sich Baudelaire aus seiner Identifizierung mit Christus los (zugleich tritt diese nun erst deutlich in sein Bewußtsein[54]), er plädiert für den Kampf, auch wenn dieser den Untergang bringt. Er bejaht den Bibelsatz: »Denn wer das Schwert nimmt, soll durchs Schwert umkommen.« (Matthäus 26, 52) Der Gedankengang der Belgiennotiz ist darin enthalten, wo Baudelaire für die »Republik« eintritt, für die »Zerstörung«, auf die dann der »Tod« folgt (s. oben S. 76). Baudelaire nimmt so in dem Gedicht implizit Partei für »den abscheulichen Bürgerkrieg«, für das »Verbrechen« des Juni (wie er im Oktober 1848 geschrieben hatte), für die »natürliche Liebe zum Verbrechen«, mit der er später den Juni erklären wird. Diese Stellen zeigen auch, wie negativ, wie destruktiv und perspektivelos er den kämpferischen Flügel der Arbeiterbewegung sieht.[55] Baudelaire ist von Klischees und Emotionen bestimmt. »Die Verleugnung des heiligen Petrus« ist ein Ausbruch maßlosen Hasses, der keine Möglichkeiten einer realen Umsetzung findet und sich dann auf den Hassenden selbst zurückwendet. Spätere Reflexionen aus dem Tagebuch, die die Revolution mit dem Opfer verknüpfen (I, 678 u. 680), lassen einen weiteren Gedankengang Baudelaires erkennen: Ich wurde ein Opfer der Katastrophe, weil ich zum Proletariat überging und mit den Arbeitern kämpfte; wie Christus opferte ich mich freiwillig, ich hätte es nicht tun müssen – da ich nicht zur Arbeiterklasse gehöre.[56]

Dann folgt Baudelaire dem Wunsch am Ende von »Die Verleugnung des heiligen Petrus« und verläßt »eine Welt, wo die Tat nicht die Schwester des Traums ist«. Er fällt in die frühen Bilder zurück, in den Bereich, wo er der riesigen Frau gegenübersteht. Er vollzieht eine Regression, die wie die von

1839, 1845,[57] und vom Juni 1848 sowohl ein Nachgeben angesichts einer Niederlage ist, wie auch ein Versuch, in der Tiefe, entsprechend dem frühen Modell, die Kraft für einen neuen Anfang, für eine Rekonstruktion zu finden – doch diesmal scheint sich die riesige Frau gegen ihn zu wenden. Man muß die ganze bisherige Entwicklung dieser Frauenfigur ins Auge fassen: Die dämonische Prostitutierte der frühen Gedichte, die in »Allegorie« zum Symbol der Lust geworden war; Sappho und Delphine, die Verkörperungen der Liebe und der Kraft; die Figur der Republik aus dem Februar; das gewaltige »Ideal«, mit dem die erste »Limbus«-Serie endete; die Gestalt der »Poesie« aus dem Dupont-Aufsatz. Nun steht Baudelaire (»Eine Reise nach Cythere«) im Land der Liebe und dort hängt am »symbolischen Galgen« sein poetischer Körper, ›Love's Body‹, den er aus der Inkarnation im Volk gewonnen hatte. In »Der Weinbeutel der Lust« verwandelt sich die riesige Geliebte in einen Vampir, der dann zum Skelett wird. Mit zwei Leichen endet Baudelaires Liebesvereinigung mit der neuen Klasse.[58]
Die Gedichte »Die Lust« und »Der Blutbrunnen« scheinen noch einmal Kampfesimpulse aufkommen zu lassen, doch bleiben diese in Paradoxien verstrickt, in denen man den Reflex der Paradoxien der realen Lage sehen wird. Vielleicht hatte Baudelaire den gleichen Gedanken wie Engels, der im März 1852 meinte, »wenn die französische revolutionäre Partei, d. h. die Arbeiterpartei, warten soll, bis sie wieder genau so stark ist wie im Februar 1848, müßte sie sich etwa zehn Jahre lang in eine unterwürfige Passivität schicken – und das wird sie sicherlich nicht tun.« Engels glaubte, daß Napoleon schon 1853 in »so große Schwierigkeiten« verstrickt sein werde, »daß schließlich nur ein großer revolutionärer Schlag sie zu lösen vermag.« (8, 228) Diese Einstellung von Engels läßt sich mit einem Satz kommentieren, den er 1895 über die Hoffnungen von Marx aus dem Jahre 1850 schrieb: »Die Geschichte hat aber auch uns unrecht gegeben, hat unsere damalige Ansicht als eine Illusion enthüllt.« (7, 514)
Baudelaire hatte diese Illusionen schneller verloren, vielleicht weil er den Gedanken beherzigte, mit dem er »Eine Reise nach

Cythere« beschließt: Er möchte »die Kraft und den Mut« haben, sein »Herz ohne Ekel zu betrachten.« Dieser Satz ist ein Programm zur Selbsterkenntnis und Baudelaire wird es später durchführen, doch in der Situation von 1851/52 mußte das totale Eingeständnis der Niederlage zur Resignation führen. Baudelaire sinkt gleichsam wie erschöpft in sich zusammen. Im März 1852 veröffentlicht er einen Aufsatz über Poe; 1848 hatte er ihn für einen Republikaner und einen Geistesverwandten von Fourier gehalten. Nun erkennt er in diesem Pessimisten einen »Bruder«.[59] Der Aufsatz beginnt: »Es gibt Schicksale, die vom Verhängnis bestimmt sind; es existieren in der Literatur jedes Landes Menschen, die das Wort *Unstern* in geheimnisvollen Schriftzeichen in den gewundenen Falten ihrer Stirn tragen.« Baudelaire selbst sah sich unter dem »Unstern« und fühlte, daß er die Kraft des »Sisyphos« nicht besaß. Ich nehme an, daß er in jenen Tagen die Verse von Gray und Longfellow, die er in dem Gedicht »Der unbekannte Künstler« (später »Der Unstern«) auf sich selbst anwandte, über das Porträt von Blanqui schrieb, das er 1850 gezeichnet hatte.[60]

Die Blumen des Bösen

1852–1857

Die Errichtung einer Traumwelt

Die Verarbeitung des Staatsstreichs durch Buße und Blasphemie

Der Titel »Die Blumen des Bösen« bringt eine neue Konzeption Baudelaires zum Ausdruck. Er wurde 1855 gefunden und steht als Obertitel über achtzehn Gedichten, die in diesem Jahr in einer Zeitschrift erschienen. Elf dieser Gedichte sind nach 1851 entstanden. Die Gedichte, die von 1852 bis 1857 geschrieben wurden, lassen sich in zwei Hauptetappen einteilen. Die erste beginnt mit den Gedichten an Mme Sabatier, die sicher datiert sind. Sie führen die Anbetung einer vergeistigten Frau vor. Einige andere Liebesgedichte, in denen sich diese Einstellung zersetzt, betrachte ich als Reaktion auf die ersteren. Die Gegenkraft, die in dieser Reaktion wirkt, verkörpert sich in Satan, und so schließe ich die Gedichte, die Satan und die Revolte zum Thema haben, als entwicklungslogische Folge an. Um 1855 erscheinen völlig andere Inhalte, die auf einen inneren Umbruch deuten, der sich auch in der Prosa manifestiert. Diese zweite Etappe führt schließlich zur Konzeption der Architektur der »Blumen des Bösen« und zu den zentralen Gedichten »Segen« und »Spleen« (»Wenn der Himmel«).[1]

Von den Gedichten an Mme Sabatier stammen drei von Dezember 1852 bis März 1853, drei weitere vom Februar 1854. Das früheste Gedicht, »An die zu Fröhliche« zeigt ein für Baudelaire ganz neues Frauenbild: Sie ist voller »Lachen« und »Gesundheit« und hat ein »freudiges Fleisch«. Dazu finden sich Naturbilder, die an die frühesten Gedichte (wie »Die Sonne«) erinnern. Aber der Dichter reagiert mit Haß auf diese Frau, er möchte ihr eine große Wunde beibringen und ihr sein Gift einflößen. In »Anheimfall« (»Réversibilité«) erscheint ein ganz ähnliches Frauenbild, voller Heiterkeit, Güte, Gesundheit, Schönheit und Glück. Der Dichter stellt seine Gefühle als

Kontrast gegenüber, ihn erfüllen Angst, Haß, Fieber, das Alter. Am Ende wird die Frau »Engel voller Glück« genannt, der Dichter bittet sie, für ihn zu beten.[2] Das Gebet ist der Tenor der drei Gedichte von Anfang 1854, in denen die Geliebte als geistiges Wesen dargestellt wird, dem sich der Dichter in Verehrung unterwirft. »Die geistige Morgenröte« beschreibt, wie die Morgenröte zusammen mit dem nagenden Ideal zu den Wüstlingen hereinkommt; durch die Operation eines rächenden Mysteriums erwacht im dösenden Tier über den Resten stupider Orgien ein Engel; der Mensch wird niedergeworfen, der Himmel öffnet sich wie ein Abgrund; das immer siegreiche Traumbild dieser glänzenden Seele ist wie die unsterbliche Sonne. – Die christlichen Ausdrücke weisen darauf hin, daß der Dichter gesündigt hat; sein Gewissen erwacht, er wird bestraft, tut Buße und betet. Man kann sich die Szene genau vor Augen stellen: Der Dichter war in der Nacht bei den Wüstlingen, in einer Kneipe bzw. in einem Bordell. Der Morgen bricht an, zwei Leute kommen herein: Die Morgenröte ist eine Frau, das Ideal ein Mann (die Wörter sind großgeschrieben, es handelt sich um allegorische Gestalten, mit dem Geschlecht der französischen Wörter). Sie vollziehen eine Operation, wodurch aus dem Tier (»la brute«, etwa: tierischer Lümmel) ein Engel wird. Die Operation wird man, mit Baudelaire selbst, als Kastration verstehen: »Je mehr ein Mann die Künste pflegt, desto weniger steht er ihm. Es vollzieht sich eine immer spürbarere Trennung zwischen dem Geist und dem Tier. Nur einem Tier steht er gehörig und die Fickerei ist die Poesie des Volkes.« (I, 702) In dem Gedicht stellt sich der Dichter zuerst als Tier vor; offenbar war er der Versuchung gefolgt, die er in »Die Abenddämmerung« dargestellt hatte: Er verwandelte sich in ein »wildes Tier« (hier »bête«) und ging zur »Prostitution«, zur »Poesie des Volkes«. Da bricht das kastrierende Licht herein und der Dichter wird zu einem Engel gemacht, der dann, noch leidend, die Seele seines Traumbilds anbetet.

Das Gedicht wird verständlich, wenn man den Weg sieht, der von den vorangegangenen Gedichten aus dem »Manuskript der zwölf Gedichte« zu ihm führt. Dort fühlte sich der Dichter körperlich vernichtet; sein Körper war ekelhaft und qualvoll.

»Die geistige Morgenröte« zeigt die Reaktion auf diesen Zustand: Der Dichter wird seinen Körper nun los, indem er sich in ein Geistwesen verwandelt. Er unterwirft sich und betet die zerstörenden Mächte an, womit er einen partiellen Heilungsvorgang vollzieht, was die ersten beiden Gedichte an Mme Sabatier erkennen lassen: Er war dort vom »freudigen Fleisch« fasziniert, dem Gegenteil seines eigenen zerstörten Körpers, und reagierte mit Haß darauf (der wie ein Echo von »Die Lust« und »Der Blutbrunnen« ist). Dann verwandelte er diesen schönen Körper in ein Geistwesen und sich selbst ebenfalls. Ich nehme an (entsprechend Freuds Modell der Phantasiebildung), daß er auf eine frühere Erfahrung zurückgriff. In dem späten Prosagedicht »Die Berufungen« liegt der dritte Junge mit dem Dienstmädchen im Bett. Diese Episode enthält sicher eine Erinnerung an erste sexuelle Regungen.[3] War es Mariette oder war es das Dienstmädchen, das im Brief vom 3. 3. 1832 erwähnt wird? Man kann sich vorstellen, daß Aupick und die Mutter ins Zimmer kamen, worauf der kleine Charles furchtbar erschrak. Das Dienstmädchen hatte Angst und verteidigte den Jungen nicht, der sich verraten fühlte. Er hatte große Angst und gelobte, von seinen bösen Wünschen abzulassen und ein frommes Kind zu sein. Er betete nun gegen seine Versuchungen an und fühlte immer die strengen Augen der Mutter auf sich ruhen. Zugleich phantasierte er sich als braves Jesulein. Diese Interpretation mag manchen Lesern banal klingen, doch ist sie im Sinne Baudelaires, der ja gerade Anfang 1852 das »Genie« aus den »scheinbar vulgären Umständen seiner ersten Jugend« ableitete (II, 253). Der kleine Baudelaire war aus Neugier zu dem Dienstmädchen gegangen, zum Volk, und entdeckte dort dessen »Poesie«. Danach benutzte er die Religion zur Unterdrückung seiner sexuellen Impulse, was oft bei bürgerlichen Kindern vorkommt.[4] Die Verdrängung der sexuellen Wünsche durch das Gebet hatte für Baudelaire noch eine weitere Funktion: Er bewältigte damit das frühere Trauma, die Zerstükkelungsphantasien der oralen Phase. Die Sinnlichkeit konzentrierte sich in dieser Zeit aufs Genitale und dieses wurde geopfert, womit aber der übrige Körper erhalten blieb und der Gedanke an ein neues Blühen entstehen konnte. Durch intensi-

ves Beten (»Seit meiner Kindheit Tendenz zur Mystik. Meine Unterhaltungen mit Gott.« I, 706) wurde die Christusphantasie aufgebaut, und in dieser war, fern im Hintergrund, die alte Riesenfigur des frühen Narzißmus wieder erkennbar. Dies Kindheitsmodell holte Baudelaire 1852 wieder hervor.
»Die lebende Fackel« und »Was wirst du heute Abend sagen« schildern dann das neue Leben. Die »Fackel» besteht aus zwei Augen voller Licht, die den Dichter vor »jeder schweren Sünde retten«; er ist ihr Sklave, sie bringen das »Erwachen der Seele«. Der Lichteinbruch von »Die geistige Morgenröte« wird hier fortgeführt. Diese Augen »schütteln ihre diamantenen Flammen in meine Augen«. Das Schlußbild von »Die Lust« ist hier erkennbar, die Zerstörung setzt sich fort, doch wurde sie sublimiert und akzeptiert; die »Verwirrung« ist zum blendenden Licht geworden. In »Was sagst du heute Abend« läßt der »göttliche Blick« der Geliebten den Dichter »wieder blühen«. Er liebt ihre »Autorität«, sie begleitet ihn überall, in der Einsamkeit und in der Menge; sie befiehlt, daß er nur das Schöne liebt, sie ist »Schutzengel, Muse und Madonna«. So ist der Dichter ein Babychristus, ohne Sexualität und ohne Aktivität.

Baudelaire behielt die Position der Anbetung und Unterwerfung nicht lange bei. In »Die Schönheit« wird eine Frauengestalt vorgeführt, die derjenigen der Sabatier-Gedichte sehr ähnelt: Sie ist schön wie ein Traum aus Stein und thront eisig im Azur; ihre Brust, an der sich jeder wundgerieben hat, inspiriert den Dichter mit einer Liebe, die ewig und stumm wie die Materie ist; die großen Augen mit ihrem ewigen Licht faszinieren diese gelehrigen Liebhaber. – Die orale Frustration läßt einen Dichter entstehen, der stumm ist – dies Paradox wird entwirrbar durch die Bezeichnung dieser Schönheit als einer »unverstandenen Sphinx«: Der Dichter möchte die Lösung des Sphinxrätsels aussprechen, womit die Sphinx in den Abgrund stürzen würde.[5]
Der Konflikt, der sich in »Die Schönheit« nur andeutet, erscheint offen in »Plauderei«. Die angesprochene Frau hat hier andere Züge: Sie ist wie ein »schöner Herbsthimmel« und wirkt zärtlich,[6] aber das Herz des Dichters ist verwüstet von den

Klauen und Zähnen der Frau; die Tiere haben sein Herz gefressen, es ist ein Palast, vom Pöbel verheert, wo man sich besäuft und totschlägt; die Schönheit ist eine Geißel, sie soll die Fetzen, die die Tiere übrigließen, verbrennen. – Das Gedicht hat eine paradoxe Struktur: Die Frau ist zuerst sanft und soll trösten; am Ende aber ist sie bösartig und zerstörend. Die Kneipen- und Bordellsphäre von »Die geistige Morgenröte« ist wieder sichtbar, und zwar ist der Dichter nun nicht beim Pöbel, sondern er hat ihn in sich, im Gedächtnis, im Unbewußten: Der Pöbel ist Symbol der aggressiven Triebe. Das Ich, das Bewußtsein des Dichters, wird von zwei Seiten attackiert: Seine Triebe greifen ihn an und zugleich quält ihn das Über-Ich, beide vermischen sich in ihrer Wirkung, was als treffende psychologische Beschreibung erscheint. Das Es ist mit dem Über-Ich verbunden und versorgt es mit Energie; je mehr das Es sich meldet, um so mehr muß das Über-Ich strafen. Das Ich wird zerrieben und flieht in Selbstzerstörung. Doch ist das Gedicht ein psychischer Fortschritt: Die Operation von »Die geistige Morgenröte« scheint nicht recht gelungen, das neue Blühen ist schon wieder beendet.

In »Die Beatrice« (so 1855, ab 1857 »Der Vampir«) ist die Frau wie ein Messer in das Herz des Dichters gedrungen; sie ist stark wie eine Schar von Dämonen; er wird gedemütigt, er ist gefesselt an die Infame, die er verflucht; er wollte sich mit Schwert und Gift von ihr befreien, doch diese sagten: Du würdest den Leichnam deines Vampirs nur wieder mit Küssen zum Leben erwecken. – Das Gedicht bringt eine neue Stufe des Kampfes, der seit »Die geistige Morgenröte« geführt wird. Immer noch wird der Dichter von der Frau überwältigt und gedemütigt; die Bildvorstellung der Operation klingt jetzt durch das Messer an. Neu ist, daß die durch die Überwältigung erzeugten Haßgefühle jetzt offen hervortreten, doch sie können sich noch nicht durchsetzen, die zwangshafte Liebesbindung ist noch zu stark. Eine frühe Erfahrungsfigur bestimmt das Geschehen: Das Kind wurde von der Mutter unterdrückt, es bildete sich das Bild einer bösen Mutter. Das Kind reagierte mit Haß, wodurch aber Angst vor Liebesverlust entstand, so daß Buße und Wiedergutmachungsphantasien folgten. Wird ein solches frühes Szenarium vom Erwachsenen auf den gegenwärtigen Partner projiziert, so erscheint das Liebesgefühl sogleich in Angst verwandelt, die schmerzhaft einbricht, wie ein Messer. Im Tagebuch schreibt Baudelaire, »die Liebe hat große Ähnlichkeit mit einer Folter oder einer chirurgischen Operation.« Einer der Liebenden ist »der Henker«, der andere »das Opfer«. (I, 651) Es handelt sich hier um die Phantasie des »sadistischen Koitus«.[7] In dem Gedicht nimmt der Dichter die Rolle des Opfers ein, die als die weibliche vorgestellt zu werden pflegt. Die Frau hat hier die Rolle des Mannes, womit das Bild einer phallischen Mutter aufsteigt, die den Dichter als Mädchen vergewaltigt. Es deutet sich eine Szene lesbischer Liebe an, etwa wie in »Delphine und Hippolyte«. Die übermächtige Frau hat nun ihre Züge gewandelt, aus dem Engel, aus der Schönheit ist eine Infame geworden, ein Dämon. Das Bild der bösen, dunklen, unteren Frau, wie sie von den Prostituierten der frühen Gedichte verkörpert wurde, ist wieder aufgetaucht. Sie erinnert an den Dämon aus »Die Lust« mit dem »Werkzeug der Zerstörung«, auch an die »Pikdame« und »Lady Macbeth« aus der ersten »Limbus«-Serie. Nur der Titel »Die Beatrice« weist noch darauf hin, daß es sich um eine Verwandlung der Madonna der Sabatier-Gedichte handelt (bzw. um die »Beatrice« von »Limbus«). Baudelaire hat sich durch das Bild des Engels hindurchgearbeitet, er hat der verklärten Mutter die Maske abgenommen. Indem seine Aggressionen erstarken, erscheint sein wahres Ideal, das aus der Identifizierung mit dem Aggressor stammt. Doch empfindet er diese Liebe zugleich als eine Vergewaltigung, was sie ja auch war.

»Der Selbsthenker« wirkt wie eine Umgestaltung von »Die Beatrice«, es hat die gleiche Versform, auch erscheint wieder das Bild des Vampirs. Der Dichter will die Frau schlagen, es wird ihm große Lust bereiten. Mit der dritten Strophe erfolgt eine Wendung: der Dichter fühlt sich als ein falscher Akkord in der göttlichen Symphonie, durch die Ironie, die ihn beißt. Er ist selbst der Spiegel, in dem sich die Megäre betrachtet, die Schreiende ist in seiner Stimme. »Ich bin die Wunde und das Messer!/Ich bin die Ohrfeige und die Backe!/Ich bin die Glieder und das Rad,/Ich bin das Opfer und der Henker!« »Ich bin der Vampir meines Herzens«. – Im Vergleich mit »Die Beatrice« sind die Rollen nun vertauscht, die Aggression geht vom Ich aus, es phantasiert (freilich nur im Futur) die Tötungswünsche aus, die im vorigen Gedicht wieder zurückgenommen wurden. Wie vorher aber bleibt der Konflikt bestehen: Der Dichter fühlt selbst den Schmerz, den er der Geliebten zufügt. Sie ist ein Teil von ihm, er ist Opfer und Henker in einem. Es handelt sich um ein imaginäres Geschehen im Bereiche der inneren Bilder, der frühen Introjekte. Dort ist das Ich mit seinem Liebesobjekt symbiotisch verschmolzen; ein Liebesimpuls verwandelt sich sogleich in Angst, wird zu Haß, der das Liebesobjekt zerstört, was als Selbstzerstörung empfunden wird. Dies Szenarium der oralen Phase wird später in der genitalen Phase in die Bilder von Koitus und Kastration umgesetzt,[8] die nun zusammenfallen, im wüsten circulus vitiosus des Selbsthenkers. Von den früheren Gedichten aus gesehen, hat der Dichter nun die Rolle des Aggressors übernommen, der als verklärtes Über-Ich in »Die geistige Morgenröte« erschien, als Ideal des Bösen in der Pikdame und Lady Macbeth; doch zugleich sind die letzteren beiden auch in der bösen Frau enthalten, die nun das Opfer ist. Es deutet sich ein sadomasochistischer lesbischer Koitus an. Der Dichter ist der »Spiegel, in dem sich die Megäre betrachtet«, er ist ein weiblicher Narziß, der sich haßt. So ist »Der Selbsthenker« die ins Aktive gewendete Neugestaltung der Szene mit dem Gehenkten im Lande der Liebe von »Eine Reise nach Cythere«, bzw. der Kreuzigung von »Die Verleugnung des heiligen Petrus«. Dem paradoxen Gedanken von damals »Was ich liebe, hat mich zerstört« wird nun hinzugefügt: »Dann will ich eben zerstören!«

»Der Selbsthenker« ist ein großer Fortschritt im inneren Kampf Baudelaires, da er hier erkennt, daß dieser Kampf eben ein innerer ist und vor allem, da er sich nun zu seinem Sadismus, zu seinem Haß bekennt. Er hat nun gleichsam »die Kraft und den Mut, sein Herz ohne Ekel zu betrachten« (»Eine Reise nach Cythere«), doch ist es nicht Gott, der ihm diese Eigenschaften gibt, der »Herr« hat sich verwandelt. In Strophe 4 deutet sich die Figur an, die zum Träger der aktiven Elemente wird: Die

»Ironie« ist eine Eigenschaft Satans. In der Schlußstrophe sagt der Dichter, er sei zum »ewigen Lachen verdammt«. Das Lachen muß sich hier noch durch Angstfesseln hindurcharbeiten. Im Aufsatz »Das Wesen des Lachens« (1855, schon 1845 entworfen[9]) heißt es von Christus, »er hat nie gelacht«. »Das Lachen ist satanisch, es ist also tief menschlich.« Der Mensch »beißt mit dem Lachen«. Es zeigt sich im Lachen »ein gewisser unbewußter Stolz« und »die Überlegenheit des Menschen über die Natur«. Als Beispiel eines noch unfreien Lachens erwähnt Baudelaire Maturins »Melmoth, das deklassierte Wesen«. (Zu den »Deklassierten« zählte sich Baudelaire im Brief vom 5. 3. 1852.) Aufschlußreich für diese Entwicklung der inneren Aktivität sind auch die Zeilen auf dem Manuskript von »Der Selbsthenker«, wo Baudelaire die griechische Wortbildung »Heautontimorouménos« gerade durch die Analogie »Der Ohne-Angst« erläutert; auch kommt in einem Entwurf das Wort »prügeln« (»assommer«) vor, das im Titel des letzten Prosagedichtes erscheinen wird.
Vom Auftreten Satans als dem Vorbild für eine neue Identität läßt sich auch »Die Schöne mit den Goldhaaren« (später »Das Unsühnbare«) verstehen, das mit der »Reue«, einem sehr aktiven »Wurm« beginnt und mit einem »enormen Satan« endet, gegen den der »Engel« nicht hilft. Auf die gleiche innere Situation deutet »Eine Märtyrerin«: Eine schöne Frau liegt enthauptet auf dem Bett. Beide Gedichte haben Bezüge zu Balzacs »Das Mädchen mit den Goldaugen«, wo eine lesbische Liebe mit der Ermordung der Jüngeren endet. Es ist, als trenne sich Baudelaire von dem lesbischen Szenarium, in welchem er die passive Rolle einnahm, die sich nach dem 2. Dezember mit Christus und dem Beter der Sabatier-Gedichte verband. Baudelaire geht zu Satan über.[10]
Dieser Übergang ist das Thema von »Das Unheilbare« (mit der gleichen Versform wie »Die Beatrice« und »Der Selbsthenker«): Ein reines Wesen, ein Engel, stürzte hinab zum Styx, in einen schlammigen Abgrund voller Ungeheuer, angezogen durch die Liebe zum Gestaltlosen; es war das Werk des Teufels. Das Herz des Dichters ist ein Spiegel geworden, ein Brunnen der Wahrheit, ein ironischer, höllischer Leuchtturm, eine Fackel satani-

scher Gnaden, einziger Trost und Ruhm – das Bewußtsein im Bösen. – Als Phantasie, d. h. als Wunscherfüllung, besagen diese Bilder, daß der Dichter in die Tiefe will, zum Bösen, zu den Trieben, denn dort ist die Wahrheit. Die Szenerie erinnert an den Höllensturz Luzifers und damit auch an die Höllenfahrt von »Limbus«, doch ist jetzt Christus durch Satan ersetzt.

Der Weg zu Satan, der sich in »Das Unheilbare« plötzlich, wie ein Unfall, vollzog, wird in »An den Leser« als alltägliches Geschehen geschildert. Im Menschen lebt ein Volk von Dämonen, von Sünden und Lastern, die ihn in die Tiefe ziehen. Satan hält die Fäden, die den Menschen bewegen. Die größte Sünde ist der »Ennui«, eine allegorische Gestalt, die gleichsam auf dem Grund der Hölle sitzt (wie Satan bei Dante). Er möchte die Welt in einen Trümmerhaufen verwandeln und träumt von Schafotten. So ist der »Ennui« ein Bild des Hasses und der Aggression im Zustand der Unterdrückung. Es erscheint bedeutsam, daß diese Gefühle sich jetzt in einer männlichen Gestalt verkörpern. Am Schluß wird der Leser angesprochen als »heuchlerisch, mir gleich, mein Bruder!« Der heuchlerische Leser ist wie der Dichter, d. h. er verbirgt seine wahren Absichten, seine Wünsche nach Zerstörung.

»Die Litaneien Satans« sind ein weiterer Schritt zu Satan hin. Baudelaire ist nun (nach dem Abstieg in »An den Leser«) in der Hölle angelangt und findet eine positive Einstellung zu Satan. Eine Umkehrung der Werte vollzieht sich: Satan ist nicht mehr die Verkörperung des Bösen, sondern des Guten, dessen, was gewünscht wird. Er ist ein verratener Gott, ein Engel, ein Fürst. Er ist besiegt, doch hat er noch den Willen zum Kampf. Er ist gütig, er hilft den Armen, er gibt Hoffnung, d. h. er verkörpert die wahren christlichen Eigenschaften. Er unterstützt auch den Widerstand, er ist Schutzpatron der Verbannten und der Verschwörer, er ist ein Feind der Bankiers. Er träumt in der Tiefe, schweigend, wie der »Ennui« aus »An den Leser«. Der Dichter möchte neben ihm ruhen, wenn eines Tages aus der Stirn Satans der Baum der Erkenntnis seine Zweige entfalten wird. –

In »Abel und Kain« ist Gott der Freund der Reichen und der Feind der Armen, Hungernden, Frierenden, Heimatlosen. Wie in den beiden vorigen Gedichten erscheint am Ende das Thema des Kampfes, jetzt aber offen, als Aufruf zum Angriff: »Steige zum Himmel und wirf Gott hinab.« Symbol des Aufstands ist nicht mehr Satan, sondern der Mensch, die Rasse Kains.

Die Entwicklung von 1852–1854 ähnelt jener von Mitte 1848 bis Ende 1850: Baudelaire erleidet eine Niederlage, er unterwirft sich christlichen Machtsymbolen, doch dann verbündet er sich mit dem Bösen und findet einen neuen Kampfeswillen. Die seelischen Figuren, die beschrieben wurden, ließen aufgrund der vorangegangenen Phase bereits erkennen, daß die Sabatier-Gedichte eine Darstellung und Verarbeitung des Staatsstreichs vom 2. Dezember waren, der die entscheidende Zäsur in Baudelaires Leben wie in der Gesichte Frankreichs jener Epoche bildet (worauf schon Plechanow, Balaschow und Butor hinwiesen[11]). »Die Verleugnung des heiligen Petrus«, »Eine Reise nach Cythere«, »Der Weinbeutel der Lust«, »Die Lust«, »Der Blutbrunnen« waren die unmittelbare Reaktion auf den Chok. In den Sabatier-Gedichten hat Baudelaire eine gewisse Distanz dazu gewonnen und kann nun die Vorgänge selbst aufsteigen lassen. Diese Distanzierung deutet sich bereits in den Briefen vom März 1852 an, wo er die ›physische Entpolitisierung‹ erwähnt und die »Wirkung der politischen Ereignisse« »niederschmetternd« nennt, »foudroyant«, wie ein Blitzschlag. Mit diesem Bild beschrieben auch Marx und Engels die Wirkung des Staatsstreichs auf die Franzosen; von Hugos »Napoléon le petit« sagte Marx: »Das Ereignis selbst erscheint bei ihm wie ein Blitz aus heiterer Luft.« (8, 559) Der Blitzstrahl, der die physische Entpolitisierung brachte, wird in »Die geistige Morgenröte« dargestellt: Das Licht bricht ein und es wird eine Operation vollzogen, die aus dem Tier einen Engel macht. Benjamin schrieb (mit Verwendung eines Zitats), Baudelaire sei für »einen Augenblick aufgebracht« gewesen, doch dann »unterwirft (er) sich wie ein Mönch.« (25). Man wird sagen: weil er sich zum Mönch gemacht fühlte. Anders als in den Gedichten aus dem »Manuskript der zwölf Gedichte« wird die Ursache der Katastrophe klar: Baudelaire war bei den Tieren (»la brute«) gewesen. Er knüpft hier an die Bilder von

»Die Abenddämmerung« an und führt zugleich den Vorgang weiter: Auf den Abend folgte die Nacht, der Dichter hatte den Wünschen seiner »Seele« nachgegeben, er war zu »Prostitution« und »Verbrechen« gegangen, d. h. zum Proletariat. Er hatte gekämpft und glaubte, es mit und für das Volk zu tun. Die bürgerlichen, moralisch-abwertenden Klischees von »Die Abenddämmerung« sind in »Die geistige Morgenröte« völlig zu religiösen Vorstellungen geworden; zugleich wurde der Konflikt gelöst, das Böse wird verworfen, der Dichter zwingt seine Seele, dem Gebet zu folgen. Die politischen Ereignisse erscheinen nur noch als Sünde, der Kämpfer tut Buße wie ein kleines Kind unter den Augen der Mutter. Er läßt die Kastration vollziehen und hofft so auf ein neues Leben.

Die Kindheitsszene spiegelt die gesellschaftliche Szenerie wider. Die »Morgenröte« und das »Ideal«, ursprünglich die Mutter und Aupick, sind die durch Mme Sabatier vertretene Bourgeoisie und Napoleon, denen sich Baudelaire unterwirft, bzw. zu denen er übergeht. Die »Göttin« und der »Schutzengel, die Muse und Madonna« verkörpert die Werte der katholischen Kirche. »›Die Religion wird gerühmt‹ hieß es auch in der Proklamation des ›coup d'état‹. Bereits am 1. Januar 1852 feierte der Erzbischof von Paris ein Tedeum zu Ehren des neuen Machthabers in der Kathedrale von Notre-Dame.«[12] Das reale Modell dieser »Göttin« verkörperte das Bündnis von Kirche und Kapital: Mme Sabatier war die Maîtresse eines Bankiers. Baudelaire hatte sich also – man möchte sagen: um seine Funktion als Widerspiegeler exakt erfüllen zu können – eine passende Figur für diese Gedichte ausgesucht. Komplex wird der Vorgang dadurch, daß Mme Sabatier das Gegenteil eines vergeistigten Engels war. Der Bildhauer Clésinger hatte sie 1847 als nackte Liegende dargestellt. Die Plastik hieß »Der Schlangenbiß« und war als Darstellung einer Frau im Orgasmus verstanden worden.[13] Gautier schrieb 1850 seinen berühmten »Brief an die Präsidentin«, der aus einer Serie barocker Orgasmusphantasien besteht. Durch diesen Beinamen war sie auch die passende Begleiterin des ›Prinz-Präsidenten‹ Louis Bonaparte. In Gautiers Sonett »An die Präsidentin« heißt es: »Vor dir erhebt der Elephant seinen Rüssel (...) Und das Sperma spritzt wie aus einer Pumpe.«[14] Für Kenner der Verhältnisse waren die Sabatier-Gedichte also vollkommen ironisch zu verstehen. Man wird diese Ironie in ihrer Komplexität und Prozeßhaftigkeit sehen. Baudelaire war beim Volk, bei der Unzucht gewesen, er wurde dafür bestraft und fühlte sich entmannt. Er kehrte zur traditionellen Liebespoesie zurück,[15] er macht die Einführung der Proletarierin in die hohe Poesie rückgängig. Diese Gedichte sind symbolische Handlungen, die reale Handlungen widerspiegeln: Baudelaire trennt sich von Jeanne[16] und sucht sich ein Liebesobjekt aus der Bourgeoisie. In den Gedichten wirkt diese Frau wie »die Erotisierung der gesellschaftlichen Sanktion« (Sartre 78). Da sie faktisch ein Symbol des Orgasmus war, ruft sie besonders intensive Wünsche hervor und Baudelaire kann besonders intensiv seine Wünsche bekämpfen, um zu büßen. Im Hintergrund dieses religiösen Mysteriums, das in Wahrheit ein Satyrspiel ist, zieht wohl schon Satan die Fäden; Baudelaire wird das Groteske der Situation nicht ganz entgangen sein. Sieht man die Realität in den Gedichten mit, so wird hier der proletarischen Prostitution abgeschworen und die an die Macht gekommene Prostitution in verklärtem Gewande gefeiert. Marx schrieb am Ende des »Achtzehnten Brumaire«, »oft schon hat Frankreich eine Mätressenregierung erlebt, aber noch nie eine Regierung von hommes entretenus«, von männlichen Prostitutierten.[17]

In »Die Schönheit« wird die Verkörperung der herrschenden Klasse eisig und bedrohlich, der Unterworfene hat anscheinend schon wieder schlimme Gedanken. In »Plauderei« werden die Augen der Frau zur Geißel, es regen sich Impulse, die bestraft werden müssen. Der Pöbel taucht auf und das Ich fühlt sich von ihm bedroht, eben weil er nur säuft und sich gegenseitig totschlägt, anstatt sich gemeinsam zu wehren. Darin läßt sich die Absurdität der Situation vom 2. Dezember erkennen, wie sie Marx und Engels darstellten. Baudelaire hat nur noch Verachtung für das unterwürfige Proletariat, aber seine Sympathien richten sich insgeheim doch wieder dorthin. Mit »Die Beatrice« verwandelt sich die feindliche Frau von der Madonna in den Vampir, von der Mutter in Mariette, von Mme Sabatier in Jeanne, von der Bürgerlichen in die Proletarierin. Jetzt wird der

Gedanke, den der Staatsstreich in Baudelaire erzeugte, sichtbar. Aus Liebe zum Volk war er zu Christus geworden; er hatte gekämpft und das Volk hatte ihn verraten. Das Volk (vgl. die »Zustimmung des Volkes« zu Napoleon aus dem Tagebuch) wurde so paradoxerweise zur Ursache der ›physischen Entpolitisierung‹. Baudelaire haßt das Volk nun und liebt es freilich immer noch; er möchte sich von dieser Liebe befreien, da er durch sie entmannt wurde, und kommt doch nicht von ihr los. In »Der Selbsthenker« schlägt er die Megäre, die Verkörperung des Pöbels, und damit sich selbst. Er ist Opfer und Henker zugleich, er ›fühlt die Revolution von beiden Seiten‹ – aus enttäuschter Liebe. Die Euphorie ist in die Depression umgeschlagen, die Manie in die Melancholie, das geliebte introjizierte Objekt wird gehaßt.[18] Ganz im Hintergrund hat das Einschlagen auf den Pöbel noch ein anderes Motiv, das aber erst in »Prügeln wir die Armen!« zum Vorschein kommen wird. Dieser geheime Gedanke macht sich in der »Ironie« bemerkbar, die den Dichter »beißt und schüttelt« (und die in keiner Weise erklärt wird). In »Das Unheilbare« sieht er nun im »Spiegel seines Herzens« statt der Megäre den »Brunnen der Wahrheit«, in »An den Leser« entdeckt er in der Tiefe den »Ennui« und in den »Litaneien an Satan« wächst der »Baum der Erkenntnis«. (Die »Theorie«, die in »Prügeln wir die Armen!« so wichtig werden soll, scheint sich hier schon anzudeuten.) Baudelaire tritt nun aus seiner Fixierung an das Bild des sadomasochistischen und lesbischen Koitus heraus und verläßt damit seine Isolierung. Die Hölle ist nicht mehr ein Bordell, sondern der Ort, wo sich die Aufständischen sammeln. Die Anrede an den Leser am Schluß von »An den Leser« ist ein Versuch, Mitkämpfer zu finden. Der »Ennui« träumt von Schafotten und das heißt (für einen Franzosen des 19. Jahrhunderts), er träumt von der französischen Revolution in ihrer radikalen Phase, der Terreur-Epoche. Man kann Robespierre in diesem »Ennui« ahnen (und Baudelaires Vater in seinem Aspekt als Revolutionär). Der »Ennui« möchte aus der Welt einen Trümmerhaufen machen. Hier deutet sich der »terroristische Wunschtraum, dem Marx bei den conspirateurs begegnet« war, an (Benjamin 13). Das gleiche Bild findet sich auch im Kommunistischen Manifest:

»Das Proletariat, die unterste Schicht der jetzigen Gesellschaft, kann sich nicht erheben, nicht aufrichten, ohne daß der ganze Überbau der Schichten, die die offizielle Gesellschaft bilden, in die Luft gesprengt wird.« (4, 472 f.) In »Die Litaneien Satans« ist Satan der Feind der Bankiers und der Freund der Verschwörer. Mit Benjamin kann man Baudelaire hier auf der Suche nach dem Führer des Aufstands sehen: »Zwischen den Zeilen blitzt das finstere Haupt Blanquis auf.« (22)[19] In »Abel und Kain« wird dann am Schluß zum Aufstand gerufen (wie es, wenn auch nur implizit, am Ende von »Das Ideal« durch die Erwähnung der Titanen der Fall war). Es scheint, als habe sich Baudelaire entsprechend der Ansicht von Engels verhalten, der meinte, daß das Proletariat nicht lange in der »unterwürfigen Passivität« vom 2. Dezember verharren würde (8, 228).

Freilich hat dieser Aufruf zur Revolte etwas Zwiespältiges, da Baudelaire im Bereiche der Religion verbleibt. Benjamin erwähnte bereits die »Zweideutigkeit« von Baudelaires Satan und stellte die Frage, »was Baudelaire nötigte, der radikalen Absage an die Herrschenden eine radikal-theologische Form zu geben.« (22)[20] Die kindlichen Züge in Baudelaires Bildern sind auffällig. Am Schluß von »Die Litaneien Satans« ruht der Dichter neben Satan unter dessen Baum: Es ist die Hoffnung auf einen schützenden, starken Vater, die sich darin ausdrückt. Auch ist dieser Satan ein gestürzter Gott, ein Fürst, und der Schlußteil des Gedichts heißt »Gebet«, d. h. Baudelaire befindet sich immer noch in einer kindlich-ohnmächtigen Haltung. Auch agiert er nicht selbst, sondern beschwört andere, den Aufstand zu unternehmen. Benjamins Frage wird durch die äußere Lage beantwortet: Es gab damals keinerlei Anzeichen für eine neue Revolution. Baudelaires Phantasien waren ganz irreal und werden im Bereich des Irrealen dargestellt, unter Rückgriff auf private Erinnerungen.[21]

Der Neubeginn aus frühester Erinnerung

Um 1855 beschäftigte sich Baudelaire mit Themen, die sich von den soeben betrachteten gänzlich unterscheiden. In »Moesta et

Errabunda« (»Traurig und ruhelos«) wird die Geliebte gefragt, ob ihr Herz manchmal aus der schmutzigen Stadt zu einem Ozean voller Glanz fliegt; Wagen und Fregatte sollen hinwegtragen, zu einem »duftenden Paradies« der »kindlichen Liebe«, »ist es ferner als Indien und China?« In »Exotisches Parfüm« entführt der Duft der Geliebten den Dichter in den Orient, in ein glückliches Land voller Wärme und gesunder Menschen, der Dichter sieht einen Hafen und hört die Lieder der Matrosen. In »Das frühere Leben« wird ein Palast am Meer beschrieben, wo der Dichter einst in »stiller Wollust« lebte, in der freilich ein »schmerzliches Geheimnis« verborgen war. In »Die Einladung zur Reise« möchte der Dichter mit der Geliebten fortgehen, um dort »zu leben«, wo alles »Ordnung und Schönheit«, »Luxus, Ruhe und Lust« ist; eine Hafenstadt voller Wärme wird ausgemalt. In »Das schöne Schiff« wird die Geliebte mit einem Schiff verglichen, das aufs Meer hinausfährt. Neben diesen erotischen Glücksvorstellungen stehen die mystisch wirkenden Ekstasen von »Entsprechungen« und »Erhebung«. In ersterem wird eine synästhetische Verschmelzung der Sinne beschrieben, die in Geruchserlebnisse übergeht, die zu »Verzückungen« führen. »Erhebung« enthält die Phantasie eines Flugs jenseits der irdischen Sphären. – Die Gedichte lassen eine Grundfigur erkennen: Baudelaire strebt von einer leidvoll empfundenen Gegenwart zu einem Bereich des Glücks. Das Thema der Reise ist fast überall gegeben, sie führt zu einem Bereich, der mit Vorstellungen der Kindheit und des Orients verbunden ist. Die Reise hat den Charakter einer Fahrt in die Erinnerung, wobei der Geruchssinn eine wichtige Rolle spielt.

In »Entsprechungen« wird anfangs das Bild einer Natur entworfen, die aus lebenden Wesen besteht, die miteinander kommunizieren; die Sinne des Menschen sind ein Teil dieser großen Harmonie. Das Gedicht wurde früher meist als gelehrte Kombination zahlreicher Elemente der mystischen Tradition betrachtet.[22] Mit Leakey, der meinte, daß Drogenerfahrungen hier eine Rolle spielen, läßt es sich als Beschreibung einer bestimmten psychischen Erfahrung lesen. In der Droge erfolgt eine Regression, das Ich sinkt in die Vergangenheit, zu Gefühlen, die mit frühen Erlebnissen verbunden sind.[23] Diese Regression zeigt sich in dem Gedicht an der Abfolge der Sinne: Es geht vom Sehen und Hören zum Riechen, dem primitivsten Sinnesorgan. Im Verlaufe einer solchen Regression wird die Umwelt mit Projektionen gefüllt, Kindheitserinnerungen werden in ihr wahrgenommen (halluziniert). In dem Gedicht erscheint die Welt als belebt, gemäß der frühen, gleichsam animistischen Erfahrungsweise des Kindes.[24] In den »lebenden Pfeilern« lassen sich die Gestalten der Eltern vermuten, ihre Worte sind »wirr«, d. h. das Kind versteht sie noch nicht. Es gehen »vertraute Blicke« von ihnen aus, »regards familiers«, Familienblicke. Bei den dann folgenden Synästhesien handelt es sich um ein Aufsteigen einer frühkindlichen Wahrnehmungsweise.[25] In den Terzetten erscheinen die Gerüche, zuerst »frisch wie Kinderfleisch«, »sanft« und »grün«; es folgen »andere, faulig, reich und triumphierend«. Nach Leakeys Ansicht werden hier zuerst »Reinheit und Unschuld« evoziert, danach »Sünde und Fäulnis«. (214) Für Galand enthält der Schluß eine »coincidentia oppositorum, die paradoxe Einheit des Geistes und der Materie, der Seele und des Fleisches«, »des Guten und des Bösen« (62). Steigt man von dieser Ebene der Ideen, der Abstraktionen, hinüber in den Bereich der Erfahrungen, die den Ideen zugrunde liegen, so handelt es sich bei dem »Bösen« um Gerüche aus analen und genitalen Bereichen,[26] die lustvoll wahrgenommen werden wie es beim Kleinkind der Fall ist, dessen Sinnesorgane noch nicht durch die Moral blockiert sind. Indem sich die verstopften Lustquellen wieder öffnen, entsteht die »Verzückung«. Baudelaire hat die Sinnlichkeit des kindlichen Körpers wiedergefunden, die mit »ozeanischen Gefühlen« verbunden ist, »ein Gefühl wie von etwas Unbegrenztem, Schrankenlosem«, ein »allumfassendes Gefühl, welches einer innigeren Verbundenheit des Ichs mit der Umwelt entsprach.« (Freud XIV, 422 ff.) Für Baudelaire haben diese Gerüche »die Ausdehnung der unendlichen Dinge«. In jener Zeit war das Lebensgefühl des Kindes mit der Mutter verschmolzen, sie ist im Hintergrund der Erfahrungen, die Baudelaire beschreibt, anwesend, und zwar als positiv erlebte, als fraglos gebende bzw. als beherrschte, wobei das Medium der Kommunikation der Geruch bzw. die Quelle des Geruchs ist. Baudelaire hat sich einen wichtigen Bezirk seines kreativen Gedächtnisses neu angeeignet, freilich in verschleierter, sublimierter Weise.[27] Im Drogenrausch können Gerüche als bunte Fäden wahrgenommen werden, die in die Vergangenheit führen; sie sind zugleich wie leise Stimmen, die dem Halbbewußten etwas erzählen, sie berichten von den Szenen, mit denen sie einst verbunden waren und lassen die alten Lustgefühle wieder aufsteigen. Der Geruch ist wie eine Geheimsprache in einer Diktatur, die die Zensur unterläuft. Der Geruch ist unbestimmt, abstrakt, er hat nur einen sehr vagen Hinweischarakter und sagt dem Bewußtsein bzw. dem Über-Ich nichts genau Faßbares. Er läßt etwas anwesen, das zugleich abwesend ist.[28]

In »Erhebung« schwingt sich der Dichter aus dem Bereich der »ennuis« und der großen Sorgen in die Höhe; er ist wie ein kräftiger Schwimmer voller Lust, er trinkt ein klares Feuer, mit kräftigem Flügel gelangt er in lichterfüllte Bereiche. Das Ziel ist nicht mehr sinnlich, sondern geistig, es sind jetzt die Gedanken, die aufsteigen, und zwar ohne Anstrengung wie kleine Vögel; es geht zum Schluß darum, die Sprache der Blumen und der stummen Dinge zu verstehen. – Es handelt sich um eine ganz sublimierte Allmachtsphantasie in Form der Allwissenheit.[29] Der Verlauf hat etwas Paradoxes: Je mehr sich der Dichter dem Ziel nähert, desto mehr entfernt er sich von sich selbst als körperlichem Wesen.[30] Das Hauptparadox besteht darin, daß er, als er ganz oben ist, die Blumen und die stummen Dinge versteht, und diese sind doch ganz unten. Er möchte wohl insgeheim doch zu den »ennuis«, zu den »fauligen Miasmen«, vermutlich weil dort die ›Blumen des Bösen‹ wachsen.[31]

Die beiden mystischen Gedichte sind Versuche der Wiedergewinnung tiefer Schichten des Erlebens. In stärker bildhafter Weise wird der gleiche Vorgang in »Der Flakon« dargestellt. In einem alten Koffer aus dem Orient ist ein schmutziger Flakon, der sich erinnert; eine lebendige Seele entsteigt ihm, tausend Gedanken schliefen darin und erheben sich nun als berauschende Erinnerung; ein Schwindelgefühl erfaßt die Seele und stößt sie in einen Abgrund, wo Lazarus sein Leichentuch zerreißt, er verkörpert eine alte Liebe, ranzig, charmant und gräberhaft; der Dichter ist dieser Flakon, er ist der Sarg dieses liebenswerten Pestgeruchs und der Zeuge von dessen Kraft. – Lazarus, das Symbol der Auferstehung, symbolisiert ein frühes Lust-Ich, das durch den Geruchssinn mit der Umwelt verbunden war. Diese Gerüche wurden von Verboten überlagert und sind daher zur »Pest« geworden, die aber nun – wieder – »liebenswert« geworden ist. Indem der Dichter regrediert und unter die Verbote hinabsteigt, erwachen seine Sinne wieder zum Leben und eignen sich einen Lebensbereich voller Liebesgefühle an.

Dieser Bereich wird in »Moesta et Errabunda« und in »Das frühere Leben« als ein vergangener evoziert, in »Exotisches Parfüm« und vor allem in »Die Einladung zur Reise« und »Das schöne Schiff« als gegenwärtiger vorgestellt. »Das frühere Leben« schildert einen Glückstraum aus der Zeit des kleinen Kindes; in »Moesta et Errabunda« ist von der »kindlichen Liebe« die Rede. In »Die Einladung zur Reise« wird die Geliebte »mein Kind, meine Schwester« genannt; in »Das schöne Schiff« erwähnt der Dichter die »Jugend« der Frau, »Kindheit« und »Reife« vereinen sich in ihr. In »Die Einladung zur Reise« wird eine Landschaft, die der Frau ähnelt, entworfen, womit wieder das Thema von »Entsprechungen« gegeben ist (das im gleichnamigen Prosagedicht viel stärker entfaltet wird). In »Das schöne Schiff« wird dieses Element durch den Vergleich der Frau mit dem Schiff angedeutet. So bleibt die Frau dieser Gedichte etwas diffus und abstrakt, erst in den etwas späteren Gedichten »Der Balkon« und »Die Juwelen« ist sie dann körperlich präsent.

Die genannten Gedichte lassen sich als Darstellung eines einheitlichen Vorgangs der Erinnerung verstehen, in dessen Verlauf sich Baudelaire tief verschüttete Wünsche aneignet und sie zunehmend konkreter werden läßt. Er ist dem inneren Gemetzel der vorangegangenen Etappe entronnen, die Verkrampfung wurde durch eine große Entspannung abgelöst.[32]

Die Verknüpfung von Geruch und Orient weist auf Baudelaires Indienreise von 1841/42, zu der ihn die Eltern gezwungen hatten und die er dann abbrach, um möglichst schnell nach Paris zurückzukehren. Man kann annehmen, daß er eine Fülle sinnlicher Eindrücke aufgenommen hatte, die seinerzeit nicht

verarbeitet wurden, so daß sie sich im Gedächtnis ablagerten und eine Verbindung mit früheren Wunschkomplexen eingingen.[33] Die Düfte und die Wärme hatten ein Wunsch-Ich im Unbewußten aktiviert, eine Art Reserve-Ich, das nun auftaucht. Auch die ersten Drogenexperimente fanden damals statt und hatten ebenfalls Phantasien produziert.[34] Es hat den Anschein, daß Baudelaire um 1855 wieder intensive Drogenerfahrungen machte und daß auf diese Weise ein Phantasiekomplex, der bereits vorhanden war, ins Bewußtsein trat.[35] Im »Opiumesser« sagte Baudelaire, das »Gedächtnis« sei wie ein »Palimpsest« und manchmal erscheine dem Geist der Menschen »das ganze Theater ihres vergangenen Lebens.« (I, 505) Er betont dort auch, daß im Drogenrausch Kindheitserinnerungen aufsteigen. Dieser ganze Erfahrungsbereich gewinnt ab 1855 eine zentrale Bedeutung, indem sich Baudelaire an eine geradezu systematische Erforschung seiner Vergangenheit macht.
Leakey wies darauf hin, daß die Zäsur von 1855 durch den Aufsatz über die »Weltausstellung von 1855« erhellt werde (127 ff.). Baudelaire spricht hier von der »Idee einer universalen Ordnung und Hierarchie«, von der »Harmonie des Universums«, von der »universalen Schönheit«, zu deren Verständnis der Betrachter eine »Transformation« in sich vollziehen müsse, die ans »Mysterium« grenzt. Eine solche Fähigkeit besitzen die »einsamen Reisenden«, die lange Zeit in den Wäldern und Prärien lebten. Versetzte man einen intelligenten Mann, der die Welt kennt, in ein fernes Land, so würde er eine intensive »Sympathie« spüren, die in ihm eine »neue Welt von Ideen« schaffen würde und diese werden ihn sein Leben lang »in Form von Erinnerungen« begleiten. Baudelaire spricht von Früchten, deren Geschmack »Ideen, die dem Geruchssinn zugehören«, offenbart. Eine »Welt neuer Harmonien« wird diesen Menschen »langsam durchdringen wie die Schwaden eines aromatisierten Dampfbades; diese ganze unbekannte Lebenskraft wird seiner eigenen Lebenskraft hinzugefügt werden« und es ist möglich, »daß er wie ein Neubekehrter verbrennt, was er verehrte und verehrt, was er verbrannte.« »Ich habe mehr als einmal (. . .) versucht, mich in ein System einzusperren«, immer aber »widerlegte ein spontanes, unerwartetes Erzeugnis der

universalen Lebenskraft meine kindliche und veraltete Wissenschaft, diese bedauerliche Tochter der Utopie.« Jetzt »habe ich zur Bescheidenheit« gefunden, »ich begnüge mich damit, zu fühlen«. Am Ende des Aufsatzes proklamiert Baudelaire die Ästhetik des »Surnaturalismus«, die er mit Erfahrungen aus dem Drogenzustand illustriert.

In dem Aufsatz kommen die zentralen Themen der Gedichte jener Zeit vor. Baudelaire verbindet mit einer Reise die Grunderfahrung eines Neuanfangs aus dem Bereich der Sinne (vor allem des Geruchssinns) und der Gefühle. Er verläßt sein früheres System, das der »Utopie« entstammte; man wird darin die politische Orientierung erkennen, wie sie etwa im Dupont-Aufsatz zum Ausdruck kam, und die ihn, auch in der Reaktion auf die Katastrophe vom 2. Dezember, bis etwa 1854 noch leitete. Die in dem Aufsatz entworfene harmonische, nichtantagonistische Beziehung zur Umwelt bedeutet im psychischen Bereich einen heilen Narzißmus, der dann auch harmonische erotische Beziehungen erlauben kann. Das Erstaunliche an den Gedichten ist das neue Bild der Frau: Es erscheint nicht mehr die Prostituierte (sei es als Leiche oder als riesige Allegorie) noch die mächtigen Sappho und Delphine, noch Lady Macbeth und auch nicht der anzubetende Engel der Sabatier-Gedichte. Diese neue Frau ist anfangs noch unerreichbar (»ferner als Indien und China« in »Moesta et Errabunda«), doch dann erscheint der Wunsch, »dort« (»là-bas«, etwa in Holland) »zusammen zu leben«[36] und schließlich gelangt die Reise in Paris ans Ziel, mit »Der Balkon« und »Die Juwelen«.

In »Der Balkon« wird, angesichts der Geliebten, die Vergangenheit beschworen; die Frau ist »Mutter der Erinnerungen«. Am Ende richtet sich der Blick in die Zukunft. Das Gedicht beginnt mit einer Beschreibung des Abends, es folgt die Nacht und schließlich das Bild der »verjüngten Sonnen«, die aus den »Tiefen des Meeres zum Himmel steigen«. Die Vorstellung einer Wiedergeburt deutet sich an.[37] Indem diese Frau neben der »Lust« auch die »Pflichten« verkörpert und die »Königin der Angebeteten« genannt wird, erinnert sie an die Sabatier-Gedichte, doch viel stärker sind die Aspekte der lustvoll empfundenen Sinnlichkeit, die auf Jeanne verweisen. Die »brüderlichen Hände« erschienen in dem Gedicht an Sara (»Ich habe als Maîtresse«). Mit der Erwähnung des Abends und der »Süße des Heims« erweist sich das Gedicht als eine Wiederaufnahme des idyllischen Teils von »Die Abenddämmerung«. Was dort unerreichbar war, ist nun gegenwärtig, und zwar in großen Dimensionen. Die Liebesszene spielt auf kosmischer Bühne, das Ich steigert sich mit der Intensität des Drogenrausches, worauf die Stelle »Wie tief ist der Raum« deutet;[38] auch die Wendung »Wie mächtig ist das Herz« beschreibt eine Erfahrung aus diesem Bereich, gleiches gilt für die »unvergänglichen Dinge«, die die Liebenden oft gesagt haben. Das Gefühl des Triumphes über die Zeit, die Zeitüberhobenheit und ewige Gegenwart des frühen Narzißmus kommt darin zum Ausdruck. Schließlich fühlt sich der Dichter im Besitze der »Kunst, die glücklichen Minuten zu beschwören« und ihre Erneuerung in der Zukunft zu erhoffen. Die prunkvollen fünfzeiligen Strophen sind die gleichen wie in »Lesbos«, wie dort evoziert der Dichter ein vergangenes Liebesparadies, doch nun nicht mehr klagend, sondern in der Gewißheit seiner Kraft (und es handelt sich auch nicht mehr um die ferne Antike, sondern um die Gegenwart).

Was in »Lesbos« verloren war, wurde in »Delphine und Hippolyte« wiedergefunden. Ähnlich läßt sich auch das Gedicht »Die Juwelen« (es hat die gleiche Strophenform wie »Delphine und Hippolyte«) als Folge bzw. Fortsetzung von »Der Balkon« lesen. Die Szene verlagert sich vom Balkon in den Alkoven (vgl. »Die Abenddämmerung«; der Dichter hat nun, was er einst draußen suchte, bei sich zuhaus). Die Geliebte ist nackt, sie trägt nur ihren Schmuck; sie liegt auf dem Diwan und führt ihre »Posen« vor. Die Liebe des Dichters steigt »wie das Meer« zu ihr auf. Später ist die Situation wie umgekehrt: Der Dichter sitzt auf einem »Felsen aus Kristall« und die Geliebte naht sich ihm. Er glaubt eine »neue Zeichnung« zu sehen, wo »die Hüfte der Antiope mit der Brust eines Knaben vereint« ist. Es könnte scheinen, als fliehe der Dichter vor der Geliebten ins Bereich der Kunst bzw. als verwandele er sie in ein Kunstwerk,[39] doch das Ende dieser Strophe heißt: »Sur ce teint fauve et brun le fard était superbe!« »Auf diesem wildbraunen Teint war die Schminke superb!« Der Blick des Dichters verläßt damit die Bilder seiner Vorstellung und richtet sich auf die Geliebte, er geht nahe hin und es entfährt ihm ein Ausruf des Entzückens. Offensichtlich war es gerade die herbeiassoziierte Zeichnung, die den Annäherungswunsch auslöste. Es tauchte ein hermaphroditisches Liebesideal auf und bewirkte eine Entbindung und Steigerung der Lust.[40] In der Schlußstrophe erlischt die Lampe, nur noch das Herdfeuer erhellt den Raum und »überflutet diese ambrafarbene Haut mit Blut«. Es könnte hier etwas Unheimliches zum Ausdruck kommen, worin ein weiterer Reiz liegt, der die Intensität der Lustphantasie erhöht.[41]

In »Die Juwelen« wird man den Höhepunkt der erotischen Poesie Baudelaires sehen. Das Frauenbild dieses Gedichts klingt noch an die Prostituierten an, indem der Dichter »die Sklavinnen der Mauren« assoziiert. Religiöse Vorstellungen erscheinen in der Bezeichnung des Bauches und der Brüste als der »Trauben meines Weinbergs« (eine Anspielung auf das Hohelied der Bibel). Christliche Moral macht sich im Vergleich mit den »Engeln des Bösen« bemerkbar. Gewichtiger aber sind die moralfreien Passagen. Das Wesen dieser Frau besteht darin, daß sich »Unschuld« (»candeur«) und »Lüsternheit« (»lubricité«) in ihr vereinen. Das Spezifische des Gedichts scheint mir darin zu liegen, daß Baudelaire hier die Sexualität in die hohe Poesie einführt, und zwar ohne Obszönität im Sinne einer aggressiven Verwendung des Häßlichen bzw. ohne die Verletzung der Scham. Baudelaires Programm heißt auch hier »Luxus, Ruhe und Lust« (»Die Einladung zur Reise«).[42] Der Titel kann als Anspielung auf Diderots Erzählung »Les Bijoux indiscrets« verstanden werden, wo die Juwelen das weibliche Geschlechtsorgan bezeichnen (und in diesem Sinne wird das Wort in Baudelaires Gedicht »Lola de Valence« verwendet. Pichois I, 1134). In »Die Juwelen« sind die Juwelen aber als reale vorhanden. Baudelaire transponiert die Endlust in den Bereich der Vorlust, um so den Bereich des Imaginären zu entfalten, ein Szenarium, das der vorbereitenden Lockerung der Libido dient. »Klang und Licht mischen sich« und versetzen den Dichter in Ekstase, d. h. aus den Schichten der Synästhesien und Partialtriebe steigt die Sinnlichkeit auf.[43] In der Andeutung des Hermaphroditen am Ende läßt sich ein bisexuelles Liebesideal erkennen, das es dem Dichter erlaubt, seine eigene bisexuelle Struktur, seine aktiven wie passiven Wünsche sich zu erfüllen. Das »hermaphroditische Ideal von Sexualität wäre ein Glück, wo alle denkbaren Triebe zu ihrer lustvollen Befriedigung zusammenkommen.«[44]

Der Neubeginn von 1855 ist in den gesellschaftlichen Zusammenhang eingebettet. Wie schon anläßlich des Aufsatzes »Die Weltausstellung von 1855« erwähnt, löst sich Baudelaire vom Trauma des 2. Dezember 1851 und damit von der damaligen ideologischen Position, die auch noch in den Gedichten an Satan mit ihrer Betonung des Kampfes zum Ausdruck gekommen war.[45] Der Rückgriff auf die Erfahrungen vor 1848 bedeutet auch eine Rückkehr zu fourieristischen Ideen. Die Ideen der »universalen Harmonie« und der »universalen Analogie« aus dem Aufsatz über die Weltausstellung entstammen Fourier und spielen auch in »Entsprechungen« hinein.[46] Überträgt man die religiösen Gedanken des Gedichts, die »coincidentia oppositorum«, die Vereinigung des Guten und des Bösen, auf die gesellschaftliche Dimension, so deutet diese Vereinigung im ›Triumph‹, die zu »Verzückungen« führt, auf Baudelaires Erlebnis des Februar 1848, auf seine Euphorie durch die Klassenversöhnung mit ihren Illusionen einer Liebesreligion. Im Medium der Geheimsprache des Geruchs und mit der Unterstützung Fouriers sammelt Baudelaire vorsichtig seine Lusterfahrungen aus der Kindheit und aus der »schönen Revolution« (Marx) wieder ein, um ›Love's Body‹ für die poetische Produktion zu kräftigen. »Erhebung« zeichnet den Aufschwung des Christus-Ichs im Februar nach, als Baudelaire den »großen Sorgen« entrann. (Vgl. den Brief vom 6. 12. 1847.) Dieser Christus entdeckte die »Schönheit des Volkes« (»Salut public«) wie der Dichter die »Sprache der Blumen und der stummen Dinge«. Die ideologischen Implikationen dieser Zeile weisen auf den gleichen Sachverhalt: »An die Symbolik der Blumen zu glauben, bedeutete damals ein sozialistisches Engagement«.[47] Im Aufsatz über die Weltausstellung erscheint auch

die Idee des »Aufstiegs zu den höheren Regionen«, sie wird hier zu einem Gemälde »Apotheose des Kaisers Napoleon I.« assoziiert, womit auch wieder die Allmachtsphantasie anklingt.[48]
Die Aufnahme der Ideen Fouriers ist aus der Position von dessen Anhängern im Jahre 1855 zu sehen; sie hatten sich großenteils mit dem Regime von Louis Bonaparte ausgesöhnt und betrachteten die Weltausstellung als Verwirklichung ihrer Ideen.[49] Baudelaire folgt dieser Tendenz und wendet sie, vor allem in seinen Liebesgedichten, ins Produktive. »Luxus, Ruhe und Lust« heißt die These von »Die Einladung zur Reise«, die dem Gedicht »Eine Reise nach Cythere« entgegengestellt wird (wie auch den Gedichten »Die Lust« und »Der Weinbeutel der Lust«). Diese These kann als Programm Fouriers verstanden werden, der den Luxus verteidigte. »Der Balkon« wirkt wie eine fourieristische Umgestaltung von »Die Abenddämmerung«.[50] Auch die spezifische Form der Sexualität in »Die Juwelen« mit ihrer Integration der Partialtriebe und der Akzeptierung der homosexuellen Komponente entspricht der Position Fouriers, der alle Abweichungen von der offiziellen Norm der Heterosexualität verteidigte und als Teile einer großen Harmonie begriff.[51]

Die Konstruktion des Bandes »Die Blumen des Bösen« mit »Segen« und »Spleen«

»Segen« und der vierte »Spleen« wurden meines Erachtens erst 1856 geschrieben. »Spleen« betrachte ich als Replik auf »Segen« und dieses läßt sich aus der Entstehung der Architektur der »Blumen des Bösen« ableiten: Es ist ein programmatisches, sehr langes, episch wirkendes Gedicht, das den Charakter einer Einleitung und einer Präsentierung der Gesamtkonzeption hat.[52]
Man wird die Entstehung dieser Architektur zu bedenken haben. Baudelaire hatte endlich (nach den zwei fehlgeschlagenen Versuchen von 1845 und 1848 bzw. 1851) die Chance, seinen Gedichtband zu veröffentlichen. Er hatte einen Vertrag.

Er mußte seine Gedichte ordnen. Man stelle sich die Situation vor: Er saß vor seinen Gedichten, sie waren zu ganz verschiedenen Zeiten entstanden, mit verschiedenen Konzeptionen aus durchaus gegensätzlichen Positionen verbunden gewesen. Verherrlicht wurden Satan und auch Gott, die Prostituierte und auch die Madonna. Baudelaire wollte offensichtlich alles behalten und so ergab sich das Problem, wie die Widersprüche ausgeglichen werden konnten. Außer den Gedichten hatte er auch drei Titel: »Die Lesbierinnen«, »Limbus«, »Die Blumen des Bösen«. Mit »Limbus« stellte sich der Gedanke an Dante ein; in der Divina Commedia gab es auch gegensätzliche Erfahrungen und sie wurden durch die Form des Weges, des Nacheinanders, zu einer sinnvollen Einheit zusammengeschlossen. In diesem Bild lag vermutlich der Keim von Baudelaires Architektur. »Limbus« enthielt die Vorstellung des Abstiegs in die Hölle, die Baudelaire auch bereits mehrfach aufgegriffen hatte. Zur Hölle gehörten naheliegenderweise die »Spleen«-Gedichte der ersten »Limbus«-Serie sowie die späteren »Spleen«-Gedichte, ebenso die blasphemischen Gedichte »Die Verleugnung des heiligen Petrus«, »Die Litaneien Satans«, »Abel und Kain« und auch die Gedichte über die lesbische Liebe. Letztere waren mit sozialistischen Vorstellungen verbunden, gleiches galt für die drei blasphemischen Gedichte, bei denen der politische Aspekt aber viel deutlicher war: Sie wurden in ein Kapitel »Revolte« zusammengefaßt. Die Gedichte über die lesbische Liebe waren das Zentrum der ersten Konzeption gewesen, gleichsam die Wurzel von Baudelaires Gedichtband, und so wurden sie in ein Kapitel gestellt, das den Gesamttitel (nur ohne den Artikel) wiederholte. Die wichtigsten der späteren Stücke aus dem »Manuskript der zwölf Gedichte« wurden hinzugefügt, da sie mit ihren gräßlichen Bildern das ›Böse‹ besonders intensiv zum Ausdruck brachten. Damit hatte Baudelaire sein Inferno entworfen. Es stellte sich die Idee des Paradiso ein. Hierzu paßten die mystischen Euphorien »Erhebung« und »Entsprechungen« sowie die Sabatier-Gedichte. Das »Ideal« von »Die geistige Morgenröte« assoziierte sich mit dem Gedicht »Das Ideal« aus der ersten »Limbus«-Serie und den dort dominierenden »Spleen«-Gedichten. Es entstand die Vorstellung eines Abstiegs vom Ideal zum Spleen, womit die Struktur des ersten Kapitels »Spleen und Ideal« gegeben war, in das auch die anderen Liebesgedichte eingefügt wurden. Auf den »Spleen« (der mit dem Limbus, dem ersten Kreis der Hölle verknüpft war) folgten ganz logisch die beiden Inferno-Kapitel. Die »Wein«-Gedichte, die (mit einer Ausnahme) den Aufstieg aus dem Elend zu Gott zeigten, paßten als Fortgang, da der Weg nun, wie bei Dante, wieder in die Höhe führen sollte. Das Ende bildeten die Gedichte über den Tod mit ihrem Ausblick aufs christliche Jenseits.[53]

Im Verlaufe dieser Überlegungen, und das bedeutet, dieses Konstruierens, dieses Bauens, begann Baudelaire die Architektur vor sich zu sehen: Er hatte einen Weltenbau errichtet, wie Dante, wie Balzac (und er führte gleichsam seine eigene Weltausstellung vor). Ein Gefühl des Triumphes, der Größe, muß sich eingestellt haben, zugleich eine Lösung von Spannungen, von Konflikten: Er hatte alle seine Gedichte, alle seine gegensätzlichen Phasen in eine Einheit gebracht und konnte beide Seiten seiner Zwiespältigkeit akzeptieren: die Liebe zu Gott und die Liebe zu Satan. Der innerlich zerrissene »homo duplex« (II, 87) hob sich selbst auf. Baudelaire konnte sich mit diesem Buch als Revolutionär fühlen und als frommer Beter und obendrein durfte er annehmen, daß er die Zensur unterlaufen würde.

Bei dieser Beschäftigung mit seiner dichterischen und biographischen Vergangenheit hatte sich Baudelaire sicher auch die Frage gestellt, wie alles geschehen war, wie er geworden war (er wird diese Frage in »Frl. Bistouri« stellen). Der Blick der Selbsterforschung, die Suche nach der eigenen Gewordenheit, zusammen mit dem Triumphgefühl des Weltenbauers,[54] führten zur Idee eines Gedichts, in dem beides dargestellt war; es würde den Band einleiten und zusammenfassen: So entstand »Segen«, diese große Abrechnung mit der Vergangenheit, die zugleich die Bekundung eines großen, eines göttlichen Anspruchs darstellt. »Segen« wurde bereits als Allmachtsphantasie gelesen (s. oben S. 9 ff.) Ich möchte nun einige inhaltliche Elemente erwähnen. Als zentral wird man Str. 4 sehen, wo die Mutter sagt, sie wolle »diesen elenden Baum so sehr würgen, daß er seine verpesteten

Sprossen nicht treiben kann«. (»tordre« wie tordre le cou, den Hals umdrehen.) Dies Bild erscheint bedeutungsvoll, da es sich mit dem Resultat der Unterdrückung, dem Traum von der Krone, zu einem einheitlichen Vorgang zusammenschließt: In der Krone entfalten sich die Sprossen dann doch noch, und zwar groß gesteigert, wie es bei Kompensationen der Fall zu sein pflegt. Die Krone als Sprosse aus dem Kopf ist die gleiche Bildvorstellung wie der zukünftige Baum der Erkenntnis, der aus der Stirn des Satans wachsen wird (»Die Litaneien Satans«). In »Die Reise« nennt Baudelaire »den Wunsch« den »alten Baum, dem die Lust als Dünger dient« und er fragt: »Wirst du immer wachsen, großer Baum, lebendiger als die Zypresse?« Zugleich erinnern die Sprossen an die »Blumen des Gehirns« in »Der Tod der Künstler«; das Bild des »Blühens« des Herzens bzw. der Seele erschien auch in einem der Sabatier-Gedichte. In dem frühen Gedicht »Die Sonne« ließ die Sonne »Verse wie Rosen« blühen. Man kann also annehmen, daß Baudelaire in »Segen« das Bild des Baumes bewußt verwendete und mit der Vorstellung von »Blumen des Bösen« in Verbindung brachte.

In dem Gedicht versetzt Baudelaire die Unterdrückung in die Kindheit und so fragt die psychologische Interpretation, welche realen Empfindungen der Unterdrückung ein Kind haben kann und inwieweit die anderen Bilder des Gedichts auf derartige frühen Erfahrungen verweisen. Die unterdrückten Sprossen können auf orale, anale und genitale Regungen deuten. Die orale Sphäre ist mit dem »Geifer des Hasses« der Mutter gegeben, den diese verschlingt – vielleicht möchte ihn der Dichter als stärkenden Trank des Hasses trinken? Die anderen Menschen mischen »schmutzige Spucke« in sein Essen; hier zeigen sich Ekelempfindungen, in denen Wünsche verborgen sein können. Das einsame Kind »findet dann Nektar und Ambrosia wieder«, also gab es früher auch positive orale Erlebnisse oder doch Phantasien von solchen. Das Leiden des Dichters erscheint als Buße für »Unreinheiten«, was erstaunlich ist, denn der Dichter scheint gar nichts Unreines zu tun, also hat er wohl insgeheim aber doch seine »verpesteten Sprossen« entfaltet? Er wird von der Mutter als etwas »Lächerliches« bezeichnet, er wurde also von ihr ausgelacht, vielleicht als er sein Produkt vorzeigte, das erste

Geschenk des Kindes.[55] Er wurde Dichter, d.h. Produzent und so zeigt er ständig sein Produkt vor und wird ständig ausgelacht.[56] Er möchte im Himmel thronen, im Zentrum der Welt, von allen gesehen und bewundert, als Dichter beim Produzieren. Er wird die Krone bekommen, Ersatz für die verpesteten Knospen, die jetzt aus seinem Kopf blühen, als Blumen des Bösen, die so faszinierend-unheimlich duften, und die ganze Welt applaudiert.[57] Was die Mutter einst unterdrückte, bzw. wegnahm, soll nun Gott, der Vater, wiedergeben. Auf genitaler Stufe heißt das, die Mutter nahm den Penis weg, der Vater gibt ihn wieder, beim Fest der heiligen Legionen, die sehr stark, aber auch sehr rein sind und beten, also wohl kastriert sind (und eine homosexuelle bzw. lesbische Orgie feiern). Der Dichter nähert sich diesem Vater, der in Wahrheit schuld am Übel ist, in unterwürfiger, also als weiblich empfundener Position und bekommt von ihm die Krone aufgesetzt, eine Liebeszuwendung, die als sexuelle vorzustellen ist.[58] Dann wächst diese Krone immer mehr, die Liebeszuwendung gibt Größengefühle und so wagt sich das Wunsch-Ich rückwärts zum »ursprünglichen Heim« hin, das die Mutter ist; die Krone besteht nun aus ihren Blicken und es vollzieht sich eine Verschmelzung der eigenen Lustquelle des Dichters mit der frühen Mutter, die als vage Präsenz entsprechend dem frühen Narzißmus vorhanden ist, zugleich deshalb so vage, weil die riesigen Ängste immer noch bestehen, so daß diese Mutter nicht erkennbar werden darf.[59]

Interessant ist nicht so sehr dieser Inzestmythos als solcher (er ist immer und überall mehr oder weniger der gleiche), sondern die Ermöglichung seines Aufsteigens aus dem Unbewußten. Man wird ihn mit dem Erinnerungsprozeß seit 1855 in Zusammenhang bringen. In »Der Balkon« nennt Baudelaire am Anfang die Geliebte »Mutter der Erinnerungen«. Es ist denkbar, daß Baudelaire im Drogenzustand an diese Metapher dachte und daß sich diese plötzlich entmetaphorisierte und ihre eigentliche Bedeutung annahm: Baudelaire sah die wirkliche »Mutter der Erinnerungen« vor sich (was sich schon in »Der Balkon« durch die latente Wiedergeburtsphantasie andeutete). Zugleich stiegen in der Droge auch die Phantasien der Gottwerdung auf, wie schon 1844, wie (ohne Droge) im Februar 1848.

Die Christus-Phantasie des Gedichts muß im Zusammenhang mit der früheren Christus-Phantasie verstanden werden. Im Februar kam Baudelaire als Christus auf die Erde, um die Botschaft des Vaters zu verkünden, im Juni erfolgte die Höllenfahrt und im Dezember 1851 die Kreuzigung. Nach der Bußphase der Sabatier-Gedichte war Baudelaire zu Satan übergegangen, aber 1855 hatte er sich von diesem wieder getrennt und sich, vor allem über den Geruch, ein neues Lust-Ich aufgebaut (in dem Satan noch ein wenig vorhanden war, doch unkenntlich geworden). In der Christus-Phantasie von »Segen« muß das Szenarium von 1848–1851 vorhanden sein, da es sich um das gleiche Individuum handelt, um den gleichen ›persönlichen Mythos‹. Am Anfang steht die Geburt, sie ist mit dem Februar gleichzusetzen. Sofort danach erfolgt die Katastrophe durch die böse Mutter; hier hat sich die Chokerfahrung vom Juni 1848 und vom Dezember 1851 in das Kindheitstrauma umgesetzt. Dann wird das Kind zum einsamen Tagträumer und Beter; hier ist der Dichter der Sabatier-Gedichte erkennbar. (Der »Schutzengel« erschien damals auch.) Die angebetete Frau des Dichters, die sein Herz ihrem Hund vorwerfen möchte, paßt zu »Beatrice-Vampir«. Dann beginnt das Bußgebet und die Hoffnung auf Thron, Krone und Fest der heiligen Legionen. Diese Bilder hatten 1856/57 eine Entsprechung in der Realität durch Napoleon und die Orgien seiner Gesellschaft vom 10. Dezember. Baudelaire denkt also insgeheim daran, zu Napoleon überzugehen (ähnlich wie die Fourieristen). Ab Juni 1857 beginnt Baudelaire gelegentlich Unterstützung vom Erziehungsministerium zu erhalten. Benjamin erwähnt, daß Baudelaire »mit Bezug auf die literarischen Stipendien der Polizei schreiben konnte: ›Niemals wird mein Name in ihren Schandregistern erscheinen.‹« (Der Brief ist nicht vom 20. Dezember 1854 wie bei Benjamin (12) steht, sondern vom 20. 12. 1855.)
Baudelaire bittet in dem Gedicht um Aufnahme in die herrschende Klasse, doch hat er eine merkwürdige Paradoxie eingebaut. Es wurden bereits die »Unreinheiten« erwähnt, die der Dichter anscheinend gar nicht begeht. Man könnte meinen, er büßt wie Christus für die Sünden der anderen Menschen, doch geht es nicht darum. Die Mutter ist blasphemisch, die Frau

des Dichters »schreit auf öffentlichen Plätzen« und erinnert damit an eine Prostituierte. Die anderen Menschen sind voll aggressiver »Wildheit«, vom »wütenden Volk« ist die Rede. Aus eben diesem Bereiche stammt der Dichter, dort suchte er sich seine Frau; er liebt diese Menschen (Str. 8), sie aber hassen ihn. Baudelaire phantasiert sich immer noch als Proletarierkind, doch das Proletariat will ihn nicht und treibt ihn zur herrschenden Klasse. Das Gedicht entfaltet die gleiche Paradoxie, wie »Eine Reise nach Cythere«, »Die Lust«, »Der Weinbeutel der Lust«: ›Was ich liebte, hat mich zerstört‹. Er hängt an der bösen Mutter, die später durch Mariette ersetzt wurde und die er dann bei den Prostituierten wieder suchte. Diese Mutter ist voller Haß, es ist Baudelaires eigener Haß, der aus der Enttäuschung des Kindes stammt und durch die Enttäuschung vom 2. Dezember 1851 neu belebt wurde. Er schickt die Mutter in die Hölle (Str. 5), dort aber zog es ihn in den Gedichten an Satan selbst hin. Die Pointe des Gedichts besteht darin, daß hier die politischen Ereignisse in völlig mystifizierter Weise als Kindheitserlebnisse erscheinen – Resultat der »Chokerfahrung«, der ›physischen Entpolitisierung‹, die Napoleon an Baudelaire und an Frankreich vorgenommen hatte, wie auch der allgemeinen ökonomischen Lage im »Hochkapitalismus« (Benjamin), die den Dichter zwingt, sich zu verkaufen, was er als Prostitution empfindet und da er nun weniger ehrlich als in seinen Anfängen ist (s. oben S. 48), verklärt er die Lage zu einem religiösen Mysterium, ähnlich wie es Napoleon III. und seine Kumpane taten.

Der vierte »Spleen« zeigt in den ersten drei Strophen den »Geist«, der in einen Sarg oder Topf, in einen Kerker, in ein Gefängnis eingesperrt ist; er wird von langen Depressionen angegriffen, versucht, zu fliehen, und ist wie in Spinnennetzen gefangen. In Str. 4 heulen plötzlich Glocken, die wie umherirrende Geister jammern. Schließlich ziehen lange Leichenwagen durch die Seele des Dichters, die Hoffnung weint besiegt und die Angst (eine weibliche allegorische Gestalt) pflanzt ihre schwarze Fahne auf dem Schädel des Dichters auf. – Das Gedicht evoziert ein Gefängnis, das zugleich eine Festung ist;

sie wird belagert und erstürmt. Merkwürdig ist dabei, daß der Dichter, der in dieser Festung gefangen ist, die Belagerer als seine Feinde empfindet; am Ende steht nicht die Befreiung, sondern gerade die Niederlage des Gefangenen.

Das Gedicht schildert ein seelisches Drama, d. h. alle Akteure sind Teile des Dichters. Man erkennt eine christliche Symbolik: Geist und Hoffnung sind die Vertreter des Guten; die Depressionen, die Spinnen, die Glocken und dann die Frau Angst sind die Mächte des Bösen, die über das Gute siegen. Die Angst ist nur für das Ich des Dichters Angst, eigentlich verkörpert sie Aggression, einen siegreichen Kampfeswillen. Der Dichter fühlt sich also von seinen eigenen Aggressionen, vor denen er sich fürchtet, besiegt. Es ist der mit Angst besetzte Wunsch, der diese Phantasie erschuf, die eben als Wunscherfüllung zu verstehen ist: Das Böse soll – im Dichter selbst – über das Gute siegen. Das Böse hat die Gestalt einer Frau, die den Dichter überwältigt. Das Aufpflanzen der Fahne kann als Sexualsymbol verstanden werden.[60] Bilder des Kampfes sind bei Baudelaire meist Metaphern für die Liebe.[61] So läßt sich das Besiegtwerden im Gedicht als Vergewaltigung verstehen, der Angstanfall ist zugleich ein Orgasmus.[62] Die Frau Angst erinnert an die Pikdame, an Lady Macbeth und die Nacht des Michelangelo, an den Dämon mit dem Werkzeug der Zerstörung (erste »Limbus«-Serie), auch an »Beatrice-Vampir« mit dem Messer und vor allem an die Mutter aus »Segen«: Baudelaire ist gleichsam zu ihr in die Hölle hinabgestiegen, bzw. in seine Kindheit zurückgekehrt. Damals unterdrückte die Mutter die Sprossen des Kindes, das dann hoffte, dafür vom Vater die Krone zu bekommen. In »Spleen« bekommt der Dichter von der Frau oder Mutter etwas ganz Analoges auf den Kopf, eben die schwarze Fahne, die die gleiche Bedeutung wie die Krone hat, sie ist Penis und Produkt, ein vielfältiges Symbol, durch das der Dichter mit seiner Muse kommuniziert (»faulig« und »triumphierend« war es in »Entsprechungen«. Wie in »Pariser Landschaft« sitzt der Dichter in seiner Mansarde und komponiert). Die Chokerfahrung, die in »Segen« nur erwähnt, doch nicht selbst dargestellt wurde, wird in »Spleen« gestaltet. Eine traumatische Überwältigung wurde in einen Liebesakt umphantasiert. Zugleich fand eine Regression von der Objektliebe zur Identifizierung statt, die zur Identifizierung mit dem Aggressor wurde.[63]

Auf diese Weise konnte das Kind die Mutter behalten und sich zugleich so groß und stark wie diese fühlen (aber darunter blieb auch das Gefühl der Angst und Ohnmacht bestehen). In der unterlegenen Position fühlte sich das Kind als Mädchen, die Mutter wurde phallisch vorgestellt; das lesbische Szenarium deutet sich wieder an.

»Spleen« ist als Replik auf »Segen« zu begreifen. Dort brach der Haß auf die Mutter durch, aber er endete in Unterwerfung und Anbetung sowie in der Hoffnung auf die Krone, die aber erst nach dem Tode sich erfüllen würde. »Segen« war von der Sicht des christlichen Über-Ichs aus geschrieben. In »Spleen« äußert sich der Protest gegen diese Haltung, der Hang zum Bösen, zum Unteren setzt sich durch, wird aber in Angst verkehrt. Gleichwohl schildert das Gedicht den eigentlichen Wunsch, den Triumph des Bösen.

Wieder ergeben erst die Assoziationen aus dem politischen Bereich die eigentliche Bedeutung. Zu einem riesigen Gefängnis, das erstürmt wird, fiel jedem Franzosen des 19. Jahrhunderts die Bastille ein; die wütenden Glocken sind die Sturmglocken der Revolution, sie läuten wohl den neuen Kalender ein, der mit der Terreur-Phase begann. Der von Schafotten träumende »Ennui« aus »An den Leser« wird sichtbar. In der Frau Angst wird man schon Théroigne, die zwei Jahre danach in dem Gedicht »Sisina« die Revolutionäre anführen wird, erkennen. Baudelaire träumt also, wie in »Segen«, wieder von seiner Geburt, doch diesmal nicht als Christus, sondern als Satan. Das Gedicht hat mehrere Schichten: Baudelaire liegt im Sarg und vollzieht dort einen Geschlechtsakt (wie in den frühen Gedichten): Er erzeugt sich selbst mit der Revolution. Die riesigen Dimensionen des Sarges bzw. Gefängnisses deuten auch auf eine Mutterleibsphantasie, die dann zur Geburt führt: Was er erblickt, ist die Frau Angst. Sie entstammt Delacroix' »Freiheit, die das Volk führt« sowie Barbiers »Freiheit«, dem »Kind der Bastille« (s. oben S. 54). Die schwarze Fahne war das

Symbol der »Revolte des Hungers« vom Jahre 1834 in Lyon; diese Fahne erschien im Juni 1848 in Paris wieder.[64] Die »umherirrenden Geister ohne Vaterland« weisen auf Proletarier,[65] die man auch in den »Spinnen« vermuten kann.[66] Das Volk hat nicht mehr die Schönheit des Februar (»Salut public«), denn es handelt sich um den Juni, um die »häßliche Revolution« (Marx), um die »natürliche Liebe zum Verbrechen« (Baudelaire im Tagebuch). Die Revolution bricht aus (zwischen Str. 4 und 5), sie erscheint selbst nicht, sie bleibt noch in der Verdrängung. Es folgen die Leichenwagen »ohne Trommel noch Musik«, also ohne militärische Ehren, man karrt die Toten zum Massengrab, es sind die Opfer, die Baudelaire im Oktober 1848 beklagte (s. oben S. 75). Damals hing er noch am Februar mit seinen »erhabenen Illusionen«. Jetzt »weint die Hoffnung besiegt« (im Manuskript und in der Druckfahne »floh sie anderen Himmeln zu«), d. h. Baudelaire gibt die christliche Position des Februar auf: Er läßt das Böse siegen. Er ist immer noch Christus in seinem Bewußtsein und läßt Satan über diesen triumphieren. (Er opfert sich, damit die Bösen siegen, oder: Christus opfert sich für Satan.) Sein Bewußtsein bleibt noch im Schema der Belgiennotiz, wo die Revolution zum Tode führt und zum Szenarium von Opfer und Henker (s. oben S. 76). Im gleichen Schema sah er die Liebe als Operation (s. oben S. 105). Das Böse ist die Lust und das Böse ist auch die Revolution (s. oben S. 76): Der Juni war in die frühen Schichten des Unbewußten durchgebrochen und steigt in dessen Formen auf, doch handelt es sich im Gedicht, entsprechend Freuds Modell, um eine Erfahrung des Erwachsenen, die gestaltet wird, was sich mit Bloch (95) verstehen läßt: »Wo Angst (. . .) als Angsttraum auftritt, dort hat sie wesentlich *gesellschaftliche* Blockierungen des Selbsterhaltungstriebs zur Grundlage. In der Tat ist es einzig der vernichtete, ja der in sein Gegenteil verwandelte Inhalt des Wunsches, der Angst, zuletzt Verzweiflung macht.« Baudelaire läßt den Juni siegen, aber der Chok der Niederlage verwandelt die Freiheit ins Gegenteil, in die »entsetzliche, despotische Angst«. Hier erscheint das Klischee der Proletarierin als Furie (s. oben S. 53), aber auch ein Element der Realität, die Terreur-Phase; überträgt man sie auf 1848, so stellt sich Blanqui und der

Gedanke der revolutionären Diktatur ein.[67] Baudelaire hatte 1852 Blanqui mit dem Friedhof von »Unstern« assoziiert (s. oben S. 99). Blanqui war von 1839 bis Februar 1848, von Mai 1848 bis 1859, von 1861 bis 1865 und 1871 bis 1879 im Gefängnis. Baudelaire ist in dem Gedicht in einem Gefängnis und hofft auf die Befreiung durch die revolutionären Arbeiter: es ist, als habe sich Baudelaire als Blanqui geträumt, und blieb dabei freilich Baudelaire. Es gelingt ihm nicht, sich zu sich selbst zu bekennen. Man kann das Gedicht ein »Vexierbild« nennen (Benjamin Schriften I, 513), es ist »vexatorisch, versucherisch zu sich selbst« (Bloch 27). In diesem Sinne ist es ein Schritt in dem Erinnerungsprozeß seit 1855: Baudelaire läßt in dem Gedicht sein tiefstes Trauma zu (was sich auch an der Wiederaufnahme und Verwandlung von früheren Bildern aus dem Juni-Chok zeigt[68]) und versucht zugleich, die Niederlage in einen Sieg umzukehren, aus dem ›Chok‹ einen ›Coup‹ zu machen.[69]

Die Phantasiefigur des Dichters mit der Krone bzw. der Fahne läßt sich auch im Traum vom 15. 3. 1856 erkennen, aus dem Butor seine Baudelaire-Darstellung ableitete: Baudelaire fährt mit Castille zu einem Bordell, wo er dann allein hineingeht. Es besteht aus riesigen Galerien und erinnert an ein Museum; an den Wänden hängen Bilder mit bizarren, monströsen Wesen und es steht jeweils dabei, welches Mädchen diesen Fötus zur Welt brachte. Baudelaire sieht dort ein Monstrum, dem ein langer schwarzer Auswuchs vom Kopf hängt. Er unterhält sich mit dem Monstrum, es gehört zu diesem Museumsbordell und wurde darin geboren. Es muß wegen der Neugier des Publikums auf einem Piedestal sitzen; es klagt über den Auswuchs, der beim Gehen hindert, auch muß es beim Abendessen, klein und häßlich wie es ist, neben einem großen, wohlgestalteten Mädchen sitzen. – Das Monstrum ist Baudelaire selbst. Laforgue meinte, der Auswuchs sei ein Penis, ein »Kopf-Penis« und auch ein Symbol für Jeanne, die er überall herumzeige (83). Mauron setzt den Auswuchs mit der Chimäre gleich.[70] Meines Erachtens ist der Auswuchs gleichbedeutend mit der Krone und der Fahne: Baudelaire zeigt sich hier als Dichter, beim Produzieren, passenderweise auf einem Piedestal, in einem Museum. Es ist ein leidvolles Geschäft und das arme Wesen kann mit dem schönen Mädchen nichts anfangen. Das Kind kommunizierte mit der Mutter im Medium seines Produkts und blieb durch dieses an sie gefesselt; der Auswuchs ist auch eine Nabelschnur. Durch eine plötzliche Reinlichkeitsdressur erfolgte ein Chok, der nicht bewußt verarbeitet wurde, d. h. der alte Mechanismus der Liebesgewinnung konnte sich nicht weiter entwickeln, er blieb in seiner archaischen Form und lief zwangshaft weiter[71]: Denkt Baudelaire an Liebe, an Kontakt, so beginnt er zu produzieren und sich darzustellen – und fühlt sich dabei ausgelacht wie einst. Gerade von der durch den Chok entstandenen bösen Mutter wollte er aber die Liebe, da diese mit größten Lusterlebnissen verbunden war. Es gelang ihm, den Vorgang zu sublimieren und aus dem Kommunikationsmedium eine Krone zu machen, sie entsteht aus dem Gebet, was sich mit Baudelaire interpretieren läßt: »Scheißen ist ein Gebet«.[72] Die »Scheißströme des Wunsches«[73] verknüpften sich dann mit der genitalen Phase, was Baudelaire zu erkennen gibt, wenn er »die öffentlichen Latrinen und die Frauen« gleichsetzt, bei beiden »zahlt man für das Recht, etwas auszugeben« (I, 661). Später lernte er, daß es eine saubere, geistige, gesunde, gute, obere Klasse von Menschen gab und eine schmutzige, tierische, kranke, böse, untere, zu der er nicht gehörte, doch sie faszinierte ihn, da sie Erinnerungen an die frühen Lusterlebnisse aufsteigen ließ, die sich nun mit dieser Klasse assoziierten. So wollte er zu ihr gehören und träumte davon, in ihr wiedergeboren zu werden.[74] »Dieser feine Genießer hat Umgang mit den elendesten Prostituierten«, schrieb Sartre (15), Barthes sprach von Baudelaires »entsetzlicher Leidenschaft zur Vulgarität«.[75] Der Traum zeigt, daß diese frühen Prägungen einen wichtigen Anteil an Baudelaires politischer Orientierung hatten: Er geht mit Castille zu dem Bordell; Castille war es, der ihn vor 1848 in die Arbeiterviertel mitnahm (Butor 35). (Der Schluß der Belgiennotiz heißt: »Wir sind demokratisiert und syphilitisch.« S. oben S. 76.)

Man kann vermuten, daß Baudelaire (vielleicht im Drogenzustand) den Traum ausphantasierte und diese traurige Kindheitssymbolik mit den »männlichen und kraftvollen Organen« des »reifen Künstlers« (I, 498) zu den großen Szenen von »Segen« und »Spleen« umbaute, die am Charakter des ›Tagtraums‹ mit seiner ›Tendenz nach Vorwärts‹ (Bloch 4) teilhaben, was dadurch ermöglicht wurde, daß in dem Nachttraum »noch ein Ungewordenes, ein künftig Mögliches eingekapselt« war (Bloch 116).

Von diesem Traum aus läßt sich das Spezifische der Phase der »Blumen des Bösen« in den Blick bekommen. Von 1852–1854 war Baudelaire noch direkt im Banne des Staatsstreichs und verarbeitete den Chok mit Buße und Blasphemie. Dann löst sich die Spannung, Baudelaire fällt gleichsam aus den unmittelbaren politischen Bezügen heraus und taucht in die Tiefe von Erinnerungen persönlicher, gleichsam privater Art und baut sich ein erotisches Paradies. Die Notwendigkeit der Gestaltung des Gedichtbandes ergab dann eine Herausforderung: Baudelaire fühlte sich gezwungen, zu sich selbst, zu seinen Erfahrungen in ihrer Gesamtheit Stellung zu nehmen und seine Position zu klären. Er errichtet die Architektur der »Blumen des Bösen«, die, vermittelt über Dante, eine Figur mythischen Ursprungs zeigt: Die Seele fällt ins Irdische hinab, erliegt der Versuchung und hofft schließlich auf Erlösung.[76] Lust und Revolution erscheinen als Sünde, die verurteilt wird. Die Architektur des Buches fügt sich so in den Rahmen der offiziellen Herrschaftsreligion und bestätigt diese: das Böse existiert, aber eben in der Hölle, wie bei Dante, wenn auch die Versuchung bei Baudelaire eine stärkere ist und den Dichter selbst ergreifen konnte. Das Böse ist nicht mehr als Revolution erkennbar, sondern scheint ein metaphysisches Prinzip zu sein,[77] oder sogar nur noch ein ästhetisches Reizmittel, eine modische Erfindung für den literarischen Markt.[78] Durch die Widmung an Gautier bekennt sich Baudelaire zum L'art pour l'art: Die Inhalte haben nur noch Bedeutung in ihrer Funktion bei der Errichtung formaler Gebilde.
»Die Blumen des Bösen« sind das Resultat der ›physischen Entpolitiserung‹ durch den 2. Dezember 1851. Die Absurdität und Unbegreiflichkeit des Staatsstreichs ist nochmals zu beto-

nen.[79] Marx unterstrich das Groteske des Vorgangs; Louis Bonaparte erscheint bei ihm als Abenteurer und Spieler. Marcuse schreibt, Marx mache aus Louis Bonaparte eine »lächerliche Figur« und bemerkt zu einer Stelle aus dem »Achtzehnten Brumaire«: »Das ist komisch, aber die Komödie ist selbst schon die Tragödie, in der alles verspielt und geopfert wird.«[80] Man hat das Regime von Louis Bonaparte als Vorform des Faschismus bezeichnet, der sich ja auch »sozialistisch« etikettierte und dem es ebenfalls gelang, nicht nur das Bürgertum, sondern auch Teile der Arbeiterschaft für sich zu gewinnen und einen kollektiven Enthusiasmus zu erzeugen, ein Vorgang, der einer Analyse, die sich nur im Bereiche der Ratio bewegt, nicht voll verständlich werden konnte.[81]

Nach 1851 paßten sich die Literaten an oder zogen sich in den Elfenbeinturm zurück. Plechanow leitete die Richtung des L'art pour l'art aus dem Staatsstreich ab; er zitiert Leconte de Lisle, der 1852 schrieb, »die Dichtkunst werde nie mehr heroische Handlungen hervorbringen und gesellschaftliche Tugenden einflößen, weil ihre geheiligte Sprache, wie immer in Zeiten literarischen Verfalls, jetzt nur noch kleinliche persönliche Eindrücke hervorbringen könne«.[82] Es vollzog sich ein Realitätsverlust, der zur Wendung nach innen, zur Introversion, führte; Baudelaires Beschäftigung mit Drogen paßt ganz in diese Tendenz. Gleichwohl läßt sich seine Entwicklung nicht auf die Vorstellung von »kleinlichen persönlichen Eindrücken« reduzieren: Die Flucht vor der äußeren Welt bedeutete für ihn die Erforschung der inneren. Er wird zum Entdecker des Unbewußten und erschließt so der Dichtung, aber eben damit auch der Selbsterfahrung des Menschen überhaupt, ganz neue Bereiche. Er dringt zu den Wurzeln seiner seelischen Gewordenheit vor und versteht sich dabei durchaus als Psychologe (was sich etwa auch im Titel des Tagebuchs »Mein entblößtes Herz« zeigt). Allerdings sind die Ergebnisse dieser Erforschung ebenfalls wieder aus dem gesellschaftlichen Zusammenhang zu begreifen: Die Resignation und Depression, die zum Abstieg in die Tiefe führte, veränderte diese auch. Es ist vor allem die traurige Seite der Kindheit, die sichtbar wird; der Traum vom 15. 3. 1856 zeigt nur die depressiv-qualvollen und absurden

Aspekte der Entstehung der kreativen Matrix. Weiterhin läßt der Traum erkennen, warum Baudelaire letztlich doch nicht resignierte und zum Parnassien wurde: Die Wurzeln seines Engagements und seiner Sympathie mit dem Volk liegen in frühesten Erinnerungen und bilden zentrale Teile seines dichterischen Impulses, der daher nicht zu unterdrücken war.[83] Baudelaire versucht, sich anzupassen und kann es nicht. Je mehr er betet, desto stärker wird sein Haß. Er schreibt »Segen« und es folgt »Spleen« darauf, das im übrigen zentrale literarische Themen des 19. Jahrhunderts – die Melancholie (mal du siècle, ennui) und die Gestalt der dämonischen Frau – zur Selbstdeutung aus dem gesellschaftlichen Kontext führt.[84] Man kann »Die Blumen des Bösen« von 1857 mit dem Schlußsatz von Benjamins erster Baudelairearbeit den »Stein« nennen, »unter dem Napoleon III. die Hoffnungen der Junikämpfer begraben hatte.« (110) Wie »Spleen« aber zeigt, war Baudelaire beim Erscheinen des Gedichtbandes schon dabei, in diesem Grab eine intensive Tätigkeit zu entfalten.

Pariser Bilder

1858–1861

Das Erwachen zur Wirklichkeit

Zwischen 1859 und 1861 veröffentlicht Baudelaire eine größere Zahl neuer Gedichte; seine Versdichtung ist damit so gut wie beendet, ab 1862 schreibt er fast nur noch Prosagedichte. Einen Teil der neuen Gedichte nimmt Baudelaire in das Kapitel »Pariser Bilder« auf, das er 1861 in die zweite Auflage der »Blumen des Bösen« einfügt. Überblickt man die Gedichte von 1859–1861, so lassen sich drei Gruppen unterscheiden:[1] Die erste spielt noch in der poetischen Traumwelt, wie sie die letzten Gedichte der vorangegangenen Phase vorführten; es dominiert in diesen Gedichten eine Bewegung in die Tiefe, in den Tod, was am klarsten in »Die Reise« zum Ausdruck kommt. Die zweite Gruppe besteht aus »Pariser Bildern«; hier nähert sich der Dichter der Realität, in die sich aber phantastische Bilder des Todes schieben. Die letzte Gruppe besteht vor allem aus dem Gedicht »Sammlung«, das den Übergang zur folgenden Phase darstellt.

Der Sprung in den Abgrund

In »Duellum« wird die Liebe als Kampf vorgeführt. Die Kämpfer rollen schließlich in einen »Abgrund«, in die »Hölle«, »damit unser Haß ewig sei, unmenschliche Amazone«. Vom »Abgrund des Ennui«, von den »Orten des Wahnsinns« und von einem Dolch ist in »Der Besessene« die Rede; am Ende sagt der Dichter zur Geliebten: »Mein lieber Beelzebub, ich bete dich an!« In »Sisina« wird die Frau mit Théroigne verglichen, die »das Gemetzel liebt« und »den Säbel in der Faust« die »königlichen Stufen hinaufsteigt«. Durch das Thema der dämonischen Frau lassen sich die drei Gedichte als Fortsetzung von »Segen« und des vierten »Spleen« verstehen. Mit Théroigne bricht die historische Wirklichkeit in Baudelaires Kunstwelt ein, und zwar gerade die französische Revolution am Beginn der radikalen Phase.[2]

In anderer Weise erscheinen Baudelaires aggressive Impulse in »Der Hang zum Nichts« und »Herbstgesang«. In ersterem Gedicht klagt der Dichter, daß der Geist die Liebe zum Kampf und die Hoffnung verloren habe und besiegt sei; die Zeit verschlingt ihn, die Lawine möge ihn hinabreißen. – Die geheime Wunscherfüllung ist darin zu sehen: Dieser Geist und diese Liebe sind religiöser Art, die Triebe sind im Aufruhr. Betrauert wird, daß der »adorable Frühling« seinen Duft verloren hat, d. h. es ist ein Frühling, wo ›adoriert‹, wo gebetet werden muß (wie in den Sabatier-Gedichten), was das »düstere und schmollende Herz« verweigert; es möchte in Wahrheit ein »alter Marodeur« sein, »ohne Scham«, um den »Schlaf des Tiers« zu genießen, denn nur diesem (»la brute«) »steht er gehörig« (s. oben S. 101). Der Dichter möchte in die »Zeit«, in die Realität, aber das christliche Gewissen regt sich und erzeugt Angst vor Liebesverlust. Deutlicher ist diese Thematik in »Herbstgesang« gestaltet, wo es am Anfang heißt: »Bald werden wir in kalte Dunkelheiten tauchen«; es naht der Winter mit Wut, Haß, Schauder, Schrecken, harter Zwangsarbeit; das Bild eines Schafotts taucht auf, der Geist ist wie ein Turm, der bald unter den Stößen eines Rammbocks einstürzen wird, ein Sarg wird zugenagelt, der Lärm klingt »wie eine Abfahrt«. In Teil II wendet sich der Dichter bittend zur Geliebten: »Liebe mich, sei Mutter, selbst für den Undankbaren, selbst für den Bösen«; aber das gierige Grab wartet. –

In den ersten drei Gedichten rufen Impulse des Kampfes das Bild der dämonischen Frau vom Typ Lady Macbeth herbei; in den beiden anderen taucht die verbietende Figur eines Über-Ichs wie in »Die geistige Morgenröte« auf und erzeugt Angst, auf die Gefühle der Anklammerung folgen. Der Wunsch nach Befreiung, Selbständigkeit und »Abfahrt« sinkt wieder in sich zusammen. Die Kindlichkeit der Reaktion ist zumal in »Herbstgesang« sehr deutlich. Der Konflikt erfährt in »Hymne an die Schönheit« eine äußerste Zuspitzung. Die »Schönheit« ist eine Frau (wie in »Die Schönheit«), die Ambivalenz ist jetzt ganz offenkundig: Die »Schönheit« verkörpert vor allem den »Schrecken«, den »Mord«, sie erinnert an die indische Kali, die Inkarnation der ›Großen Mutter‹.[3] Angesichts dieser riesigen

Figur wirkt der Dichter winzig, das Szenarium der frühen Kindheit wird evoziert. Die Impulse zur Selbständigkeit erzeugen Angst und so wird die Mutter beschworen, mit Bildern des Trinkens und der Ekstase aus »Klang, Duft und Licht« aus der synästhetischen Frühzeit. Zugleich aber wachsen auch die bedrohlichen Züge, in denen freilich auch Wünsche verborgen sind.

Die »Hymne an die Schönheit« enthält ein Maximum an Unterwerfung und Anbetung mit dem Blick in die Höhe. »Die Reise« bringt die Umkehrung, hier geht die Bewegung in die Tiefe. Das Hinabtauchen in den Abgrund, der den Tod bedeutet, wird groß inszeniert.[4] Das Gedicht stellt das Leben in symbolisch-typischer Weise dar (vergleichbar mit »Segen«). Am Anfang steht das Kind mit seinem riesigen Appetit, ein mächtiger Elan entfaltet sich: Der Mensch ist ein Lustsucher, er bricht auf, getrieben von »Neugier«, die Phantasie »erbaut ihre Orgie«, aber alle Träume erweisen sich als Illusionen, überall trifft der Mensch nur wieder den »Ennui«. Am Schluß des Gedichts soll der Tod, der alte Kapitän, die Segel setzen, sein Gift soll stärken für den Sprung in den Abgrund, »um Neues zu finden.« –

Das Ende des Gedichts erweckt religiöse Assoziationen, das »Neue« könnte das christliche Jenseits sein (wie in »Der Tod der Armen«), doch heißt es: »Hölle oder Himmel – gleichviel« (wie auch schon in »Hymne an die Schönheit«[5]). Der Tod ist ein symbolischer. Burke sagt, ein »symbolischer Selbstmord« (und um einen solchen handelt es sich auch in Baudelaires Gedicht) ist ein »Akt der Behauptung«. Burke wendet sich dagegen, derartige Motive in der Poesie als Ausdruck eines »Todeswunsches« zu verstehen, bei genauerer Betrachtung ergebe sich, daß »die symbolische Tötung eines alten Ich durch das Auftauchen eines neuen Ich ergänzt wird.«[6] Baudelaires Gedicht ist die Beschreibung eines Vorgangs, der in der Psychotherapie bekannt ist: Ein verdrängter, mit Todesangst besetzter Wunsch steigt auf; um ihn ins Bewußtsein einzulassen, ist es notwendig, die Todesangst zu ertragen, was durch ein Sichfallenlassen in diesen Tod ermöglicht wird.[7] Der Dichter entschließt sich hier selbst zum Sprung in die Tiefe, wohingegen früher (in der ersten

»Limbus«-Serie und in »Das Unheilbare«) dieser Vorgang durch eine dem Ich fremd erscheinende Macht verursacht wurde.

Das Gedicht wirkt pessimistisch; Baudelaire scheint das Leben überhaupt zu verwerfen, doch bei genauerer Betrachtung zeigt sich, daß die im Gedicht vorgeführte sinnlos erscheinende Welt aus Klischees der Literatur und der Religion besteht, Realität kommt in ihr nicht vor (man sehe sich etwa den Postkartenorient aus Teil IV an).

»Das Haar« und »Der Albatros« lassen sich als Fortsetzungen von »Die Reise« begreifen (bzw. als Neugestaltungen der Thematik dieses Gedichts auf einer psychisch folgenden Stufe). Das Hinabtauchen in die Tiefe, das dort nur als Wunsch ins Auge gefaßt wurde, wird nun ausgeführt. Das Haar der Geliebten, vor allem dessen Duft, erzeugt eine Ekstase. Eine »ferne, abwesende, fast tote Welt« lebt in diesem Haar; es ist wie eine Woge, die den Dichter in ein Land voller Wärme entführt, zu einem Hafen mit Segeln und Schiffen. »Ich werde meinen Kopf in diesen schwarzen Ozean tauchen, in dem der andere eingeschlossen ist«. Der Dichter wird eine »fruchtbare Trägheit« finden. »Unendliches Wiegen balsamischer Muße.« Das Haar der Geliebten ist eine Oase, wo er »den Wein der Erinnerung einsaugt«. – Das Hinabtauchen in den Abgrund, das in »Herbstgesang« und »Die Reise« als Tod vorgestellt wurde, hat sich ins lustvolle Versinken der Ekstase verwandelt. Der Todestrank aus »Die Reise« ist zum berauschenden »Wein der Erinnerung« geworden. Baudelaire vollzog eine tiefe Regression, eine völlige Entspannung, die zu einem frühen Lust-Ich führte, das in den Armen der Mutter gewiegt wird. Damit haben sich seine Sinne geöffnet und trinken die Empfindungen in sich hinein.

Das Haar der Geliebten enthält eine vielfältige Symbolik. Der Dichter will es »wie ein Taschentuch« schwenken und nennt es eine »Fahne von Dunkelheiten«.[8] Hier deutet sich die schwarze Fahne der Frau Angst aus »Spleen« an, die dort noch verborgene Kehrseite wird sichtbar. Das Thema der Erinnerung weist auf die »Mutter der Erinnerungen« aus »Der Balkon« und auch auf die Mutter aus »Segen«. An den Regressionsprozeß im

»Wald der Symbole« und an die Düfte von »Entsprechungen« erinnert der »aromatische Wald«. Auch »Die Einladung zur Reise« wird wieder aufgenommen und durch die Bilder des Hafens und der Matrosen weitergeführt; in letzteren erscheint der betrunkene Matrose von »Die Reise« wieder. Die Frau des Gedichts versammelt alle Züge der früheren Prostituierten; die Figur Mariette-Jeanne enthält das Versprechen des Übergangs zur neuen Klasse, wie er in früher Zeit von Baudelaire phantasiert worden war.[9]

»Der Albatros« entwickelt einige der Wunschbilder von »Das Haar« weiter.[10] Der Vogel kommt auf das Schiff herunter und wird von den Matrosen geneckt. Auch dies scheinbar traurige Erlebnis ist im Rahmen einer Wunscherfüllung zu sehen. Die Matrosen ›fangen den Albatros‹, heißt es zu Beginn. Dieser Albatros »ist im Sturm zu Hause«, die Bogenschützen können ihm nichts anhaben. Also kam er offensichtlich selbst auf das Schiff herab, auf der Suche nach Nahrung, vor allem wohl auf der Suche nach Kontakt: Er möchte sein einsames Königsdasein aufgeben und mit den Matrosen scherzen. Er möchte zum Volk, doch hat er noch Angst vor Berührung.[11] »Seine Riesenflügel hindern ihn am laufen«, d. h. die Allmachtsphantasien, die in »Segen« erschienen als Kompensation für die Niederlage, lassen ihn die Wirklichkeit fürchten, doch strebt er zu ihr hin, er möchte gehen (»marcher«), und zwar zum Volk.

Die Faszination durch das Zweite Kaiserreich

In den »Pariser Bildern« wie »Die sieben Greise«, »Die kleinen Greisinnen« (beide erschienen zuerst unter dem gemeinsamen Obertitel »Pariser Traumbilder«), »Der Schwan«, »An eine Passantin« scheint sich der geheime Wunsch von »Der Albatros« erfüllt zu haben: Der Dichter kann nun gehen, als Spaziergänger durchquert er Paris. In »Die sieben Greise« begegnet er einem alten Bettler, der unheimlich und bösartig wirkt; sechs weitere erscheinen, den Dichter faßt Entsetzen und er flieht nach Haus. In »Die kleinen Greisinnen« folgt er von fern den alten Frauen, deren Elend breit ausgemalt wird. In

»Der Schwan« geht der Dichter am neuen Louvre vorbei und wird von traurigen Erinnerungen überfallen; er denkt an Andromache in ihrem Witwenschmerz, an einen Schwan, den er einst hier sah, und an viele andere Leidende und Verbannte. In »An eine Passantin« sieht der Dichter in der Menge eine Witwe, ein plötzliches Liebesgefühl bricht hervor und verschwindet sogleich wieder. – Die vier Gedichte ähneln sich in ihrem Grundvorgang: Der Dichter bewegt sich in der Wirklichkeit, doch schieben sich Phantasien vor diese; die Vergangenheit überflutet die Gegenwart. In »Die sieben Greise« sind es regelrechte Halluzinationen; in »Der Schwan« entsteigen die Bilder seinem »fruchtbaren Gedächtnis«, d. h. es handelt sich um Erinnerungen, um Bilder und Gefühle, die aus dem Unbewußten auftauchen und von dorther zu verstehen sind.

In »Die sieben Greise« ist das Phantastische besonders betont: Paris ist eine Stadt voller »Träume«, »Mysterien« und »Gespenster«, ein Dekor, das »der Seele des Schauspielers« gleicht. Die Bettler kommen »aus der Hölle«, sie sind »ein höllischer Zug«. Ein alter Mann im Traum pflegt auf den Vater zu deuten; die Bettler verkörpern Baudelaires Vater, der aus der Hölle kommt.[12] Der schöne Satan von »Die Litaneien Satans« hat seine Maske abgelegt. Baudelaire hatte seinen Vater in die Hölle versetzt. Das fromm erzogene Kind dachte, daß der abgefallene Priester zu Satan übergegangen sei und daher in die Hölle käme.[13] Der Dichter hat Angst und flieht heim, er fühlt sich krank, wie im Fieber, und schließt sich ein. Seine Vernunft ist ohnmächtig, er ist »wie ein Kahn ohne Mast auf einem monströsen, grenzenlosen Meer«, d. h. er regrediert, wird zum Baby und ist wie kastriert. Was als Experiment im Bereich der Phantasie lustvoll war (»Das Haar«), erscheint jetzt als Resultat der Angst, da Baudelaire sich nun der Wirklichkeit nähert, um sich seine Wünsche auch konkret zu erfüllen. Der Dichter will Kontakt mit männlichen Wesen (wie in »Der Albatros«), was durch ein verbietendes Vaterbild verhindert wird, doch ist dieses das ursprüngliche Vorbild für Sexualität und Aktivität. Der Bettler wird mit Judas verglichen, d. h. dieser Vater hatte den Dichter als Christus verraten.

Auch »Die kleinen Greisinnen« sind als »Traumbilder« (der

ursprüngliche Obertitel) zu betrachten. Indem sie »Monstren« genannt werden, scheint sich in ihnen das »monströse Meer« vom Ende der »Sieben Greise« anzudeuten. Der Dichter reagiert auf die alten Frauen nicht mit Angst, sondern mit Mitleid, in dem wohl auch Haß verborgen ist, worauf die breite Ausmalung des Elends deutet. »Alles, selbst der Schrecken, wird zum Entzücken«.[14] Die Greisinnen »berauschen« den Dichter; »Lieben wir sie!« Allerdings hält er Distanz: Er »belauert« sie (und »gehorcht seinen fatalen Launen« dabei), er »folgt« ihnen und »überwacht sie von fern«. Dabei »genießt er heimliche Freuden«. »Ich sehe eure neuen Leidenschaften sich entfalten«; »Ich sehe eure verlorenen Tage«. Der Dichter hat ein »vervielfältigtes Herz«. Der Dichter fühlt sich also in diese Frauen ein und kennt ihre Gedanken und Gefühle. Fragt man sich nach dem Inhalt der »Leidenschaften« und »Laster« der alten Frauen, so gibt Teil III eine Antwort, nur hier wird in der Masse der Greisinnen eine von ihnen konkret sichtbar. Sie hört einer Militärkapelle in einem Park zu: »Sie saugt gierig den lebhaften, kriegerischen Gesang ein«, »Ihr Auge ist wie das Auge eines Adlers, ihre Stirn scheint wie für den Lorbeer gemacht«. Sie hat sich also in eine majestätische Figur verwandelt. In dem Prosagedicht »Die Witwen« von 1861 erscheint die gleiche Szene, doch sind die Elemente hier auf zwei Frauen verteilt. Die eine hat einen männlichen Charakter, sie genießt unter einem »Himmel voller Trauer und Erinnerungen« die Musik, die ihr »kleines Laster« ist. Die zweite Witwe ist eine große »majestätische« Frau mit einem Kind, das an ihrer Trauer nicht teilhat, Kinder sind »turbulent, egoistisch«. Die Witwe von »An eine Passantin« ist »in großer Trauer« und von »majestätischem Schmerz« erfüllt. Sie läßt ein wohlgeformtes Bein sehen. Der Dichter trinkt aus ihren Augen »die Süße, die fasziniert und die Lust, die tötet«. Ihr Blick ließ ihn »plötzlich wiedergeboren werden«, doch wird er sie nie wieder sehen.

Mit Andromache »in der ungeheuren Majestät deines Witwenschmerzes« erscheint die gleiche Figur in wieder anderer Maske. Andromache ist »aus den Armen eines großen Gatten gefallen,/ Gemeines Vieh, unter der Hand des stolzen Pyrrhus,/Bei einem leeren Sarg in Ekstase gebeugt;/Witwe Hektors, ach! und Frau von Helenus!« Andromache ist ein Symbol der Trauer, des Verlustes, der Verbannung, was auch für den Schwan gilt. Der Dichter fühlt sich in die Schar der Trauernden ein und zählt sich zu ihnen. Für alle gilt die Zeile aus »Die kleinen Greisinnen«: »Ruinen! meine Familie! oh gleichgeborene Gehirne!«

Auf der psychologisch-persönlichen Ebene ist es tatsächlich Baudelaires Familie, die seinem »fruchtbaren Gedächtnis« entsteigt, seinem »schrecklich genauen Gedächtnis«, wie er in dem Brief vom 6. Mai 1861 schreibt, wo er von der Zeit zwischen seinem sechsten bis achten Lebensjahr berichtet. d. h. von der ersten Witwenzeit der Mutter, die durch den Tod Aupicks im Jahre 1857 wieder evoziert worden war.[15] Die vier Gedichte haben zwei zeitliche Dimensionen, in der Gegenwart taucht die Vergangenheit auf. Wenn sich die arme Witwe in Teil III von »Die kleinen Greisinnen« durch die Militärmusik in eine majestätische Figur verwandelt, so sieht Baudelaire darin ganz bestimmte »verlorene Tage« in seinem Geiste wieder: Seine Mutter traf sich heimlich mit Aupick und aus der trauernden Witwe wurde die stolze Geliebte des Offiziers, was das Kind »von ferne« erspähte. Es »genoß« die »neuen Leidenschaften« und »Laster« der Mutter, die dem greisenhaften ersten Gatten gegenüber kühl geblieben war; nun blühte sie auf. Auch das Kind liebte den feschen Offizier, der ihm lieber war als der alte Vater, mit dem es wenig hatte anfangen können. Dann aber kam der Konflikt: Die Liebesblicke der Mutter (die nun wohl auch faszinierend roch, vermutlich nach »Moschus und Ambra«[16]) galten nicht dem Kind, sondern eben Aupick. Eine furchtbare Enttäuschung brach herein, sie wurde in »An eine Passantin« gestaltet.[17] Haß war die Folge: »Madonna, von ihrem Kind durchbohrt«, »Mütter mit blutendem Herzen« heißt es in »Die kleinen Greisinnen«. Dies Gefühl wird in »An eine Madonna« entfaltet. Hier stehen am Anfang symbiotisch-verschlingende Liebesgefühle, dann werden sieben Messer in das Herz der Madonna gestoßen,[18] die an die »Sieben Greise« gemahnen. Das Kind wünschte sich den Vater zurück, doch es hatte ihn verraten und in die Hölle verbannt. So blieb das Kind im Konflikt: Es phantasierte, so zu sein wie Aupick, um von der Mutter geliebt zu werden, doch empfand es zugleich Haß gegen

Aupick, mit dem es die bewundernde Liebe zu dem Offizier verdrängte.[19]

»Der Schwan« ist ein Gedicht voller Erinnerungen, doch was Baudelaire hier wünscht, ist gerade die Befreiung von ihnen. »Paris, das alte, ist nicht mehr (die Form einer Stadt/Ändert sich schneller – leider – als das Herz des Sterblichen)«. »Paris verändert sich, doch nichts in meiner Melancholie hat sich gerührt!« »Und meine teuersten Erinnerungen, schwerer als Felsen lasten sie.« Baudelaire möchte seine Erinnerungen loswerden, um von seiner Melancholie befreit zu sein. Er möchte neu werden wie Paris, die Zerstörung des alten Paris ist Symbol seiner inneren, gegenwärtigen Wünsche. Das »Neue«, das in »Die Reise« gesucht wurde, läßt sich mit dem »neuen Carroussel«, den »neuen Palästen« gleichsetzen, deren damalige Bedeutung erst den Schlüssel zum Verständnis des Gedichts bildet: Der neue Louvre repräsentierte die Politik von Napoleon III., er war das Symbol des Sieges vom 2. Dezember 1851.[20] Baudelaire möchte insgeheim seine oppositionelle Haltung aufgeben und zu Napoleon III. übergehen, was sich schon 1855 andeutete und in »Segen« impliziert war. Dann aber ist das Gewicht der »teuersten Erinnerungen« stärker, der Dichter fällt ganz in seine Trauer zurück, er saugt am Schmerz wie an einer »guten Wölfin« (die harmlose mythologische Anspielung ist aber etwas unheimlich, die Mutter aus »Segen« und die furchtbare Figur aus »Hymne an die Schönheit« sind da nicht weit) und findet dort eine andere Erinnerung, deren »Horn« stark und männlich klingt: es weist auf Vigny, auf den kämpfenden und untergehenden Roland; am Schluß steht das Bild der Matrosen auf einer Insel, der Gefangenen und Besiegten. Diese Zeilen wurden damals als Anspielung auf Hugo verstanden, dem ja auch das Gedicht gewidmet ist. Er war das Symbol der republikanischen Opposition und hatte die Amnestie von 1859 zurückgewiesen, wofür ihm Baudelaire in einem Brief seine Anerkennung aussprach. In dem Horn klingt wohl auch das »Horn von Hernani« mit, das zum Symbol der romantischen Revolte geworden war.[21] In Baudelaires Anfängen als Dichter war Hugo sein Vorbild gewesen und der Brief von 1840 war auch ein Hilferuf im Streit mit der bürgerlichen

Familie (s. oben S. 35). Der Wald, in den sich der Geist des Dichters »verbannt«, gemahnt an den »Wald der Symbole« aus »Entsprechungen«, womit auch wieder der Februar 1848 anklingt. So ist »Der Schwan« die Darstellung eines Konflikts: Die Versuchung, zu Napoleon III. überzugehen, steigt auf und wird abgewiesen; Baudelaire bleibt seinen alten Idealen treu und bekennt sich – wieder – zur Opposition; im Gegensatz zu »Segen« wendet er sich von den Symbolen der Herrschaft ab.

Aus dieser Haltung heraus ist auch der Umbau der Architektur der »Blumen des Bösen« für die zweite Auflage von 1861 zu verstehen. Baudelaire stellt die Kapitel um: »Spleen und Ideal«, »Pariser Bilder«, »Der Wein«, »Blumen des Bösen«, »Revolte«, »Der Tod«. Der Weg geht jetzt nicht mehr von der Höhe in die Tiefe, um dann wieder zu Gott emporzusteigen, sondern stellt einen einzigen Abstieg dar, zumal das letzte Kapitel durch das sehr gewichtige und lange Gedicht »Die Reise« nicht mehr mit dem Blick der Hoffnung in die Höhe endet, sondern mit dem Sprung in den Abgrund. Das Ende ist damit mehrdeutig, der Pessimismus kann sich auf die Gegenwart beziehen, als Aufforderung, diese zu verändern.

Die bisher besprochenen Gedichte dieser Phase entstammen dem Erinnerungsprozeß, der 1855 begonnen hatte. In »Segen« und auch in »Spleen« war die frühe Kindheit aufgestiegen, eingekleidet in eine religiös-mythologische Symbolik und somit noch aus sehr tiefen Verdrängungen hervorscheinend. Ab 1859 werden die aktiven Impulse in Baudelaire virulent, er arbeitet sich aus seiner Traumwelt heraus. Damit entstehen riesige Ängste; er läßt sich in sie hineinfallen. Zuerst begegnet er wieder dem unteren Bereich, der dunklen Frau und den Matrosen, d. h. der Prostitution und dem Proletariat. Dann erwacht er zur Wirklichkeit, sie ist voller Todesbilder: »Die sieben Greise« und »Die kleinen Greisinnen«. Der Dichter ist hier in den Arbeitervierteln, mit denen die Schrecken vom Juni 1848 und vom Dezember 1851 verknüpft sind. Es scheint, als suche er die Kampfgenossen jener Zeit. Aber dann zieht es ihn zur Militärmusik und zum neuen Louvre, zur Gegenwart und zum Glanz des Kaiserreichs.

Baudelaires Konflikt zeigt sich noch deutlicher in seiner Prosa, da hier die Realität stärker eindringt. Auch in einigen Briefen deutet sich die Entwicklung an. Am 16. Mai 1859 erwähnt Baudelaire Jules Fabre, den Anführer der fünf oppositionellen Abgeordneten, die 1858 gewählt worden waren. Er nennt Favres Rede »bewundernswert« und fügt hinzu, er habe »ganz eindeutig die Notwendigkeit, die Zwangsläufigkeit der Revolution dargelegt.« Baudelaire schreibt dort auch: »Ich habe mich zwanzig Mal überredet, daß ich mich nicht mehr für Politik interessiere und bei jeder wichtigen Frage packt mich wieder die Neugier und die Leidenschaft.« Er erwähnt »die Greuel, die im Dezember begangen wurden«. Hier wird es offenkundig, daß Baudelaire die politische Lage immer noch aus der Perspektive des Staatsstreichs betrachtet. In dem Brief spricht Baudelaire auch von Orsini, mit dem die Adressatin von »Sisina« sympathisierte. Orsini versuchte ein Attentat auf Napoleon III. und wurde hingerichtet. In einem Brief vom 13. Juni 1859 schreibt Baudelaire, er plane eine Novelle über eine »Verschwörung«. In den Notizen »Die Verschwörung« heißt es: »Kaum weiß man von der Verschwörung, kehrt die ganze Jugend wieder. Die Augen zeigen wieder Interesse am Leben. Die Erinnerungen drücken nicht mehr nieder. (Ein Abendessen bei den Armen. Es gibt also doch wahre Tugenden unter den Menschen. Bescheidenheit, Hilfsbereitschaft). – Kaum ist die Verschwörung aufgeflogen, kehrt der Geschmack des Nichts wieder.« Weiter heißt es dort: »Der Wunsch nach dem Tod ist in mir immer mit dem Wunsch nach dem Leben verbunden. (...) Wer wird also das Recht auf Selbstmord leugnen?« Das Fragment zeigt, wie der Gedanke der politischen Aktion völlig mit dem Tode verknüpft ist und gleichbedeutend mit dem Selbstmord geworden war; das Thema des »Selbsthenkers« taucht hier wieder auf, Ergebnis der Erfahrungen vom Juni 1848 und Dezember 1851. Die alten Wünsche steigen daher in Form von Todesbildern auf.

Doch dienen diese Bilder zugleich auch der Abwehr neuer, durch die Gegenwart erzeugter Wünsche und letztere sind die Wurzel der Gedichte dieser Phase. Was im Hintergrund von Baudelaires Phantasie arbeitet, erscheint im Kapitel »Der Künstler als Weltmann, als Mann der Menge und als Kind« des Aufsatzes über Guys, »Der Maler des modernen Lebens«. Als

»Ausgangspunkt des Genies« von Guys bezeichnet Baudelaire »die *Neugier*«. Ein Symbol dieses Künstlertyps ist Poes »Mann der Menge«, der »ein Genesender« ist. »Kürzlich aus den Schatten des Todes zurückgekehrt«, »erinnert er sich« und »stürzt sich in die Menge auf der Suche nach einem Unbekannten«. Die »Genesung ist wie eine Rückkehr zur Kindheit.« »Steigen wir, wenn es möglich ist, durch eine rückwärtsblikkende Anstrengung der Phantasie, zu unseren ganz jungen, ganz morgendlichen Eindrücken zurück«. »Das Kind sieht alles als *Neuheit*; es ist immer *trunken*. Nichts ähnelt mehr dem, was man Inspiration nennt, als die Freude, mit der das Kind die Form und die Farbe in sich aufnimmt.« »Dieser tiefen und freudigen Neugier muß man das starre und tierhaft ekstatische Auge der Kinder vor dem *Neuen*, was es auch sei, zuschreiben, sei es Gesicht oder Landschaft, Licht, Goldglanz, Farben, schillernde Stoffe, Entzücken durch die Schönheit, die durch die Mode gesteigert ist.« Baudelaire sagt von Guys, »seine Leidenschaft und sein Beruf ist es, *die Menge zu heiraten.*« »Der Beobachter ist ein *Fürst*, der überall sein Incognito genießt.« »So tritt der Liebhaber des universalen Lebens in die Menge ein wie in ein ungeheures Reservoir von Elektrizität.« »Es ist ein *Ich*, das unersättlich nach *Nicht-Ich* ist«. Er betrachtet »den Strom der Lebenskraft«. »Er genießt den wiegenden Gang der Frauen«, »das universale Leben«. »Ein Regiment kommt vorbei.« »Und da lebt seine Seele mit der Seele dieses Regiments, das wie ein einziges Lebewesen marschiert, stolzes Bild der Freude im Gehorsam!«

Was Baudelaire hier schildert, ist die Faszination, die der wirtschaftliche Aufschwung und die Prachtentfaltung des Zweiten Kaiserreichs auf die Zeitgenossen ausübte. Kracauer schrieb: »Freude und Glanz, so lautete auch die Devise Louis Napoleons.« »Die Freude sollte berauschen, der Glanz sollte verblenden. Diesen Zwecken entsprach durchaus der verschwenderische Aufwand, den Louis Napoleon entfaltete. (...) Ein Prunk, der nicht nur dazu berufen war, das Volk zu faszinieren, sondern außerdem die Funktion erfüllte, den Appetit der zahlreichen Helfershelfer zu stillen.« »Gleich im ersten Jahr der Diktatur wurde auf sein Geheiß hin die Nation mobilisiert. (...) Finanz und Handel wetteiferten darin, sich in die ihnen erschlossenen Räume zu stürzen. Im Verlauf dieses Jahres 1852 entstand der Crédit foncier, der (...) Crédit mobilier und der ›Bon Marché‹, das erste der großen Pariser Warenhäuser. Eine überhitzte Entwicklung, die fortwährend in Blendwerk umzuschlagen drohte, weil sie dem Willen zum Blendwerk entsprang.« »Die Lust dieser Gesellschaft waren Feste, die Trunkenheit schenkten, einen Augenblick aus dem Zusammenhang hoben und die Agitation der Sozialisten, Republikaner und Studenten übertönten. In der herrschenden Schicht fühlte man instinktiv, daß nur lärmende Turbulenz das Aufklaffen der gesellschaftlichen Widersprüche verhindern konnte.«[22]

Baudelaire verwendet bei seiner Schilderung der Atmosphäre des Zweiten Kaiserreichs zeitgenössische Darstellungen der Figur des Flaneurs[23] und baut sie in die Bilder seiner Erinnerung ein. Der »Mann der Menge« kommt »aus den Schatten des Todes« und findet das »Neue«: Hier ist die Figur von »Die Reise« gegeben. Baudelaire verläßt nun die Welt des Todes und der Einsamkeit, in die ihn der 2. Dezember verbannt hatte. Ein Kindheitserlebnis ist damit assoziiert: Der Tod des Vaters, das Erscheinen Aupicks, die neue Schönheit der Mutter. Mit Mode und Militär, die in dem Aufsatz das Neue verkörpern, war in jener frühen Zeit das Neue in die Welt des Kindes eingetreten und dies Erlebnis wird nun auf die Gegenwart projiziert.[24]

Der Ausweg aus dem Konflikt

Die weitere Entwicklung ist nicht leicht zu erkennen. In dem Gedicht »Pariser Traum«, das Guys gewidmet ist, wird in Teil I eine architektonische Traumwelt dargestellt; in Teil II erwacht der Dichter und findet sich in seiner elenden Behausung wieder. Das Gedicht ist ein kritisch-desillusionierender Kommentar zum Guys-Aufsatz; Baudelaire zeigt die Realität hinter der Phantasmagorie.[25] In »Besessenheit« nennt sich der Dichter einen Besiegten, der den Ozean haßt, da er in dessen gewaltigem Lachen das eigene bittere Lachen hört, was aber auch bedeutet,

daß er die Kraft des Ozeans in sich spürt.[26] In »Sympathischer Schrecken« (ähnlich auch in »Die Alchemie des Leidens«) stellt sich der Dichter als Freigeist dar, dem es in der Hölle gefällt. In »Der Mahner« spricht eine innere Stimme, die immer nur »Nein« sagt. In »Der Rebell«[27] ermahnt ein Engel zur christlichen Nächstenliebe, aber der Verdammte antwortet stets: »Ich will nicht!« Es wird hier eine kindliche Trotzhaltung vorgeführt. Indem Baudelaire dem Gedicht den Titel »Der Rebell« gibt, hat es den Anschein, als würde er seine eigene rebellische Einstellung auf kindlichen Trotz reduzieren, in einer Art vulgärpsychologischer Manier. Er entwertet seine oppositionelle Einstellung und ich meine, daß er das ganz systematisch tut, um jenen anderen Teil in sich, der im Guys-Aufsatz in der Maske eines Probe-Ichs (über die Identifizierung mit Guys) erschien, akzeptieren zu können.
Der Ausweg aus dem Konflikt wird in »Sammlung« gefunden. Das Gedicht ist ein Zwiegespräch des Dichters mit seinem Schmerz; sie scheinen am Abend am Fenster zu stehen und auf die Stadt herabzublicken, wo ein Fest zu sehen ist. Der Dichter zieht den Schmerz von diesem Anblick weg und weist auf den Himmel, wo die vergangenen Jahre sichtbar sind; unten ist der Fluß mit der untergehenden Sonne, im Osten naht die Nacht. – Das Gedicht ist voller allegorischer Figuren, die zu konkretisieren sind. Der Schmerz, »la Douleur«, wirkt wie ein Kind, ein Mädchen, das nicht brav ist und schreit. Der Dichter spricht wie eine väterliche Instanz, er zieht den Schmerz vom Bilde des Festes weg und man kann folgern, daß der Schmerz eigentlich der Wunsch ist, an diesem Fest teilzunehmen. Das Fest scheint Schrecken einzuflößen. Hier »erntet die gemeine Menge Reue im knechtischen Fest, unter der Peitsche der Lust, dieses Henkers ohne Erbarmen.« Die Lust, »le Plaisir«, ist eine allegorische Figur; sie ist als Mann vorzustellen, als Verkörperung sexueller Begierde, der sich die Menge, »la multitude«, hingibt: Eine riesige Koitusszene wird sichtbar, wenn man Baudelaires Bilder konsequent aufbaut.[28] Der Penis ist die Peitsche eines Henkers. Die »Douleur« möchte zum Fest – um sich peitschen zu lassen. Sie ist die Seele des Dichters[29] und möchte Teil der »gemeinen Menge« sein. Die väterliche Instanz

(das Gewissen, das Über-Ich, ein Aspekt des Priestervaters) verbietet diese Wünsche und blickt in die Vergangenheit, zu den »vergangenen Jahren in altmodischen Gewändern auf den Balkonen des Himmels«. Hier deutet sich ein Balkon an, auf dem eine Frau steht. Aus dem Fluß steigt »le Regret souriant«, das lächelnde Bedauern (oder auch die lächelnde Sehnsucht), ein Mann, der vermutlich zur Frau auf dem Balkon geht. Die Sonne evoziert einen sterbenden Greis. Es folgt das Leichentuch, das sich von Osten her über die Szene legt; es wird Nacht, alles stirbt. Aber dann hört man diese Nacht, eine große Frauenfigur, herbeischreiten. Die Gesamtbewegung führt also weg von dem Fest, von der Gegenwart, hin zur Vergangenheit, zum Tod und zur Nacht, mit der aber eine neue Bewegung einsetzt: Das zweimalige »Höre« besagt, daß es etwas zu hören gibt und dieses Wesen ist mit einem Schreiten (»marche«) verbunden. Es ist, als ob das Verbot von Lärm und Bewegung des Anfangs zurückgenommen wird, d. h. daß also doch die Wünsche der Seele erfüllt werden sollen.

Wie in den anderen vier »Pariser Bildern« möchte der Dichter, bzw. ein Teil in ihm, zur Gegenwart, doch ein anderer Teil flieht in die Vergangenheit, zu den Bildern der Kindheit: Dort ist die Mutter und Aupick.[30] So erscheint in der Vergangenheit also die gleiche Szene wie in der Gegenwart: Die Mutter gab sich Aupick hin (und bereute es, dachte das Kind: sie wurde schwanger und kam ins Krankenhaus wegen der Fehlgeburt; an diese Szene erinnert sich Baudelaire vage im Brief vom 6. Mai 1861). Die sterbende Sonne enthält wieder den Vater.[31] Baudelaire geht also immer weiter in seine Vergangenheit zurück. Dann erscheint »die sanfte Nacht, die schreitet.« Das Leichentuch im Osten zuvor läßt sich als Phantasie des Todes verstehen; der Dichter stirbt, zusammen mit der Sonne als dem Vater (dem göttlichen Priester-Vater, der vorher in der verbietenden Stimme mit präsent war) und wird dann wiedergeboren, von der »Nacht«. Diese mächtige dunkle Frauenfigur war schon im »Tod« am Ende von »Die Reise« mitenthalten, sie kam in »Der Balkon« vor und erschien in »Das Haar« und war auch im geheimen Wunsch nach dem Gehen (»marcher«) von »Der Albatros« mitenthalten. Lady Macbeth und die Nacht des

Michelangelo aus »Das Ideal«, die Mutter aus »Segen« und die Frau Angst aus »Spleen« stehen im Hintergrund, doch verwandelt, sanft und hilfreich geworden. Hinter Jeanne[32] steht wieder Mariette, die schon in »Pariser Landschaft« anwesend war. 1861 arbeitete Baudelaire dies frühe Gedicht um und ersetzte die »Toten« durch eine »Sonne«, die er in der Nacht nach seinem Willen erschafft. Im Prosagedicht »Die Abenddämmerung« wird auch das Hereinbrechen der Nacht geschildert: Laternen flammen auf, wie »das Feuerwerk der Göttin Freiheit«. Im Versgedicht »Die Abenddämmerung« sagte der Dichter zu seiner Seele: »Sammle dich« und er blieb in seinem Zimmer. Jetzt macht er sich daran, seiner Seele, die zur Menge will, zu folgen, an der Hand der großen dunklen Frau, damit sich der Schmerz zurückverwandele in den Wunsch.

Wieder haben die seelischen Figuren zugleich eine gesellschaftliche Bedeutung. Die »gemeine Menge«, die sich der »Peitsche der Lust« unterwirft, ist auf die französische Nation, die wie eine Frau von Napoleon entehrt wurde, zu beziehen, spezieller auf die Arbeiter und ihre »unterwürfige Passivität«.[33] »Gemeine Menge« war ein geläufiger Ausdruck zur Bezeichnung des Volkes.[34] Wieder ist der Konflikt in Baudelaire wahrzunehmen. Das Ende von »Sammlung« ist parallel zum Ende von »Der Schwan«, in der Trauer steigt eine neue Bewegung auf und sie ist wieder mit Hugo verknüpft. »Sammlung« sollte zusammen mit »Der Deckel« unter dem Obertitel »Der einsame Spaziergänger« erscheinen und mit diesem Ausdruck bezeichnet Baudelaire Hugo in dem Aufsatz, der zur gleichen Zeit wie das Gedicht geschrieben wurde. Dort heißt es auch von Hugo, er sei wie »die Statue der Meditation, die schreitet.« Die Paradoxie dieses Bildes zeigt die innere Spannung in Baudelaire: Der in der ›Sammlung‹ Versteinerte beginnt sich zu bewegen.

Die Phase der »Pariser Bilder« ist durch den Prozeß der Erinnerung gekennzeichnet. Baudelaire läßt den Chok des 2. Dezember aufsteigen und leidet die traumatischen Erfahrungen ab. Sie waren bis in die Tiefe des Unbewußten gedrungen und so werden beide Schichten verarbeitet. Baudelaire lieferte auch die passende Theorie für diesen Vorgang, indem er de Quinceys Idee des »Palimpsest of Memory« aufnahm: »Ein kleiner Kummer, eine kleine Freude des Kindes, unmäßig vergrößert durch eine exquisite Sensibilität, werden später im Erwachsenen, selbst ohne sein Wissen, das Prinzip eines Kunstwerks.« (I, 498) Baudelaire gestaltet die aktuelle politische Problematik mit den Gefühlen und Szenen seiner Kindheit. In paradoxer Spannung bricht gerade in »Der Schwan«, dem Gedicht, wo Baudelaire seine frühe Familienkonstellation am klarsten vorführt, auch die historische Wirklichkeit in die Poesie ein. Das Wesen der Phantasie wird mit fast gespenstischer Klarheit demonstriert.[35] In gewisser Weise bleibt Baudelaires theoretische Reflexion hinter seiner poetischen Praxis zurück: Es waren nicht »kleine Sorgen und Freuden« des Kindes, die später zu Kunstwerken wurden (Baudelaire denkt hier ähnlich wie Leconte de Lisle, s. oben S. 136), sondern das Kind hatte sich bereits riesig geträumt, wie ja in »Segen« vorgeführt und wie es auch in »Der Schwan« impliziert ist. Baudelaire baute seine Kindheitstragödie in die weltgeschichtlich großen Dimensionen von Vergils Epos ein. Das brennende Troja ist der Hintergrund des Gedichts und symbolisiert adäquat die Intensität und Größe des kindlichen Erlebens. Baudelaire hatte sich in der Kindheit ein imaginäres Szenarium errichtet, das es ihm später erlaubte, die weltgeschichtlichen Ereignisse seiner Zeit damit zu erfassen.

Sehr merkwürdig ist schließlich noch ein inhaltlicher Aspekt dieses Phantasieprozesses. In »Der Schwan« konfrontiert sich Baudelaire mit seiner Familie, wie er sie zwischen seinem sechsten bis achten Jahr erlebte. In »Sammlung« findet er dann einen Ausweg und dieser erscheint bedeutsam: Baudelaire verläßt die bürgerliche Familie, er macht gleichsam die Ödipusfabel rückgängig, der Königssohn steigt wieder herab zur armen Frau, um sein Wunsch-Ich zu befreien.[36]

Baudelaire praktiziert hier seine Theorie der Phantasie, die er damals »die Königin der Fähigkeiten« nannte: »Sie rührt an alle anderen; sie erregt sie, sie ruft zum Kampfe. (. . .) Sie nimmt die ganze Schöpfung auseinander – dann aber befolgt sie jene Regeln, deren Ursprung man einzig in der Tiefe der Seele zu finden vermag; nach ihnen häuft und ordnet sie die Stoffe und schafft so eine neue Welt, erzeugt die Empfindung des Neuen. (...) Die Phantasie ist die Königin des Wahren, und das *Mögliche* ist eine der Provinzen des Wahren.« (II, 621)

Der Spleen von Paris
1861–1865

Wiederkehr und Neugestaltung des Februar und Juni 1848

Überblickt man Baudelaires Prosagedichte von seiner bisherigen Entwicklung aus, so werden vier Gruppen erkennbar: Die erste besteht aus einem einzigen Gedicht, »Die Menge«, in dem ein ungeheures Rauscherlebnis geschildert wird. In einigen Gedichten erscheinen rauschhafte Zustände, in die dann gegenteilige Gefühle der Ernüchterung und der Depression einbrechen. Eine dritte Gruppe entfaltet das Thema der Kindheit, der eigenen Gewordenheit, der Formung früher Wünsche, und sucht nach Alternativen zu den eigenen Möglichkeiten. Die vierte, späteste Gruppe gestaltet den Durchbruch der aktiven Impulse, womit der Juni 1848 wiederkehrt.[1]

»Die Menge«
Der Rausch des Februar 1848

Der »einsame Spaziergänger«, der auch »Dichter« ist, erlebt in der Menge »ein Bad der Vielzahl«, »ein Besäufnis mit Lebenskraft«, einen »einzigartigen Rausch«, »fieberhafte Genüsse«, eine »unaussprechliche Orgie«, ein »höheres Glück«. Diese Ausdrücke deuten auf eine totale Euphorie, auf ein extremes Lusterlebnis von offenbar sehr ungewöhnlicher Art. Dieser Genuß »ist nicht jedem gegeben«, er ist »eine Kunst« und ein »Vorrecht« des Dichters. Am Anfang wird als Ursprung dieser Fähigkeit des Genießens eine »Fee« genannt, die »an der Wiege« den »Hang zur Verkleidung und zur Maske, den Haß auf das Zuhause und die Leidenschaft des Reisens« gegeben hat. Im dritten Abschnitt heißt es vom Dichter, er könne »nach Belieben er selbst und ein anderer sein«; »er geht, wenn er will, in die Person eines jeden ein«. Im vierten Abschnitt »macht er sich alle Berufe, alle Freuden und Leiden zu eigen«. Der Dichter versetzt sich also in seiner Phantasie in die anderen Menschen und fühlt sich als diese; er fühlt, was sie fühlen. Im vierten Abschnitt wird dieser Vorgang eine »universale Kommunion« genannt. »Wer leicht die Menge heiratet, lernt fieberhafte Genüsse kennen«. Im fünften Abschnitt heißt es: »Was die Menschen Liebe nennen, ist sehr klein, sehr begrenzt und sehr schwach, verglichen mit jener unsagbaren Orgie, jener heiligen Prostitution der Seele, die sich ganz und gar (...) dem Unbekannten, der vorbeigeht, hingibt.«

Die erotischen Ausdrücke im vierten und fünften Abschnitt fallen auf. Konkretisiert man sie,[2] so heiratet der Dichter zuerst die Menge, d. h. als Mann heiratet er eine Frau; dann prostituiert sich seine Seele und gibt sich jedem hin, d. h. als Frau gibt sich der Dichter Männern hin.[3] Baudelaire entfaltet die Vision eines universalen Geschlechtsverkehrs. Da der Dichter in alle eingeht, verkehrt er mit allen, sei es als Mann oder als Frau: Er führt eine Orgie vor, wie er ja auch sagt. Die Vorstellung des »Eingehens in andere« ist für Baudelaire mit sexueller Bedeutung verbunden: »Ficken heißt danach zu streben, in einen anderen einzugehen« (I, 702). Doch wird die Orgie des Gedichts nicht als konkret sexuelle, sondern nur von der Seele vollzogen. Der Dichter fühlt sich in die anderen Menschen ein, er identifiziert sich mit ihnen. Freud nannte die »Identifizierung die früheste und ursprünglichste Form der Gefühlsbindung«; man möchte dabei das *»sein«* , was man bei der (späteren) Objektliebe *»haben* möchte«. Weiterhin sagt er von der Identifizierung, sie benehme sich »wie ein Abkömmling der ersten *oralen* Phase der Libidoorganisation, in welcher man sich das begehrte und geschätzte Objekt durch Essen einverleibte«. (XIII., 116 f.) Es ist offensichtlich dieser Vorgang, den Baudelaire schildert und der auch die rauschhafte Wirkung erklärt. Der orale Aspekt der Identifizierung deutete sich auch im Guys-Aufsatz an, wo das Ich des Künstlers »unersättlich nach Nicht-Ich« ist. Die Identifizierung war schon in »Die kleinen Greisinnen« zu beobachten: »mein vervielfältigtes Herz« (»mon coeur multiplié«) hieß es dort; in »Die Menge« wird der Dichter zur »Vielzahl«, zur »multitude«. Der Vorgang erscheint auch im Drogenrausch. Der Aufsatz von 1851 verglich Wein und Haschisch »als Mittel der Multiplikation der

Individualität«. Im »Gedicht vom Haschisch« verschmilzt der Berauschte mit seiner Umwelt und verschlingt diese gleichsam: »Alle diese Dinge wurden *für mich* geschaffen, *für mich, für mich* – um als Nahrung (. . .) für meinen unerbittlichen Appetit auf Gefühl, Wissen und Schönheit zu dienen.« (I, 437) In der Widmung der »Künstlichen Paradiese« nennt sich der Dichter »einen düsteren und einsamen Spaziergänger, der in die bewegte Flut der Menge getaucht ist« (I, 400).

In diesen Verschmelzungsphantasien wirkt der primäre Narzißmus, in dem Ich und Umwelt noch nicht deutlich getrennt sind; es ist die Phase vor der Identitätsbildung, die als Verfestigung, Einschränkung und Abpanzerung vor sich zu gehen pflegt. Der Dichter besitzt also das Privileg, aus seinem Charakterpanzer herauszutreten und sein frühes Lust-Ich wiederzugewinnen, das einen grenzenlosen Wunschstrom auf die Umwelt richtet.[4] Dies frühe Ich ist noch nicht in die sexuelle Rollenidentität eingezwängt, sondern phantasiert frei seine bisexuellen Möglichkeiten. Es kann sich als Mann wie auch als Frau fühlen und so seine aktiven wie seine passiven Wünsche zulassen.[5] Indem der Dichter das »hermaphroditische Ideal von Sexualität«[6] erreicht, liebt er sich selbst in seiner ursprünglichen göttlichen Vollkommenheit. Da der Dichter mit der Menge verschmilzt und dabei den Geschlechtsakt vollzieht (d. h. phantasiert), ist er zu einem sich selbst begattenden Wesen geworden, vergleichbar dem Androgyn in Platos Symposion, der aber nun die Welt umspannt (es ist eine »universale Kommunion«), wie es viele Ursprungsmythen zeigen.[7] Im Tagebuch schreibt Baudelaire: »Das Wesen, das sich am meisten prostituiert, ist das Wesen par excellence, das heißt Gott, denn er ist der größte Freund jedes einzelnen, denn er ist das gemeinsame, unerschöpfliche Reservoir der Liebe.« (I, 692) Im Guys-Aufsatz ist »für den Liebhaber des universalen Lebens die Menge wie ein ungeheures Reservoir von Elektrizität.« (II, 692) In dem Gedicht wird der Dichter mit der Menge identisch, indem er sich ihr hingibt, sich prostituiert: Er ist zu Gott geworden (wie im Haschischrausch).

»Die Menge« bringt eine Weiterentwicklung der Koitusphantasie, wie sie zuerst in »Der Selbsthenker« erschien, dann in

»Spleen «, wo sie bereits riesige Dimensionen umfaßte (auch am Ende von »Segen« deutet sie sich an). In »Sammlung« wurde sie als Bild der äußeren Welt vorgeführt. In diesen drei Gedichten handelte es sich um den »sadistischen Koitus«, der mit Angst verbunden war. Nun ist die Angst verschwunden, der Dichter ist gleichsam in sein Phantasiebild hineingegangen (es ist wie ein Sprung in den Abgrund im Sinne des Schlusses von »Die Reise«) und die in der Angst gebundene Lust strömt hervor. Der Dichter ist nun sowohl »le Plaisir«, die Lust als männliche Figur, wie auch die »Menge« (»la multitude«) als weibliche. (Er hat sich gleichsam beide Rollen der ›Urszene‹ zu eigen gemacht.[8]) »Die Menge« ist die Fortsetzung von »Sammlung«. Dort ging der Dichter am Schluß mit der »Nacht«, um die Wünsche seiner Seele zu erfüllen, die am Fest teilnehmen wollte. Diese »Nacht« erscheint am Anfang von »Die Menge« als »Fee« wieder, eine gewährende Mutterfigur, die die ausschreitenden Wünsche des Kindes bestätigt und unterstützt.[9] Die Neugier, die sich schon in den frühen Gedichten Baudelaires als treibendes Motiv erwies, hat ihre Wurzeln in der Kindheit und kann sich nun total befriedigen, da der Dichter »in alle eingehen kann«, er kann wie alle sein. Berührungswünsche, die sich aus den früheren Berührungsängsten (wie sie z. B. in »Der Albatros« auftraten) befreit haben, finden ihr Ziel. Der Dichter kann alle berühren und sich von allen berühren lassen (was im Bild des »Bades« besonders klar zum Ausdruck kommt), das ursprüngliche Sensorium blüht auf.

Bedenkt man Baudelaires Kindheitsszenerie, so wird in der »Fee« Mariette sichtbar. Sie ging mit dem Kind spazieren, es sah Arbeiterkinder und wollte zu ihnen hin. Der »Haß auf das Zuhause« richtet sich auf die bürgerliche Familie, der Baudelaire entfliehen wollte (was in »Die Berufungen« dann beschrieben wird). Mariette reagierte auf diese Wünsche weniger verbietend als die Eltern und so entstand eine großartige Phantasie des Ausbruchs, in der sexuelle Bilder in Identifizierungswünsche übergingen und sich dann mit dem frühen Narzißmus verbanden. Die Frau aus dem Volk wurde zum Anlaß, aus der bürgerlichen Sozialisation auszusteigen und ein Ich zu phantasieren, das in Beziehungen lebt, ein ›Beziehungs-

Ich‹, wie es beim Proleatariat aufgrund von dessen Lebensbedingungen ausgebildet wird.[10]

»Die Menge« ist eine Phantasie aus tiefen Schichten und zugleich ein aktuell-politischer Text, der an die bereits traditionelle Figur des Flaneurs anknüpft.[11] Benjamin schrieb, »die Menge ist nicht nur das neueste Asyl des Geächteten; sie ist auch das neueste Rauschmittel des Preisgegebenen. Der Flaneur ist ein Preisgegebener in der Menge. Damit teilt er die Situation der Ware. (. . .) Der Rausch, dem sich der Flanierende überläßt, ist der der vom Strom der Kunden umbrausten Ware.« Benjamin sagt vom dritten Abschnitt des Gedichts: »Was hier spricht, ist die Ware selbst.« Es spricht »der Fetisch selbst.« Die »›heilige Prostitution der Seele‹ (. . .) kann wirklich nichts anderes sein als die Prostitution der Warenseele.« (58 f.) Meines Erachtens treffen Benjamins Ausführungen auf den Guys-Aufsatz zu, wo der Rausch durch die Mode und das Militär des Kaiserreichs ausgelöst wurde (als sich Baudelaire wohl wie Benjamin fragte: »Gibt es trotzdem in der Mode Motive der Rettung?«[12]) Die emotionale Wurzel des Rausches war schon damals eine andere, wie Baudelaires Erwähnung der Kindheit zeigte. In »Die Menge« aber hat Baudelaire diese Erfahrungen nun umgebaut. Mode und Militär erscheinen hier nicht, der Spaziergänger ist nicht mehr ein »Fürst«; die Menge wird konkret als »geschäftige Menge«, als »alle Berufe, alle Freuden und Leiden«. Diese Ausdrücke deuten nicht so sehr auf die Flaneure oder Käufer, sie umfassen die Gesamtheit der Menschen und damit auch die Arbeiter der Faubourgs. Die Menge der Passanten des Kaiserreichs ist nur eine Leinwand, auf die Baudelaire andere Erfahrungen projizierte.
Der eigentliche Unterschied zum Guys-Aufsatz und damit auch der Schlüssel zu dem Gedicht liegt im letzten Abschnitt. Hier wendet sich der Dichter gegen »die Glücklichen dieser Welt«, »um ihren dummen Stolz für einen Augenblick zu demütigen«: »es gibt ein Glück, das größer ist als das ihre, gewaltiger und raffinierter. Die Gründer von Kolonien, die Hirten der Völker, die Missionare in ihrer Verbannung am Ende der Welt, wissen sicher etwas von diesen geheimnisvollen Trunkenheiten«. Hier

stellt sich der Dichter in Opposition zu den »Glücklichen dieser Welt« (der Ausdruck klingt biblisch, als spräche Christus), er wendet sich gegen die herrschende Klasse. Er entreißt seinen Rausch dem Zweiten Kaiserreich und versetzt ihn ans »Ende der Welt«, worunter Amerika zu verstehen ist. Dort gründeten die utopisch-religiösen Sozialisten ihre Kolonien. Das Reisemotiv vom Anfang des Gedichts, das am Schluß durch den Verweis auf das »Ende der Welt« wieder aufgenommen wird, gewinnt nun Gewicht.[13] »Die Menge« erweist sich als Antwort auf »Die Reise«. Dort hieß es: »Unsere Seele ist ein Dreimaster, der sein Ikarien sucht«. »Die Phantasie erbaut ihre Orgie«; vom »betrunkenen Matrosen, dem Erfinder von Amerikas« war die Rede. »Ikarien« war die Kolonie von Cabet, dem Verfasser des utopischen Romans »Reise nach Ikarien« (wo auch die Priester angesprochen werden); er war im November 1848 nach Amerika gegangen. Ihm folgt Baudelaires Phantasie.[14] In »Die Reise« sank der Elan noch unter den Todesbildern zusammen, in »Die Menge« setzt er sich durch (nachdem Baudelaire die Ängste in der Zwischenzeit verarbeitet hatte). Das »Neue«, das am Schluß von »Die Reise« gesucht wurde, liegt am »Ende der Welt«, das zugleich die »Neue Welt« war.[15] Dorthin führte offenbar auch die Reise in »Das Haar« und in »Der Albatros«. Die Matrosen am Schluß von »Der Schwan« gehören ebenfalls in diesen Zusammenhang; der »Wald«, in den sich der Geist des Dichters »verbannt«, stammt aus Amerika und diese Verbannung ist die gleiche wie die der »Koloniengründer« in »Die Menge«, die sich durch »ihr Genie« eine »große Familie geschaffen haben«.[16] Statt der »Ruinen«, aus denen in »Die kleinen Greisinnen« seine »Familie« bestand, besitzt der Dichter nun eine neue Familie und man wird in ihr die phantasierte Arbeiterfamilie aus »Der Wein der braven Leute« wiedererkennen. (S. oben S. 43).

Wie schon in den »Pariser Bildern« ist auch in »Die Menge« der »einsame Spaziergänger« mit Hugo verknüpft, über den Baudelaire zur gleichen Zeit schrieb: »Ich erinnere mich an eine Zeit, wo seine Gestalt zu denen gehörte, die man in der Menge am häufigsten traf«; man sah ihn »in der Turbulenz der Feste oder im Schweigen einsamer Orte«. Er »ist so geblieben, ein nachdenklicher Spaziergänger, ein einsamer Mann, doch vom Leben begeistert«, »er geht (marche) in Einsamkeiten, die durch seine Gedanken bevölkert sind«. (In »Die Menge« heißt es: »Wer seine Einsamkeit nicht bevölkern kann, kann auch nicht in einer geschäftigen Menge allein sein«.) Was seine Poesie ausdrückt, ist *»das Geheimnis des Lebens.«* »Die Kraft« hat eine »brüderliche Anziehung« für ihn, zugleich aber fühlt er eine »väterliche Anziehung« für alles, was »schwach, einsam, traurig ist, für alles, was verwaist ist«. (Dies Gefühl erfüllte den Dichter in »Die Witwen«.) In seinen Gedichten hört man »die tiefe Stimme der Nächstenliebe«. Er ist »eine kollektive Seele«, »unsere Blicke und unsere Ohren sind auf den Ort seiner Verbannung gerichtet« (II, 129–139).[17]

Faßt man diese verschiedenen Elemente ins Auge, die Bezüge zu Cabet, zu Fourier und zu Hugo, sowie die Vorstellung des gottgleichen Dichters, und geht den Weg durch Baudelaires Gedichte zurück, so gelangt man zum Februar 1848: Damals hatte sich Baudelaire als Christus phantasiert in der »Atmosphäre universaler Liebe« (»Salut public«), womit sich seine Vorstellung vom Bordell, das das »ganze Universum« umfaßt (»Du würdest die ganze Welt«), wie auch das Liebesparadies von »Lesbos« verknüpfte. Im Rausch der Menge hatte er in jenen Tagen die Gefühle der Liebe und der Prostitution, von denen er in »Die Menge« phantasiert, real erlebt.[18]

Die damaligen Gefühle haben inzwischen verschiedene Verwandlungen durchgemacht. In »Salut public« wurde das Volk noch von oben her angesprochen; später in »Segen« wurde der Dichter-Christus ganz göttlich-herrscherhaft. In »Die Menge« hat der Dichter immer noch ein »Privileg«, aber es ist paradoxer Art, denn es besteht gerade darin, wie *alle* sein zu können, womit der demokratische Aspekt der Christusfigur hervortritt: Christus inkarniert sich in allen Menschen.[19] Freilich weist diese Idee eben auf die Ideologie des Februar, auf die Ablehnung des »Antagonismus« (s. oben S. 75), die Klassenversöhnung kommt darin zum Ausdruck, »die schwärmerische Erhebung über den Klassenkampf« im »trunkenen Paris« (Marx, s. oben S. 72), die von den Theorien Fouriers, Cabets, Lamenais' und anderer vorbereitet worden war. Auch Hugo, das Vorbild des Dichters in »Die Menge«, paßt in diesen Zusammenhang: Er war 1861 das Symbol der Opposition, doch von einer bürgerlich-republikanischen Position aus.

Marx sprach von den »Illusionen« des Februar (7, 17) und »Die Menge« führt diese vor: Ein realer Kontakt findet nicht statt, es handelt sich nur um Phantasien,[20] und die Parallelen zu den Drogentexten sind nicht zufällig. Aber Marx spricht auch von der »Poesie« des Februar, und man braucht das nicht abwertend zu sehen. Das »Stichwort« der Februarrevolution war die »fraternité« (Marx 7, 21), sie ist auch die Grundidee von »Die Menge«, die allerdings nicht ausgesprochen wird. In »Die Einsamkeit«, einer Art Gegenstück zu »Die Menge« (von 1855: damals, in der neuen Hinwendung zu Fourier, tauchte diese Idee schon auf, aber nur als abgewehrte) werden die Menschen erwähnt, die »sich in der Menge vergessen« und Baudelaire zitiert Pascal, der »in der Zelle der Sammlung« (dies wichtige Wort taucht hier auf!) sagte, daß »fast alles Unglück daher käme, daß der Mensch nicht in seinem Zimmer bleiben könne«, und dann weist Baudelaire auf jene, die das »Glück« in einer »Prostitution« suchen, die man »brüderlich« (»fraternitaire«: leicht abwertend) nennen könnte. In »Die Menge« nimmt Baudelaire die Gegenposition ein, er stellt »Poesie und Nächstenliebe« nebeneinander und verwirft den »Egoisten, der verschlossen wie eine Truhe« ist.

In »Der Flakon« war der berauschende Duft der Erinnerung in einer »Truhe« aus dem Orient gekommen. Der Prozeß der Erinnerung, der 1855 einsetzte, ist in »Die Menge« zu seinem (ersten) Höhepunkt gelangt. Eine Kraft aus der Tiefe des Unbewußten arbeitete sich allmählich empor, lustvolle Inhalte des Gedächtnisses schoben traurige, depressive (die ›lastenden Erinnerungen‹ aus »Der Schwan«) beiseite und brachen schließlich durch.[21] In diesem Vorgang wirkten parallel strukturierte Erfahrungen der frühkindlichen Zeit mit anderen aus den verschiedenen Perioden des Erwachsenen zusammen. Über der »Fee« an der Wiege von »Die Menge« steht das Erlebnis der »Rückkehr aus den Schatten des Todes« (Guys-Aufsatz) und diese Figur ist in »Die Menge« vor allem auf den Umschlag von der Resignation und Depression vom Ende des Jahres 1847 (vgl. den Brief vom 6. Dezember 1847) in die Euphorie der Zeitenwende, des Anbruchs des Paradieses vom Februar 1848 zu beziehen (s. oben S. 79). Indem die befreienden Erinnerungen wiedergewonnen wurden, verläßt der Dichter – paradoxer und doch logischer, psycho-logischer Weise – die Vergangenheit, da er sein verschüttetes Lust-Ich als nun gegenwärtiges wiedergefunden hat und so richtet er am Schluß den Blick in die Ferne, in die Zukunft.

Im Verlaufe dieses Erinnerungsprozesses tauchte immer wieder Fourier auf: 1855 im Aufsatz über die Weltausstellung und in den Gedichten jenes Jahres; im Brief vom 21. Januar 1856 an den Fourieristen Toussenel, dessen Buch Baudelaire das Symbol des Schwans entnahm,[22] und auch im Aufsatz über Hugo, dessen poetisches Genie Baudelaire damit erklärt, daß es seine Bilder aus dem »unerschöpflichen Fundus der universalen Analogie schöpft« (II, 133). Auf diesen Begriff Fouriers weisen die »universale Kommunion« von »Die Menge« und auch die damit verbundenen Phantasien eines universalen Geschlechtsverkehrs. Fourier träumte von einer Welt der totalen Lust. Er verteidigte die Bewohner von Tahiti, die »die Freiheit in der Liebe (...) zu Orgien, zum Inzest, und zu den unzüchtigsten Gewohnheiten«[23] führte. »Sie verflochten Liebe und Religion; ein Beweis dafür ist, daß ›sie den Geschlechtsakt auf dem Altar vollzogen, zum großen Ruhme Gottes‹«.[24] Fourier plante ein »Feen-Ministerium«, in der »Harmonie« würde es »Bayaderen« geben, »reisende Priesterinnen«, und »Bacchantinnen, ›heilige‹ und nicht käufliche ›neue barmherzige Schwestern‹« (hier tauchen Baudelaires »Die zwei barmherzigen Schwestern« auf). »Fourier bevorzugt kollektive sexuelle Vereinigungen. Er wettert gegen den Egoismus der zivilisierten Liebe. Das Ziel der Leidenschaften muß darin bestehen, ›riesige Assoziationen‹ zu bilden.« Die »Orgie« ist für ihn »eine heilige Verrichtung«.[25]

Wesentlich ist der Unterschied zwischen der Position Baudelaires von 1855 und jener in »Die Menge«. Die Fourieristen waren Anhänger von Napoleon III. geworden; 1855 schien Baudelaire in die gleiche Richtung zu gehen und sie in »Segen« zu akzeptieren. In »Die Menge« aber entreißt Baudelaire die utopischen Ideen Fouriers dem Zweiten Kaiserreich und verlegt sie nach Amerika. Damit wird sichtbar, was ihn in »Der Schwan« und »Sammlung« an der Anpassung hinderte: Er hielt an seiner Februar-Erfahrung fest, er wollte das »göttlich-utopische Wesen der Poesie« (Dupont-Aufsatz) nicht an Napoleon III. verraten. Baudelaires Gedicht stellt eine Utopie dar, es ist unrealistisch, wie »Die Ode an die Freude« der neunten Symphonie, in der auch die »fraternité« verherrlicht wird: »Alle Menschen werden Brüder.« »Seid umschlungen Millionen«. Dieser Wunsch ist unerfüllbar, doch kommt in ihm der »Eros der Dichter und Philosophen« zum Ausdruck, »der alles Lebende zusammenhält«. (Freud XIII, 54) Dieser Wunsch gehört in die »große menschliche Hoffnungsgeschichte und ihre postulierten Räume« (Bloch 976). Er gehört zu den »ästhetischen Idealen«, sie sind die *»Vor-Scheine, die auf ein möglicherweise Realwerdendes deuten.«* Baudelaires Gedicht ist »l'art pour l' espoir« (Bloch 198).

Der Einbruch der Realität in den Rausch

In einer Reihe von Gedichten wird anfangs ein rauschhafter Zustand geschildert, der dann ins Leiden umschlägt.[26] In »Das doppelte Zimmer« erlebt der Erzähler ein »Bad der Trägheit«, einen »Traum der Lust« voller Wärme und Duft. Plötzlich sieht er das »Idol«, es hat Augen, in denen eine »erschreckende Bosheit« zu sehen ist. Die Ekstase steigert sich zur »Ewigkeit«, dann ertönt ein »schrecklicher Schlag« an der Tür, das »Gespenst« tritt ein, das paradiesische Zimmer wird zur elenden schmutzigen Kammer voller Gestank: »Die Zeit ist wieder erschienen«, ein »scheußlicher Greis«, mit ihm »die Erinnerungen, die Trauer, die Krämpfe, die Ängste, die Alpträume, die Wut und die Neurosen«. Jede Sekunde sagt: »Ich bin das Leben, das unerträgliche, unerbittliche Leben«. Die Zeit sagt: »Lebe doch, Verdammter!« – Die Abfolge von Rausch und Ernüchterung wird als qualvolle Desillusionierung erlebt, aber die Zeit bedeutet eben das »Leben«. Von der psychischen Dynamik her ist dieser Lebensimpuls der Ursprung des Gedichts, d. h. die Ekstase ist eine Flucht vor den neuen

Regungen von Aktivität und Selbständigkeit, in denen sich starke Aggressionen verbergen (die »Zeit« als »scheußlicher Greis« erinnert an »Die sieben Greise«; auch in dem Gedicht »Das Traumbild« kommt dieser Greis vor). So ist der Einbruch der Realität eben tatsächlich die *»Frohe Botschaft«*.[27]

Das Gedicht läßt sich als Weiterentwicklung von »Die Menge« verstehen. Dort vollzog Baudelaire eine ganz tiefe Regression zu einem frühen Lust-Ich; danach setzt eine seelische Vorwärtsbewegung ein, zu den aktiven Phasen der Kindheit, was, ganz schematisch gesagt, ein Heraustreten aus der Symbiose, eine Lösung von der Mutter und eine Identifizierung mit dem Vater bedeutet. Baudelaire vollzieht gleichsam eine Nachsozialisation und begegnet dabei den einstigen Konflikten: einer bedrohlich-verschlingenden Mutter und einem schwachen bzw. zwiespältigen Vater.[28]

Eine ganz ähnliche seelische Figur ist in »Das Confiteor des Künstlers« erkennbar. Das Gedicht beginnt mit einem ekstatischen Gefühl der Verschmelzung mit der Welt, doch dann schlägt die »Energie der Lust« ins Leiden um. »Das Studium der Schönheit ist ein Duell, wo der Künstler vor Schrecken aufschreit, bevor er besiegt wird«. Benjamin leitete aus diesem Bild seine Theorie der »Chokerfahrung« Baudelaires ab.[29] Meines Erachtens enthält das Gedicht mehrere Schichten: Ein frühes Kindheitsszenarium verband sich mit den Ereignissen von 1848; vom Rausch der Klassenversöhnung des Februar führte die Entwicklung zu einer Zuspitzung der Konflikte, gegen die sich Baudelaire in der »Tribune nationale« wehrte, bis sie schließlich im Juni ausbrachen und in der Katastrophe endeten. Außerdem spiegelt das Gedicht die Situation seiner Entstehung: In die Phantasmagorie des Zweiten Kaiserreiches bricht die Erkenntnis der Wirklichkeit mit ihrem Elend herein, Impulse des Protests, des Kampfes steigen auf, doch sieht Baudelaire keine Chancen und so endet die Phantasie mit der Erinnerung an den Chok der Niederlage.

Im Gegensatz zu den beiden eben erwähnten Gedichten, die ganz im Imaginären spielen, wird in einigen anderen Texten der Konflikt bereits in der Realität gestaltet. In »Die Augen der Armen« ist der Dichter mit seiner Geliebten in einem »neuen

Café« an einem »neuen Boulevard«. Haussmans neues Paris wird hier sichtbar. Draußen steht ein armer Mann mit seinen Kindern, die die Pracht bewundern. Den Dichter zieht es zu den Armen hin, aber die Geliebte hält ihn zurück, ihr sind diese Leute unerträglich. Der Dichter haßt die Geliebte, die eine faszinierende Macht über ihn ausübt; er nennt sie »das beste Beispiel weiblicher Verständnislosigkeit«.
In »Der alte Gaukler« geht der Dichter auf ein Volksfest voller »Freude« und »Genüssen«. Dann entdeckt er einen alten Clown, er möchte ihm ein Almosen geben, aber er wird von der Menge fortgetragen. In dem Clown sieht er sein Ebenbild, den altgewordenen Dichter, »ohne Freunde, ohne Familie«. – Der Rausch von »Die Menge« ist zerstoben, die selbstgeschaffene »Familie« hat sich als Illusion erwiesen. Das Gedicht erinnert an »Die sieben Greise«; auch dort wollte der Dichter zur Wirklichkeit hin, aber ein alter Mann hielt ihn davon ab. Damals war der Dichter voller Angst, jetzt hat er Mitleid, das dann zum Selbstmitleid wird.[30]
In »Ein heldischer Tod« nahm der Clown Fancioulle an einer Verschwörung einiger unzufriedener Adliger teil, die verraten wurde. Die Verschwörer werden zum Tode verurteilt. Fancioulle darf noch eine Vorstellung geben, eine Begnadigung erscheint möglich. Er spielt das »Geheimnis des Lebens« und entfaltet sein ganzes Genie. Er trägt einen unsichtbaren »Heiligenschein«, in dem sich »die Strahlen der Kunst und der Ruhm des Märtyrers mischten«. Dann ruft der Fürst einen Jungen, man hört ein Lachen und dann einen Pfiff: Fancioulle stürzt tot zu Boden. – Baudelaire läßt den kindlichen Träumer, den passiven Dichter aus »Segen« sterben und setzt ihm ein anderes Ich entgegen, den frechen, »verschmitzten« Jugen. »Das Lachen ist satanisch« schrieb Baudelaire und nannte die Kinder »kleine Satans« (II, 535).
In »Der Strick« wird ein armer Junge von den Eltern zu einem Maler gegeben, für den er Modell steht. Eines Tages entdeckt der Maler die Vorliebe des Jungen für den Alkohol und tadelt ihn, worauf sich der Junge erhängt. Die Mutter verschafft sich den Strick und verkauft ihn stückweise als Souvenir. – Baudelaire läßt, ähnlich wie in »Ein heldischer Tod«, den passiven

Träumer, den Trinker, sterben. (Man vergleiche »Segen«, Str. 6. Der Junge mußte beim Modellstehen auch Christus darstellen!) Er macht gleichsam eine Entziehungskur. Dabei macht er eine sehr wichtige Erfahrung. Am Anfang heißt es nämlich von der »Mutterliebe«: »Und wenn die Illusion verschwindet, d. h. wenn wir das Wesen oder die Tatsache so sehen, wie sie außerhalb von uns existiert, spüren wir eine bizarre Empfindung, die halb aus Bedauern über das verschwundene Traumbild, halb aus angenehmem Überraschtsein angesichts der Neuheit, angesichts der wirklichen Tatsache besteht«. Das Gedicht ist eine Abrechnung mit den Eltern, vor allem mit der Mutter.[31] Im »angenehmen Überraschtsein« zeigt sich der Lusteffekt, der mit der Aneignung der Aggression verbunden ist.[32]

Die neue Klasse in Gestalt der Arbeiterkinder

Seit »Segen« hatte sich Baudelaire immer wieder mit der Kindheit des Dichters, also mit seiner eigenen Kindheit und Gewordenheit beschäftigt; in der Prosa taucht dies Thema schon 1852 im Poe-Aufsatz auf, dann in »Die Moral des Spielzeugs« von 1855; im Guys-Aufsatz und in »Ein Opiumesser« nahm es eine zentrale Rolle ein, doch waren diese Kindheitserinnerungen meist mit dem Rausch oder der Traurigkeit verknüpft. Baudelaire sinnt über die Bildung des menschlichen Charakters nach und leitet ihn aus der Beziehung des Kindes zur Mutter ab, wie es in »Segen« und am Anfang von »Die Menge« der Fall war. Die Prosagedichte »Die Gaben der Feen«, »Die Wohltaten des Mondes«, »Der Wunsch zu malen« enthalten die gleiche Thematik.[33] Auch hier ist die Stimmung eine traurige. Doch taucht seit 1861 auch ein anderer Kindertyp auf. In »Die Witwen« gab es das »turbulente, egoistische« Kind; ähnlich wirken die Kinder auf dem Volksfest von »Ein alter Gaukler« und der lachende Junge aus »Ein heldischer Tod«. Man hat den Eindruck, daß aus dem Gedächtnis Baudelaires Bilder bzw. Erinnerungen aufsteigen, die eine Alternative

zu seinen eigenen Erfahrungen darstellen; es ist, als suche er nach Vorbildern für eine andere Verhaltensweise.
In »Die Berufungen« unterhalten sich vier Jungen. Der erste erzählt von einem Theaterbesuch; es scheint ein klassisches Stück gewesen zu sein, von dem aus der Sicht eines Kindes berichtet wird. Der zweite Junge beobachtet währenddessen die untergehende Sonne, auf einer Wolke sieht er Gott und seine Augen sind voller »Ekstase und Bedauern«. Der dritte ist voll »ungewöhnlicher Lebhaftigkeit«, er erzählt, wie er auf einer Reise mit seinen Eltern in einer Herberge mit dem Dienstmädchen im selben Bett schlief. Er legte seine Hand auf ihre Arme, ihren Hals, ihre Schultern. »Es machte mir ein solches Vergnügen, daß ich lange so weiter gemacht haben würde, wenn ich nicht Angst dabei gehabt hätte, Angst vor irgend etwas. Dann steckte ich meinen Kopf in ihre Haare, die ihr den Rücken herabhingen, dicht wie eine Mähne, und sie rochen so gut, sage ich euch, wie jetzt die Blumen des Gartens«. Während der Erzählung umgeben die Strahlen der untergehenden Sonne seinen Kopf »wie ein schwefliger Heiligenschein der Leidenschaft«. Der vierte Junge sagt, er habe nicht die Vergnügen der anderen, er sei voller Ennui. Ihm würde es Spaß machen, immer geradeaus zu gehen, ganz ohne Ziel, er möchte immer neue Länder sehen. »Ich fühle mich nirgends wohl und glaube immer, daß es woanders besser wäre als dort, wo ich gerade bin«. Auf dem letzten Jahrmarkt sah er drei Männer, die so lebten, wie er gerne leben würde. Sie spielten eine wilde faszinierende Musik. Schließlich gingen sie in den Wald, wo sie lagerten. Der Junge folgte ihnen und hatte Lust, sie zu bitten, ihn mitzunehmen, doch wagte er es nicht. – Mauron sieht hier Kindheitserinnerungen Baudelaires. In der ersten Erzählung verberge sich ein Theaterbesuch mit der Mutter und der Wunsch bewundert zu werden; die zweite enthalte den Wunsch nach Allmachtsekstase, nach Gottwerdung, was mit dem Vater verbunden sei; die dritte Erzählung zeige Mariette und erste genitale Regungen. Auf diese drei glücklichen Erinnerungen folge eine bittere Erinnerung der Verlassenheit, das Kind will mit den Zigeunern fliehen.[34] Die Bedeutung des Textes erschließt sich meines Erachtens aber nur durch die gesellschaft-

liche Dimension. Die ersten beiden Erzählungen stellen die erlaubten Wünsche des bürgerlichen Kindes dar, die beiden anderen sind die verbotenen Wünsche und zugleich der Versuch, der eigenen Familie, der eigenen Klasse, zu entfliehen. Baudelaire gibt in diesem Gedicht den Grundriß seiner psychischen Prägung und der Dynamik, die daraus entsprang. Die sexuellen Wünsche richteten sich auf das Dienstmädchen, auf die Proletarierin. Dieser Wunsch wurde später mit Verboten und Ängsten überlagert, die sich dann mit der Realität der Proletarierinnen, ihrer Armut, ihrer Prostitution, verbanden. In Sara und Jeanne versuchte Baudelaire, diesen frühen Glücksmoment wiederzufinden. Die vierte Erzählung schildert den Wunsch, mit der eigenen Herkunft zu brechen. Die vier Erzählungen sind zugleich vier Phasen einer einheitlichen Entwicklung; es spiegelt sich darin die frühe Beziehung zur Mutter, wonach der Vater ins Blickfeld des Kindes tritt. Es folgt der Versuch der Ablösung von der Mutter und die Suche nach Selbständigkeit mit dem Anschluß an Freunde, wobei die letzteren beiden Phasen mit dem Wunsch nach dem Übergang zur anderen Klasse verbunden waren; sie präfigurieren Baudelaires spätere Erfahrungen: Er suchte das Proletariat. Er fand eine Frau dieser Klasse, doch der Kontakt zu den Arbeitern wollte ihm nicht wirklich gelingen. Die Zigeuner von »Die Berufungen« erschienen bereits in dem frühen Gedicht »Die Karawane der Zigeuner«, sie sind die Wurzel der Anekdoten aus »Wein und Haschisch«, wo die Freundschaft und die Verbundenheit mit der Natur verherrlicht wird, das Leben »ohne Familie und ohne Vaterland« (s. oben S. 84); sie erschienen dann im vierten »Spleen« als »umherirrende Geister ohne Vaterland«; in »Die Menge« bezeichnete sich der Dichter als eine »umherirrende Seele«.

Die Bedeutung des Gedichts besteht im übrigen nicht nur aus den faktischen Erinnerungen, die hier aufsteigen, sondern in dem Prozeß dieses Aufsteigens, d. h. aus der Tatsache, daß frühe Wünsche sich jetzt in die Höhe arbeiten und die Sublimierungen zersetzen, die darüber gelagert waren.[35]

In »Der Kuchen« befindet sich der Dichter auf einer Reise durch eine erhabene Gebirgslandschaft, die vulgären Leidenschaften sind fern, Gott scheint über den Wolken zu schweben, der Dichter findet die Zeitungen, die behaupten, ›der Mensch ist gut‹, nicht mehr lächerlich. Als er sein Vesperbrot ißt, sieht er einen armen zerlumpten Jungen, der beim Anblick des Brotes ›Kuchen‹ sagt. Der Dichter hält ihm ein Stück hin, der Junge nähert sich langsam, packt ein Stück und läuft weg, als fürchte er, daß das Angebot nicht ernst gemeint sei. In diesem Augenblick stürzt sich ein anderer Junge, der wie sein Zwillingsbruder aussieht, auf den ersten. Ein wilder Kampf bricht los, sie reißen sich an den Haaren, der eine beißt dem anderen ein Stück des Ohres ab, sie wollen sich die Augen auskratzen und versuchen sich zu erwürgen. Schließlich hat sich das Stück Brot in Krümel aufgelöst und ist verschwunden. Der Dichter ist traurig, in diesem wunderbaren Land, wo ein Stück Brot so selten ist, daß es »einen brudermörderischen Krieg auszulösen vermag!« – Auch dies Gedicht erhält seine Bedeutung, wenn man es in den Gesamtkontext von Baudelaires Werk hineinstellt. Der Anfang schildert ein Gefühl des Glücks in der Verschmelzung mit der erhabenen Natur, eine Ekstase, die an »Erhebung« erinnert; dort richtete sich der Elan am Ende insgeheim aber wieder auf den unteren Bereich mit seinen »Sorgen« und »Ennuis« und »morbiden Miasmen«. Diese Bewegung bricht nun durch. Mauron stellte bereits die Beziehung zwischen den beiden Gedichten her und sagte, in »Erhebung« verberge sich »der soziale Krieg«.[36] Baudelaire bewegt sich aus dem Bereich der religiösen Phantasien zur Realität hin, was als Erinnerung besagt, daß das fromme bürgerliche Kind zu den Arbeiterkindern ging und dort begegnete ihm der Hunger und die Brutalität. Einerseits wollte es so ungehemmt und brutal wie diese Kinder sein, die ein Symbol seiner eigenen verdrängten Aggressionen waren, aber sie waren eben entsetzlich arm und zugleich von blinder Unvernunft (man vergleiche »Plauderei«) und das jagte ihm Schrecken ein.

In »Das Spielzeug des Armen« erzählt der Dichter, wie er auf den Landstraßen bei den Kneipen spazierengeht und armen Kindern ein kleines Spielzeug schenkt. Die Kinder wagen zuerst nicht, das Geschenk anzunehmen, dann reißen sie es hastig an sich und laufen weg. Eines Tages sieht der Dichter am Gitter eines großen Gartens, in dem ein Schloß steht, ein schönes reiches Kind; neben ihm liegt sein teures Spielzeug auf dem Boden. Auf der anderen Seite des Gitters, draußen auf der Straße, steht ein schmutziges, armes Kind, ein Paria. Durch die symbolischen Gitter, die zwei Welten trennen, die Landstraße und das Schloß, zeigt das arme Kind dem reichen Kind sein Spielzeug, eine lebende Ratte, die von dem reichen Kind gierig betrachtet wird. »Und die beiden lachten sich brüderlich zu, mit Zähnen von *gleicher* Weiße«. – Am Anfang ist der Dichter noch in der Position des Reichen, der den Armen ein Almosen gibt, das diese begierig nehmen, ganz wie in »Der Kuchen«. Die gleiche Haltung der Armen fand sich in »Die Augen der Armen«; das Thema des Almosengebens erschien auch in »Die sieben Greise« und in »Der alte Gaukler«, doch kam es damals noch nicht zum Kontakt; jetzt hat Baudelaire eine innere Barriere überwunden. Dann erscheint die Szene, in der sich das bisherige Verhältnis umkehrt: Es ist nun das reiche Kind, welches das arme Kind und sein Spielzeug bewundert. Man wird die Ratte symbolisch sehen: Sie steht für das, was die bürgerliche Moral schmutzig nennt, für Sexualität und Aggression, die in dem Arbeiterkind weniger unterdrückt sind als in dem Kind der Reichen, und so möchte dieses mit dem Arbeiterkind spielen. Im Grunde möchte es wie dies Arbeiterkind sein.[37]

Überblickt man die Entwicklung seit »Die Menge«, so ist sie als eine Suche Baudelaires nach Aktivität zu bezeichnen.[38] Er sucht nach Alternativen, nach Vorbildern für eine neue Haltung und steigt dabei in die Tiefe seines Gedächtnisses hinab, wo er schließlich frühe Erfahrungen findet, um die sich Wünsche und Hoffnungen kristallisiert hatten. In diesen Gedichten setzt sich der Erinnerungsprozeß fort, der 1855 eingesetzt hatte. Es ist ein Prozeß der Selbsterforschung, der wie eine Psychotherapie verläuft, wobei der Inhalt bzw. das Ziel dieser Therapie aus dem Versuch besteht, die Klasse der eigenen Herkunft zu verlassen und zur neuen Klasse überzugehen, da sie, trotz ihrer Armut, die Freiheit, die Lust, das Leben verkörpert.

Ich möchte die Vielschichtigkeit der beiden letzten Gedichte nochmals betonen. Sie wurzeln in frühen Phasen der Kindheit. »Der Kuchen« läßt sich als Phantasie lesen: Orale Aggressionen tauchten auf und führten zum Zerbrechen der Symbiose mit der Mutter und zur Angst vor dem Verhungern, was als innerer Konflikt bzw. als Selbstzerstörung empfunden wurde. Die Reise nach Lyon von 1832 spielt mit hinein. In der wichtigen Zeit der Vorpubertät, der ersten Adoleszenz, die oft mit einem Neuanfang verbunden ist,[39] sah Baudelaire Arbeiterkinder; dann erlebte er 1834 die »Revolte des Hungers«, die niedergeschlagen wurde. »Der Kuchen« geht auf eine Reise in die Pyrenäen zurück, die Baudelaire 1838 mit Aupick unternahm; sie kommt in dem frühen Gedicht »Unvereinbarkeit« zum Ausdruck, dem Vorläufer von »Erhebung« und »Der Kuchen«, der aber eine vollständige Abwehr der Konflikte darstellt. »Das Spielzeug des Armen« ist für Baudelaire auch mit 1848 verknüpft, als er zum Proletariat überging, erfüllt von Gedanken der Verbrüderung. In »Der Kuchen« spielt der Juni mit hinein, so wie ihn Baudelaire danach verstand, nämlich als »gratuit«, als sinnlos (s. oben S. 74). Tatsächlich war der Krieg der Bourgeoisie gegen das Proletariat auch ein ›brudermörderischer Krieg‹ gewesen, denn auf beiden Seiten kämpften sowohl Arbeiter wie Kleinbürger,[40] eine Absurdität, der Baudelaire dann hilflos und depressiv gegenüberstand, ganz wie der Dichter in »Der Kuchen«. Aber im Unterschied zu den Artikeln vom Oktober 1848 moralisiert Baudelaire jetzt nicht, sondern läßt den wahren Grund des Juniaufstands zu: den Hunger, den er damals nicht erwähnte. Schließlich sind die beiden Gedichte ein Reflex der Zeit ihrer Entstehung. Die Arbeiterbewegung war am Erstarken, z. B. fanden 1862 in London Vorbereitungen für die Gründung der Internationale statt. Die Broschüren der Arbeiterdelegationen wurden zum Teil von Poulet-Malassis gedruckt, der bald danach wegen seiner Schulden verurteilt wurde und nach Belgien, einem Zentrum der politischen Emigranten, floh.[41]

Die Muse als »Dämon des Kampfes«
Das Bekenntnis zum Juni 1848
auf dem Wege zur Commune von 1871

Den Abschluß von Baudelaires Werk bilden einige Prosagedichte, die 1864/65 entstanden. Ihre Veröffentlichung wurde damals abgelehnt, sie erschienen posthum 1869.[42] Baudelaire war im April 1864 nach Brüssel gefahren, um dort Vorträge zu halten und mit Verlagen zu verhandeln. Zum Erstaunen der Freunde (und der Kritiker) blieb Baudelaire nach der Vortragsserie, die ein Fiasko war, in Belgien, das er verabscheute.[43] Er schrieb Notizen für ein Buch »Armes Belgien«, die großenteils aus Ausbrüchen maßlosen Hasses bestehen; er nimmt in Belgien fast nur Scheußliches und Schmutziges wahr, es war die »Hölle« und sie faszinierte ihn offensichtlich, er notiert die »Pissereien und Scheißereien der belgischen Damen« und die »ungeheure Liebe zu den Exkrementen« (II, 839).[44] Die Verdrängungsbarrieren brechen auf. Mauron sieht in der Belgienreise den Übergang »vom Wort zur Tat«, was zutreffend ist, doch mit anderer Bedeutung, als Mauron es meint. Wenn er weiterhin sagt, »Baudelaire schreibt nicht mehr, sondern mimt und lebt den Konflikt« (146), so ist das nur halb richtig, denn Baudelaire schreibt eben seine letzten Prosagedichte, die eine Umwertung seines früheren Werkes vollziehen und sein poetisches Testament darstellen.[45]

Einige der späten Prosagedichte sind Ausbrüche eines destruktiven und sinnlosen Hasses gegen das alte verbietende Mutterbild: »Portrait der Maîtressen«, »Der galante Schütze«.[46] Interessanter ist »Anywhere out of the World«, wo der Dichter mit seiner Seele spricht (»Die Abenddämmerung« und »Sammlung« werden hier wieder aufgenommen): Das Leben ist ein Krankenhaus, der Dichter schlägt vor, zu verreisen und nennt verschiedene Länder; die Seele bleibt stumm, erst als der Dichter den Nordpol vorschlägt, wo die »Aurora borealis« wie »der Widerschein eines Feuerwerks der Hölle« ist, »explodiert« seine Seele und »schreit brav« (»sagement«, »sage« sollte der »Schmerz« in »Sammlung« sein): »Egal, wohin! Egal, wohin! Wenn es nur außerhalb dieser Welt ist!«

Die drei großen Texte der Spätzeit sind »Fräulein Bistouri«, »Verlust des Heiligenscheins«, »Prügeln wir die Armen!« In dem ersten wird der Dichter am Ende des Faubourg von einem Mädchen angesprochen: »Sie sind Arzt?« Sie nimmt ihn mit auf ihr Zimmer und »verhätschelt« ihn. Sie erzählt von ihrer

Leidenschaft für Ärzte und besteht darauf, daß der Erzähler Arzt sei und zwar Chirurg. Als Grund für ihre Liebe zu Chirurgen gibt sie an, daß diese so gut zu Frauen seien. Dem Erzähler erscheint die Frau als ein Monstrum und er betet am Ende zu Gott für sie. – Baudelaire ist im Faubourg, in den Arbeitervierteln, wohl auf dem Weg ins Bordell, wie in den Gedichten von 1839–1843 und wie im Traum vom 15. März 1856. Er trifft eine Prostituierte, die gleichsam einen ›Handstreich‹ macht (er fühlt, wie sich ein Arm sanft unter den seinen schiebt) wie in »Die Abenddämmerung« und es tauchen Bilder des Krankenhauses auf wie damals. Die Prostitutierte evoziert die Vorstellung der Liebe als einer »chirurgischen Operation«, d. h. des ›sadistischen Koitus‹ (s. oben S. 105) bzw. der Angst vor der Kastration. Aber das Szenarium wird jetzt umgekehrt: Die Frau besteht darauf, daß der Dichter Chirurg sei, d. h. daß er das Messer, und das heißt, den Penis, habe. Die Frau sagt ihm, er solle die männliche Rolle einnehmen. Damit läßt Baudelaire das Trauma zu, die Angst und den in ihr enthaltenen Wunsch, und zugleich verwandelt er es.[47] Auf der Ebene der Kindheitsphantasien gibt ihm die Mutter den Penis zurück, auf den das Kind verzichtet hatte.[48] Diese Szene ist eine der immer wiederkehrenden, aus der Kindheit stammenden Formeln, die ihren Inhalt und ihre Bedeutung aus der jeweiligen Situation erhalten. Baudelaire verliert hier seine Angst vor der ›unteren Frau‹ (Deleuze/Guattari, s. oben S. 41), vor der Proletarierin, (vgl. Marx oben S. 51). Sie führt ihn ins warme Zimmer und »verhätschelt« ihn; dies Wort erschien in »Die Berufungen« im Zusammenhang mit dem Dienstmädchen. Baudelaire hat nun die »Süße des Heims« gefunden, die er in »Die Abenddämmerung« und in »Der Balkon« ersehnte; Frl. Bistouri verkörpert auch »die sanfte Nacht« aus »Sammlung«. Am Ende hat der Dichter noch Angst, wie das Gebet anzeigt. Eigentlich ist es erstaunlich, daß er beten muß, denn es ist gar nichts passiert. Aber das Gedicht ist eine symbolische Handlung: Baudelaire hat ein zentrales Trauma zugelassen und ausagiert. Scheinbar unterwirft er sich am Ende Gott, wie in »Segen«, genauer betrachtet ist das Gebet aber nicht ein Akt der Buße, sondern eine raffinierte List. Gott ist »der Schöpfer«, er schuf »das

Gesetz und die Freiheit«, er ist »voller Motive und Ursachen« und vielleicht hat er »in meinen Geist den Hang zum Schrecklichen gelegt, um mein Herz zu bekehren, wie die Heilung an die Spitze des Messers«. Gott, eine Vaterfigur, ließ also den Dichter die Umwertung vollziehen; der Vater gab ihm gleichsam das Messer, den Penis (wie in »Segen«, doch blieb der Dichter dort in der passiven Position). Baudelaire versucht, sich mit dem Vater zu identifizieren, er macht ihn zum Verbündeten. Gott weiß, wie die Monstren entstanden sind, er allein weiß, »warum sie existieren, wie sie *entstanden sind* und wie sie *anders hätten werden* können«. Baudelaire steht vor sich selbst und scheint jetzt »die Kraft und den Mut zu haben, sein Herz ohne Ekel zu betrachten«. (»Eine Reise nach Cythere«)
Die Schlüsselstelle des Gedichts ist ganz unscheinbar. Frl. Bistouri nennt mehrere Ärzte, die sie kennt, unter anderem einen »K.«, »jenen, der der Regierung die Aufständischen verriet, die er in seinem Krankenhaus behandelte. Es war die Zeit des Aufruhrs.« Hier hat Baudelaires Phantasiewelt einen Riß bekommen, die Realität wird sichtbar: Es handelt sich um den Juni 1848.[49] Indem Frl. Bistouri hinzufügt »Wie ist es möglich, daß ein so schöner Mann so wenig Mut hat?«, ist zu folgern, daß ihre Sympathien den Junikämpfern gehören. Auch hat es den Anschein, daß die Ereignisse noch gut bekannt sind, d. h. das Gedicht spielt nicht lange danach.
Der Juni taucht in Baudelaires Phantasiewelt auf, und zwar eben verbunden mit dem Thema der »chirurgischen Operation« mit »Opfer« und »Henker«: Baudelaire hatte die Wirkung der Niederlage in die dunkle, untere Frau hineinprojiziert; die Liebesvereinigung mit dem Volk war zur Kastration geworden. Jetzt tritt die »Chokerfahrung« ans Licht und kehrt sich um, Baudelaire eignet sich seinen Kampfeswillen wieder an, er nimmt seine Projektion zurück und entdämonisiert sein Wunschobjekt.
In »Verlust des Heiligenscheins« sitzt der Dichter in einer Kneipe, ein Mann kommt herein und ist erstaunt, ihn an diesem »üblen Ort« zu finden. Der Dichter erzählt, er habe seinen Heiligenschein im Straßenverkehr verloren. Als ihn der Bekannte auffordert, ihn suchen zu lassen, lehnt er das ab: »Ich

kann jetzt incognito spazierengehen, gemeine Dinge tun und mich zum Pöbel gesellen wie die gewöhnlichen Sterblichen. (...) Ich fühle mich wohl hier. (...) Im übrigen langweilt mich die Würde«. – Das Gedicht ist eine Fortführung bzw. Neugestaltung von »Ein heldischer Tod«. Fancioulle mit seinem Heiligenschein wurde durch den Pfiff des frechen Jungen getötet. Der Dichter aus »Verlust des Heiligenscheins« fühlt sich befreit, er lacht nun am Ende selbst bei dem Gedanken, daß »irgendein schlechter Dichter« den Heiligenschein finden und aufsetzen wird.

Der Heiligenschein ist mit der Krone aus »Segen« identisch, nach der sich der leidende, passive Dichter sehnte.[50] Baudelaire ist seine Allmachtsphantasie in ihrer alten, petrifizierten Form, seine Chimäre, losgeworden, die aus den Blicken der Mutter bestand, was Gehorsam, Kleinsein, Passivität, Isolierung einschloß und so war diese Krone zu einer unerträglichen Last geworden, wie der Traum vom 15. März 1856 zeigte. Nun ist er befreit.[51] Er ist nicht mehr das Gottkind, sonder ein »gewöhnlicher Sterblicher«, er kann sich zum »Pöbel gesellen« und ist daher wohl wie der »Pöbel« aus »Der Wein des Mörders«, den »Maschinen aus Eisen« (s. oben S. 45). Der Mann, der den Dichter auffordert, den Heiligenschein von der Polizei suchen zu lassen und so die alte Rolle zu behalten, verkörpert die Stimme des Gewissens (bzw. die Stimme des Gottes aus »Frl. Bistouri«), der Priestervater erscheint hier (wie in »Sammlung«), was sich auch daran zeigt, daß er ihn als einziger erkennt, d. h. er kennt ihn sehr gut, von lange her. Er fordert zur »Würde« auf, doch diese macht depressiv, sie »ennuiert«. Der Dichter will seine Aggressionen aber nicht mehr unterdrücken, sondern »gemeine Dinge tun«. Das »Incognito« des »einsamen Spaziergängers« aus dem Guys-Aufsatz und aus »Die Menge« soll jetzt anderen Zwecken dienen (die damals noch verdrängt waren), die kontemplative Haltung wird aufgegeben, reale Kontakte werden gesucht.

Von »Die Abenddämmerung« aus gesehen, ist der Dichter nun zu »Prostitution« und »Verbrechen« gegangen und fühlt sich wohl dabei. Wie in den früheren Texten bewegt sich Baudelaire hier noch in der Welt der bürgerlich-moralischen Klischees. Er ist jetzt zwar zum Bösen übergegangen, doch hat er noch die Wertungen seiner Herkunft behalten. Gleichwohl verbergen sich darin die bereits geschilderten Vorstellungen. Das größte Verbrechen war der »Ennui«, der »von Schafotten träumte« (»An den Leser«). Baudelaire nähert sich dem Juni und der »natürlichen Liebe zum Verbrechen« (s. oben S. 75). Der Mann, der ihn erkennt, ist als Vaterfigur auch der Castille des Traums vom 15. März 1856, der damals draußen geblieben war, und in ihm ist wieder die Kehrseite des Vaters als des Revolutionärs impliziert. Baudelaire träumt von den »zwei schönen, unsterblichen Religionen an den Mauern, den ewigen Obsessionen des Volkes«: »Phallus« und »Republik« (I, 700). Der »üble Ort« dürfte eine der »Kneipwirtschaften sein, in denen der niedere Konspirateur sich zuhause fühlte«. (Benjamin 16)

In »Prügeln wir die Armen!« sitzt der Dichter in seinem Zimmer und liest Bücher, die von der Abschaffung des Elends handeln. Von dieser schlechten Lektüre bekommt er Durst, er geht hinaus und trifft vor der Kneipe einen Bettler, der ein Almosen haben möchte. Da hört der Dichter die Stimme seines Dämons, der im Unterschied zu dem Dämon des Sokrates nicht hindert und verbietet, sondern ein »Dämon der Tat«, ein »Dämon des Kampfes« ist: »Nur der ist einem anderen gleich, der es beweist, und nur der ist der Freiheit würdig, der sie erobern kann«. Der Dichter schlägt den Bettler zusammen. Plötzlich erhebt sich der Bettler und schlägt mit Riesenkraft zurück. Der am Boden liegende Dichter gibt dem Bettler durch Zeichen zu verstehen, daß »die Diskussion beendet« sei und sagt dann: »›Mein Herr, *Sie sind mir gleich!* Bitte, geben Sie mir die Ehre, mein Geld hier mit Ihnen zu teilen; und denken Sie daran, wenn Sie wirklich ein Menschenfreund sind, daß Sie auf alle Ihre Mitbrüder, wenn sie um Almosen bitten, die Theorie anwenden müssen, die auf Ihrem Rücken zu erproben ich soeben den *Schmerz* hatte.‹ Er hat mir hoch und heilig geschworen, daß er meine Theorie verstanden habe und meinen Rat befolgen werde. ›Was sagst du dazu, Bürger Proudhon?‹« – Das Gedicht ist, zumal durch den Schlußsatz,[52] ein offen politischer Text. Die Zeitangabe im ersten Satz »(vor sechzehn oder siebzehn Jahren)« verweist auf 1848.[53] Die Bücher, die der Dichter liest, »handeln von der Kunst, das Volk in vierundzwanzig Stunden glücklich, weise und reich zu machen«, sie »raten den Armen, sich zu Sklaven zu machen« oder »reden ihnen ein, sie seien alle entthronte Könige«. Es handelt sich hier um Schriften der Frühsozialisten mit illusionären Ideen.[54] Baudelaire nennt sie »Unternehmer des bonheur public«, 1848 hatte er mit seinem »Salut public« selbst zu ihnen gehört. Auch Proudhon glaubte an die friedliche Lösung der sozialen Konflikte, was Marx bereits 1846 kritisierte. Er sagte von Proudhon, dieser sei der »Ökonom des Kleinbürgertums. (...) er ist geblendet von der Herrlichkeit der großen Bourgeoisie und hat Mitleid mit dem Leiden des Volkes. Er ist Bourgeois und Volk zugleich«. Proudhon war »der erklärte Feind jeder politischen Bewegung«. An »die Stelle der furchtbaren Kriege, die sich zwischen den verschiedenen Klassen einer Nation vorbereiten; an die Stelle der praktischen und gewaltsamen Aktion der Massen (...) setzt Herr Proudhon die Entleerungsbewegung (le mouvement cacadauphin) seines Kopfes«. (4, 556 f.) Baudelaire hatte es Proudhon nachgetan und war zum Caca–Dauphin mit Krone und Heiligenschein geworden, doch hat er diese Rolle nun abgelegt. Er wendet sich gegen das »Mitgefühl mit den Leiden des Volkes«, gegen die Philanthropie, indem er dem Bettler sagt, wenn dieser ein »Menschenfreund« (»philanthrope«) sein wolle, sei die gewaltsame Aktion notwendig. Benjamin schrieb: Der »Kampf der Bourgeoisie gegen die gesellschaftlichen Rechte des Proletariats beginnt in der großen Revolution und fällt mit der philanthropischen Bewegung zusammen, die ihn verdeckt und die unter Napoleon III. ihre bedeutendste Entfaltung erfährt. (...) Neben der gedeckten Stellung der Philanthropie hat die Bourgeoisie jederzeit die offene des Klassenkampfes bezogen.«[55] Baudelaire predigt nun die »gewaltsame Aktion der Massen« (Marx), die Ideen des »Antagonismus«, die er 1848 in den drei Zeitschriften verworfen hatte (s. oben S. 75). Er wird jetzt selbst zu einem der »Aufwiegler«, der »Attilas der Demagogie«, die seiner damaligen Ansicht nach den Juniaufstand verursacht hatten (II, 1063). Er wird zu einem der »Theologen des Pöbels«, die Jesus

Christus, dem »ewigen und freiwilligen Opfer«, die Rolle eines »Eroberers, eines gleichmacherischen und verheerenden Attila« geben wollten, wie er in der Notiz zu »Die Verleugnung des heiligen Petrus« von 1857 geschrieben hatte. Er hatte damals eine Anschuldigung abwehren wollen, doch gerade in der Verneinung kam sein wahrer Wunsch zum Ausdruck (vgl. Freud XIV, 9 ff.): Er gestaltete in jener Zeit die Christusphantasie von »Segen«, die auch die Funktion der Abwehr des entgegengesetzten Wunsches hatte: Baudelaire wollte Satan sein, der »verheerende Attila« – er träumte sich selbst als Anführer des Juniaufstands und das tut er nun auch in »Prügeln wir die Armen!« Das Gedicht zeichnet eine Entwicklung von den frühsozialistischen Illusionen des Februar bis zur Befürwortung der »gewaltsamen Aktion« und diese brach im Juni aus. Da der Dichter sich hier als Erfinder dieses Gedankens darstellt und ihn durch den verwandelten Bettler an alle dessen »Mitbrüder« verbreiten läßt, ist er selbst der Urheber des Aufstands.[55a] In der »Tribune nationale« hatte sich Baudelaire gegen den Kampf gewandt und an Proudhons Strategie der Reformen festgehalten. Als aber der Aufstand begann, wandte er sich von Proudhon ab und trat auf die Seite der Aufständischen. Durch den Chok der Niederlage verdrängte er seinen Positionswechsel und erst jetzt akzeptiert er seine damalige Handlung. Der Bettler ist sicher nicht typisch für die aufständischen Arbeiter vom Juni 1848, doch wurde das Gedicht 1864/65 geschrieben, und so sah Baudelaire die Arbeiter von der Niederlage und deren Konsequenzen (vor allem in ihm selbst) her, durch die er sich nun hindurcharbeitet. Marx schrieb über das Wahlgesetz von 1850: »Es warf die Arbeiter in die Pariastellung zurück, die sie vor der Februar-Revolution eingenommen hatten«. So »verzichteten sie auf die Ehre, eine erobernde Macht zu sein, unterwarfen sich ihrem Schicksal, bewiesen, daß die Niederlage vom Juni 1848 sie für Jahre kampfunfähig gemacht hatte und daß der geschichtliche Prozeß zunächst wieder *über* ihren Köpfen vor sich gehen müsse«. (8, 157)[56] Eine weitere Folge dieser Lage war die »unterwürfige Passivität« des Proletariats am 2. Dezember 1851 (Engels 8, 228); dies Bild blieb in Baudelaire haften und wurde zum

Bettler des Gedichts. Die Arbeiter schienen nach 1851 wieder zu einer »amorphen Masse« zu werden wie vor 1848, als dieser ein »schöngeistiger Sozialismus zu schmeicheln suchte«; nach 1851 tat dies der ›napoleonische Sozialismus‹. Vor 1848 versuchte Marx aus dieser »Masse« die »eherne des Proletariats herauszuschlagen«[57] und nun macht Baudelaire das Gleiche. Sein Vorgehen wirkt wie die Illustration einer Äußerung Lenins, der beim Anhören von Beethoven-Sonaten sagte: »Aber heutzutage darf man niemandem den Kopf streicheln – die Hand wird einem sonst abgebissen. Schlagen muß man auf die Köpfe, unbarmherzig schlagen – obwohl wir im Ideal gegen jede Vergewaltigung der Menschen sind. Hm, hm, unser Amt ist höllisch schwer«.[58] In der politischen Szenerie des Jahres 1848 bedeutet die Absage an Proudhon den Übergang zu den Anhängern Blanquis, wobei es Baudelaire aber nicht um eine putschistische Vorstellung der Revolution geht, die von einer kleinen Elite gemacht wird.[59] Über die »Konspirateurs«, die solche Ideen vertraten, schrieb Marx 1850, ihr »Geschäft besteht gerade darin (...), eine Revolution aus dem Stegreif, ohne die Bedingungen einer Revolution zu machen«. Sie »verachten aufs tiefste die mehr theoretische Aufklärung der Arbeiter über ihre Klasseninteressen«. (8, 157) Das Wort »Theorie« kommt in Baudelaires Gedicht dreimal vor, der Bettler soll sie dann »allen seinen Mitbrüdern« mitteilen – man glaubt Marx zu hören: »Die Theorie wird zur materiellen Gewalt, sobald sie die Massen ergreift«. (1, 385)[60] Das Gedicht wurde in Brüssel geschrieben. Baudelaire verkehrte dort bei Hugo; er traf Poulet-Malassis, seinen Verleger, einen Mitkämpfer vom Juni 1848; als er Thoré, 1848 Mitglied in Blanquis »Zentraler republikanischer Gesellschaft« wiedersah, empfand er eine »riesige Freude« (Brief vom 12. 2. 1865). In dieser Atmosphäre stiegen Erinnerungen auf und führten zu den letzten drei Gedichten. Brüssel war ein Zentrum der politischen Emigranten und so ist es möglich, daß Baudelaire auch von den neuen kommunistischen Theorien hörte, wodurch sich die eigentümlichen Anklänge an marxistische Vorstellungen erklären ließen.

Freilich spielt das Gedicht als Ganzes im Jahre 1848, zur Zeit seiner Entstehung war die Wendung gegen Proudhon ein Anachronismus, Proudhon war längst einer der Führer des aktiven Flügels der Arbeiter geworden. Baudelaire hatte nach 1851 keine Verbindung mehr zur Arbeiterbewegung gefunden, in seiner Praxis war er ein bürgerlicher Literat,[61] doch in seiner Phantasie ließ er sich durch die Gegenwart von 1864/65 zur Wiederaufnahme der Juniproblematik stimulieren und damit zum Plädoyer für die »gewaltsame Aktion« und »Für den Bürgerkrieg«, wie der Entwurf eines Prosagedichts heißt.[62]

»Prügeln wir die Armen!« ist ein politischer Text, doch zugleich eine Phantasie, die aus dem Zusammenhang von Baudelaires Phantasiewelt zu begreifen ist. Der »Dämon des Kampfes« ist ein phantastisches Element, eine Stimme aus dem Unbewußten und der Dichter weist selbst auf diesen Bereich, indem er seinen »Irrenpaß« erwähnt, den ihm zwei Psychiater ausgestellt haben.[63] Den »Dämon des Kampfes« wird man mit den früheren Dämonen in Baudelaires Gedichten in eins setzen, mit den riesigen Prostituierten der ersten Phase, mit der »Pik-Dame« und Lady Macbeth, mit dem Dämon der »Zerstörung« aus »Die Lust«, mit »Beatrice-Vampir«, der Mutter aus »Segen«, der Frau Angst aus »Spleen«, mit Théroigne und auch mit der »Nacht« aus »Sammlung«, schließlich vor allem mit Frl. Bistouri: Sie hatte ihm das Messer, den Penis, gegeben, der zur »Heilung« führen sollte; sie sprach zu ihm wie der »Dämon des Kampfes« es tut, der die »energische Therapie« empfiehlt und so übernimmt Baudelaire nun die Rolle des Arztes. Baudelaire hat sich mit dem Aggressor identifiziert, mit einer ganz frühen Mutterfigur, die er aber mit dem Bilde Mariettes, des Dienstmädchens, der Frau aus dem Volk, zu einer bestätigenden und bestärkenden Mutter umgebaut hat: Diese Proletarierin ist der »Dämon des Kampfes«, der dem Dichter ins Ohr flüstert, was er tun soll: Sie ist seine Muse, die ihn inspiriert. Diese Muse ist nicht mehr »krank« und »käuflich« wie einst, sondern voll »starker«, aufsässiger Gedanken, wie es der Dichter am Anfang seiner Laufbahn wünschte.[64]

Mit dieser Mutter- und Musengestalt bewegt er sich (im Rahmen der frühen seelischen Entwicklung) vorwärts, zum

Vater hin. (Diese Bewegung ist vom Zeitpunkt der Abfassung des Gedichts her auch ein Weg zurück, von Mariette, die bis 1832 lebte, zum Vater, der 1828 starb.) Auch der Bettler ist ein phantastisches Element, indem der »alte Strolch« plötzlich riesenstark wird. Er gehört in die Reihe der anderen alten Männer aus Baudelaires Gedichten, in denen sich der Vater verbarg. – Der Vater erscheint zur gleichen Zeit in den Titeln von zwei geplanten Prosagedichten: »Die Vorwürfe des Porträts (des Porträts meines Vaters)« und »Der Vater, der immer noch wartet.« Im Brief vom 6. 5. 1861 hatte Baudelaire geschrieben: »Ich bin allein (...) Ich habe nur das Porträt meines Vaters, der immer stumm ist.« Jetzt beginnt er zu sprechen. – Der Vater pflegt das Vorbild für Aktivität und Männlichkeit zu sein; vor allem ist er der Dritte, der die Mutter-Kind-Union aufsprengt und dem Kind den Weg zur Selbständigkeit weist. (S. oben S. 19 mit Anm. 16.) Baudelaire hatte sich als Kind mit dem greisenhaften Vater nur wenig identifiziert; als er starb, stellten sich Schuldgefühle ein; er wurde zum traurigen Schatten, fern und fremd, aber auch gefürchtet. Da dieser Vater zur Revolution übergegangen war und dann so früh starb, wurde er zum Symbol der Armen und der gescheiterten Revolutionäre, zu denen sich Baudelaire selbst zählen mußte. Nun nähert er sich dem Vater: Der Haß bricht hervor, der Haß auf diese schwache Gestalt, die ein so wenig attraktives Vorbild für das Kind gewesen war; es litt an diesem Mangel und das Leiden wurde zum Haß, der auch Selbsthaß war, da Baudelaire eben in vielem doch wie dieser Vater geworden war. Er schlägt auf den Bettler – auf sein Ebenbild und auf den Vater – ein, der Bettler schlägt zurück: Es ist, als würde die alte Vorstellung der Strafe, die auf die Aggression folgt, vollzogen. Aus der Sicht der Gesetzmäßigkeiten, nach denen sich seelische Kräfte umformen, ist es das Entscheidende, daß Baudelaire diese Angstphantasie nun zuläßt und ausagiert, denn damit kann sie sich verwandeln. Der tote Vater wird lebendig und stark, er schlägt zurück und nun kann die Versöhnung folgen, der Dichter teilt sein Geld mit dem Bettler. Das Prügeln hat die Bedeutung der anderen Kampfesbilder Baudelaires, sie sind die Maske für einen Liebesakt: Nochmals wird das »Duell« ausgefochten, bzw. die Liebe als »chirurgische Operation« zwischen »Opfer« und »Henker« vollzogen. Diese Symbolsequenz aus der genitalen Phase, die sich zur analen regressiv verwandelte, verbirgt eine weitere Schicht, die entscheidende: Die Identifizierung des Kindes mit dem Vater, mit der aktiven Rolle[65] (und darum war es Baudelaire, auf der psychischen Ebene, im Juni 1848, auch gegangen). Baudelaire hat die Erfahrungselemente seiner frühen Kindheit zu einer Selbsterzeugungsphantasie umgebaut: Der Dichter geht in Gestalt der phallischen Mutter aus »Segen« auf das schwache Vaterbild zu (auf den »traurigen Ehemann« und den passiven »Engel« aus »Segen«) und erzeugt darin einen starken Vater, der dann im Dichter (der noch in der Muttergestalt ist, die jetzt zur passiven wird) einen starken Sohn erzeugt; der starke Vater ist der verwandelte Gott von »Segen«, der dem Dichter die Krone aufsetzte. Der neue Sohn hat sich am Ende das »ursprüngliche Heim« (von »Segen«) angeeignet; er kann geben (wie es die Mutter hätte tun sollen, wie es Mariette tat) und kann zur Aktion, zur Gründung einer Familie, einer neuen Gesellschaft auffordern (wie es der Vater 1789 machte), zur zukünftigen Feier des »Festes « der Engel aus »Segen«.

Das Gedicht zeigt die gleiche Grundfigur wie »Die Menge«, d. h. die Abfolge des aktiven und des passiven Impulses, des Berührens und des Berührtwerdens; es stellt die Überwindung der Berührungsangst dar (die in der frühen narzißtischen Schicht verankert zu sein pflegt),[66] was auch in dem früheren Gedicht, doch in ganz imaginärer Weise, versucht wurde. »Die Menge« endete mit der geheimen Identifizierung mit einem Priesteranführer des utopischen Sozialismus, der sich seine »Familie« schuf. Ganz parallel endet »Prügeln wir die Armen!«: Die Familie ist nun real geworden, sie besteht aus den »Mitbrüdern« des Bettlers, denn der Dichter sagt zu ihm: »*Sie sind mir gleich!*« Die kreative Matrix aus dem primären Narzißmus, die auf der Erfahrung einer Verschmelzung von Ich und Umwelt beruht (s. oben S. 18) hat ihre utopische Funktion der »Weltverbesserung« (Bloch) bewahrt und entfaltet sich nun im Bereich der »wirklichen Welt« (Aragon).

Die neue Familie von »Prügeln wir die Armen!« impliziert die

Wiedergeburtsphantasie, die immer schon im Hintergrund stand und jetzt vollends durchgeführt worden ist (s. Anm. 65). Der Dichter ist nun der Sohn Mariettes und des revolutionären Vaters, seiner Wunscheltern,[67] die er sich aufgebaut hat. In dem starken Bettler kann man einen Proletariervater sehen, wie er in »Der Wein der braven Leute« (»Die Seele des Weins«), im »Lumpensammler« und in »Die sieben Greise« verborgen war. Der Dichter ist der Sohn des Arbeiters aus »Der Wein der braven Leute«, von dem Benjamin sagte, Baudelaire »erkennt den Fechtersklaven im Proletarier wieder« (80). (Man kann vermuten, daß sich dieser Sklave Spartacus anschloß). Indem sich der Dichter prügelt, verhält er sich bereits wie ein Proletarier, d. h. wie der »Pöbel« aus »Plauderei«, wie die Kinder aus »Der Kuchen« in ihrem »brudermörderischen Krieg«, doch am Ende steht nun die Versöhnung, was an das »brüderliche Lachen« aus »Das Spielzeug des Armen« gemahnt. Der Dichter ist nun aktiv und auch solidarisch.

»Prügeln wir die Armen!« ist das Ziel eines langen Weges, der in zwei Dimensionen vorwärts und zugleich zurückführt: Zurück zum politisch-gesellschaftlichen Wendepunkt des 19. Jahrhunderts, und zurück zum Wendepunkt der Kindheit, die sich schließlich beide verflechten. Wie der alte Blanqui, der im Verborgenen einen Aufmarsch seiner Anhänger beobachtete,[68] läßt Baudelaire hier die Gestalten seiner Phantasie, seiner Dichtung, vorbeiziehen, Symbole der Kräfte, die ihn schufen, Symbole, die er geschaffen hat. Er taucht zu seinen frühesten Erinnerungen hinab, und zwar zu jenen Teilen seiner Vergangenheit, in denen sich die Zukunft als historische verkörperte, Mariette und dem Vater, den Symbolen der bürgerlichen und der proletarischen Revolution,[69] sie geben ihm die Kraft für seine letzte Vision. (»Oneirocritie« heißt eine Rubrik von Titeln geplanter Prosagedichte, Traumkritik, Traumdeutung möchte man mit Freud sagen, der auf diese Weise versuchte, die »Götter zu stürzen«. Motto der Traumdeutung; es entstammt der Aeneis.) Vor allem kehrt Baudelaire auch zu seinen Anfängen als Dichter zurück: »Prügeln wir die Armen!« ist die Verwandlung von »Pariser Landschaft«. Wie dort (und wie später in »Die gesprungene Glocke«, »Die Abenddämmerung«, »Spleen«

und »Sammlung«) sitzt der Dichter in seiner Mansarde (jetzt wohl nicht an Vergils Eklogen, sondern an das Thema der Aeneis denkend: »Arma virumque«). Diesmal geht er hinunter, um den »Aufruhr« selbst zu entfachen und die Botschaft der »Toten« des ersten Gedichts, die er wieder zum Leben erweckt hat, zu verkünden. Tatsächlich ist der Dichter erst mit diesem letzten Gedicht wirklich zum Dichter geworden, d. h. zu jemandem, der nicht nur mit seinen inneren Figuren spricht, sondern der anderen etwas mitteilt, was diese angeht. In »Segen« litt und träumte der Dichter; er sprach zu Gott, doch interessiert das eigentlich niemanden; in »Die Menge« versetzte er sich in die anderen Menschen, doch blieb er in Wahrheit allein. Erst jetzt hat er etwas mitzuteilen, was für alle von höchster Bedeutung ist: »Freiheit«, »Stolz und Leben«. Er ist ein Chirurg der Seele geworden; er operiert die Seele, aus der die »Blumen des Bösen« wuchsen, die auch »Blumen der Krankheit« bedeuten[70] und daher nach einem Arzt verlangten. Zugleich sagt er seiner Klasse den Kampf an, er hat den »Mut« vom Juni 1848 wiedergefunden.[71] Freilich handelt es sich nur um eine Phantasie, um einen Entwurf im Bereich des Imaginären und nicht um den bewußten und konsequenten Übergang zum revolutionären Proletariat; dies erscheint nur ganz schattenhaft in der Gestalt des Bettlers, nachts in der »verlassenen Vorstadt«, doch sieht er aus wie das ›Gespenst, das in Europa umgeht – das Gespenst des Kommunismus‹, wie Marx und Engels eben im Jahre 1848 geschrieben hatten (4, 461).
Auf der historischen Bühne, die zugleich eine Szenerie aus der frühen Kindheit ist, nimmt Baudelaire die Energie dieses Gespensts in sich auf und zertrümmert seinen bürgerlichen Charakterpanzer. Er verbirgt nicht den Preis, den er dafür zahlen mußte. Am Ende ist der Dichter blaugeschlagen, ohne Zähne und mit zerbrochenen Knochen. Darin zeigt sich die Wirkung eines bürgerlichen Über-Ichs, das den prostestierenden, abtrünnigen Sohn bestrafte, und auch die Wirkung des Choks von 1848, der einen verheerenden Konflikt hinterließ. Der Juni 1848 zwang Baudelaire zur Entscheidung. »Die Junirevolution ist die erste, die wirklich die ganze Gesellschaft in zwei große feindliche Heerlager spaltet«. (Engels 5, 119) Auf

der einen »Seite stand die Finanzaristokratie, die industrielle Bourgeoisie, der Mittelstand, die Kleinbürger, die Armee, das als Mobilgarde organisierte Lumpenproletariat, die geistigen Kapazitäten, die Pfaffen und die Landbevölkerung. Auf der Seite des Pariser Proletariats stand niemand als es selbst«. (Marx 8, 122)[72] Baudelaire entschied sich. Erst am Ende seines Lebens gelang es ihm, seine Entscheidung und deren Folgen vor sich selbst zu rechtfertigen und sich mit sich selbst zu versöhnen. (Der Juni war der »Sündenfall der Bourgeoisie«, der nach Sartres Ansicht die emotionalen Strukturen und Fronten bis ins 20. Jahrhundert hinein prägte.[73]) Durch die Maske des Dandys, die der Dichter auch hier noch trägt,[74] spricht ein sehr ehrlicher, sehr humaner Baudelaire. Die Wunden des Dichters am Ende deuten nochmals auf die Christusfigur, doch nicht mehr auf den Herrscher von »Segen« noch auf das hilflose Opfer von »Die Verleugnung des heiligen Petrus«. Baudelaire war wie der Christus der Bibel zu den Elenden und Entrechteten gegangen, aber um das »ununterbrochene Opferfest der Arbeiterklasse« (Marx 23, 551) [75] zu beenden. »Prügeln wir die Armen!« ist ein Lehrgedicht wie Brechts »Maßnahme«, das in einer ähnlichen Situation der Entscheidung entstand.[76]

Mit seinem letzten Gedicht kritisiert Baudelaire sein früheres Werk, er wertet es um.[77] Was darin an Ennui vorhanden war, verwandelt sich zurück in Aggression, in Aktivität. Der Baudelaire, der hinter so vielen Masken verborgen war, tritt endlich hervor. Er »bürstet« sein Werk »gegen den Strich«, wie es der »historische Materialist« tut.[78] Was »ästhetischer Vorschein« war, wird zum Entwurf realer Aktion. Baudelaire vollzieht einen »Bildersturm, nicht als Vernichtung der Kunstbilder, doch als Einbruch in sie – zum Zweck der Fruktifizierung des in ihnen, gegebenfalls, nicht nur typisch, sondern paradigmatisch, also beispielgebend Enthaltenen. Und überall dort, wo Kunst sich nicht zur Illusion verspielt, ist Schönheit, gar Erhabenheit dasjenige, was eine Ahnung künftiger Freiheit vermittelt«. (Bloch 249 f.)[79] Baudelaire fand am Ende seine Gegenwart und ihre historische Bewegung wieder, sein letztes Gedicht öffnet sich zur Zukunft hin, auf einen neuen Juni, auf eine neue »ungeheure Insurrektion« (Marx 7, 31). Hätte er fünf Jahre länger gelebt, wäre er Zeuge der Commune geworden, als sich die Arbeiter an die »Erstürmung des Himmels« machten[80] und so das Programm von »Kain und Abel« verwirklichten. Die einstigen Parias »eroberten sich die Freiheit« und waren »voller Stolz und Leben« – bis sie, wie im Juni 1848, im Blutbad, das die Bourgeoisie veranstaltete, untergingen. Pottier entkam. In seinem Versteck antwortete er auf die Bilder des Gemetzels mit der »Internationale«. Sie beginnt mit dem Gedanken von Baudelaires letztem Gedicht: »Wacht auf, Verdammte dieser Erde!«

»Traum und Tat« – Fourier und Blanqui

Zur Aktualität Baudelaires

Begreift man Baudelaires Werk als Widerspiegelung der Geschichte, sieht man also die progressive Macht des gesellschaftlichen Prozesses, die neue Klasse, als das eigentliche dichterische Subjekt, das sich durch die Person Baudelaires hindurch ausspricht, so erscheint es sinnvoll und konsequent, daß Baudelaire am Ende für die »Tat«, für den »Kampf«, Partei nimmt und den Traum verwirft und damit implizit den größten Teil seines vorangegangenen Werkes, in dem der Traum eine so wesentliche Rolle spielt. Doch auch dieser Teil ist »gegen den Strich zu bürsten« und mit dem »festen, scheinbar brutalen Zugriff« zu erfassen, der »zum Bilde der Rettung gehört«.[1] Baudelaire lebte im Reiche der Notwendigkeit, des Kampfes, doch die andere Seite seines Werkes entwirft Bilder des Reiches der Freiheit, der Utopie; sie hat ihre Wurzeln im utopischen Sozialismus, vor allem in Fourier und dessen »kolossaler Anschauung der Menschen«,[2] was Benjamin ebenfalls erkannte, doch nicht mehr darstellen konnte.[3] Guérin schreibt, Fourier habe »alle Moralbegriffe über den Haufen geworfen, die zu seiner Zeit galten und die Grundzüge einer sexuellen Revolution entworfen. Seine Ideen sind so durchschlagend und kühn, daß sie die forschrittlichsten Wegbereiter von heute in den Schatten stellen; neben ihm wirken ein Freud, ein Wilhelm Reich, ein Kinsey fast schüchtern«. Fouriers »Phalansterium« ist »nicht nur eine Wirtschaftsgemeinschaft (...), sondern auch und vor allem eine Liebesgemeinschaft«; alle »›Leidenschaften und Charaktere, Geschmäcker und Triebe‹ « sollten sich in einer Gesellschaft »assoziieren«, die auf dem Lustprinzip beruht.[4]
Der Einfluß Fouriers war in den utopischen Texten Baudelaires, in seinen Lustbildern, immer wieder spürbar: in »Lesbos«, »Entsprechungen«, »Einladung zur Reise«, »Die Menge«. Baudelaire entnahm einen zentralen Begriff seiner poetischen Theorie dem Werk Fouriers: Was der Dichter wahrnimmt und darstellt, ist die »universale Analogie«.[5] Fourier »kam auf die

Erde« und lehrte, daß »die Natur ein *Wort* ist«, heißt es im Brief an Toussenel vom 21. 1. 1856 und im Aufsatz über Hugo schreibt Baudelaire von Fourier, er sei »eines Tages, allzu pompös, gekommen (...), um uns die Geheimnisse der *Analogie* zu offenbaren«. (II, 132) Das Vorbild für beide Textstellen ist das Erscheinen Christi auf Erden, das auch (bald nach dem Brief an Toussenel) in »Segen« dargestellt wurde, wo Baudelaire selbst ›allzu pompös‹ auf der Erde erscheint, auf der er eigentlich die Lehre Fouriers von der »Neuen Liebeswelt« offenbaren wollte (wie er es im »Salut public« im Februar 1848 versucht hatte). Am deutlichsten wird die inspiratorische Funktion Fouriers in den »Künstlichen Paradiesen« erkennbar. Als Baudelaire im Drogenrausch in sein Unbewußtes hinabsteigt,[6] und »der Glaube des Individuums an seine eigene Göttlichkeit« in ihm erwacht, als »die Tiefe des Lebens sich offenbart« und »der erste beste Gegenstand zum sprechenden Symbol wird«, erscheinen ihm »Fourier und Swedenborg, der eine mit seinen *Analogien*, der andere mit seinen *Entsprechungen*«. Sie haben sich »in der Pflanze oder im Tier, auf die der Blick fällt, inkarniert und statt mit der Stimme zu lehren, indoktrinieren sie Euch durch die Form und die Farbe«. (I, 429 f.) Es ist vor allem Fourier,[7] unter dessen Anleitung Baudelaire seine Phantasie der Allmacht und der Verschmelzung mit der Welt zuläßt; diese Erfahrung wurde ihm zur Grundlage der Poetik jener Jahre: »Was ist die reine Kunst entsprechend der modernen Vorstellung? Eine suggestive Magie zu schaffen, die zugleich das Objekt und das Subjekt enthält, die Welt außerhalb des Künstlers und den Künstler selbst«. (II, 598) So ist die Kunst ein Medium, das die Erfahrung der Symbiose mit der Welt, die Erfahrung des frühen Lust-Ich in seiner vollen Sinnlichkeit (des primären Narzißmus, in dem Ich und Umwelt noch eins sind) im Leser evoziert. Die Funktion, die Fouriers mystischer Naturbegriff für Baudelaire hatte, bestand darin, ihm die Tiefen seines Unbewußten zu eröffnen; die ›universale Analogie‹ wurde zu einem Medium, einem Bereich des Imaginären, in dem sich die tiefen Wünsche, die Partialtriebe, das Traum-Ich, Love's Body entfalten konnten (s. oben S. 17); sie war ein Medium der Phantasie, der Selbsterfahrung,[8] der Suche nach einem »Wahren«, das sich als »der bacchantische Taumel« enthüllt, »an dem kein Glied nicht trunken ist«, wie Hegel den Geist am Ziele seines Weges beschreibt.[9]

»Hinter den Masken, die er verbrauchte, wahrte der Dichter in Baudelaire das Inkognito. (. . .) Das Inkognito ist das Gesetz seiner Poesie«, schrieb Benjamin (106). Er bezieht »Maske« und »Inkognito« auf den Konspirateur in Baudelaire, zu Recht, doch das »Inkognito« kommt nicht nur in »Verlust des Heiligenscheins« vor, sondern auch im Guys-Aufsatz und die »Maske« erscheint auch in »Die Menge«. So ist zu folgern, daß Baudelaire die Maske nicht nur gegenüber der äußeren Welt (im Bereiche Blanquis) brauchte, sondern auch gegenüber der inneren (im Bereiche Fouriers), nämlich um sich vor sich selbst, vor dem »Wahren« im Sinne Hegels, vor dem schrankenlosen Lust-Ich in der Tiefe zu schützen, dem das Bewußtsein in jener Zeit nicht gewachsen sein konnte.[10] Was sich in Baudelaire ereignete, ist das Aufsteigen des Unbewußten, ein Prozeß, der durch die Befreiung des Individuums von den Fesseln der Tradition durch die Französische Revolution angebahnt und ermöglicht wurde.[11] Dieser Prozeß läßt sich mit Freud begreifen, wobei man Freud selbst als historisches Phänomen sehen muß: In Freud kamen bisher verborgene Schichten der Psyche zum Bewußtsein, es erfolgte ein Sprung im allmählichen Zusichselbstkommen des Menschen. Freud ist in der Tradition der Aufklärung zu sehen, als Fortsetzer der progressiven Tendenzen der bürgerlichen Wissenschaft. Freuds Unternehmung der Selbsterkenntnis, der Abstieg in die eigene Psyche, hat in der Entwicklung Baudelaires ein Analogon, was gerade auch durch Baudelaires Drogenexperimente deutlich wird, in denen er die ›Pforten der Wahrnehmung‹ öffnete. Baudelaire blieb dabei nicht in der als mystisch empfundenen Dimension, sondern näherte sich der Erkenntnis, daß er auf diesem Wege zu seinen Ursprüngen in der Kindheit gelangte.[12] Sinnvoll erscheint es, daß der Seelenführer auf dieser Reise eben Fourier war, der Aufklärer und Utopist, der Verteidiger des Lustprinzips. »Der Beweggrund der ganzen Fourierschen Konstruktion« ist »die sinnliche Lust«.[13] Fourier war für Baudelaire ein ermutigendes Vorbild, mit dem er sich identifizierte und so kann er diese Rolle wieder für den Leser übernehmen. Auf der Suche nach der größten Verwirklichung seines Lust-Ichs folgte Baudelaire den vorgeschobensten Kräften der historischen Entwicklung und geriet dabei in die schauerlichen realen Konflikte. Er hatte sich seiner »Neugier« überlassen und so machte er das Maximum der möglichen Erfahrungen.[14]

Die Polarität von »Traum und Tat« oder »Lust« und »Kampf« – Fourier und Blanqui: Freud und Marx – ist auch heute noch von frappierender Aktualität.[15] Um so merkwürdiger ist es, daß Baudelaire, obwohl er die Ehre des Prozesses der »Fleurs du Mal« erhielt, fast ein Jahrhundert lang in einer Art Luxusgrabmal eingemauert blieb. Ähnlich wie Hölderlin wurde der einstige Barrikadenkämpfer eine »Beute« im »Triumphzug der Herrschenden«.[16] Dann kam Benjamin. In seiner Jugend vom melancholisch-ästhetischen Baudelaire fasziniert, entdeckte er später, als Flüchtling vor dem Faschismus, in Baudelaire, der eine Vorform des Faschismus erlebt hatte, den Geistesverwandten Blanquis, den Kämpfer, als Vorbild für sich selbst.[17] Literatur erwies sich hier als Tradierung von Erfahrungen, als Möglichkeit, ein historisches Kontinuum herzustellen, in dem die Vergangenheit in der Gegenwart wieder erscheint. In der Literatur waren die Toten lebendig geblieben und wurden Helfer bei der gemeinsamen Sache.[18] Gerade durch die Katastrophe des faschistischen Sieges von 1933 war Benjamin sensibel geworden für die Katastrophen, die Baudelaire erfahren hatte und er ahnte auch die Widerstandskraft, die Baudelaire in sich aufgebaut hatte. Er sah das Muster von Chokerfahrung und Kraft des Hasses, mit der diese überwunden werden konnte. Doch Benjamin wurde ein Opfer des Faschismus (wie Fondane, wie Prévost)[19] und seine Entdeckung blieb verborgen.[20]
So las man Baudelaire weiterhin im alten Kanon. 1968 traten die gesellschaftlichen Konflikte in spektakulärer Weise wieder ans Licht und setzten Wünsche, Phantasien, Narzißmen und auch das Denken in Bewegung. Ich nehme an, daß das gegenwärtige Interesse an Baudelaire, wie es sich in den Arbeiten von K. Biermann, W. Fietkau, D. Oehler und H. Stenzel manifestiert,[21] auf 1968 zurückgeht. Meine eigene

These entstand in jenem Jahre, als ich, angeregt durch die Protestbewegung in der Universität, meine Ansichten von der Literatur überprüfte und dabei auch Baudelaire wieder las, den ich seit der Benn-Mode meiner Schulzeit kannte und offenbar als Projektionsobjekt benutzt hatte,[22] aus der Sicht der herrschenden Wertungen. Auf der Suche nach den gesellschaftlichen Hintergründen fand ich »Prügeln wir die Armen!« und entdeckte die Klammer im ersten Satz, die auf 1848 verwies: Es war wie eine Explosion in meinem Kopf, die Fassade der reinen Kunst fiel in Trümmer, die historische Wirklichkeit brach hervor. Die schwarze Fahne aus »Spleen« fiel mir ein und verknüpfte sich mit den Fahnen des Pariser Mai. Ich untersuchte Baudelaires Biographie und fand die Schilderung von Le-Vavasseur; dann las ich die Berichte von Marx und Engels über den Juniaufstand, die historische Szene wurde sichtbar (auf heute noch existierenden Schauplätzen: Faubourg Saint-Denis, Faubourg Saint-Antoine, usw.). Später stieß ich auf Daniel Sterns Beschreibung des Februar und Juni 1848; es war seltsam berührend, als ich einige der Namen, die Stern erwähnte, im »Dictionnaire biographique du mouvement ouvrier français« wiederfand, wo die abenteuerlichen Lebensläufe von Pujol und Lacollonge, von Albert, Blanqui, Raspail, Barbès geschildert werden. Ich zählte die Gefängnisjahre: Raspail: 9; Albert: 11; Barbès: 15; Blanqui: 35. Auf ihrer Seite hatte Baudelaire gestanden und das Bild des infantilen Neurotikers, wie es Laforgue und Sartre zeichneten, des Masochisten, der sein »Scheitern« selbst verursacht hatte,[23] erschien mir nun recht inadäquat: Die Massaker des Juni und des 2. Dezember, die Bleikammern von Brest und die Deportationen nach Lambessa bildeten die Wirklichkeit von Baudelaires Epoche (in die sich mir die Bilder meiner Generation mischten: Zweiter Weltkrieg, Vietnam, schließlich noch Chile). Da Baudelaire an diesen Kämpfen teilgenommen und auch schon die Aufstände von 1834 und 1839 erlebt hatte, mußte im Bereich der Wirklichkeit der Schlüssel zu seinem Werk liegen. Die Untersuchung der Chronologie, die Situierung der Gedichte in den gesellschaftlichen Prozeß und die Rekonstruktion von Baudelaires Psyche und Phantasiewelt in ihrer Beziehung zur Gesellschaft ergaben schließlich, daß Baudelaires Werk einen strengen Nachvollzug der historischen Entwicklung darstellte, von der Position eines Kleinbürgers aus, der mit Sympathien für Fourier begann, zu Proudhon überging und schließlich in der Nähe Blanquis sein Ziel erreichte, was wie ein Beispiel der »Entwicklung des Sozialismus von der Utopie zur Wissenschaft« wirkt (Engels), ein exemplarischer Weg der Erfahrung, der an die Entwicklung von Brecht und Aragon bis etwa 1930 erinnert.[24] Am Ende fand Baudelaire seine einstigen Kampfgenossen wieder; mit ihnen zusammen war er durch das 19. Jahrhundert gegangen, auf einem Wege, der bis zu den Demonstrationen von 1968 und bis zur Gegenwart führt.

Baudelaires Werk besteht aus Reaktionen auf eine Reihe von Niederlagen, aus denen er sich jedesmal wieder erhob; er besaß die Kraft, die erschlagene Hoffnung immer wieder auferstehen zu lassen.[25] Man kann darin das Muster der Geschichte der letzten zweihundert Jahre erkennen; es ist auch das Muster vieler Lebensläufe in diesem Zeitraum. Baudelaire wurde fast immer aus der Perspektive der Niederlagen gesehen; stimulierend und lehrreich ist es, ihn mit seiner Kraft der Hoffnung ins Auge zu fassen.

Anmerkungen

Die in eckige Klammer gesetzten Ziffern am Fuß der Seiten bezeichnen jeweils die Seiten im Text, auf die sich die Anmerkungen beziehen.

Das Lust-Ich auf der Bühne der Geschichte

1 Adam 263 ff. Er verweist auf Vigny, Balzac, George Sand. Ganz ähnlich äußert sich Pichois I, 833. Hubert schreibt, Baudelaire »imitiert das totale Opfer von Jesus Christus«. (221 f.) (Bedenken gegen die christliche Orthodoxie, die Hubert, Adam und Ruff in dem Gedicht finden, bei Rob Roy McGregor, Is Baudelaire's ›Bénédiction‹ Christian and Biblical? in: Romance Notes XI, 2 1969, 278 ff.) Galand stellt dieses Thema in den allgemeinen Kontext des »Gottes, der zum Heil der Menschen geopfert wird«, es gehe in dem Gedicht um »eine geistige Reinigung mittels einer Reihe von Initiationsproben«. (256 ff.)

2 Das »heilige Heim« mit den »ursprünglichen Strahlen« und die »höchsten Mächte« sind Inhalte der Erinnerung des Dichters: Sie bilden eine Hintergrundsdimension, die nur vage erkennbar ist und aus Andeutungen konstruiert werden muß (man könnte sagen, »konkretisiert« im Sinne von Roman Ingarden, s. unten Anm. 41). Szenen aus dem Unbewußten, aus der Tiefe des Gedächtnisses deuten sich hier an.

3 Zu letzterem vgl. Albert Béguin, L'Ame romantique et le rêve, Paris 1963 (S. 40 über K.-Ph. Moritz; S. 218 ff. über Tieck; S. 363 über Nerval).

4 Ich möchte an dieser Stelle nur grundsätzlich auf die materialistische Interpretation der Religion verweisen, wie sie Marx und Engels in der »Deutschen Ideologie« vorführten. Dort heißt es zum Beispiel: »Auch die Nebelbildungen im Gehirn der Menschen sind notwendige Sublimate ihres materiellen, empirisch konstatierbaren und an materielle Voraussetzungen geknüpften Lebensprozesses.« (3, 26)

5 Adam warnt davor, in den ersten Strophen »unanständige Anspielungen auf den Konflikt zwischen Baudelaire und seiner Mutter zu sehen. Er behandelt hier ein ganz literarisches Thema.« Adam verweist auf F. Arvers und Gautier, wo die Mutter erscheint, aber diese beiden Stellen sind recht belanglos. Hubert äußert sich dazu ähnlich wie Adam. Ruff »weigert sich absolut, ein autobiographisches Bekenntnis in dem Gedicht zu sehen.« »Die Idee, daß er, sei es auch im Unbewußten, an seine Mutter gedacht haben könnte, erscheint uns wahrhaft ungeheuerlich.« (287. Vgl. dazu Mauron, Métaphores 135.) Chérix dagegen glaubt, daß Kindheitserinnerungen hineinspielen; Baudelaire habe später »mit der feindlichen Welt gegen sich selbst kollaboriert.« Es gebe in dem Gedicht »einen

psychologischen Komplex, der stark von Masochismus gefärbt sei.« (19 ff.) Auch Mossop erwähnt einen »relativ gut entwickelten sadomasochistischen Komplex«. (55) Prévost bezieht das Gedicht auf Baudelaires Kindheit und sagt dann, »das Übermaß der Gefühle zwang ihn zur Stilisierung.« (163) Diese Bemerkung ist treffend, da Prévost das religiöse Symbol als Maske erkennt. Das Symbol dient dazu, Verdrängtes, Tabuisiertes, auszusprechen. (Vgl. Ernest Jones, Papers on Psychoanalysis, Boston 1967, 115 ff.) Der Christusmythos ist eine Familiengeschichte, in deren Rahmen Baudelaire seine eigene Geschichte ausfabulieren konnte. (Man könnte mit einem Ausdruck von C. G. Jung das Symbol hier einen »Energietransformator« nennen.) – Merkwürdig ist es, daß die Kritiker Baudelaires Vater nicht erwähnen; er erscheint als »trauriger Ehemann« in Str. 3. (Daß der Engel die »Vormundschaft« über das Kind hat, läßt im Falle Baudelaires an den Stiefvater denken.)

6 Es ist die Frage, ob Baudelaire hier eigenes Erleben beschreibt oder Quellenmaterial montiert. In »Wein und Haschisch« von 1851 wird die Gottwerdung ganz nebenbei erwähnt; später ist sie in einer Weise ausgearbeitet, die echt wirkt. Halluzinationen dieser Art hatte Baudelaire sicher erlebt. Im »Selbstportrait im Haschischrausch« von etwa 1844 zeichnete er sich mehr als zweimal so groß wie die Vendômesäule und läßt die Sonne aufgehen (abgebildet in »Wer war Baudelaire?« 105 und in Baudelaire 1848, 17). Der Hinweis von Pichois auf den möglichen Einfluß von Feuerbach, der Gott als Produkt des Menschen ansah, sowie von Stirner, könnte vermuten lassen, daß Baudelaire in seinen Drogenhalluzinationen durch diese Ideen zu ihrer emotionalen Realisierung stimuliert wurde. Zur Wirkung der Drogen, die das Unbewußte aufsteigen lassen, vgl. z. B. Hanscarl Leuner, Die experimentelle Psychose, Berlin/Göttingen/Heidelberg 1962. (Auch Bloch 99 ff.)

7 Vgl. Kohut 133. – »Hat Kunst psychoanalytische Wurzeln, dann die der Phantasie in der von Allmacht.« Th. W. Adorno, Ästhetische Theorie, Frankf. 1973, 21. – Allmachtsphantasien hat es zu allen Zeiten gegeben, da sie in der frühen, biologisch bedingten Phase des Kindes wurzeln. Anschauliche Beispiele finden sich etwa in der Bhagavat Gita (11. Gesang) oder im Ägyptischen Totenbuch: The Book of the Dead, ed. E. A. Wallis Budge, London 1953, Kap. 42 und 64, S. 176 und 220 (hier wird gerade auch das Verschlingen dargestellt). – Vgl. auch Elisabeth Roudinesco, L'inconscient et ses lettres, Paris 1975, 25–61. – Zum Verhältnis von Dichtung und Neurose läßt sich sagen: Allmachtsphantasien als verdrängte können sehr unangenehm sein, da sie sich störend, verzerrend in die Wahrnehmung der Wirklichkeit mischen (ohne daß dies bewußt wird). Als privat zugelassene können sie den Übertritt in eine Wahnwelt, in den Irrsinn, bewirken. Als (in der Dichtung) öffentlich gemachte, akzeptierte, verarbeitete, kann man sie oft als Zeichen intensiver seelischer Gesundheit ansehen. Die Thesen von

›Genie und Irrsinn‹ seit Lombroso und Lange-Eichbaum sind aus einer schiefen Perspektive entstanden; vor allem fehlen die gesellschaftlichen Ursachen. Gleiches gilt für die These Laforgues, die im Titel seines Buches zum Ausdruck kommt: »Das Scheitern Baudelaires«. Vgl. Norbert Groeben, Literaturpsychologie, Stuttg. 1972: »Kreative sind eher als ›selbstaktualisierende‹ Persönlichkeiten zu verstehen« (49). Auch Lawrence S. Kubie, Neurotische Deformationen des schöpferischen Prozesses, Reinbek 1966. – »Sind die großen Menschen, Ausnahmen einer Epoche *insofern, als die gewaltige Mehrheit der übrigen Menschen durch die gesellschaftlichen Bedingungen verkrüppelt wird,* nicht in gewissem Sinn die *normalen Menschen* dieser Epoche, und ist der Regelfall der Verkrüppelung nicht gerade *die Ausnahme,* die Erklärung verlangt?« Lucien Sève, Marxismus und Theorie der Persönlichkeit, Frankf. 1973, 203. – »Psychologisch ist Genialität die Erscheinung eines besonders hohen Grades von Noch-Nicht-Bewußtem und der Bewußtseinsfähigkeit, letzthin also Explizierungskraft dieses Noch-Nicht-Bewußten im Subjekt, in der Welt.« Bloch 142.

8 Um Mißverständnissen vorzubeugen, möchte ich anmerken, daß bei der Verwendung der psychoanalytischen Betrachtungsweise nicht dogmatisch von Freud auszugehen ist, sondern daß die seitherige Forschung berücksichtigt werden muß. Zum einen ist die Wichtigkeit der präödipalen Phasen und des Narzißmus zu betonen (vgl. die Arbeiten von Melanie Klein, Balint, Winnicott, Margaret Mahler, Kohut sowie z. T. der Lacan-Schule), zum anderen die Abhängigkeit der psychischen Strukturen (in bezug auf ihre Entstehung wie auch auf ihr Ausagiertwerden durch den Erwachsenen) von der jeweiligen Gesellschaft (vgl. dazu vor allem die Arbeiten von Alfred Lorenzer). Lorenzer sagt, daß die Psychoanalyse ihre »Fixierung auf eine ahistorisch-gesellschaftsblinde Begrifflichkeit« überwinden muß. In: Produktion, Arbeit, Sozialisation, hrsg. Th. Leithäuser und W. R. Heinz, Frankf. 1976, 14. (Vgl. auch Helmut Dahmer: Die »psychoanalytische Theorie teilt die abstrakt-individualistische Perspektive der Patienten.« H. D., Libido und Gesellschaft, Frankf. 1973, 200 f.) – Die entscheidende These der Psychoanalyse scheint mir die Behauptung, daß die primäre Sozialisation bestimmte Strukturen erzeugt, die im Leben des Erwachsenen weiterwirken, ohne daß er sich dessen bewußt ist. Er wird durch die Gegenwart und auch durch die Vergangenheit bestimmt. Dementsprechend pflegt ein literarischer Text zwei Dimensionen zu haben. – Es scheint mir bedeutsam, daß der Marxist Lucien Sève zwar Freuds allgemeine Kulturtheorie scharf kritisiert und ablehnt, aber den Kern von Freuds Entdeckung für richtig hält. Nach seiner Ansicht existiert eine »doppelte Spezifität der Individualgeschichte«. Die »Biographie« zeichnet sich durch eine »ausgedehnte Anfangsperiode« aus, »in der die psychische ›Erststrukturierung‹, ausgehend von *abgeleiteten* gesellschaftlichen Verhältnissen (zunächst der

Familien-, dann der Schulbeziehungen), erfolgt und wo im allgemeinen nur *indirekte* Beziehungen zu den Produktionsverhältnissen auftreten«. »Wenn die Psychoanalyse die Wissenschaft (...) von der ursprünglichen Strukturierung der menschlichen Persönlichkeit sein soll, (...), dann ist (...) daran nichts, was nicht mit dem historischen Materialismus harmoniert«. Sève fügt hinzu, es sei »nichts so dringend erforderlich wie das richtige Begreifen der Art und Weise, in der *infantile Strukturierung des Psychischen und Strukturierung der entwickelten Persönlichkeit* im Laufe der Biographie in Verbindung treten.« »Der Wunsch (...) taugt nicht zur wesensgemäßen Würdigung des *kämpferischen Lebens«*. »Im übrigen aber ist jedes kämpferische Leben das Leben eines konkreten Individuums, das unter anderem auch stets damit zu tun hat, daß und wie es einmal Kind gewesen ist.« L. S., Psychoanalyse und historischer Materialismus, in: Kritik der Psychoanalyse und biologistischer Konzeptionen, hrsg. Walter Friedrich, Frankf. 1977, S. 52-58. Meines Erachtens hat Alfred Lorenzer wesentliche Aspekte der von Sève erwähnten ›Verbindung‹ beschrieben (vgl. z. B. seine Darstellung von »objektiver und subjektiver Struktur«, Sprachspiel 195 ff.) –

9 Diese Stelle Kohuts bezieht sich auf das Erscheinen solcher Phantasien in der Übertragung, doch entstanden sie in der Kindheit.

10 »Love's Body« ist der Titel eines Buches von Norman O. Brown (New York 1966, München 1977); ich beziehe den Ausdruck vor allem auf den »lost body of childhood«, wie Brown den Zustand des frühen Narzißmus nennt. In: N. O. Brown, Life against Death 170.

11 Das »Spiegelstadium«, das Lacan beschreibt, dürfte bereits eine etwas spätere Phase im Ichaufbau darstellen. Jacques Lacan, Schriften I, Frankf. 1975, 63 ff.

12 Diese Spaltung beschreibt z. B. Melanie Klein 163.

13 Über die frühkindliche Wahrnehmungsweise und die »affektive Erinnerung« vgl. Jean-Paul Weber, La Psychanalyse de l'art, Paris 1965, 118 und 39.

14 Vgl. A. A. Brill, Über Dichtung und orale Befriedigung. Des Dichters »chronischer affektiver Hunger braucht dauernd orale Befriedigung«. Bei R. Wolff 329. Vgl. Wolffs Bemerkungen zu Brill und zu Bergler, 438. – Kurios ist die Bemerkung von Léon Bopp, Baudelaire habe überall Flaschen wahrgenommen. L. B., La psychologie des ›Fleurs du Mal‹, Genève 1964 ff. Bd. IV, 1, S. 335. – Interessant scheint mir die Konzeption einer »sekundären Oralität der Sprache« von Wolf-Dieter Bach, Was flach fiel, in: Die Horen 108, 1977, 129. – Im übrigen ist zu betonen, daß diese Muse nicht mit der realen Mutter identisch ist, sondern ein frühes Bild darstellt, das sich im Kind gebildet hat. Freilich blieb Baudelaire sein Leben lang mit seiner Mutter verbunden, wie die Briefe zeigen. Vom rein persönlichen Schicksal Baudelaires aus sind seine Gedichte nur Kommentare zu diesen Liebesbriefen. – Über die antiken Musen vgl. Ernst Robert Curtius, Europäische Literatur und lateinisches

Mittelalter, Bern 1954, Kap. 13: Die Musen. »Aufgabe« der Musen ist es, »dem Dichter einzugeben, was er sagen soll.« (236) Es paßt zur psychologischen Auffassung (und zum Schluß von »Segen«, wo das Licht »geschöpft« wird), daß die Musen ursprünglich »Quellgottheiten« waren (236). »Für Dante wie für Vergil sind sie ›unsere Ammen‹ (Purg. 22, 105)«; sie sind »›kastalische Schwestern‹«. »Sie ernähren den Dichter mit ihrer süßen Milch (Par. 23, 56)« (245). Außerdem sind die Musen »Töchter der Mnemosyne«, sie rufen »der Vernunft die Erinnerung an die Wahrheiten zurück, die sie in einem früheren Leben erkannt hat.« Cumont, bei Curtius 241. (Mallarmé schrieb: »Au ciel antérieur où fleurit la beauté«.) – Eine Bemerkung Blochs ist hier angebracht: »Die Wasser der Vergessenheit fließen in der Unterwelt, aber der kastalische Quell der Produktivität entspringt auf dem Parnaß *als einem Berge.«* (144)

15 Vgl. dazu Ernst-Konrad Specht, Die psychoanalytische Theorie der Verliebtheit – und Plato, in: Psyche 2/1977, S. 121 f. Er betont, daß diese Phantasien in der Kindheit *geschaffen* wurden. Über diese frühe Selbstheilung vgl. Catherine Clément, Les fils de Freud sont fatigués, Paris 1978, 79 f.

16 Eine zusammenfassende Darstellung dieser Problematik (die von Winnicott, Mahler, Lacan und anderen erforscht wurde) gibt Jochen Stork, Die Bedeutung des Vaterbildes in der frühkindlichen Entwicklung, in: Fragen nach dem Vater, hrsg. Jochen Stork, Freiburg/München 1974. – Eine Bemerkung Dettmerings zum Engel bei Rilke scheint auch für Baudelaires Engel zutreffend: »Der Engel fungiert, allgemein gesprochen, als eine Instanz, die es dem Dichter ermöglicht, auch getrennt vom verlorenen mütterlichen Idealobjekt weiterzuleben und doch mit ihm in Verbindung zu bleiben.« Dettmering 104.

17 Sartre beschrieb diese Entwicklungsphasen bei Flaubert (Der Idiot der Familie, Reinbek 1977). Er zeigt die grundlegende Beziehung zur Mutter, die hier als »Nicht-Valorisierung« vor sich ging (1, 141) und auf die sich dann die Beziehung zum Vater aufbaute (bei welchem das Thema des Blicks, des Ansehens betont wird, z. B. 1, 506). – Ich bin allerdings der Ansicht, daß Baudelaire nicht als »Zwillingsbruder« Flauberts aufzufassen ist (1, 541).

18 Michael Rotmann behandelt die gleiche Thematik wie Stork (Anm. 16). Wenn die Bindung an den Vater einsetzt, zeigt das Kind »ein neugieriges Interesse an der Welt, die anders als die Mutter ist«. Der Vater wird »der ›Andere‹«. »Zusammen mit älteren Geschwistern wird er zu den ersten Orientierungspunkten in der neuen, ungewohnten und faszinierenden Welt außerhalb der symbiotischen Kreisbahn mit der Mutter.« M. R., Über die Bedeutung des Vaters in der »Wiederannäherungsphase«, in: Psyche 12/1978, S. 1124.

19 Vermutlich sind bestimmte destruktive Züge von der Mutter auf den Vater verschoben worden. Vgl. Stork 260 (s. Anm. 16)

20 Vgl. Habermas 314 f. über die »allgemeinen Interpretationen«.

21 »Les Fleurs du Mal« wird mit »Die Blumen des Bösen« übersetzt, doch dürfte die Idee der Krankheit überwiegen, da der Titel auf »le mal du siècle« zu beziehen ist. In der Widmung spricht Baudelaire von den »fleurs maladives«, den »kränklichen Blumen«.

22 Baudelaires Vorstellungen entsprechen Freuds Modell der Phantasietätigkeit, das ich für grundlegend halte. Er schreibt in dem Aufsatz »Der Dichter und das Phantasieren«: »Die seelische Arbeit knüpft an einen aktuellen Eindruck, einen Anlaß in der Gegenwart an, der imstande war, einen der großen Wünsche der Person zu wecken, greift von da aus auf die Erinnerung eines früheren, meist infantilen, Erlebnisses zurück, in dem jener Wunsch erfüllt war, und schafft nun eine auf die Zukunft bezogene Situation, welche sich als die Erfüllung jenes Wunsches darstellt, eben den Tagtraum oder die Phantasie, die nun die Spuren ihrer Herkunft vom Anlasse und von der Erinnerung an sich trägt. Also Vergangenes, Gegenwärtiges, Zukünftiges wie an der Schnur des durchlaufenden Wunsches aneinandergereiht.« (VII, 217 f.) Freud verlegt also den Anlaß der Phantasie in die Außenwelt, und das heißt in die Gesellschaft (was auch sein Beispiel klar zeigt, das im übrigen der Arbeitswelt entnommen ist: Ein junger Mann auf Stellungssuche; freilich läßt ihn Freud – entsprechend seinem bürgerlichen Weltbild – nicht von Revolution träumen, sondern von Karriere). Wichtig in Freuds Modell scheint mir, daß eine Verbindung zwischen der Dimension der Außenwelt, der Gegenwart, des Bewußtseins und der Dimension der Innenwelt, der Vergangenheit, des Gedächtnisses hergestellt wird, und zwar in Form eines Prozesses, der dann in die Zukunft weist. Problematisch an Freuds Modell ist die Tatsache, daß das in die Zukunft verlegte Bild der Wunscherfüllung seine Gestalt aus der Vergangenheit, aus der Kindheit bezieht, d. h. daß etwas genuin Neues in der Phantasie nicht erscheint. Das historisch Neue, die Utopien, die Vorstellungen einer neuen, besseren Gestaltung der Gesellschaft, wie sie von der jeweils aufsteigenden Klasse produziert werden, können daher nicht ins Blickfeld treten. Bloch kritisierte den regressiv-retrospektiven Aspekt von Freuds Phantasiemodell und stellte ihm sein Modell des Tagtraums entgegen, der vor allem auf »Weltverbesserung« zielt. »Im Tagtraum öffnet sich so die wichtige Bestimmung eines *Noch-Nicht-Bewußten*, als die Klasse, wozu er gehört.« Es gibt »noch keine Psychologie des Unbewußten der anderen Seite, der Dämmerung nach vorwärts« (131). »Die entscheidende Wende der philosophisch-psychologischen Traumdeutungsgeschichte liegt in Blochs Entdeckung der antizipatorischen Bewußtseinsklasse.« Der Tagtraum enthält »ein experimentierendes, aktivierendes Moment«. Gerd Ueding, in: Ernst Bloch, Ästhetik des Vorscheins 2, hrsg. G. U., Frankf. 1974, S. 9. (Die »Grundlegung« (Teil II) von Blochs »Prinzip Hoffnung« beginnt mit einer Auseinandersetzung mit Freuds Theorie des Traums und der Phantasie, was bisher wenig beachtet wurde; in

dem Band »Materialien zu Ernst Blochs ›Prinzip Hoffnung‹«, hrsg. Burghart Schmidt, Frankf. 1978, kommt dieser Aspekt nicht vor. Vgl. aber z. B. C. Piron-Audard, Anthropologie marxiste et psychanalyse selon Ernst Bloch, in: Utopie – Marxisme selon Ernst Bloch, hrsg. G. Raulet, Paris 1976.)

23 Der Widerspiegelungsvorgang (Engels führte diese Idee 1873 im »Anti-Dühring« ein; 20, 294) ist im Bereiche der Phantasie, soweit ich sehe, bisher wenig untersucht worden. In Todor Pawlows umfangreichem Buch »Die Widerspiegelungstheorie« (Berlin 1973) finden sich zum Thema »Phantasie« nur einige Leerformeln (160 ff.). Im marxistischen »Wörterbuch der Psychologie« (Köln 1976) wird beim Stichwort »Phantasie« auf Bruschlinski verwiesen, der vorschlägt, »auf diesen Begriff ganz zu verzichten.« Anscheinend wurde dementsprechend der Satz »Von den sowjetischen Psychologen, die mit der Erforschung des Unbewußten begonnen haben, wird man sicher in nächster Zeit genauere Fakten erfahren«, der sich 1966 in Günther K. Lehmanns »Phantasie und künstlerische Arbeit« fand (206), in der Neuauflage von 1976 gestrichen. (Lehmanns Buch bringt eine Fülle interessanter Beobachtungen, die aber letztlich recht abstrakt bleiben, da eine Theorie des Unbewußten fehlt.)

24 Meines Erachtens läßt Baudelaire hier den Vorgang der Vermittlung von Gesellschaft und Individuum im Bereiche der Phantasie erkennen. Zu dieser Thematik vgl. z. B. Adorno: Er sagt vom Kunstwerk, daß »aus ihm ein Wir spricht und kein Ich«. »Die Kraft solcher Entäußerung des privaten Ichs an die Sache ist das kollektive Wesen in jenem; es konstituiert den Sprachcharakter der Werke.« Ästhetische Theorie 250. – Hans Dieter Zimmermann verbindet Freuds Phantasiemodell mit Theorien von Wygotsky und Piaget, wonach die innere Sprache, auf welcher Dichtung beruht, auf »eine Art lauten Monolog« zurückgeht, den Kinder beim Spiel mit sich selbst führen und in dem die »Anwesenheit des anderen« miteinbezogen ist, er ist ein »fiktiver Zuhörer«, »verinnerlicht als Gesprächspartner«. Er verweist auch auf H. Sachs und sagt: »Das Wort der Dichter ist also von vornherein auf Kommunikation angelegt und somit nicht mit einem egozentrischen Tagtraum zu vergleichen.« Vom Nutzen der Literatur, Frankf. 1977, 35 f. und 58. – Michel de M'Uzan spricht von einer »inneren Figur«, einem »inneren Publikum«, für das oder gegen das der Dichter schreibt. Zum Prozeß des literarischen Schaffens, in: M. Curtius 166 f.

25 Ich variiere hier Gedanken von Hanns Sachs: Indem sich »der Tagträumer zum Dichter verwandelt, (. . .) hat der Vereinzelte den Weg zu den Anderen, zur Gemeinschaft der Brüder zurückgefunden«, »ihr Beifall« ruft ihm zu, »daß er nicht bloß seine, sondern ihre Wünsche gestaltet habe.« Der Dichter erschafft »einen überpersönlichen Helden, mit dem er sowohl wie alle Hörer sich identifizieren können«. Gemeinsame Tagträume, in: Beutin 71. Es scheint hierbei um eine Verallgemeinerung der Erfahrung zu gehen. Kris

meint, daß die bedeutenden Künstler die Fähigkeit haben, »sich vollständiger von der unmittelbaren Realität ihrer tatsächlichen Erfahrungen zu lösen und sich einen breiteren Kontext von Gegenständen anzueignen.« (35) Lorenzer bringt die »künstlerische Tätigkeit« mit einem »überindividuellen Subjektbegriff« in Zusammenhang und spricht von »typisch-umfassenden Interaktionsformen«, die »für die künstlerische Darstellung charakteristisch« seien. Sprachspiel 209. – Das Motiv der »Gemeinschaft der Brüder« bei Sachs ist mit Freuds »Urhorde« verbunden, das eine Art mythisches Revolutionskonzept impliziert. Vgl. N. O. Brown, Love's Body und Paul Federn, Zur Psychologie der Revolution: Die vaterlose Gesellschaft, in: Psychoanalyse, Marxismus und Sozialwissenschaft, s'Gravenhage 1972, 401 ff.

26 Über die »Dialektik von Absolutem und Relativem« im Kunstwerk vgl. Naumann 28 ff. – Baudelaires Theorie erwuchs aus den Bedingungen seiner historischen Situation und ist insofern ein zeitbedingtes Produkt, doch zugleich enthält sie objektive Erkenntnisse der psychischen Entwicklung.

27 Ich beziehe die »Chokerfahrung«, die Benjamin bei Baudelaire konstatierte, auf den Juni 1848 und den 2. Dezember 1851; s. unten S. 80 und 97 f.

28 In Freuds Modell der Phantasietätigkeit liegt der Anlaß in der Außenwelt (s. oben Anm. 22), doch wird diese nicht als Gesellschaft in ihrer Komplexität gesehen. »Kritische und dichterische Werke sind Antworten auf Fragen, welche die jeweilige Situation stellt, aus der das Werk hervorgegangen ist.« Burke 7. Brecht meinte, man sieht es »den älteren Kunstwerken nicht mehr an, welches die Fragen waren, auf die sie die Antworten darstellen, welcher materiellen Situation sie entsprangen und welche Änderungsvorschläge sie enthalten«. GW 18. 107. – Zimmermann schreibt (anläßlich Sartres Methode), das Werk sei »die Antwort – also der ›Entwurf‹, wie Sartre sagt – des Autors auf die Bedingungen seiner Familie und seiner Klasse, denn es ist eine Objektivierung, die er sich, dem Subjekt, abgerungen hat, und die dadurch zu einem Objekt wird, das Licht auf die Zeit seiner Entstehung wirft und auf den, der es schuf.« (76. S. Anm. 24)

29 Vgl. die Anmerkungen von Pichois in seiner Baudelaire-Ausgabe. Leakey konstatiert bei der Baudelairekritik eine »merkwürdige Abneigung« die »Gesetze der Chronologie« zu akzeptieren. Es herrsche die »allgemeine Annahme«, daß »Baudelaires Denken sich während seiner ganzen Laufbahn nicht geändert habe«, eine Annahme, die »gegen alle menschliche Wahrscheinlichkeit verstoße«. XII.

30 Mit Deleuze/Guattari kann man sagen, Baudelaires Wunsch-Ich besetzt das »gesellschaftliche Feld«. Das wird freilich schwierig, wenn die Welt nicht mehr als ›Bühne‹, als »teatrum mundi« (E. R. Curtius 148, s. Anm. 14) erfaßbar ist, wie es im Verlaufe des 19. Jahrhunderts geschah.

31 Vgl. auch Bloch, Tübinger Einleitung in die Philosophie, Frankf. 1964, 132. – Diese Prozeßhaftigkeit wird man in Benjamins »dialektischen Bildern« mitsehen müssen.

32 Angesichts der Polemik gegen Proudhon ab 1846 darf man nicht vergessen, daß Marx und Engels sich vorher recht positiv äußerten. 2, 23 ff.

33 Benjamins erste Baudelaire-Arbeit endet mit dem Bild des Grabes, die zweite mit der »Zertrümmerung der Aura im Chokerlebnis«. Für Butor ist »Der Strick« das Ende von Baudelaires Weg (249 ff.). Leakey sieht am Schluß »Die nihilistische Lösung«, verbildlicht in »Die Reise« (291). Für Galand heißt das Ende »Der Triumph des Abgrunds« (206). Austin schreibt vom »wachsenden Pessimismus« (101), ähnlich Ruff (348). Erst Balaschow sah (wenn auch vage) die Wiederkehr der kritischen Haltung Baudelaires in seiner Spätzeit und kürzlich hat auch Dolf Oehler den entscheidenden Text gefunden: »Assommons les Pauvres!«: Dialektik der Befreiung bei Baudelaire, in: GRM 4/1975.

34 Friedrich spricht von der »absoluten Geheimnishaftigkeit« (49 und 53), von der »Rätselhaftigkeit« (50), aber auch Benjamin von »Rätselkram« und »Geheimniskrämerei« Baudelaires (16).

35 Burke, Dichtung als symbolische Handlung. Englisch: The Philosophy of Literary Form, New York 1957, 9.

36 »Die *poetische* Phantasie als dichterische Tätigkeit stellt uns nicht wie die Plastik die Sache selbst in ihrer (...) äußeren Realität vor Augen, sondern gibt nur eine *innerliche* Anschauung und Empfindung derselben.« Hegel, Ästhetik, Berlin 1955, 998.

37 Zum »persönlichen Mythos« vgl. Mauron, Métaphores 209 ff. – Der persönliche Mythos besteht aus den Phantasiefiguren, die sich in einem Individuum aufgrund früher Konflikte und deren Verarbeitung gebildet haben; sie sind die kreative Matrix, das Repertoire, mit dem die Gesellschaft auf der Ebene der Phantasie erfaßt wird. – Die psychologische Leseweise betrachtet als Zentrum eines Werkes daher eine Phantasie und nicht eine Idee, worauf besonders Holland hinwies (7). Vgl. auch noch in Hollands Poems in Persons (New York 1975, 142) über die Notwendigkeit des Rückwärts- und Vorwärtslesens. – Die Bedeutung eines Werkes besteht nicht in dem »persönlichen Mythos«; dieser ist nur dessen Ermöglichung. »Der ›persönliche Mythos‹, weit davon entfernt, Endpunkt einer wissenschaftlichen Analyse zu sein«, sollte »deren Anfangspunkt darstellen«. Eine Greimas zugeschriebene Ansicht, Jeffrey Mehlmann, in: Curtius 149.

38 Vgl. meinen Aufsatz Die Widersprüche W. Benjamins.

39 Der Bereich des Unbewußten hat seine eigenen Gesetzmäßigkeiten, die sich nicht aus der jeweiligen Gesellschaft ableiten lassen, da hier Erfahrungen wirksam bleiben, die aus der frühen Kindheit stammen, deren Entwicklungsphasen biologisch bedingt sind, dann freilich durch gesellschaftlich gegebene Sozialisationsmuster über-

formt werden. Eine Charakterstruktur läßt sich durch die »allgemeinen Interpretationen« begreifen, diese sind »Interpretationen der frühkindlichen Entwicklung (. . .) und dienen als Erzählfolien, die in jedem Einzelfall der Lebensgeschichte als Auslegungsschema zugrunde gelegt werden müssen.« Habermas 314 f. – Auch der Traum ist ein biologisch verankertes Phänomen.

40 Freud schreibt: »Das einzig Wertbare im Seelenleben sind vielmehr die Gefühle«. Sie sind »uns nicht anders als in ihrer Bindung an Vorstellungen faßbar.« VII, 75. So ist die Theorie nötig, um die Gefühle zu verstehen, um ihre Ursachen und ihren Zusammenhang zu erkennen. – Die Untersuchung der Gefühle scheint lange Zeit eine Domäne bürgerlicher Autoren gewesen zu sein (wie z. B. M. Scheler, Wesen und Formen der Sympathie, 1923; A. Vetter, Kritik des Gefühls, 1924; Bloch (116) bezieht sich bei dieser Thematik auf den ›Aufbau des Charakters‹ von Ph. Lersch von 1948, zuerst 1938). Vgl. jetzt Holzkamp-Osterkamp I, 150 ff.

41 Roman Ingarden nannte diesen Vorgang beim Lesen die »Konkretisierung« des Textes. Vom Erkennen des literarischen Kunstwerks, Tübingen 1968, 49 ff. – Die »Rezeptionsvorgabe«, die ein Text darstellt, wird aufgefüllt. Naumann 301 ff. – Lehmann sagt von der Kunst, »daß sie uns über die Phantasie in virtuell Mithandelnde verwandelt.« »Phantasiebilder« sind »Vollzugsphänomene oder ideomotorische Gebilde.« 12 f. – (Auch T. S. Eliots Konzept des »objektiven Korrelats« ließe sich hier heranziehen.)

42 »Wie betont psychoanalytisches Verstehen als szenisches Verstehen operiert, wird erst recht deutlich an der Zentrierung auf *Phantasien.* Phantasien sind nichts anderes als imaginierte Objektbeziehungen, szenische Arrangements, in denen bestimmte Interaktionsmuster ausgelegt werden. (. . .) In der Phantasie wird der Trieb deshalb sichtbar, weil er sich hier in einer Objektsituation darstellen kann.« Alfred Lorenzer, Sprachzerstörung und Interaktion, Frankf. 1970, 108. (Zur Identifizierung ebd. 176 f.) – Lorenzer macht anschaulich, daß Psychoanalyse nicht reduziert, wie oft gesagt worden ist, sondern daß sie *sichtbar macht.* (Wo z. B. Friedrich nur »leere Idealität« (47 f.) wahrnimmt, werden nun Szenen sichtbar; s. unten S. 116.)

43 Der Titel der Erzählung von Henry James, »The Figure in the Carpet« eignet sich zur Bezeichnung der Grundfigur eines Werkes (des »Persönlichen Mythos«, bzw. der »Interaktionsmuster«, die darin wirksam sind), die nur aus einer bestimmten Optik erkennbar wird. (Der Begriff ist schon oft herangezogen worden, vgl. z. B. René Wellek, Concepts of Criticism, New Haven und London 1964, 79, oder Wolfgang Iser, Der Akt des Lesens, München 1976, 12 ff.)

44 Brecht, 19, 551. Vgl. auch Naumann 367.

45 Über die ›intellektuelle Bastelei‹ vgl. Claude Lévi-Strauss, Das wilde Denken, Frankf. 1968, 29 u. 33. – Über die »strukturalistische

Tätigkeit« als einem »Zerlegen und Neuordnen« von Objekten vgl. Roland Barthes, Essais critiques, Paris 1964, 214 ff. – Ich verbinde dabei die »Erzählfolien« der Individualgeschichte (Habermas 314) mit der allgemeinen Geschichte. »Eines der Hauptprobleme der heutigen Kritik scheint das Studium der Beziehungen zwischen persönlichen Strukturen (. . .) und historischen Strukturen zu sein.« Pierre Barbéris, Balzac et le mal du siècle, Paris 1970, I, 18.

46 Der Ausdruck »Totenküche« bei Sartre, Was ist Literatur, Hamburg o. J., 33. (Zu Napoleon III. in diesem Zusammenhang, vgl. Benjamin 110). Man wird hier (sowohl im Hinblick auf die traditionelle Kritik aber auch auf Sartres Baudelairebuch) Aragon zitieren: »Alle Gemeinheiten und Niederträchtigkeiten, die sich in den Tagebüchern und Artikeln Baudelaires finden, (. . .) ändern nicht, daß er ein sehr großer Dichter war«, dessen »widerspruchsvolles Werk« die »Niederlage des Arbeiters« widerspiegelt. Das Beispiel Courbet, Dresden 1956, 28 f.

47 Vgl. Alfred Lorenzer, Zum Verhältnis von objektiver und subjektiver Struktur, in: A. L., Sprachspiel, 180 ff.

48 Bei der Betrachtung von Baudelaires Dichtung ist es wesentlich, zwischen seiner Poesie und seiner Prosa zu unterscheiden (vgl. Aragon in Anm. 46). Benjamin bemerkt zum »Verhältnis, das bei den Dichtern zwischen ihren theoretischen Prosaaufzeichnungen und ihren Dichtungen« besteht: »In der Dichtung erschließen sie einen Bereich des eigenen Innern, der ihrer Reflexion gemeinhin nicht zugänglich ist.« Schriften I, 492.

49 Baudelaires Ansicht, Poesie sei »die absolute Droge« (nach Butor 70), ist psychologisch recht zutreffend. Drogen lassen Gefühle aufsteigen (vgl. Leuner, Anm. 6); Poesie liefert die »Vorstellungen«, in denen sich »Gefühle« darstellen können (Freud, s. Anm. 40). Dichtung verschafft »hohe, wahrscheinlich aus vielen Quellen zusammenfließende Lust.« »Der Dichter (. . .) besticht uns durch rein formalen, d. h. ästhetischen Lustgewinn«, um mit dieser *»Verlockungsprämie«* oder »Vorlust« die »Entbindung größerer Lust aus tiefer reichenden psychischen Quellen zu ermöglichen«. Der »eigentliche Genuß des Dichtwerks« stammt »aus der Befreiung von Spannungen in unserer Seele«, der Dichter setzt uns instand, »unsere eigenen Phantasien nunmehr ohne jeden Vorwurf und ohne Schämen zu genießen.« Freud, VII, 223. Man muß erwähnen, daß im allgemeinen diese Phantasien und Gefühle nur in sehr sublimierter Weise aufsteigen, d. h. das Verdrängte erscheint, aber eben *als Verdrängtes.* Poesie kann Verdrängungen geradezu zementieren, zumal wenn sie die Sublimierung, die Verewigung, die Versteinerung als ihr Ziel ansieht, wie es z. B. bei Horaz oder Gautier (»L'Art«) der Fall ist. (Vgl. Brown 287; auch Jean Guillaumin in: M. Curtius 185 f.) Bei Baudelaire aber geht es um Versuche, die Sublimierungen aufzulösen. – Zu erwähnen sind die Schwierigkeiten, die sich bei der Verwendung der Psychoanalyse im Literaturun-

terricht ergeben. Vgl. dazu z. B. Michael Rutschky, Die Krise der Interpretation, in: Der Deutschunterricht 2/1977, 72; Hartmut Eggert/Michael Rutschky, Rezeptionsforschung und Literaturdidaktik, in: Der Deutschunterricht 2/1977, 17.

DIE BOHEME (1839-1844)

1 Das Gedicht heißt später »Landschaft«. Zur Chronologie vgl. die Aufstellung von Prarond bei Crépet-Blin-Pichois 490 und die Darlegungen von Pichois, Baudelaire 11 ff. sowie Leakey zu »Pariser Landschaft« (17) und zu den Musen-Gedichten (50). Gedichte wie »Das Ideal« und »Das frühere Leben« setze ich im Gegensatz zu Leakey später an, vgl. unten bei den jeweiligen Interpretationen. – Soweit nicht anders angegeben, zitiere ich jeweils die früheste Fassung der Gedichte.

2 Baudelaires Idylle erinnert an eine Äußerung Hegels, der von der »Vorstellung eines sogenannten *goldenen Zeitalters* oder auch eines idyllischen Zustandes« spricht. Er weist auf Goethe, der in Herrmann und Dorothea »aus dem Leben der Gegenwart eine engbegrenzte Besonderheit herausgreift, zugleich aber als Hintergrund und als Atmosphäre (. . .) die großen Interessen der Revolution und des eigenen Vaterlandes eröffnet«. Ästhetik, Berlin 1955, 271 und 213.

3 So Jean Pommier, Dans les chemins de Baudelaire, Paris 1945, 19 und 177. Vgl. auch das Gedicht »Tous imberbes« (von 1844): »Der Schrei eines Aufruhrs«.

4 Vgl. Höppner 243, 259, 343.

5 Vgl. Louis Aragon, Avez-vous lu Victor Hugo? Paris 1952, 82 ff. Aragon erwähnt die »Neugier« Hugos, die ihn auch schon im April 1834 zum Aufstand hingeführt hatte. – Victor Hugo, Choses vues (über 1839).

6 Leakey meint (106), der zweite Teil des Gedichts sei um 1840 entstanden, der erste Teil um 1852; dieser erste Teil ist etwas später, doch wohl nur wenige Jahre, vgl. die Ähnlichkeit mit »Die Morgendämmerung«.

7 Diese Bettlerin erscheint auch bei Banville; vgl. Pichois I, 997.

8 Das Vorbild für das Gedicht war vermutlich ein Lumpensammler, den man den »General« nannte; vgl. Pichois I, 1048. – Zu diesem Gedicht Karlheinz Biermann, Baudelaire als »Théologien de la populace«, in Französisch heute, Sept. 1979, 179 ff.

9 »Dort wurde der steuerfreie Wein ausgeschenkt«. Benjamin 17.

10 Vgl. Pichois I, XXVII.

11 Der Brief der Mutter zitiert nach I, 1233. – Bedeutsam sind die Probleme der Berufswahl und die Geldsorgen im Jahr 1839, siehe Corr. I 78, 79, 80.

12 In »La Peau de Chagrin« und »Louis Lambert«. – Schon 1824 gab es ein sentimentales Vaudeville »Die Mansarde der Künstler« von Scribe und anderen.

13 Für die jungen Literaten von 1830 gab es diese Alternative noch nicht; sie gründeten eine ästhetisch-anarchistische Bohème, die Gautier in »Les Jeunes-France« schildert. – Zur Entwicklung ab 1840 vgl. Hartmut Stenzel, Der historische Ort Baudelaires, München 1979, Kap. I, 5.

14 Vgl. Richard Hiepe, Riese Proletariat und Große Maschinerie. Revolutionäre Bildvorstellungen in der Kunst des 19. Jahrhunderts, in: R. H., Die Taube in der Hand, Leipzig 1976, 156 ff.

15 Die hier wirkenden Vorstellungen der frühen Romantik wären zu untersuchen. Vgl. Pierre Barbéris über die Verwandlung der »aristokratischen Romantik« um 1835 (Histoire littéraire I, 499) und den Abschnitt »Regrets et énergie« (505 ff.); die Romantik setzt sich fort als »un imaginaire de confiance et de croyance en l'homme« (533) – Sartres Bemerkung vom »Parasitentum« einer »ekklesiastischen Aristokratie«, das Baudelaire anstrebe (89), scheint mir erst auf eine spätere Phase zu passen.

16 Vgl. Barbéris über den Napoleonmythos. Histoire littéraire I, 578 ff. Auch das Kapitel »Le Napoléon du peuple« in Balzacs »Le médecin de campagne« sowie Gautiers Gedicht »Les vieux de la vieille« von 1850.

17 Vgl. Höppner; auch Jörg Raubaum, Für Gott und die Freiheit (Von Meslier bis Lamenais – französische Christen zwischen Reform und Revolution), Berlin 1976. Auch Léon Cellier, Baudelaire et George Sand, in: RHLF April-Juni 1967. – Pichois sagt, das Bild des Korns in der letzten Strophe gehöre zum Fundus des »christlichen Sozialismus«. I, 1046.

18 Vgl. die diversen Vermutungen von Pichois I, 994 f.

19 Kontext hier als Struktur im Sinne von Burke verstanden; er spricht von »impliziten Gleichungen« und von »Assoziationskomplexen«, die auf die »zugrundeliegende Motivstruktur« verweisen (25). Auch das »Szenische Verstehen« (Lorenzer) erbaut aus der Bilderfolge des Gedichts ein einheitliches, doch vielschichtig-widersprüchliches Szenarium.

20 So Porché 59.

21 Pichois (I, 1038) erwähnt zustimmend die Ansicht von W. T. Bandy, »die armen Toten« in »Das Dienstmädchen« seien Mariette und der Vater (RSH Juli-Sept. 1967) und weist auf die Titel der geplanten Prosagedichte »Die Vorwürfe des Porträts (das Porträt meines Vaters)« und »Der Vater, der immer noch wartet«. Pichois erwägt, ob »Pariser Landschaft« nach dem 2. Dezember 1851 entstanden sei, doch verweist er (wie Pommier 177) bei »unseren Toten« auf die »armen Toten« von »Das Dienstmädchen« (I, 995), was zur frühen Datierung passen würde.

22 S. unten S. 145.

23 S. unten S. 143 u. 145. Über den Vater und die ödipale Problematik vgl. Laforgue 107 ff.

24 Eine Vermutung von Laforgue (105), die sich inzwischen bestätigt hat. I, XXVI. Vgl. W. T. Bandy, Baudelaire Today, in: L' Esprit créateur XIII, 2/1973, 73; Le Cramérien, 1. 4. 1971.

25 Butor spricht ohne weitere Begründung vom »Verratenen Vater« (75), was wohl mit »Die Vorwürfe des Porträts« (s. Anm. 21) zu verbinden wäre.

26 Man kann einwenden, sie sei eine Spekulation. Gewiß, aber aufgrund der Untersuchung des Gesamtwerks und mit Hilfe der »allgemeinen Interpretationen« (Habermas 314).

27 Vgl. Freuds Phantasiemodell (Anm. 22 der Einl.); Kris 23 u. 187.

28 Vgl. zur Situation des Dichters in »Pariser Landschaft«: Wenn »die Einsamkeit als freiwillige, als eigentliches *Wunschbild* (. . .) introvertierten Grund findet, dann gerade meldet sich in ihr der Narzißmus«. »Solitudo musis amica, meint ein klassischer Spruch; in seiner Einleuchtung ist zugleich ein Archetyp wirksam, der des Nests, der Inkubation, der gerettet reifenden Ausfaltung. Ländliche Abgeschiedenheit, Winter, der sie verstärkt, Ruhe des Hauses und der Nacht geben dazu einen starken Wunschtraum; der Lampenschein steht darin als förmliche Aura um das Manuskript.« Bloch 1126.

29 »Ich, Sohn eines Priesters«, sagte Baudelaire. Bei Ruff 147. Vgl. Dominique Julia, Baudelaire, fils d'un prêtre, in: Quinzaine littéraire 75, Juni 1969; auch Les Années Baudelaire, Neuchatel 1969, 125 und 133.

30 Der Marxist Balaschow schreibt, daß Baudelaires Vater sich der Revolution angeschlossen habe und nennt den »Offizier Aupick« einen »unbedeutenden, reaktionär eingestellten Menschen«. »So wurden Kindheitseindrücke mitbestimmend für die Einstellung des künftigen Dichters zur Aufklärung und Revolution.«

31 Deleuze/Guattari 457 f. Sie meinen, »unsere reaktionäre oder revolutionäre libidinöse Besetzung des gesellschaftlichen Feldes« komme »nur in unseren sexuellen Liebeswahlen zur Erscheinung« (457).

32 Deleuze/Guattari 357. Man wird hinzufügen: Es sind Protestphantasien eines *Bürgerlichen*, der die ›untere‹ Klasse eben immer noch aus der Sicht der ›Oberen‹ wahrnimmt. Man kann die ›Unteren‹ auch ganz anders wahrnehmen: »Man muß das Studium, die Wißbegier, die sittliche Energie, den rastlosen Entwicklungstrieb der französischen und englischen Ouvriers kennengelernt haben, um sich von dem *menschlichen* Adel dieser Bewegung eine Vorstellung machen zu können.« Engels/Marx 2, 89.

33 Deleuze/Guattari 78 f.

34 Zu Aupick vgl. Porché; Pichois in Corr. II, 983 f.; Pommier 19.

35 Über die verdrängte Liebe Baudelaires zu Aupick vgl. Laforgue 112 f.

36 Zu diesem »Gefecht« vgl. Benjamin 73.

37 Man könnte auch sagen, er verwandelt den revolutionären Aspekt des Vaters in den priesterlichen zurück. – »Sein Papa ist im Himmel«, sagten die Erwachsenen nach dem Tod des Vaters, schreibt Porché 44.

38 Man könnte in diesen Bildern schon Louis Bonaparte wahrnehmen (der später mittels der Erinnerungen an seinen Onkel zum Wahlerfolg vom 20. Dezember 1848 gelangte). Im Februar 1848 agitierten auch Anhänger von Louis Bonaparte. Pujol, einer der Anführer des Juniaufstands, wurde (zu Unrecht) verdächtigt, Bonapartist zu sein. Vgl. Dautry 181 f. – Benjamin (19) und Butor (163) sehen am Ende des Gedichts einen von Fassung zu Fassung sich steigernden revolutionären Impuls. Aber es geht doch darum, die Leidenden einzuschläfern!

39 Zitiert bei Benjamin 21. (Baudelaire erwähnt Granier 1846 in II, 16 und II, 467). – Benjamin weist auf den »Sektionschef im Polizeipräsidium« H. A. Frégier hin und auf dessen Buch »Des classes dangéreuses de la population dans les grandes villes et des moyens de les rendre meilleures«, Paris 1840. (Ausführlicher darüber K. Biermann, Baudelaire als »Théologien de la populace«, (s. oben Anm. 8); auch H. Stenzel 47) – Benjamin zitiert Edouard Foucaut, »daß der Wein der ›Barrière‹ der Regierung gewiß nicht wenige Stöße erspart hat«. (»Paris inventeur«, Paris 1844) – Balzac beschreibt am Anfang von »La Fille aux yeux d'or« »den Arbeiter, den Proletarier«; er gibt sein »Geld in den Kneipen aus, die einen schmutzigen Gürtel um die Stadt bilden.« Diese »häßliche und starke Nation« sei »durch den Schnaps zur revolutionären Brandstiftung bereit«. »Würde die Regierung nicht ohne die Kneipen jede Woche gestürzt werden?«

40 Laforgue setzt das Gedicht mit dem Dramenentwurf »Der Säufer« gleich (120); er sieht in dem Paar Baudelaire und seine Mutter, was für den Dramenentwurf zutreffen mag, (er stammt von 1854), in dem sich die Bedeutung des Szenariums völlig geändert hat. Der reiche Mann kommt in dem Gedicht nicht vor, auch ist die Frau dort nicht voller Resignation, Sanftheit, Geduld, Tugend. Die Bedeutung der beiden Texte ist ganz verschieden.

41 Die ursprüngliche Fassung in I, 1000. Dort die Bemerkungen von Pichois über den Stil des 16. Jahrhunderts. Auch der frühe Gautier klingt an.

41a Zu den Quellen vgl. Pichois (z. B. I, 895) und Praz. Die Ableitung dieser Gedichte aus den *stilistischen* Vorbildern besagt aber wenig über ihren Inhalt, über ihre Bedeutung. Da ist selbst Galands mystische Interpretation sinnvoller, da sie immerhin *psychische* Eigenschaften und Traditionen zeigt. Barock, bzw. Manierismus wären mit Arnold Hauser (Der Manierismus, München 1964) zu verstehen, d. h. Paradoxe, Oxymora usw. sind Spiegelungen psychischer und damit sozialer Konflikte, für die es (noch) keine Lösung gibt, bzw. in die (noch) keine Einsicht gewonnen wurde.

42 Adam (465) weist auf eine Parallele bei Gautier hin, wo »Beatrice« vorkommt; vielleicht ist hier eine assoziative Verbindung zur »Béatrice« von »Limbus« (s. unten).

43 Diese Gleichsetzung erscheint später im Traum vom 15. 3. 1856 (s. unten). Vgl. Butor.

44 Pichois weist auf die sexuellen Anspielungen hin (I, 887).

45 Zu einer ähnlichen Verarbeitung der christlichen Erziehung (›Der Tod ist der Sünde Lohn‹) vgl. mein Buch »Gottfried Benns Phantasiewelt« 27 ff. (»Die Leichenlust von ›Morgue‹«).

46 Vgl. Butor 90. – Der Straßensängerin, die das Vorbild für die »rothaarige Bettlerin« abgab, und ihrer Schwester wurden lesbische Neigungen nachgesagt; gleiches galt für Jeanne. Pichois I, 998 und 1060.

47 Die Wünsche des Dichters suchen ihre Befriedigung an einem Objekt, das wenig anziehend wirkt. Man könnte folgern, daß diese Wünsche einst starken Frustrationen unterlagen und sich so nur eine nicht sehr appetitliche Befriedigung zu gestatten wagen. Doch ist das Leichenhafte und Abstoßende gerade reizvoll für Baudelaire, was sich durch eine intensive Fixierung ans Anale erklären läßt (die auch später oft sichtbar werden wird). Ekel ist eine Verkehrung ursprünglicher Wünsche; sie blieben bei Baudelaire virulent, und zwar eben in der Maske des Ekels. Vgl. Freud V, 187.

48 Vgl. Kris 173 (auch M. Curtius 19 ff.).

49 »Nichts Fruchtbareres als ein schöner Leichnam« ist die »Lektion« von »Ein Aas«, schreibt Richard. Zugleich »gelingt es der Fäulnis fast«, »die Materie zu spiritualisieren.« 134 f.

50 Man könnte sie eine (halb entsublimierte) Version der ›himmlischen Hochzeit‹ der Alchemisten nennen, mit der die Erzeugung des alchemistischen Goldes symbolisiert wird, an deren Anfang übrigens die »Fäulnis«, die »putrefactio« (vgl. »Ein Aas«) steht. C. G. Jung, Psychologie und Alchemie, Zürich 1944, 318. Der Ort des Prozesses wird z. B. »limbus microcosmicus« genannt. Ebd. 434. Zu seiner Grundsubstanz gehören Exkremente. C. G. Jung, Die Psychologie der Übertragung, Zürich 1946, 119.

51 Burke schreibt, daß »Autoritätssymbole« in der Dichtung mit den »tiefsten Reaktionen der eigenen Erfahrung« ausgestattet werden. »Diese finden sich in der ›vorpolitischen‹ Periode der Kindheit.« Ein »dramatischer Wechsel der Identität« wird durch »Wiedergeburt« symbolisiert. Attitudes 209 f. und 268 f. – Vermutlich gehört auch Baudelaires Faszination durch das Bild »Der Jungbrunnen« von Haussouiller aus dem »Salon von 1845« in diesen Zusammenhang.

52 Benjamin, Schriften I, 476. Benjamin bemerkt als »Ergänzung zur Valéryschen Notiz«, daß »Baudelaire auf das Konkurrenzverhältnis in der poetischen Produktion stieß.« Es geht um die »Konkurrenz auf dem offenen Markt«. Benjamin gibt hier eine materialistische Interpretation von Valérys »Situation de Baudelaire«, wo Baudelaire

als Konkurrent der Romantiker dargestellt wurde (was übrigens schon Sainte-Beuve getan hatte, vgl. Crépet-Blin-Pichois 438). (Vgl. auch J. Kamerbeek, Sainte-Beuve et Baudelaire entre Welleius et Valéry, in: Etudes Baudelairiennes III, 1973.) – Baudelaire knüpft mit seiner Strategie an die »Jeunes-France« von 1830/33 an (Borel, O'Neddy, Gautier). – Formale Perfektion als Mimesis kapitalistischer Konkurrenzzwänge.

53 Benjamin, Schriften I, 481 f. Benjamins Satz ist psychoanalytisch verstehbar, s. unten S. 142. Anm. 9.

54 Chryssoula Kambas, Frühsozialismus und Prostitution, in: Ästhetik und Kommunikation 21, 1975, 46. – Die »Kategorie der weiblichen Arbeiter (...), die der Dienstboten« ist »in allen Prostituiertenstatistiken mit höchster Beteiligungsziffer vertreten«. Otto Rühle, Illustrierte Kultur- und Sittengeschichte des Proletariats, Frankf. 1971, 449. – Die gleichen Vorstellungen finden sich im deutschen Bürgertum um 1920. »›Huren‹ und ›Arbeiterfrauen‹ lassen sich schwer unterscheiden.« »Die Beschreibung der Proletarierin als monströses Ungeheuer« entstammt dem »Versuch, ein phantastisches Wesen zu konstruieren«, nämlich die »kastrierende Frau«. Theveleit 90, 92, 96.

55 Vgl. Pichois I, 1065 und 1231 f.; auch Adam 379. Baudelaire vollzieht eine bewußte Entidealisierung.

56 Vgl. Blanquis Beschreibung von Arbeiterwohnungen in Lille, bei Kuczynski, Bd. 32, 217 (auch in Baudelaire 1848, 43 f.) Diese sog. »caves de Lille« werden auch von Hugo im Gedicht »Joyeuse Vie« aus den »Châtiments« beschrieben. – Zur Lebenserwartung der Arbeiter vgl. Kuczynski, Bd. 32, 215. – 1851 beschreibt Baudelaire die Lage der Arbeiter ganz ähnlich im Dupont-Aufsatz.

57 Vgl. dazu den Aufsatz von Kambas (s. oben Anm. 54). – Vermutlich lassen sich folgende Ansichten auf Baudelaires Zeit übertragen: Theveleit schreibt vom sexuellen Verhalten der Arbeiter: »Entscheidend ist die offenkundige Nichtexistenz der bürgerlich-christlichen Sexualmoral« (181). – »Die Prostituierte, Bild dessen, was Unerfahrenheit und Neid als Laster sich ausmalt, wird fraglos weithin mit dem Partialtrieb identifiziert.« »Man braucht keinerlei Illusionen zu hegen über den off-limits-Bereich und wird doch die Huren, die mittlerweile so abscheulich geworden sind, wie der Neid der Gesellschaft sie sich wünscht und sie behandelt, als ahnungslose Repräsentanten einer anderen Möglichkeit des Sexus gegen die Schmach der Sittlichkeit verteidigen.« Adorno, Sexualtabus und Recht heute, in: Sexualität und Verbrechen, hrsg. Fritz Bauer u. a., Frankf. 1963, 306. – »Zügellosigkeit des geschlechtlichen Verkehrs« und »sexuale Brutalität« sowie die »Unfähigkeit, den augenblicklichen Genuß dem entfernteren Vorteil aufzuopfern«, erwähnt Engels als Züge der »arbeitenden Klasse in England«. 2, 355.

58 Vgl. Marx/Engels über »Fleur de Marie« in den »Mysterien von Paris« von Sue. 2, 172 ff.

59 Ein Aspekt, den Benjamin erwähnt, kommt hier hinzu; er spricht von den »männlichen Zügen« der Proletarierin, die sich durch die Fabrikarbeit bildeten. 102.

60 Bloch, Erbschaft dieser Zeit, Frankf. 1962, 397. Dort auch über die Klischees vom »bolschewistischen Chaos« und über die Eigenschaft der »Verwesung«, die dem Marxismus zugeschrieben wird. 400. – Vgl. bei Theveleit das Kapitel »Flintenweiber – Die kastrierende Frau«. 96 ff. – Das Phantasieprodukt der phallischen Frau kann aus analogen Anlässen überall entstehen, vgl. z. B. Geza Roheim, Aphrodite oder die Frau mit einem Penis, in: G. R., Die Panik der Götter, München 1975. Eine »ablehnende Frau ist eine phallische Frau.« Geza Roheim, Psychoanalysis and Anthropology, New York 1969, 313.

61 Frégier schreibt von den Lumpensammlern, sie führen das Leben von »Nomaden und fast Wilden«. Zit. nach K. Biermann, Baudelaire als »Théologien de la populace«, (s. oben Anm. 8).

62 So die Übersetzung der Leipziger Baudelaire-Ausgabe von 1973. Zu »Encolure« vgl. Pichois I, 1066.

63 Barbiers Gedicht wird weder von Pichois noch von Crépet/Blin in ihrer kritischen Ausgabe (498 f.) als Vorbild für »Allegorie« erwähnt. Praz zitiert Barbiers Gedicht als Vorbild für Swinburne, doch nur um dessen politisches Engagement abzuwerten.

64 Kambas 40 (s. Anm. 54). Vgl. A. J. L. Busst, The Image of the Androgyn in the Nineteenth Century, in: Romantic Mythologies, ed. J. Fletcher, London 1967, 25 f.

65 Über die Emanzipation der Frau im Saint-Simonismus vgl. Benjamin 99.

66 Engels 5, 120. Hugo, Historische Notizen aus der Zeit, in der ich lebte, Leipzig 1910, 49. (Beide Passagen in Baudelaire 1848, 65 f., dazu eine zeitgenössische Illustration.)

67 Man nehme irgendeine der traditionellen, realitätslos-feinsinnigen Interpretationen zu einem dieser Gedichte, z. B. Arnaldo Pizzorusso über »Ich bete dich an« (in: Etudes baudelairiennes III, 1973, 241 ff.). Er assoziiert zur Gestalt der Frau eine »schwarze Sonne« und einen »Mond«, »besiegt und revoltierend«. Die Frau des Gedichts »antwortet dem Anruf des Dichters nicht«. Der »Angriff« impliziert einen »körperlichen Zerfall« der Frau; »Kälte fließt aus ihrem rätselhaften und unzugänglichen Wesen. Aber ihr Wesen ist für den Dichter (...) das Prinzip und geradezu die Quelle der Schönheit.« Eine solche Interpretation wirkt eigentümlich leer und auch fragmentarisch; sinnvoll werden die Einzelheiten erst, wenn man sie in den gesellschaftlichen Zusammenhang stellt und sieht, wie sich hier die Repräsentanten zweier Klassen begegnen, und zwar zu einem ganz bestimmten historischen Zeitpunkt. Dann werden diese Bilder prall, prägnant: Sie spiegeln das Drama einer Epoche in der Seele des Dichters. Theveleit untersucht Szenen, wo die Tötung von Arbeiterfrauen beschrieben wird: Die Freikorpskämpfer produzieren dabei »Lustmord«-Phantasien. Die »Tötung

der Frauen« erscheint »als Kastration der Frauen, entstanden aus der Kastrationsangst des Mannes.« »Es ist, als ob zwei Zwänge des Mannes gleich stark an der Frau zerren: einer will sie entfernen, ganz weit von sich weg halten (Abwehr), und ein anderer will in sie eindringen, will sie ganz nah. Beide Zwänge scheinen im Tötungsakt befriedigt zu werden: der Mann entfernt die Frau ganz weit (nimmt ihr das Leben) und hat sie ganz nah (dringt in sie ein mit Schuß, Stich, Kolbenhieben etc.)« Es geht um die *»Auflösung* des Leibes als Leib, die Aufhebung der Frau als eines menschlichen Körpers, damit als eines Liebesobjekts.« (242 f.) Baudelaire hat die gleichen Ängste, aber die Faszination ist stärker, er gelangt zu den verborgenen Wunschbildern (»Allegorie«).

LESBOS (1845-1847)

1 Dufays war der Geburtsname der Mutter Baudelaires.

2 Symptomatisch erscheinen die Änderungen in Str. 12 (zumal Zeile 5, wo »bonheur« zu »douleur« wird). St. George übersetzte die frühere Fassung. (Es wäre interessant zu wissen, wie er sie fand.)

3 Charlotte Wolff, Psychologie der lesbischen Liebe, Reinbek 1973, 74 f. Wolff verwendet hier einen Gedankengang Sartres: In ausweglosen Lagen, wenn es keine realen Möglichkeiten der Veränderung gibt, wird die Welt in der Phantasie verändert, sie wird betrachtet, als sei sie »›von magischen Prozessen bestimmt‹«. (Sartre, Esquisse d'une théorie des émotions, Paris 1939.) – Erwähnenswert auch die Ansicht von Wolff, Sappho habe »das Urbild der lesbischen Liebe in ihren Gedichten zum Ausdruck gebracht.« (17)

4 Vgl. noch: »Wer in der Lage ist, die Wirklichkeit in eine ›Traum-Welt‹ umzuformen, muß mit einer lebhaften Phantasie, einem leicht zugänglichen Unbewußten und einem Sinn für das Schauspiel gesegnet sein.« (75)

5 Vgl. noch: *»Homoemotionalität ist das Zentrum und das wirkliche Wesen der Liebe von Frauen füreinander.«* (63; auch 45, zu Groddeck).

6 28. Der Hinweis ist auf Freud, Drei Abhandlungen zur Sexualtheorie.

7 Vgl. Wolff: »Die Wirkungen der vormaligen Gefahr für Leib und Leben überdauern in der Vorstellung derer, die zu den verfolgten Gruppen gehörten.« (64)

8 Für Adam handelt es sich anscheinend bei diesem Gedicht primär um »die Spiele eines Künstlers, der sich darin gefällt, die Kühnheiten einer gewissen Skandalromantik bis zum Exzeß zu treiben.« (408) Ähnlich Prévost 200. »Er wagt es, andere Fehler als die seinen

zu denunzieren«, schreibt Ruff (308). Für Galand geht es um die »Eitelkeit der lesbischen Liebe« (437). Chérix (398 ff.) und Hubert (120 ff. und 257 ff.) erwähnen nur die ästhetischen Raffinessen der Gedichte. (Huberts Interpretation von »Lesbos« ist in dieser Beziehung sehr schön.)

9 Vgl. Jean Ziegler, La Fortune de Baudelaire, in: Corr. I, LXIV ff. Auch Mauron berechnete Baudelaires Vermögen (23).

10 Sehr treffend (wenn auch nicht sehr präzis) finde ich Butors Bemerkung, es sei notwendig, daß die »Männlichkeit« des Dichters »aus einer Weiblichkeit emporsteige, die sie zu verschlingen droht.« (85) – In der Widmung der »Künstlichen Paradiese« sagt Baudelaire, die »Frau (...) lebt geistig in der Phantasie derer, die sie heimsucht, und die sie befruchtet.« I, 399. – Plato nannte Sappho die zehnte Muse.

11 Die Phantasie des Gedichts ist von später her erlebt, durch die Probleme hindurch, die sich aus der ödipalen Phase ergaben und auch aus der Situation des erwachsenen Baudelaire. Daher vor allem stammen die Ängste. – Zur Identifizierung vgl. Freud, XIII, 116: Man möchte das *sein*, was man nicht *haben* kann.

12 Dies Problem schildert sehr gut Marina Moeller-Gambaroff, Emanzipation macht Angst, in: Kursbuch 47, 1977, 19 f.

13 Diese Gefühle zeigen sich in dem Gedicht »Trauer des Mondes«, das auch aus dieser Zeit stammt. – Mit dem Wunsch, Frau zu sein, verbinden sich dann wieder homosexuelle Phantasien, der Wunsch, sich einem Mann hinzugeben. Dieser Wunsch ist tief verdrängt, da er ein real möglicher ist, während die Phantasie der lesbischen Liebe eben letztlich für den Mann irreal ist und daher weniger Angst erzeugt und so dazu dienen kann, die tabuisierten homosexuellen Phantasien darzustellen. Laforgues Ansicht (112 f.) über die verdrängte homosexuelle Liebe zu Aupick (es ist der sog. negative Ödipus) ist nicht falsch, doch einseitig, bzw. unvollständig und daher eben doch nicht korrekt. – In diesem Zusammenhang wären auch Courbets Bilder »Das Erwachen oder Venus und Psyche« (1864) und »Der Schlaf« (1866) zu untersuchen.

14 Durch die Wiedergeburt zur Identifizierung mit der starken Frau. – Hippolyte und Delphine sind *beide* Teile von Baudelaire, d. h. er ist auch die starke Schönheit, die insgeheim ein Mann ist; Hippolyte ist auch die Mutter und dieser Mann Delphine entreißt sie eben dem ›brutalen Bräutigam‹, d. h. Aupick. – Phantasien dieser Art sind sehr komplex und vielschichtig. »Was entdeckt man auf dem Wege zum Wege zum Orgasmus? Die Fähigkeit, sich eine Identität mit den Eltern vorzustellen und seine eigene Person in allen Positionen der Urszene zu sehen, und zwar auf sämtlichen Organisationsstufen der Urszene.« Maria Torok, Die Bedeutung des »Penisneids« bei der Frau, in: Psychoanalyse der weiblichen Sexualität, hrsg. Janine Chasseguet-Smirgel, Frankf. 1974, 204.

15 Vgl. Fourier, Aus der neuen Liebeswelt. Fourier war ein ›Feind der

Familien‹ (91), wie der Dichter in »Die zwei barmherzigen Schwestern«. – Fouriers Verteidigung der lesbischen Liebe in René Schérer, Fourier, Paris 1970, 174 (= Fourier, Nouveau monde amoureux, Paris 1966, 447. Dieses Manuskript Fouriers wurde erst 1966 veröffentlicht, doch diese Position Fouriers zeigt sich auch in seinen anderen Schriften.)

16 Dolf Oehler, Die antibourgeoise Ästhetik des jungen Baudelaire, Untersuchungen zum »Salon de 1846«, Frankf. 1975. Oehler weist nach, daß Baudelaire die Bourgeoisie von der Position des Frühsozialismus aus kritisiert (z. B. greift er den Gedanken der »association« und des »travail attrayant« auf. 67). – Oehler interpretiert die Widmung »Aux Bourgeois« des »Salon von 1846« als ironisch-parodistischen Angriff auf die Bourgeoisie, mit dem Mittel »handlungstaktischer Ironie«; dabei habe Baudelaires »Furcht vor Deutlichkeiten« ihn »ins Zwielicht geraten lassen.« (23 f.) Ich meine, daß die Zwiespältigkeit Baudelaires objektiv gegeben war. Die Verteidigung des Bourgeois gegen die Verunglimpfungen durch die jungen Künstler im »Salon von 1845« (II, 351), die Verteidigung des Bourgeois und seines Bedürfnisses nach Poesie im »Salon von 1846« halte ich sowohl für ironisch wie auch für echt. In den »Ratschlägen an junge Schriftsteller« (wo auch der Bourgeois verteidigt wird), wird der Literat als Kaufmann geschildert. Baudelaire wirkt hier ganz realitätsnahe und praktisch (was z. B. auch in der Erwähnung einer Unterstützungskasse für Maler zum Ausdruck kommt; in: Musée classique du Bazaar Bonne Nouvelle, II, 408). Es passen zu dieser Position die Hinweise auf den »aufgeklärten liberal-väterlichen Geist des Königs«, dem man »den Genuß von sechs Museen verdanke« (am Anfang des »Salon von 1845«, ähnlich in der Widmung des »Salon von 1846«). Wenn Benjamin im Anschluß an das Gedicht »Ich habe als Mätresse«, wo Baudelaire sagt, daß er als Autor seine »Gedanken verkaufe«, schreibt, der Literat »begibt sich auf den Markt«, »um einen Käufer zu finden« (34), so paßt diese Beobachtung zu den erwähnten Stellen. – Oehler interpretiert die Episode im »Salon von 1846«, wo der Polizist auf den Republikaner und Anarchisten einschlägt, als völlig ironisch, sie zeige Baudelaires Sympathie für den Aufruhr und nehme »Prügeln wir die Armen!« vorweg (35 ff.). Meines Erachtens setzt Oehler hier eine »Idee«, die »in der Tiefe des Verstandes eingeschlossen« war (wie es in dem Prosagedicht heißt) und erst zwanzig Jahre später auftauchen wird, an die Stelle des damaligen Textes (man könnte sagen, Oehler gibt eine verschleierte psychoanalytische Interpretation). Der Text steht ganz im Einklang mit der Position der Fourieristen, die die Gewalt ablehnten und durchaus für den »Luxus« und die »Düfte« eintraten. Baudelaire wendet sich hier, wie die Fourieristen, gegen die Anhänger Blanquis bzw. gegen die Babouvisten; er hat die Vorstellung des *»rohen* Kommunismus« im Auge, gegen den sich zur gleichen Zeit auch Marx wandte (Erg. Bd.

I, 535). (Vgl. zu Oehler die detaillierte Kritik Stenzels, 94 ff.). – Baudelaires schwankende Haltung zeigt sich auch in »La Fanfarlo«. (Die Novelle erinnert stilistisch an Gautier). S. Cramer, ein Dichter, der unter dem weiblichen Pseudonym Manuela de Monteverde einen Gedichtband »Die Seeadler« veröffentlichte, ist ein Leser Swedenborgs und erscheint dem Autor als »Gott der Impotenz«, »ein moderner und hermaphroditischer Gott«. Am Ende heißt es: »Arme Manuela de Monteverde. Er ist sehr tief gefallen. Ich habe kürzlich erfahren, daß er eine sozialistische Zeitung gegründet hat und sich in die Politik begeben wolle.«

17 Vielleicht war der Selbstmordversuch nur vorgetäuscht; so z. B. Porché, wogegen sich Enid Starkie wandte (Baudelaire, London 1957, 150). Baudelaire stach sich ein Messer in die Brust.

18 Man wird hier wieder auf den Unterschied zwischen einer privaten Phantasie und der Dichtung verweisen. Baudelaire verwandelte die »Entmannung« (Butor 79) in Dichtung, d. h. er antwortet auf die Niederlage mit einer Gegenoffensive, indem er öffentlich den »Paranoikern« (Deleuze/Guattari 79) sagt: Ich gehöre nicht zu euch, ich akzeptiere eure Rollenzuweisungen nicht, ich erbaue eine andere Welt! Vgl. Georges Bataille, La littérature et le mal 1967, 62.

19 Man könnte hier auf Lucien Goldmanns Konzept der »sozialen Gruppe« verweisen (z. B. in Recherches dialectiques, Paris 1959, 146 ff.) und dessen psychologische Bedeutsamkeit betrachten, etwa mit Erik H. Erikson: Er erwähnt im Reifungsprozeß »die nächsthöhere Form der Identifikation, nämlich die Solidarität, die normale Identitäten zusammenhält.« Identität und Lebenszyklus, Frankf. 1966, 202. – Einen gewissen Einblick in die Situation, aus der »Lesbos« entstand, gibt das Gedicht »Tous imberbes alors«, wo vier Zeilen von »Lesbos« erscheinen. Das Gedicht stand in einem Brief, den Baudelaire zwischen Sept. 1844 und Juli 1845 (vgl. Pichois I, 1237. Zwischen der Verhängung der Vormundschaft und dem Selbstmordversuch!) an Sainte-Beuve schickte. (Im Brief vom 6. Mai 1861 schreibt Baudelaire vom »schrecklichen Zustand« des »Herbstes 1844«!) Das Gedicht hat etwas Chaotisches. Düstere Erinnerungen an die Schulzeit, an einsame Träumereien von damals werden berichtet; Diderots »La Religieuse« wird erwähnt. Es folgen die »Mädchen, die sich vor dem Spiegel liebkosen« (wie in »Lesbos«, Str. 4). Dann kommen Hinweise auf Sainte-Beuves Roman »Volupté«, der den Dichter daran erinnert, daß er sich schon mit fünfzehn Jahren »zum Abgrund hingezogen« fühlte; er »sog das süße Flüstern toter Erinnerungen ein«. Es folgen Anspielungen auf Baudelaires Indienreise. Am Ende sagt der Dichter, er sei dem Adressaten gegenüber »wie ein Liebhaber«. Der Schluß bringt das Bild des »durchbohrten Herzens, das täglich stirbt und dabei den Pfeil segnet.« Man kann diesen Brief mit dem Gedicht als eine erste Reaktion auf die Vormundschaft ansehen, als einen Hilferuf (analog zum Brief an Hugo von 1840, der auch eine Liebeserklä-

rung enthält und als Hilferuf beim ersten Konflikt mit der Familie gelten kann). Das Gedicht beschreibt Baudelaires Lage, den Sturz in die Depression, die Regression in die Vergangenheit. Was ihm dann weiterhalf, war nicht Sainte-Beuve, sondern die »obszöne und schmerzliche Geschichte« der Religieuse von Diderot, wo die lesbische Liebe erscheint, was dann zu den Zeilen führt, die in »Lesbos« aufgenommen werden: Baudelaire fühlte sich entmannt (wie es Butor sah), er versank in sich selbst und fand in seiner Schulzeit Phantasien, wo er sich als Mädchen vorgestellt hatte; diese Phantasien hatten wieder sehr frühe Wurzeln. Aus diesem Keim wurde dann, mit Hilfe Fouriers, die Utopie von »Lesbos« aufgebaut. – Das Gedicht erinnert durch die Atmosphäre bzw. Örtlichkeit (eingesperrt in ein altes Gemäuer) mit den Motiven der »Einsamkeit« und der »Melancholie« an das Gedicht »Über den Tasso im Gefängnis von Eugène Delacroix« vom Februar 1844; ob sich damals das Unheil schon anbahnte? – Ich frage mich, ob das Gedicht »Das lebendige Grab« (später »Der schlechte Mönch«) nicht auch von 1844 stammt. Die Datierung auf 1842 oder 1843 ist nicht ganz sicher (I, 856). Pichois weist auf das Gedicht »Melancholia« von Gautier und dies klingt auch in »Tous imberbes« an.

20 Vielleicht geht es nur dem heutigen Leser so. Ich weiß nicht, ob diese Gedichte für die Zeitgenossen auf den Frühsozialismus wiesen. Wie schwer diese politischen Bezüge von damals heute erkennbar sind, zeigt sich durch die Arbeiten von Pierre Barbéris; etwa wenn er den Einfluß von Saint-Simon auf Balzac herausstellt, der vorher nicht wahrgenommen wurde. (Balzac et le mal du siècle, 872 ff.)

21 Die Fourieristen waren puritanisch geworden. Ihre Zeitschrift »La Démocratie pacifique« wies Ende 1843 (oder später) einen Text Baudelaires wegen »Unmoral« zurück. Corr. I, 103 und 752. – Die »orthodoxen Fourieristen der ›Démocratie pacifique‹, die bei all ihrer Orthodoxie die geraden Antipoden Fouriers, doktrinäre Bourgeois sind«, schrieben Marx und Engels 1845. 3, 449.

22 Vgl. Robert von Ranke-Graves, Griechische Mythologie, Reinbek 1976, I, 69 und 119; II, 119 ff.

23 Herbert Marcuse, Marxismus und Feminismus, in: Jahrbuch Politik 6, Berlin 1974, 88. Vgl. Waltraud Gölters Kritik an diesen von mir übernommenen Ideen, in: RZL 1978, 115 ff.

24 Marcuse, Triebstruktur 168. (Die regressiv-symbiotischen Sehnsüchte, die Marcuse hier formuliert, sind freilich – außerhalb der Theorie – nicht unproblematisch.) – Vgl. noch ebd. 158: »Von Plato bis zu den Schund- und Schmutzgesetzen unserer Tage hat die Diffamierung des Lustprinzips ihre unwiderstehliche Macht bewiesen; Widerstand gegen solch eine Diffamierung verfällt leicht der Lächerlichkeit.«

25 Marcuse, Triebstruktur 169 f. – Im Aufsatz »Marxismus und Feminismus« (s. Anm. 23) erwähnt Marcuse »die legendäre Vorstel-

lung vom Androgynismus« (93). Benjamin schreibt vom Saint-Simonismus, er habe »in seinen kultischen Velleitäten oft die Idee der Androgyne verwertet«. (98). Man kann folgern, daß es Anregungen durch die Frühsozialisten waren, die es Baudelaires Phantasie erlaubten, die von der Gesellschaft vorgegebene starre männliche Rolle zu verlassen und die ursprüngliche Bisexualität des Kindes wiederzufinden, jene (wie Freud sagt) »Unabhängigkeit der Objektwahl vom Geschlecht des Objekts, die gleich freie Verfügung über männliche und weibliche Objekte wie sie im Kindesalter, in primitiven Zuständen und frühhistorischen Zeiten zu beobachten ist« (Freud, Drei Abhandlungen, bei Wolff 23) und damit auch, mit Wolff zu sprechen, die »Fähigkeit, weibliche in männliche Gefühle zu verwandeln, und umgekehrt«, worin sie einen der »Vorteile der weiblichen Homosexualität« sieht (42).

LIMBUS (1848-1851)

1 Vgl. Léon Cellier, Baudelaire et »Les Limbes«, in: Studi Francesi 1964, 437 ff. – Cellier kritisiert Butor, der Baudelaires »Limbus« mit Fourier in Verbindung brachte, als zu optimistisch und betont die Bezüge zu Dante und zum Credo. Vgl. Stenzel 136 ff. – Vgl. Karl Vossler, Die göttliche Komödie, Heidelberg 1925, II, 656 f.: Im »ersten Höllenkreis« ist »Virgil zu Hause«; er berichtet »die Geschichte des Limbus, der in diesem Kreis lokalisiert ist. (. . .) Nachdem durch Christi Höllenfahrt die Erzväter des Alten Testaments aus dem Limbus in das Paradies erhoben sind, können, der christlichen Theologie zufolge, sich dort nur die ungetauften Kinder noch befinden, embryonale Wesen, die gestorben sind, bevor sie Zeit zu sündigen hatten.« Im »Limbus« ist »die *heldenhafte* Unschuld zu einem elegischen Elysium gestaltet. Der Held dieser Elegie ist Virgilius selbst.« Dante erblickt dort »Kämpfer und Kämpferinnen: Elektra, Hektor, Aeneas, Caesar usw., sodann die Helden des Gedankens: Aristoteles, Sokrates, Platon«. Über Dante und Vergil gibt es Verbindungslinien von »Pariser Landschaft« über »Der Schwan« bis zu »Prügeln wir die Armen!« (und auch zu den Foetussen aus dem Traum vom 15. 3. 1856). »In Vergil werde ich die ganze Bosheit und den ganzen Schmutz dieser Welt vergessen.« Brief vom 20. Nov. 1839.

2 Charles Fourier, Theorie der vier Bewegungen und der allgemeinen Bestimmungen, Frankf. 1966, bei 88.

3 Fourier, La Fausse Industrie, I, 59; zit. nach Peter Hambly, The Structure of ›Les Fleurs du Mal‹: another suggestion, in: Australian Journal of French Studies, Vol. 8, 1971, 281.

4 Delacroix' »Lady Macbeth« wurde im Dezember 1850 ausgestellt

(Pichois I, 873), wodurch meines Erachtens das Gedicht datiert wird und sich auch als das späteste der elf Gedichte verstehen läßt. – Mit der »Nacht« und den »Titanen« werden die Mythen evoziert, die die Kämpfe zwischen Matriarchat und Patriarchat schildern (wie schon in der »Lesbos«-Phase). Auch die »Danaiden« in »Das Faß des Hasses« gehören in diesen Bereich. Vgl. Ranke-Graves I, 179 ff. (die Massenhochzeit).

5 Ich stütze mich bei meiner Interpretation fast ausschließlich auf Marx und Engels, da sie die historischen Ereignisse am besten erfaßten, und auch, da sie *als Zeitgenossen* reagierten. Zum Vergleich und zur Überprüfung habe ich noch herangezogen: Duveau, Dautry, Agulhen.

6 Vgl. Charles Toubin, Souvenirs d'un septuagénaire, übers. von F. Ph. Ingold, in: Baudelaire im Urteil seiner Zeitgenossen, Frankf. 1969. (Auch in Baudelaire 1848, 22 ff.)

7 Zumal die Teile, die die christlichen Ideen enthalten, stammen meines Erachtens von Baudelaire. Champfleury war ein satirischer Realist mit sehr rationalen Zügen. Toubin lieferte offenbar nur das Geld (vgl. seinen Bericht. Anm. 6). Bei Baudelaire dagegen wird Christus eine wichtige Rolle spielen: »Züchtigung des Stolzes«, »Die Verleugnung des heiligen Petrus«, »Segen«. Die Passage über den Christus von der Kirche Saint-Roche scheint aus »La Presse« übernommen, aber eben von Baudelaire. Vgl. Crépet in der Conard-Ausgabe, Bd. I der Juvenilia, Œuvres posthumes, Reliquae 532. – Crépet meint, daß die Stelle über »L'Ami du Peuple« wegen der Kritik an Raspail nicht von Baudelaire stamme, aber vielleicht war es die erste Nummer, die Baudelaire an Raspail überbrachte? Dazwischen lag sein Besuch in Blanquis Club.

8 So im Katalog der Ausstellung »Kunst der bürgerlichen Revolution von 1830 bis 1848/49«, Berlin 1972, 53. Die Quelle dieser Information ist dort nicht angegeben, wahrscheinlich ist es Aragon, Das Beispiel Courbet, Dresden 1956, 41 (wo freilich auch keine weitere Quelle angegeben ist). Dort auch die ursprüngliche Fassung von Courbets Stich.

9 Vgl. Mouquet/Bandy 13. Auf der endgültigen Liste vom 10. März fehlt Baudelaires Name. Vermutlich war Baudelaire am 27. 2. durch Blanqui fasziniert gewesen und hatte sich auf die Liste der »affiliés« eingetragen, die am 28. 2. veröffentlicht wurde, war dann zurückgeschreckt und nahm seine vorherige Position wieder ein, die nun verdeutlicht wurde (durch die Veränderung der Fahne). In der zweiten Nummer wird dann Raspail und »sein berühmter Chef« (II, 1036) kritisiert, womit wohl Blanqui gemeint ist (Pichois gibt keine Erklärung).

10 In Höppner II, 522.

11 Zu Letzterem vgl. Pichois II, 1557; auch Ruff zu Lacordaire (226).

12 Zur falschen politischen Situierung der »Tribune nationale« durch Mouquet/Bandy (39 und 31) vgl. Marcel Ruff, La Pensée politique

et sociale de Baudelaire, in: Littérature et société, Recueil d'études présenté à Bernard Guyon, Paris 1973, 65 ff. – Ruffs Situierung des »Salut public« auf der »extremen Linken« von »Blanqui und Raspail« ist aber falsch. – Zur Position des »Salut public« paßt die von Toubin berichtete Anekdote vom April 1848: Auf einer Wahlversammlung fragte Baudelaire den Redner Alphonse Esquiros, »ob ihm die Interessen des Kleinhandels nicht eben so heilig erschienen wie die der Arbeiterklasse?« (Bei Mouquet/Bandy 21) Baudelaire erscheint hier als Vertreter des Kleinbürgertums (als Bündnispartner der Arbeiterklasse), ganz ähnlich wie in den Salons von 1845 und 1846. Vgl. Anm. 16 zu S. 64.

13 Mouquet/Bandy 269. Ruff vermutet, diese Passage stamme von Baudelaire (La Pensée 70. S. Anm. 12) – Eine genauere Darstellung der Tribune bei Hartmut Stenzel, 124 ff. – Interessant noch aus der »Tribune nationale«: »Ohne Arbeit keine Ordnung« (Mouquet/Bandy 269). Es geht hier um das »Recht auf Arbeit«, das Marx die »erste unbeholfene Formel« nannte, »worin sich die revolutionären Ansprüche des Proletariats zusammenfassen.« (7, 41 f.) »Fraternité« und »égalité« sollen keine leeren Formeln bleiben, sondern sich durch die »materielle Emanzipation« verwirklichen. Mouquet/Bandy 95 f.

14 Vgl. Baudelaire 1848, 69 ff.

15 Wie der Bericht von LeVavasseur zeigt. Er findet sich in Eugène Crépet, Baudelaire, Paris 1907, 82; auch bei Mouquet/Bandy 43 und in Baudelaire 1848, 24. Dieser zentrale Text wurde von Kopp/Pichois nicht in den Band »Baudelaire devant ses contemporains« aufgenommen. Benjamin, Sartre und Butor erwähnen ihn nicht. – Baudelaire spricht von de Flotte, dazu Marx 7, 91. Crépet bringt dazu eine Notiz von Champfleury: »De Flotte gehörte mit Wronski, Blanqui, Swedenborg, etc. in das etwas bizarre Pantheon, das sich Baudelaire erbaute, wobei er seiner Lektüre, den Tagesereignissen und der Berühmtheit folgte, die manche Leute schlagartig gewannen.«

16 In II, 1062 f.; auch in Baudelaire 1848, 71 f. – Baudelaires Beurteilung des Aufstands als »gratuite«, »sinnlos«, hatte eine gewisse Berechtigung: »Von der Bourgeoisie wurde das Pariser Proletariat zur Juniinsurrektion *gezwungen*. Schon darin lag sein Verdammungsurteil.« Marx 7, 33. (1850 geschrieben!)

17 MEW 4, 488 f. – Der »Antagonismus« wird in der »Tribune nationale« erwähnt (Mouquet/Bandy 90 f.); gegen die »Ideen des Antagonismus« wendet sich der Artikel »An die Arbeiter« im »Représentant de L'Indre«. (Er fehlt in der Ausgabe von Pichois; er ist enthalten in der Baudelaire-Ausgabe von Yves Florenne, Paris 1966, Bd. 1, 460). – Stenzel betont Baudelaires Entwicklung zu Proudhon hin und kritisiert dessen Einschätzung durch Marx und Engels, doch traf diese im Juni zu. Baudelaire verurteilt den Juni (auch im Dupontaufsatz).

18 So auch Benjamin (11) und Sartre (101). Über die Gewichtigkeit dieser Anekdote vgl. Ruff, La Pensée 67.

19 Stern III, 239; Baudelaire 1848, 68.

20 Die Tatsache, daß Baudelaire »Le Salut public« sowohl dem Pariser Erzbischof Affre (der im Juni beim Versuch, zu vermitteln, getötet wurde), wie auch dem Sozialisten Raspail (»für den er grenzenlose Zärtlichkeit und Bewunderung kundgab, seitdem er ›L'Ami du Peuple‹ gelesen hatte«. Toubin, bei Mouquet/Bandy 19) überbrachte, gewinnt eine psychologische Bedeutung.

21 Neues Testament, Evangelium des Johannes, 10, 30.

22 »Er selbst fühlte sich als der von Gott auserwählte Erlöser der Menschheit«. Elisabeth Lenk, Einleitung zu Fourier, Theorie der vier Bewegungen, 10. Sie zitiert dort Fourier: »Es ist nicht das erste Mal, daß Gott (. . .) den Unbekannten auserwählt, um der Welt die wichtigste Botschaft zu bringen.« (Quatre mouvements 1841, I, 152).

23 »Hölderlin hat sich zumindest eine Zeitlang als Religionsstifter betrachtet.« Pierre Bertaux, Hölderlin und die französische Revolution, Frankf. 1969, 64. (Vgl. das ganze Kapitel »Die Neue Religion«). Das Thema »Vox populi – Vox Dei« (»Salut public«) gibt es auch bei Hölderlin (Bertaux 135); dazu der »Opfertod« (127), vgl. unten S. 80 und I, 680.

24 Ernst Topitsch, Gottwerdung und Revolution, Pullach 1973, 27.

25 Allmachtsphantasien dieser Art können sich auch mit faschistischen Bewegungen verbinden. Vgl. A. und M. Mitscherlich, Die Unfähigkeit zu trauern, München 1967, 34; das Kapitel »Gebiß aus Donnerkeil« in meinem Buch Gottfried Benns Phantasiewelt.

26 Vgl. Marx 7, 17 ff., Duveau 71, sowie die Beschreibungen von Stern, und von Flaubert (in der Education sentimentale).

27 Freud schrieb, »daß dort, wo ein kräftiger Anstoß zur Massenbildung erfolgt ist, die Neurosen zurücktreten und wenigstens für eine Zeitlang schwinden können.« XIII, 159. – Baudelaire löste sich aus der Abhängigkeit von der Mutter (an die er sich im Brief vom 6. 12. 1847 noch klammerte) und ersetzte sie als Bezugsperson durch das »Volk« (man könnte sagen, durch die ›peer-group‹ der Gleichaltrigen); er wurde Journalist und versuchte so, sich ökonomisch unabhängig zu machen.

28 Benjamin 119 und 121. (Diese These wäre weiter zu bedenken.) – Baudelaire wurde von vornherein durch Emotionen (und Phantasien) zum Juni (auch wohl schon zum 15. Mai) geführt: Es trieb ihn die Neugier (wie im »Salon von 1846«), die »natürliche Liebe zum Verbrechen« (I, 679), der Haß auf die Ungerechtigkeit, die Solidarität mit den Armen, die Hoffnung auf das Neue. Angesichts des Gemetzels am Ende konnte er seine Handlungen nicht rechtfertigen, da ihm seine theoretische Position keine Möglichkeit dazu lieferte.

29 Nach Dictionnaire biographique du mouvement ouvrier français,

Paris 1964 ff. (Vgl. Baudelaire 1848, 62.)

30 Das Gedicht geht kurioserweise auf einen Artikel vom 15. Oktober 1848 zurück, in dem gegen die Hegelianer und gegen Proudhon polemisiert wird. So hätte Baudelaire hier Proudhon als Verkörperung der Revolution gesehen. Pichois spricht von der »luziferischen Thematik« (I, 870); sie deutet sich hier schon an, wird aber erst nach dem Staatsstreich virulent.

31 Pichois erwähnt (I, 974), daß die »Sterblichkeit« schon in »La Fanfarlo« von 1847 erschien. Natürlich hatte Baudelaire Bilder des Elends schon früher gesehen wie auch die Aufstände von 1834 und 1839; doch ist die frühe Stelle noch ironisch (»joyeusement«).

32 Die »alte Wassersüchtige« wird weder von Pichois noch von Crépet/Blin kommentiert. Gehört sie mit dem »alten Dichter« zusammen, der vielleicht der »Seele meines Ahnen« aus Saint-Amants »Les Visions« entstammt? (Pichois I, 974) Ein psychisches Szenarium könnte hier sichtbar werden.

33 Butor schreibt, »daß die Menge als Ganze in ihrer Explosion eine Pythia, eine Megäre wird« (107). Aber dies Erlebnis ist vom Juni her zu verstehen, wo sich diese Megäre dann scheinbar gegen Baudelaire wandte.

34 Vgl. Pichois I, 873. Er sagt dort, daß schon Stendhal Lady Macbeth und Michelangelo assoziiert habe, als »Symbole der Energie«.

35 In diesem äußerst seltsamen Aufsatz (der mit der Erwähnung der Februarrevolution beginnt) polemisiert Baudelaire gegen Literaten, die von der Antike träumen. »Die Stadt ist völlig durcheinander. Die Geschäfte schließen, die Frauen machen in Eile ihre Einkäufe. Die Straßen verlieren ihr Pflaster, alle Herzen sind durch die Angst vor einem großen Ereignis zusammengeschnürt. Das Pflaster wird bald mit Blut überschwemmt werden.« (II, 46) Diese Stelle kann sich nur auf den 2. Dezember beziehen. Voltaire wird als »Mann der Tat« verteidigt; Heine und »seine Literatur, die von materialistischer Sentimentalität angefault« ist, wird abgewertet. (Das könnte von ›links‹ her gesagt sein; Marx erwähnt Proudhons »Widerwillen gegen die sozialistische Gefühlsduselei« und ist darin mit ihm »völlig einverstanden«. 4, 556) Es scheint Baudelaire, als habe er »einen schlechten Traum«; er bekommt »Götter auf den Kopf wie Schornsteine«, eine »Menge von Idolen (...) fallen mit ihm, verfolgen ihn in seinem Fall, stoßen ihn und zerschlagen ihm Kopf und Hüften.« Ein Reflex der Katastrophe scheint hier erkennbar (s. unten) vermischt mit Ideen der Position vor dem 2. Dezember (den »Idolen«).

36 Baudelaire zitiert hier aus Proudhons Avertissement aux propriétaires von 1841. Vgl. II, 1094.

37 Baudelaire sagt, Dupont habe »ein einziges Mal, vielleicht unabsichtlich, die Nützlichkeit des Geistes der Zerstörung konstatiert; dies Geständnis ist ihm entschlüpft, aber man sehe mit welchen Worten: ›Das Schwert wird das Schwert zerbrechen/Und aus dem

Kampf wird die Liebe entstehen!« Es ist wohl Baudelaire selbst, dem fast ein Geständnis entschlüpft wäre (vgl. seinen »Hang zur Zerstörung«).

38 Einzelheiten zu Proudhons Verhalten von 1848-1851 bei Armand Cuvillier, Hommes et idéologies de 1840, Paris 1956, 145 ff. (»Marx et Proudhon«). – In dem Aufsatz »The Poet as Moralist« (in: Studies in Modern French Literature, presented to P. Mansel Jones, Manchester, 1961, 197 ff.) nennt Leakey Baudelaires Haltung von 1848-1851, wie sie auch im Dupont-Aufsatz erscheint, eine »Rückkehr zu moralischer und ästhetischer Konformität«. Grotesk. – Zu erwähnen ist noch Baudelaires Mitarbeit an »La République du Peuple, Almanaque démocratique«. Vgl. Crépet-Blin-Pichois 536.

39 Hubert hat diesen Aspekt gut gezeigt. Auch Galand.

40 Frégier (s. Anm. 39 von S. 45). – Auch im Dupont-Aufsatz heißt es: In den Arbeitervierteln »wohnen die einfachsten und höchsten Tugenden neben den verhärtetsten Lastern und dem Auswurf des Bagno«. II, 31.

41 Diese Symbolik erscheint später in »An den Leser«. – »Mit *wilden Tieren* symbolisiert die Traumarbeit in der Regel leidenschaftliche Triebe, (. . .) vor denen der Träumer sich fürchtet«; sie dienen der Darstellung der »durch Verdrängung bekämpften Libido.« Freud II/III, 414.

42 II, 1062. – »Jede Revolution hat als Beigabe das Massaker der Unschuldigen.« I, 710. Von 1854? Vgl. I, 1515.

43 Le Dantec 1238 und II, 1062. – Die Lieder Duponts sind »für alle, die die Poesie lieben, für den Trost der Familie, für die Feier der Gastlichkeit, zur Erheiterung der Winterabende« (II, 35). Diese Gedanken erinnern an die Widmung des »Salon von 1846«, wo Baudelaire schreibt, daß auch der Bourgeois die Poesie braucht.

44 In »Die gesprungene Glocke« träumte der Dichter im Winter und hörte den Glocken zu, wie in »Pariser Landschaft«; in beiden »rührt er sich nicht«.

45 Benjamin 135.

46 Erst im Oktober 1851 scheint dieser unverwüstliche Optimismus zu Ende zu sein; vgl. 8, 5.

47 »Der Tod der Armen« und »Das Lösegeld« sind christlich resigniert und lassen sich als Fortsetzung lesen; es scheint sich hier schon der Weg zu den Sabatier-Gedichten anzudeuten.

48 Vgl. etwa M. Klein über den oralen Sadismus (133 ff., 263 f.) – Ludwig Binswanger sieht in dem Gedicht eine Darstellung des »Schrecklichen«, wie es im »Verfolgungswahn« der Schizophrenie erlebt wird; in der »Wahnfabel« der Schizophrenen Susanne Urban stieß er auch auf »Schmutz und Kot, auf offene Wunden durch abgeschnittene Nasen und Glieder«, was in der »sozialen Vernichtung« gipfelt. »Was wir in dem Gedicht vermissen, ist der *Anlaß* für den Ausbruch des Schrecklichen aus dem Dasein in Form einer

Urszene«. Schizophrenie, Pfullingen 1957, 420. – Es liegt nahe, Baudelaires Bilder mit Lacans Vorstellung vom »zerstückelten Körper« in Zusammenhang zu bringen. (Schriften I, Frankf. 1975, 67). Aber vgl. dazu Lorenzer, »Lacan und/oder Marx«, in: Sprachspiel 177.

49 Man wird hier die »Identifizierung mit dem Aggressor« konstatieren. Anna Freud, Das Ich und die Abwehrmechanismen, München o. J. Hier liegt eine der Wurzeln von Baudelaires psychischer Struktur. (Die Paradoxien des ›double bind‹ wären hier zu bedenken.)

50 Dies Gedicht ähnelt den beiden Gedichten über den Tod der ersten »Limbus«-Serie, doch hat es einen anderen Stellenwert.

51 Proudhon schrieb 1849 über den Wahlsieg von Louis Bonaparte am 20. Dezember 1848: »O Vorhersehung! du hast gesiegt; deine Wege sind unerforschlich! (...) Wahrlich, ich sage euch: Die Rolle des Präsidenten der Republik stand im Buch des Schicksals vorgeschrieben.« Bekenntnisse eines Revolutionärs, hrsg. G. Hillmann, Reinbek 1969, 173. (Die Stelle mag ironisch sein, nach 1851 war sie es für Baudelaire nicht mehr.)

52 »Jesus wurde der Proletarier Jesus«. J. Bruhat in Histoire littéraire, II, 477. Auch F. P. Bowman, ebd. 414. – Der Februar »stand unter dem Zeichen des Sansculotten Jesus, des Proletariers von Nazareth.« Duveau 108.

53 Baudelaire spricht in dem Aufsatz von Dupont, aber zugleich auch von sich selbst, wie viele Stellen erkennen lassen. Am Ende des Aufsatzes heißt es: »Um sich das Werk richtig zu vergegenwärtigen, muß man *in die Haut* des geschaffenen Wesens *eingehen* (...) und es so stark fühlen, daß es scheint, es sei das eigene Werk.« Am Anfang schrieb Baudelaire, der Dichter solle zeigen, daß die »gleichen Elemente der Vollkommenheit auch für den Leser existieren.«

54 Man kann sich den Vorgang psychologisch erklären: Eben weil die Identifizierung mit Christus nun abgelegt wurde, kann das Bild des ›Größen-Selbst‹ ins Bewußtsein treten, da es nun weniger bedrohlich geworden ist. – Die politische Schicht des Gedichts zeigt Stenzel 158 ff.

55 Baudelaire sah diesen Flügel wohl als Babouvismus (vgl. I, 695), bzw. als »rohen Kommunismus« (Marx Erg. Bd. I, 535. s. oben S. 64, Anm. 16). – Baudelaires Ängste ähneln denen Heines in den »Geständnissen« und der Vorrede zu »Lutetia«. Vgl. dazu Dolf Oehler, Heines Genauigkeit. Und zwei komplementäre Stereotypen über das Wesen der proletarischen Massen, in: Diskussion Deutsch 35/1977. (So ganz unberechtigt waren solche Ängste wohl nicht. Was wäre mit den beiden Dichtern unter Stalin passiert?)

56 Es werden hier gesellschaftliche, d. h. klassenmäßige Ursachen für die Wahnsinnsbilder sichtbar. Zu dieser Thematik vgl. Josef Gabel, Ideologie und Schizophrenie, Formen der Entfremdung, Frankf. 1967, 285 f. (zu Binswanger).

57 Die Kritiker vermuten, daß »Die Lust« (= »Die Zerstörung«), »Der Blutbrunnen«, »Eine Reise nach Cythere« schon vor 1848 entstanden sind (I, 1057, 1063, 1076). Ich halte es für möglich, daß Baudelaire Entwürfe zu diesen Gedichten aus jener Zeit hatte und sie nun wieder aufnahm. Baudelaires Entwicklung läßt sich als eine Serie von Choks verstehen, wo jeweils bestimmte Bilder immer wieder virulent wurden. – »Die Lust« wird mit Sainte-Beuves »Volupté« in Verbindung gebracht, das auch in »Tous imberbes« erschien (s. oben Anm. 19 von S. 65). »Der Blutbrunnen« hat Ähnlichkeit mit »An Théodore de Banville« von Anfang Juli 1845; dort heißt es, »das Blut flieht uns aus den Poren«. Es war die Zeit des Selbstmordversuchs (30. Juni 1845). Pichois (I, 1063) spricht hier von einer »Mythologie der Onanie«. Léon Bopp meinte, »Die Lust« sei ein Gedicht über die »Onanie« (Psychologie des ›Fleurs du Mal‹, Genf 1964, Bd. III, 389). Die Mädchen, die sich vor dem Spiegel liebkosen (»Tous imberbes«) könnten auch darauf deuten. Aber Baudelaire fand dann die hoffnungsvolle Perspektive der Frühsozialisten und aus Cythere, der Insel der Liebe mit dem Gehenkten, wurde Lesbos.

58 Es geht vom »Aufruhr« wieder zu den »Toten« von »Pariser Landschaft«. – Die Manie schlägt um in Melancholie und die Identifizierung endet nun damit, daß das einverleibte Objekt scheußlich wird. – »Das Objekt« wurde »aufgegeben«, »weil es sich der Liebe unwürdig gezeigt hatte. (...) Die Vorwürfe und Aggressionen gegen das Objekt kommen als melancholische Selbstvorwürfe zum Vorschein.« Freud XIII, 149. Butor (103) und Balaschow (14) leiten Baudelaires Abwendung von seiner früheren Position aus der »Enttäuschung« durch die Arbeiter her; ich versuche, die seelische Wirkung der Enttäuschung zu zeigen.

59 Butor beschrieb die Wichtigkeit Poes für Baudelaire bei der Herausbildung der neuen Position nach 1851; er konnte auf diese Weise eine gewisse Kontinuität bewahren (182). Über Poes Einfluß auf den späten Baudelaire vgl. mein Nachwort zu Marie Bonaparte, Edgar Poe, Frankf. 1980.

60 Vgl. I, 859; auch I, 861: Baudelaire hatte auf das Manuskript die Maxime des Hippokrates geschrieben: »Vita brevis, ars longa« und Pichois sagt, daß mit »Kunst« hier »die menschliche Tätigkeit, die Tat in jeglicher Form« gemeint sei. – Das Porträt Blanquis in Baudelaire 1848, 4.

Die Blumen des Bösen (1852-1857)

1 Die Sabatier-Gedichte sind datiert. Die Gedichte über Satan lassen sich als entwicklungslogische Folge verstehen.

2 »Beichte« wirkt wie eine realistische Ahnung, wer Mme Sabatier

eigentlich war (»der harte Beruf, schöne Frau zu sein« usw.), bevor Baudelaire völlig in seine Phantasie hineingeht.

3 »Die Berufungen« seien der »geeignetste Text zur Grundlage einer Psychoanalyse des Dichters«, schreibt Lemaître (156; auch 157). Vgl. Kopp 308. – Baudelaires »erste Erregung war mit Mariette verbunden.« Pichois I, 1038. Die »erste genitale Erregung«, schreibt Mauron 86.

4 Über die Unterschiede von bürgerlicher und proletarischer Sexualerziehung vgl. Freud XI, 366 f. (s. unten Anm. 37 von S. 172)

5 Nach Freud heißt die eigentliche Frage der Sphinx: »Woher kommen die Kinder?« (Drei Abhandlungen 67). Für Baudelaire hieß die Antwort: von Aupick (s. oben S. 39). Dies Wissen bedeutete auch eine Entzauberung der Mutter.

6 Die Beziehung zu Marie Daubrun spielt mit hinein, ist aber nur ein äußerer Anlaß.

7 Zur ›sadistischen Auffassung des Koitus‹ vgl. Freud VII, 182. George Blin wies bereits darauf hin, Le Sadisme de Baudelaire, Paris 1948, 18 und 36.

8 Baudelaire hat später in »Die Menge« den Vorgang der Identifizierung als ein »Eingehen in andere« bezeichnet und im Tagebuch diese Vorstellung auf die genitale Ebene übertragen: »Ficken heißt danach zu streben, in einen anderen einzugehen«. I, 702.

9 Vgl. Pichois, Baudelaire 80 ff. Der Aufsatz wurde also in der Zeit von »Lesbos« entworfen und ist als aktiver Gegenzug zu den lesbischen Phantasien zu verstehen, als Suche nach dem Vater in der Hölle (s. unten). Über das Lachen vgl. Freud, Der Witz und seine Beziehung zum Unbewußten.

10 Der Titel »Die Litaneien Satans« wird schon 1853 erwähnt (I, 1083). Meines Erachtens tauchte diese Idee damals schon auf, doch setzte sie sich erst später durch. Die Annäherung an Satan zeigt sich in dem Gedicht »Das Unsühnbare«. Hier fühlt sich der Dichter als Sterbender, der unter Verwundeten liegt; es deutet sich hier die Szene aus »Die gesprungene Glocke« an. Die »Herberge« erinnert an das »Asyl« aus »Der Tod der Künstler«, dort wurde »die gute Natur« gesucht. Jetzt hat der Teufel die Herrschaft übernommen. »Niedergeworfen« wurde der Dichter in »Die geistige Morgenröte«; jetzt hat Satan von ihm Besitz ergriffen, der sich aus dem vitalen Wurm der 1. Strophe entwickelt hat.

11 Leakey setzt die entscheidende Zäsur in Baudelaires Entwicklung auf Ende 1851, aber erwähnt den Staatsstreich nur im Vorübergehen (103).

12 K. Biermann, Baudelaire als »Théologien de la populace«, in: Französisch heute, Sept. 1979, 189. (»La religion est glorifiée«.)

13 Eine Abbildung in »Wer war Baudelaire«, 84 (auch in Baudelaire 1848, 156). – P. M. Wetherill zeigt, daß die Sabatier-Gedichte weitgehend aus Poe-Zitaten bestehen und daß Baudelaire auch in seiner Beziehung zu Mme Sabatier Poe »nachäffte«. Ch. Baudelaire

et la Poésie d'Edgar Allan Poe, Paris 1962, 150.

14 Théophile Gautier, Oeuvres érotiques, Paris 1953, 38 und 95 ff.

15 Von »Anti-Petrarkismus« spricht Pichois und (mit Ruff) von »Gegen-Idealisierung« (I, 1231) anläßlich von »Ich habe als Mätresse«. Mit den Sabatier-Gedichten ist Baudelaire zu Petrarka zurückgekehrt (Pichois I, 914), was Baudelaire auch selbst schreibt (I, 912).

16 Am 5. März 1852 erwähnt er *»die Trennung«* (Corr. I, 188; er träumt dort auch von »riesigen Kapitalien«), ausführlich dann am 27. März: Es sind »vier Monate«, daß er »daran denkt« (also seit dem Dezember 1851). »Ich habe zehn Jahre meines Lebens in diesem Kampf verbraucht. Alle Illusionen meiner jungen Jahre sind verschwunden.« (Corr. I, 194). Am 26. März 1853: »Vor einem Jahr habe ich mich von Jeanne getrennt«. (Corr. I, 213)

17 MEW 8, 207. Marx zitiert hier einen Satz von Mme Girardin. – Meine Darstellung von Mme Sabatier tut ihr Unrecht, aber Baudelaire verwendete sie in typisierender Weise. (Vgl. Pichois I, 907 f.)

18 Die »Melancholie« zeigt uns »das Ich geteilt, in zwei Stücke zerfällt, von denen das eine gegen das andere wütet. Dies andere Stück ist das durch Introjektion veränderte, das das verlorene Objekt einschließt. Aber auch das Stück, das sich so grausam betätigt, ist uns nicht unbekannt. Es schließt das Gewissen ein«. Freud XIII, 120. – Man kann die Bemerkung von Marx daneben stellen, Proudhon sei »Bourgeois und Volk zugleich.« 4, 556. – Benjamins Bemerkung, die »Masse ist Baudelaire derart innerlich, daß man ihre Schilderung bei ihm vergebens sucht« (128), deutet auf diese Introjiziertheit.

19 Benjamin zitiert dann die Zeilen »Du, der dem Verfemten den ruhigen und stolzen Blick gibst,/der ein ganzes Volk rund um ein Schafott verdammt«. Benjamin sieht also Blanqui auf dem Schafott; vielleicht tat es Baudelaire auch, was auf großen Pessimismus hindeutet bzw. auf Angst vor Strafe. Man kann auch eine Gespaltenheit Baudelaires hier annehmen: Der »Ennui« in »An den Leser« träumt von Schafotten – nun wird er selbst umgebracht (was zu den Assoziationen im Hintergrund paßt: Robespierre, Saint-Just). Die gleiche masochistische Gespaltenheit läßt sich in der Bezeichnung »Adoptivvater« für Satan entdecken, da auf diese Weise Aupick evoziert wird (was Pichois andeutet. I, 1086: »eine biographische Anspielung«). Benjamins Satz, für Baudelaire »spricht der Satan nicht nur für die Unteren, sondern auch für die Oberen« (23) findet so eine kuriose Bestätigung.

20 Pichois weist darauf hin, daß sich »die Litaneien Satans« an Milton anlehnen (I, 1085). Bei »Abel und Kain« weist er auf den »Cain« von Byron und auf Balzacs Vautrin und schreibt weiterhin: »Um 1850 verwandelt sich der Mythos, indem er dazu tendiert, ein Bild des Klassenkampfes zu werden.« Er erwähnt einen Artikel von 1856, wo Kain als Symbol der »Insurrektion« bezeichnet wird (I, 1081) und zitiert Adam, der meint, Baudelaire »kündigt den Sieg

des revolutionären Proletariats an.« Gegenüber diesen Darlegungen behält meines Erachtens Benjamins These von der »Zwiespältigkeit« Satans Recht, denn Baudelaire verharrt im Mythos, bzw. in bereits überholten poetischen Mustern. Das ›revolutionäre Proletariat‹, wie es durch die Anhänger von Blanqui verkörpert wurde, stellte sich selbst in jener Zeit schon anders dar. Vgl. etwa Blanquis Brief an Maillard, Schriften 69 ff.

21 Sartre nannte Baudelaires Satan das »Symbol für ungehorsame, bockige Kinder« 63. – Zu bedenken ist, daß »Abel und Kain« und »Die Litaneien Satans« formal ungewöhnlich sind, eben gebetsartige Reihungen, die nicht einen einheitlichen Phantasieablauf gestalten wie etwa der vierte »Spleen«. – Baudelaire zeigte 1852 politisches Interesse. L. Badesco, in: RSH 21/1957.

22 Vgl. Jean Pommier, La mystique de Baudelaire, Paris 1932.

23 Vgl. dazu z. B. Hanscarl Leuner, Die experimentelle Psychose, Berlin – Göttingen – Heidelberg 1962; R. E. L. Masters/J. Houston, The Varieties of Psychedelic Experience, New York 1967.

24 Vgl. dazu Jürgen Habermas, Bewußtmachende oder rettende Kritik, in: Zur Aktualität Walter Benjamins, hrsg. S. Unseld, Frankf. 1972, 198.

25 Heinz Werner, Intermodale Qualitäten (Synästhesien), in: Handbuch der Psychologie, 1. Bd, 1. Halbb., hrsg. W. Metzger, Göttingen 1966, 278 ff. (299 über die »genetische Ursprünglichkeit intersensorieller Zusammenhänge«.)

26 Galand erläutert die vier »fauligen« Düfte: Ambra entstammt den »Exkrementen des Pottwals«; Moschus ist eine »Ausscheidung einer Drüse beim Geschlechtsorgan des Ziegenbocks«; Benzoe wird in der »Medizin« verwendet; Weihrauch diene dem »Kult«. – Mauron meint, die »Entsprechungen« eröffnen einen Bereich, der »das Innere des Körpers der Mutter« darstelle (Métaphores 141). An anderer Stelle nennt er diese Düfte »recht diabolisch« und spricht von »der Angst vor dem Verlust der Kontrolle« (120). – Das Kind genießt sein eigenes Produkt und weiß, daß sich die Mutter damit beschäftigt und daß es über dieses Medium mit ihr kommunizieren und sie auch beherrschen kann. »Faulig, reich und triumphierend« führt daher zur »Verzückung«, zur Ekstase (wie z. B. Gerhard Hess die »tiefe Erfahrung der correspondances« nennt. Die Landschaft in Baudelaires ›Fleurs du Mal‹, Heidelberg 1953, 99). Später wurden diese Erlebnisse als »Sünde« empfunden. (Hubert spricht von »Sünde«. 155). J. P. Weber bezieht das Gedicht auf die Totenmesse für den Vater (La Genèse de l'oeuvre poétique, Paris 1960, 219), was aber allenfalls eine spätere Überlagerung darstellt. – Bemerkenswert scheint mir, daß das Wort »faulig« in Pommiers La Mystique von 1932 nicht kommentiert wird, obgleich das Buch sich fast nur mit diesem Gedicht befaßt. Auch Chérix sagt 1949 nichts dazu, erst Hubert geht 1953 darauf ein, und bei Galand ist es 1969 zentral geworden.

27 Hubert sagt, der »Wald von Symbolen« sei »Teil der Vergangenheit« des Menschen; Zeile 8 gebe eine »poetische Definition« des »schöpferischen Gedächtnisses« (155). Für Benjamin sind die »correspondances (...) die Data des Eingedenkens. Sie sind keine historischen, sondern Data der Vorgeschichte.« »Vergangenes murmelt in den Entsprechungen mit.« »Eben der Traumwahrnehmung ist die Natur der Tempel«. »Der Geruch ist das unzugängliche Refugium der mémoire involontaire.« (147 ff.) Diese Sätze scheinen mir erst im Rahmen einer psychoanalytischen Interpretation sinnvoll zu werden. (Zu den ›historischen‹ Data s. unten).

28 J. P. Richard sagt, durch den Geruchssinn werde eine »présence« als »absence« erfaßt. Poésie et profondeur, Paris 1955, 107. (Vgl. Sandor Ferenczi, Bausteine zur Psychoanalyse, Bern/Stuttgart 1964, Bd. I, 114). Eine analoge Paradoxie gibt es in der Musik. »Was sie sagt, ist als Erscheinendes bestimmt zugleich und verborgen.« Adorno, Quasi una fantasia, Frankf. 1963, 11.

29 Der Dichter wird gleichsam zum allwissenden Gott, zum Auge des Vaters, das die Mutter sieht. Vgl. Charles Baudouin, La Psychanalyse de l'art, Paris 1929, 118. – Über die sexuelle Bedeutung von Flugträumen vgl. Freud, Vorlesungen, Kap. 10. (Über den narzißtischen Aspekt vgl. Hermann Argelander, Der Flieger, Frankf. 1972.)

30 Was sich auch in der wachsenden Distanzierung des Sprechenden vom Erlebenden zeigt: Zuerst heißt es »mein Geist«, dann »du bewegst dich«. Es folgen Befehle (»Fliege fort«, »Reinige dich«, »trinke«). Hier entsteht Distanz, auch ist das Geschehen erst ein zukünftiges. Schließlich spricht der Dichter nicht mehr sich selbst an, sondern die Rede ist von »Jener, der« und das Geschehen ist nur noch ein mögliches (»kann«). – Diese Paradoxien erwähnt Karl Pestalozzi, Die Entstehung des lyrischen Ich, Berlin 1970, 168 ff. – Zu den Ursprüngen des mystischen Aufstiegs bei primitiven Völkern vgl. Ernst Topitsch, Sozialphilosophie zwischen Ideologie und Wissenschaft, Neuwied 1961, 242. Auch Brown, Life 157 f.

31 Vgl. unten zu »Der Kuchen«.

32 Als eine Ankündigung dieser Etappe läßt sich »Der Feind« verstehen, wo der Dichter von »neuen Blumen träumt«.

33 Hierzu paßt Benjamins Gedankengang: »Bestandteil der mémoire involontaire kann nur werden, was nicht ausdrücklich und mit Bewußtsein ist ›erlebt‹ worden«. 119.

34 In dem ›Selbstporträt im Haschischrausch‹ (von etwa 1844) stellt sich Baudelaire fast dreimal so groß wie die Vendômesäule dar und läßt die Sonne aufgehen. (Abbildung in Baudelaire 1848, 17).

35 Im Aufsatz über die Weltausstellung von 1855 wird der Opiumrausch erwähnt; er deutet sich in »Das Gift« und in »Der Balkon« an. Pichois sieht seine Wirkung auch in »Das frühere Leben« und in »Einladung zur Reise«. I, 1365.

36 Das neue Frauenbild wird allmählich aus Elementen der inneren Welt Baudelaires aufgebaut. In »Der Flakon« erwacht aus dem Duft

der »Geisterleichnam einer alten Liebe, ranzig, charmant und gräberhaft«, noch ambivalent als »Gift der Engel«, als »Leben und Tod meines Herzens«. (In »Entsprechungen« löst sich die Ambivalenz in die »Verzückungen« auf.) Die Frau ist zuerst kindlich, zugleich hat der Dichter kindlich-heitere Phantasien, so wenn in »Das schöne Schiff« der Busen der Geliebten ein »Schrank süßer Geheimnisse« ist, »voll von guten Sachen, von Weinen, Düften, Likören«.

37 Vgl. Galand 291.

38 Diese Vorstellung erscheint öfters bei Baudelaire in Verbindung mit dem Drogenrausch.

39 So Hubert. Von der »Lust« geht es zur »Unbeweglichkeit«, zur »totalen Empfindungslosigkeit (ataraxie) des Dichters«. 217.

40 Lustgefühle laufen großenteils über Phantasiebilder, mit denen sie sich im Laufe ihrer Entwicklung verknüpft haben. (Vgl. etwa Maria Torok, s. Anm. 14 von S. 63.)

41 Galand etwa sieht das Ende als bedrohlich an, doch würde ich einen anderen Satz von ihm zum selben Gedicht auch hier anwenden: »Aber die Faszination siegt über die Angst.« (434)

42 Über die aggressive Verwendung des Obszönen vgl. Peter Gorsen, Das Prinzip Obszön, Reinbek 1969, 16.

43 Vgl. das Gedicht »Ganz und gar«, wo die Frau eine synästhetische Ekstase erzeugt (ähnlich jener von »Entsprechungen«).

44 Gorsen, Prinzip 83. Gorsen erwähnt den »widerspruchsvollen Wunsch des männlichen Transvestiten«, »1. nach geschlechtlicher Vereinigung des Mannes mit dem Weib und 2. dabei selber ein Weib zu sein, was – rein psychodynamisch betrachtet – zu der von Giese bemerkten paradoxen Kultivierung lesbischer Erlebnisse beim heterosexuellen und transvestitischen Manne führt und (...) zur Gestaltung des hermaphroditischen Eros führen muß.« (Ebd. 63)

45 So wendet sich Baudelaire 1855 gegen Courbet; dieser gehöre zu den »Protestanten, den Anti-Surnaturalisten« mit ihrem »Krieg gegen die Phantasie«. II, 586.

46 Vgl. Pommier, Mystique 55 ff. Adam 274 f. – Der religiöse Sozialist Alphonse Constant veröffentlichte 1845 den Gedichtband »Die drei Harmonien«, in dem er die »universale Analogie feierte«. Pichois I, 840. Dort heißt ein Gedicht »Die Entsprechungen«.

47 Pichois, Baudelaire 99.

48 Das Gedicht »Der Wein der Lumpensammler«, das Baudelaire in jener Zeit umarbeitete, erhält in diesem Kontext merkwürdige Resonanzen.

49 »Die Weltausstellungen verklären den Tauschwert der Waren. (...) Sie eröffnen eine Phantasmagorie, in die der Mensch eintritt, um sich zerstreuen zu lassen.« »Die Saint-Simonisten (...) nehmen den Gedanken der Weltausstellungen auf.« Benjamin, Schriften I, 412. Ähnliches gilt für die Fourieristen; Benjamin erwähnt Toussenel in diesem Zusammenhang (I, 413). – Vgl. auch Werner Hofmann, Das

irdische Paradies, München [2]1974, 230.

50 »Der Balkon« repräsentiert gleichsam eine Klassenversöhnung. Elemente der Sabatier-Gedichte sind in das Bild von Jeanne eingebaut. (Fourier verteidigte den Luxus.)

51 Vgl. Daniel Guérins Einleitung zu Fourier, Aus der neuen Liebeswelt.

52 Die 1855 veröffentlichten achtzehn Gedichte zeigen in ihrer Abfolge noch keine Architektur. – Vielleicht deutet der Brief vom 9. Dezember 1856 auf die Arbeit an der Architektur, doch nehme ich an, daß sie schon vorher begann und der Brief nur Details betraf.

53 Diese Überlegungen sind eine Spekulation, doch erscheint eine solche angebracht, ja notwendig zum Verständnis der Architektur. – Vgl. Albert Feuillerat, L'Architecture des ›Fleurs du Mal‹, in: Studies by Members of the French Department of Yale University, New Haven 1942, 221 ff. Er betont den christlich-optimistischen Aspekt der beiden Schlußkapitel von 1857. (289). Ähnlich Ruff 317.

54 Ein Reflex dieses Gefühls zeigt sich vielleicht im Brief von 4. November 1856, wo Baudelaire schreibt, er habe »einen diabolischen Durst nach Genuß, Ruhm und Macht.« Corr. I, 360.

55 Vgl. Freud, Drei Abhandlungen 60.

56 »Die Chimäre d. h. das Phantasma der glücklichen Kommunion mit dem anderen (...) wird zum Zwang, immer zum Unmöglichen hinzugehen, unter dem grausamen Gelächter.« Mauron, Métaphores 135 f. Zum Ursprung dieser Erfahrung Baudelaires vgl. Anm. 26 von S. 115 sowie unten zum Traum vom 15. 3. 1856.

57 Durch den Mechanismus der »Verschiebung nach oben« (Freud, Vorlesungen, Kap. 11) wird der Anus zum Kopf und zugleich sublimiert.

58 Vgl. z. B. Freud XIV, 134 (»Vom Vater im Sinne der Genitalerotik geliebt zu werden«.)

59 Mauron schreibt zu »Segen«: »Das Kind wird Künstler, weil es fortfährt, im verlorenen Traum einer liebenden Mutter zu leben« (Métaphores 135). – »Das Kind wird zum Gottkind unter Göttern, die die Eltern für es geblieben sind.« Laforgue 20. »Außerhalb des Lebens zu bleiben, bedeutet bei der Mutterbrust zu bleiben und ein Kind zu bleiben. Ein Kind (...) das seine Allmacht behält (...), aber auch alle seine Illusionen, aufgrund derer die Eltern für das Kind Götter geblieben sind« (19). (Laforgue und Mauron sehen aber nicht die Situation, die solche Phantasien erzeugte.)

60 Baudelaire verwendet das Wort »aufpflanzen« (»planter«) einmal in sexuellem Sinn: »Er wirft sich auf sie und pflanzt ihr seinen Schwanz ins Auge.« Le Dantec 1273.

61 Typisch hierfür ist das Gedicht »Duell«. – Vgl. Robert T. Cargo, Baudelaire the Military and Paul de Molènes, in: Etudes Baudelairiennes III, 54 ff.

62 Über Orgasmus und Angst vgl. Laforgue 153.

63 Vgl. Freud XIII, 117 und Anna Freud, Das Ich und die Abwehrmechanismen. – Eine Phase in diesem Prozeß zeigt sich im zweiten »Spleen«, wo der Dichter sich wie versteinert fühlt und sich mit einer Sphinx vergleicht.

64 Porché 58 (über Lyon). Engels 5, 119 (über Lyon und den Juni 1848). Vgl. Maurice Dommanget, Histoire du drapeau rouge, Paris 1967: 49 (über den Juli 1830), 46 (Lyon 1831), 70 und 73 (Februar 1848). Zum Juni 1848 vgl. Dautry 184; auch Hugo »Les Misérables« (V, I). (Eine schwarze Fahne gibt es auch in Hugos Bug-Jargal sowie in Wagners Tristan und Isolde.)

65 »Der Arme hat kein Vaterland«, er ist »der ewige Jude (»le Juif errant«) der modernen Zivilisation«; die »Proletarier« bilden »die große Armee des Hungers«. Alphonse Constant, La voix de la famine, 1846, zit. nach Pichois, Baudelaire 110. »Der Arbeiter hat kein Vaterland«. Kommunistisches Manifest 4, 479.

66 Als Ungeziefer können die Spinnen andere Kinder darstellen (Freud Vorlesungen, Kap. 10). Vgl. unten »Der Kuchen« und »Das Spielzeug des Armen«. Die Spinne kann auch ein Muttersymbol sein, womit sich Bezüge zur Frau Angst herstellen. (Vgl. Karl Abraham, Psychoanalytische Studien zur Charakterbildung, Frankf. 1969, 245 ff.)

67 Höppner I, 470, 475, auch 368; sowie Daniel Stern.

68 Von »Pariser Landschaft« aus gesehen, bricht der »Aufruhr« ein und »die Toten« erwachen zum Leben. – In »Die gesprungene Glocke« war die böse Glocke schwach, in »Spleen« »springen« die bösen Glocken »wütend zum Himmel«, beide Male erscheint das »Heulen«. Im ersten »Spleen« »plauderten die Pikdame und der schöne Herzbube schaurig von ihrer toten Liebe«, jetzt wird diese Liebe vollzogen.

69 Zum Verhältnis von ›Coup‹ und ›Chok‹ vgl. meinen Aufsatz »Die Widersprüche Walter Benjamins«. – Die Interpretationen des Gedichts von Erich Auerbach (Baudelaires ›Fleurs du Mal‹ und das Erhabene, in: Vier Untersuchungen zur Geschichte der französischen Bildung, Bern 1951), Hubert, Leo Spitzer (Interpretationen zur Geschichte der französischen Lyrik, Heidelberg 1961), Roman Jakobson (in: Aufsätze zur Linguistik und Poetik, München 1974) verbleiben in der traditionellen literaturwissenschaftlichen Immanenz, ohne Bezug zur Wirklichkeit. Galand spricht von einer »Mythologie der Revolte« (bei Strophe 4), die sich gegen das Böse wende, das dann in Str. 5 siege. Damit zerfällt das Gedicht. Yves Le Hir spricht vom »frechen Triumph der Mächte des Bösen«, was völlig korrekt ist, vorausgesetzt, man nennt dieses ›Böse‹ beim Namen. (Analyses stilistiques, Paris 1965, 239.)

70 Mauron äußert sich zu dem Traum (Métaphores 59 und 137 f.) und kritisiert dabei Butor, meines Erachtens zu Unrecht, da dieser eben den *realen* Bedeutungen nachging, die der Traum hat und ohne die

er nicht entstanden wäre: Es geht um Prostitution und Proletariat, die es eben in der Wirklichkeit gab.

71 In dem Band »Wer war Baudelaire?« (141) findet sich eine Zeichnung von Goya, »Todos caeran«, wo zwei Frauen sehr gemütlich einem vogelartigen Wesen mit einem Menschenkopf, der sich dabei erbricht, mit spitzen Stäben im Anus herumarbeiten. Ist es ein Bild der Reinlichkeitsdressur? der Inbesitznahme des Anus durch die Mutter?

72 In I, 665. Der Satz wird hier mit den »Demokraten« verbunden (es ist so ein gleichsam entsublimiertes Gebet).

73 Deleuze/Guattari 390. – Das »Scheitern« von Baudelaires »Mystizismus« ließ »den exkrementellen Grund des Ich ans Licht treten«. Benjamin Fondane, Baudelaire et l'expérience du gouffre, Paris 1947, 212; vgl. auch 274. Vgl. hierzu Burke, der Mallarmés »reine Poesie« auf der körperlichen Ebene liest und sie als »poetische Verstopfung« wahrnimmt. Sie ist ihm ein »›priesterliches‹ Gebäude, das über einer Kloake errichtet wurde.« Language as Symbolic Action, Berkeley/Los Angeles 1966, 322 ff. (Vgl. über »les constipés« Etiemble im Vorwort zu Aragon, Le roman inachevé, Paris 1966, 8.)

74 Mit dieser Vorstellung aber verbanden sich die unheimlichen Erinnerungen an die Schwangerschaft der Mutter und ihren Krankenhausaufenthalt (s. oben Anm. 24 von S. 39)

75 Roland Barthes, Essais critiques, Paris 1964, 46. – Vgl. Georges Blin: »Baudelaire sucht die reine Frau, um sie zu beschmutzen, aber auch die unreine Frau, um von ihr beschmutzt zu werden.« Le Sadisme de Baudelaire, 38.

76 Vgl. Topitsch (Anm. 30 zu S. 116).

77 Schon Barbey d'Aurevilly las 1857 die »Blumen des Bösen« als christliches Buch (in Crépet-Blin-Pichois 410 ff.). Später etwa Wilhelm Hausenstein (in dem Essay zu seiner Ausgabe der Ausgewählten Gedichte Baudelaires, München 1946). – Verboten wurden 1857 nicht die »Revolte«-Gedichte, sondern nur Gedichte erotischen Inhalts.

78 So wurde Baudelaire von Valéry gesehen (s. Anm. 52 von S. 51).

79 Dieser Aspekt ist auch bei Hugo stark; Napoléon le petit, Paris 1964, z. B. 34-36.

80 Herbert Marcuse, Nachwort zu Marx, Der achtzehnte Brumaire des Louis Bonaparte, Frankf. 1965, 148.

81 Über Napoleon III. als Präfaschisten vgl. z. B. Ernst Noltes Einleitung zu Theorien über den Faschismus, Köln/Berlin 1967, 37 (über August Thalheimer). Zur psychologischen Seite des Faschismus vgl. Wilhelm Reich, Die Massenpsychologie des Faschismus.

82 Plechanow, Kunst und Literatur, Berlin 1955, 243.

83 Im Traum bringt Baudelaire sein Buch der Chefin eines Bordells; für sie hat er es wohl geschrieben. (Butor bezieht das Buch auf die Poe-Übersetzung; es geht wohl auch schon um die »Blumen des

Bösen«). Mit Freud gelesen, geht es um die Mutter, mit Deleuze/Guattari aber um Mariette-Jeanne.

84 Praz führte das Material vor. Zu verstehen ist es weniger von den literarhistorischen Traditionen aus, als vielmehr sozialpsychologisch. Es gab Identitätskrisen und Ich-Schwäche, weil sich die Literaten nicht mehr mit ihrer Klasse identifizierten und die neue Klasse sich erst bildete. Isolierung, Introversion, Regression, Kindheitsphantasien – von der »Explosion des Irrationalen« sprach z. B. Marcel Raymond (De Baudelaire au Surréalisme, Paris 1952, 11), ein Vorgang, der freilich nur von der jeweiligen gesellschaftlichen Situation des betreffenden Individuums her konkret faßbar wird. Die gesellschaftliche Seite des Vorgangs zeigte Barbéris in seinen Arbeiten über Chateaubriand und Balzac. (Hier wäre noch auf Sartres »Idiot der Familie« einzugehen.)

Pariser Bilder (1858-1861)

1 Bei der Anordnung der Texte orientiere ich mich an den Daten der Veröffentlichung der Gedichte und an der Entwicklung der Bilder.

2 Zu Théroigne de Méricourt vgl. Jules Michelet, Geschichte der französischen Revolution, Wien – Hamburg – Zürich o. J., Bd. 3, 464 ff.; Lamartine, Histoire des Girondins, Brüssel 1847, II, 16 ff. (Auch Baudelaire 1848, 131)

3 Galand betont die religiösen Züge (277).

4 Das Gedicht »Totentanz« (veröff. März 1859) gehört in diesen Umkreis.

5 Zu dieser Parallele vgl. z. B. Léon Cellier, D'une rhétorique profonde: Baudelaire et l'oxymoron, in: Cahiers internationaux de symbolisme 8, 1965, 13.

6 Burke, Dichtung 43. (Im Original »self« für »Ich«; der weitere Begriff ›Selbst‹ scheint hier passender. Philosophy of Literary Form, New York 1957, 34.)

7 Burke beschreibt Variationen und Darstellungsweisen dieses Wunsches nach »Wiedergeburt«, welche z. B. durch die »Akzeptierung des Schmutzes« ermöglicht wird. (Attitudes toward History, Boston 1961, 206). Erikson spricht von einem »quasi freiwilligen Sich-Fallenlassen des Patienten, einem Zug in die Regression«. (Identität und Lebenszyklus, 169). Die »hierarchische Psychose« löst sich damit auf. (Burke, Terms for Order, Bloomington 1964, 166). Es geht darum, die »Abwehr« aufzugeben und »auf einen – noch – ungesicherten, naiven, d. h. prätraumatischen Zustand zu regredieren und *neu beginnen* zu wollen«. Michael Balint, Die Urformen der Liebe und die Technik der Psychoanalyse, Frankf. 1969, 246. – Die Grundfigur dieses Vorgangs findet sich in

zahlreichen Mythen; auch bei Hegel kommt sie vor: »Aber nicht das Leben, das sich vor dem Tode scheut und vor der Verwüstung rein bewahrt, sondern das ihn erträgt und in ihm sich erhält, ist das Leben des Geistes.« Phänomenologie des Geistes, Leipzig 1949, 29.

8 »Pavillon« kann Zelt heißen, aber auch Fahne, worauf Leakey hinweist (35), der dieses Wort mit den anderen nautischen Bildern in Zusammenhang bringt. »flammes« in Str. 3 heißt nicht Flammen, sondern Wimpel.

9 Am Ende gibt der Dichter der Frau »Juwelen«, um ihre Liebe immer zu besitzen. Es könnte sich darin andeuten, daß er diese Frau kauft, womit sich wieder die Gestalt der Prostituierten andeutet. In dieser Frau tauchen die Bilder von Männern auf; rein psychoanalytisch gelesen, heißt das, der Dichter stellt über die Frau Beziehungen zu anderen Männern her (die mit ihr verkehrten, z. B. zu den »toten Liebhabern« in den Augen von Sara in »Ich habe als Mätresse«). Aber diese Frau ist als Prostituierte eben eine Proletarierin und so verknüpft sich damit der Gedanke an die Arbeiter als Genossen und Mitkämpfer. – Die Verben wechseln zwischen Vergangenheit, Gegenwart und Zukunft. Baudelaire sucht in der Vergangenheit das Zukünftige, das noch nicht Abgegoltene (vgl. Bloch 115). – Zum Thema der Muße vgl. Bloch 108.

10 Das Gedicht entstand schon vor 1843, aber die 3. Strophe ist von etwa 1859, in ihr wird der Kontakt geschildert. (Zur Datierung vgl. Margaret Gilman, »L'Albatros« again, in: Romanic Review, 1950, 99.)

11 Galand sah bereits diese Wunscherfüllung, »die Freude, hinabzusteigen« (259). Laforgue (38) meinte, die »Idee der Kastration« sei hier dargestellt, »als Strafe für die Liebe zum Meer = zur Mutter« (»mer« = »mère«). Aber darum geht es hier gerade nicht. Laforgue sagt mit Recht, der Schnabel sei ein Penissymbol; man muß hinzufügen, daß die Pfeife des Matrosen auch eines ist, d. h. es zeigen sich hier homosexuelle Wünsche, bzw. einfach Wünsche nach Kontakt mit Männern, die mit Angst besetzt sind. Vgl. unten »Das Spielzeug des Armen«.

12 Über den »Vater« als das »Urbild all der Krüppel, Bettler und Armen« im Fall des ›Wolfsmannes‹ vgl. Freud XII, 98 (auch 120). – Die Tatsache, daß Baudelaire sieben Bettler halluziniert, ist Resultat eines Abwehrmechanismus. Der Vater wird in »traumhafter Unbestimmtheit« wahrgenommen, um den eigenen Haß abzuwehren. Freud, XIV, 147.

13 Man wird folgenden Gedanken rekonstruieren können: Das Kind hatte den alten Vater gehaßt und Tötungswünsche empfunden. Als der Vater starb, glaubte das Kind, es habe ihn umgebracht. (Die ödipale Phantasie wirkt hier.) Aufgrund der frommen Erziehung dachte das Kind, der Vater käme in die Hölle, da er als Priester zur Revolution übergegangen war, d. h. zu Satan. Tief verborgen hatte das Kind Sympathien für das ›Böse‹ und diese Wünsche steigen nun auf.

14 Mitleid ist oft abgewehrter Haß. Vgl. M. Klein 163 und 175. Galand sah das schon (369). Freilich empfindet der Dichter auch echtes Mitgefühl.

15 Zu diesem Brief und der Schwangerschaft der Mutter vgl. oben Anm. 24 von S. 39. – »Der Schwan« erschien im Januar 1860 wie auch »Der Opiumesser«; das Kapitel »Die Frau« aus dem Guys-Aufsatz wurde zur gleichen Zeit geschrieben. In diesen beiden Prosatexten schildert Baudelaire »mundus muliebris«, die Welt der Frau. (Vgl. Pichois, Baudelaire 156 ff.) Im Brief vom 23. April 1860 schrieb Baudelaire zu dem Thema, »was liebt das Kind so leidenschaftlich in seiner Mutter, seinem Kindermädchen oder seiner älteren Schwester? (...) Es ist auch die Liebkosung und die sinnliche Lust.«

16 »Entsprechungen«. Vgl. auch die Tagebuchstelle, wo sich Baudelaire als »frühreifer Dandy« bezeichnet. »Das vorzeitige Interesse an Frauen. Ich setzte den Geruch des Pelzes mit dem Geruch der Frau in eins. Ich erinnere mich ... Schließlich liebte ich meine Mutter wegen ihrer Eleganz.« I, 661.

17 Vgl. dazu die Interpretation von Eva-Maria Knapp-Tepperberg, Baudelaire, »A une passante«, in: GRM, XXIV, 2 1974. 182 ff.

18 Es sind sieben Todsünden; sie sind auch in »Die sieben Greise« symbolisiert. Zu »An eine Madonna« vgl. Jeanne Bem, Psychanalyse et poétique baudelairienne, in: Poétique 25, 1976, 30 ff.

19 Laforgue beschrieb diese Liebe zu Aupick (112). (Kurios ist es, daß Sartre diesen Gedanken, ohne Laforgue zu erwähnen, kurzerhand als »Albernheit« bezeichnet. 41). – Die Geschichtetheit der Gefühle läßt sich in »Der Schwan« an Helenus beobachten; er erscheint ganz negativ in dem Gedicht, in der Aeneis aber bedeutet er einen Neuanfang; er beherbergte auch Aeneas, den zukünftigen Gründer Roms. (Vgl. Karlheinrich Biermann, Baudelaires »Le Cygne« und die Tradition der Parislyrik seit 1830, in: Lendemains, 6, 1977.) Man kann auf Phantasien des Schülers Baudelaire schließen, dem Vergil sehr viel bedeutete. Vgl. Corr. I, 80.

20 Dolf Oehler (Ein hermetischer Sozialist – Zur Baudelaire-Kontroverse zwischen Walter Benjamin und Bert Brecht, in: Diskussion Deutsch, 26, 1975. Dazu noch die Repliken von Hartmut Stenzel in: Diskussion Deutsch, 29, 1976; Oehler in: Diskussion Deutsch, 31, 1976; Stenzel, in: Diskussion Deutsch, 33, 1977) und K. Biermann (s. Anm. 19) haben den politischen Hintergrund des Gedichts und die daraus sich entfaltenden Bedeutungsschichten gezeigt. (Vgl. meinen Aufsatz Der Neubeginn der historisch-materialistischen Erforschung Baudelaires. Zu den Cygne-Interpretationen von Dolf Oehler und Karlheinrich Biermann, in: Lendemains 10, 1978.)

21 Baudelaires Brief an Hugo, Corr. I, 598. – »Der Schwan« wurde wegen der Anspielung auf die politische Opposition von der Revue contemporaine zurückgewiesen; vgl. Pichois I, 1008 und Adam

380. In Gautiers Gedicht »Das Schloß der Erinnerung« (veröff. 30. Dez. 1861 im Moniteur universel) lautete Str. 42 ursprünglich: »Tel, romantique opiniâtre,/Soldat d'un chef, hélas! banni,/Il se ruait vers le théâtre/Quand sonnait le cor d'Hernani!« Zeile 2 mußte geändert werden zu: »Soldat de l'art qui lutte encor«. Théophile Gautier, Emaux et Camées, Paris 1954, 332.

22 Siegfried Kracauer, Jacques Offenbach und das Paris seiner Zeit, München 1962, 126-129, 167.

23 Vgl. Karlheinrich Biermann, Vom Flaneur zum Mystiker der Massen, in: RZL 2/3 1978.

24 »Einer meiner Freunde sagte mir eines Tages, er habe, als er sehr klein war, der Toilette seines Vaters zugeschaut und damals mit einem Erstaunen, das mit Entzücken gemischt war, die Muskeln der Arme (...) betrachtet. (...) Schon damals war er von der Form besessen und sie besaß ihn. (...) Die *Verdammung* war vollzogen.« Guys-Aufsatz, II, 690 f.

25 Er zeigt seine eigene Realität und die des französischen Volkes. Vgl. Kuczynski, Bd. 33. – Man hat die Architekturbilder des Gedichts von Kendall und Piranesi abgeleitet (Pichois I, 1041); es wäre zu bedenken, ob hier nicht auch der Fourierismus hineinspielt, über Nicolas Ledoux. Vgl. den Entwurf des Phalansteriums in Arc-et-Senans sowie die Auffahrt des Friedhofs von Chaux, abgebildet in Fourier, Aus der neuen Liebeswelt 160 und 90. (Vgl. unten Anm. 14 von S. 192).

26 Auffällig sind die »vertrauten Blicke« der »verschwundenen Wesen« (vgl. »Entsprechungen«). In diesen »regards familiers« deutet sich meines Erachtens wieder der Vater aus »Die sieben Greise« an.

27 »Der Rebell« wurde schon von Prarond erwähnt (Crépet-Blin-Pichois 490), aber das Gedicht erscheint eben jetzt erst und zwar zusammen mit »Der Mahner«, wo das gleiche Thema behandelt wird.

28 Zur Methode des Lesens (des ›Konkretisierens‹) an dieser Stelle vgl. Leo Spitzer: »In der Linguistik geht das Konkrete dem Abstrakten voraus: die ›Etymologie‹ eines stilistischen Musters muß in der Situation gefunden werden, die der konkreten sinnlichen Realität am nächsten ist.« Als Grunderlebnis von Diderot bezeichnet Spitzer den »Rhythmus des Orgasmus«. Linguistics and Literary History, New York 1962, 151 und 146.

29 Baudelaire verwendet hier den traditionellen Dialog des Dichters mit seiner Seele. Vgl. Harald Weinrich, Literatur für Leser, Stuttgart 1971, 101.

30 Weinrich (s. vorige Anm.) beschreibt diese Zeilen sehr anschaulich: »Die Nacht (...) ist eine Frau, die zu trösten weiß. Die Sonne (ist) personifiziert als ein Sterbender, der nun bald unter einem Brückenbogen einschlafen wird – vielleicht ein Clochard? Männlich personifiziert ist auch die Sehnsucht (le Regret); wir haben uns wohl einen jungen Mann vorzustellen, der lächelnd die Szene betritt. Die Jahre

(...) sind an ihren altmodischen Kleidern als ältere Damen (...) zu identifizieren.« (Am Ende sieht Weinrich in dem Gedicht allerdings nur eine Illustration der »alten Psychologie« der Stoa mit ihren »perturbationes animi«; es gehe darum, eine »Unruhe zu beschwichtigen«!!) – Valéry entfaltet bei Str. 2 eine Abwehrreaktion: Sie sei von »unbestreitbarer Schwäche« (Variété II, Paris 1930, 151). Antoine Fongaro spricht vom »Abfallen der poetischen Spannung« (Etudes baudelairiennes III, 176.) Michael Riffaterre hat (auf stilistischer Ebene) diese Ansichten zurückgewiesen. M. R., Strukturale Stilistik, München 1973, 160 f. – (Idealistische Interpretationen auch bei Prévost, Chérix, Hubert, Galand, Leakey sowie Wolfgang Kayser, Das sprachliche Kunstwerk, Bern 1951, 68 ff.; Gerhard Hess, Die Landschaft bei Baudelaire, Heidelberg 1953, 121 f.; Bernard Weinberg, The Limits of Symbolism, Chicago/London 1966, 51 ff.)

31 Vgl. unten »Die Berufungen«.

32 »la Nuit qui marche« könnte man als eine marcheuse bezeichnen, was Statistin auf dem Theater bedeutet; das war der Beruf von Jeanne (Porché 115). marcheuse ist auch ein Argotwort für Prostituierte. Larousse, Dictionnaire historique des argots français, par G. Esnault, Paris 1965.

33 Engels 8, 228. – »gemeine Menge« erinnert an »gemeines Vieh« aus »Der Schwan«. (Zu letzterer Stelle sehr ausführlich Wolfgang Fietkau, Schwanengesang, Diss. Berlin 1975.)

34 Thiers hatte das Volk so bezeichnet und die Arbeiter nahmen den Ausdruck in ironischer Weise auf; es gab 1851 eine Zeitung »L'Almanach de la Vile multitude par un de ses membres, suivi de la liste complète des associations ouvrières de Paris et de la banlieue« (vgl. Dautry 286). Proudhon schrieb am 4. Dezember 1851 in sein Tagebuch: »Ingrate et vile multitude (...) que de bienfaiteurs elle a menés et meurtris, sans le moindre remords!« Zit. nach Cuvillier 220 (s. Anm. 38 von S. 86) Im »Achtzehnten Brumaire« schrieb Marx: »Und dieselbe Bourgeoisie schreit jetzt über die Stupidität der Massen, der vile multitude, die sie an Bonaparte verraten habe.« (8, 200) Seither waren fast zehn Jahre vergangen, das Zweite Kaiserreich hatte seine Phantasmagorie entfaltet und so kann man sich fragen, ob Baudelaires Gedicht auf die Unterwerfungslust faschistischer Massen deutet. (Für Hitler war die Masse eine Frau.)

35 Ich meine damit, daß Baudelaire die beiden Schichten der Phantasie zeigt, die Gegenwart und die Vergangenheit, das Individuum und die Gesellschaft. Gerade diese Mehrschichtigkeit scheint mir das Faszinierende an Baudelaire zu sein, wie auch die Tatsache, daß er das Individuum zu seinem Recht kommen läßt. – Über die Verwandlung von Symbolen in Szenen der Kindheit vgl. die sehr instruktiven Prozesse, die Leuner beschreibt (149 und 184.)

36 Vgl. Deleuze/Guattari 457 f. (s. oben)

1 Man kann in den Prosagedichten in der Abfolge von »Die Menge« bis zu »Prügeln wir die Armen!« einen Weg vom ›Ideal‹ zum ›Spleen‹ sehen, wobei es jetzt von der Euphorie nicht mehr zur Depression geht, sondern zur Aggression, die in jener verborgen war. – Zur Frage einer inneren Ordnung im Gesamt der Prosagedichte vgl. Kopp LXXIII, Mauron 129; Fritz Nies, Poesie in prosaischer Welt, Heidelberg 1964, 268 ff.; Suzanne Bernard, Le Poème en prose de Baudelaire jusqu'à nos jours, Paris 1959, 125; F. E. De George, The Structure of Baudelaires Petits poèmes en prose, in: L'Esprit créateur 1973, 144 ff.

2 Zur Konkretisierung des Textes vgl. Spitzer, Anm. 28 von S. 151.

3 »l'inconnu« ist »der Unbekannte«, nicht »das Unbekannte«, wie Walther Küchler übersetzt (Baudelaire, Prosadichtungen, Heidelberg 1947, 64). Vgl. im Guys-Aufsatz »un inconnu«. II, 690.

4 Vgl. dazu Deleuze/Guattari (80), die übrigens in diesem Zusammenhang auf Fourier verweisen. »Die Gruppenphantasie *schließt* die Disjunktionen *ein*, in dem Sinne, in dem ein jeder, seiner persönlichen Identität, nicht aber seiner Singularität enthoben, in ein Verhältnis mit einem anderen gemäß der den Partialobjekten eigenen Kommunikation eintritt: jeder geht auf dem organlosen Körper in den Körper des anderen ein.« (Rilke beschreibt die Menge im Fasching auf der Straße: »es war keine Weiterbewegung in ihnen, nur ein leises, weiches Auf und Ab, als ob sie sich stehend paarten.« Malte Laurids Brigge, Leipzig 1910, 69.)

5 Deleuze/Guattari nennen Prousts »Auf der Suche nach der verlorenen Zeit« eine »Reise« zu »neuen Bereichen«, »wo Homo- und Heterosexualität sich nicht mehr unterscheiden lassen: eine Welt transversaler Kommunikationen« (411). Baudelaires Gedicht läßt auch an die Sexualität im Matriarchat denken, »die nicht auf die Ausschließlichkeit des Verhältnisses zweier Menschen ausgerichtet war und deshalb auch nicht die Gemeinschaft mit anderen von sich wies.« Ernest Bornemann, Das Patriarchat, Frankf. 1975, 26.

6 Gorsen, Prinzip 63. – Georges Poulet sagt (bei einer parallelen Passage im Guys-Aufsatz), das »Genie« schaffe sich »ein androgynes Universum«; der »vollständige Mensch« ist »der *Passant*«. Métamorphose du cercle, Paris 1961, 425. Für Galand erlebt der Mensch in der Menge »die Berührung mit den regenerierenden Mächten des Heiligen«. (480 f.) Man könnte mit Mircea Eliade (auf den Galand sich oft beruft) eine Phantasie der »Androgynisierung« hier aufbauen. (Méphistophélès et l'Androgyne, Paris 1962, 138 ff.) Das Gedicht wäre demzufolge der Initiationsprozeß eines Schamanen, was ja durchaus zum Schluß paßt. (Zum Schamanen als Kulturgründer vgl. Brown, Life 157 und 220).

7 Vgl. z. B. die Schöpfungssage der Maori mit der »Trennung der Ureltern«. Erich Neumann, Ursprungsgeschichte des Bewußtseins, Zürich 1949, 117.

8 Vgl. Maria Torok, Anm. 14 von S. 63. – In Gautier löste der Februar 1848 eine ähnliche Phantasie aus. Vgl. meinen Aufsatz »Th. Gautier 1848: Der Hermaphrodit und die Revolution«, in Lendemains 18/1980.

9 Es zeigt sich hier die Phase, wo das Kind nach Selbständigkeit strebt. (Eine anschauliche Illustration bei Jürg Willi, Die Zweierbeziehung, Reinbek 1975, 107 f.)

10 Vgl. A. N. Leontjew, Probleme der Entwicklung des Psychischen, Frankf. 1973, 246 f. (Vgl. auch meinen Beitrag »Ein Nachmittag in Sachsenhausen«, in: Kontext 2, hrsg. M. Gerhardt und G. Mattenklott, München 1978.)

11 Butor bezog »Die Menge« auf 1848, doch sagt er nicht, ob er Februar oder Juni meint (103 ff.). – Vgl. jetzt die ausgezeichnete literarhistorisch-politische Ableitung von Baudelaires Thema durch K. Biermann, Baudelaire als Mystiker der Massen, in: RZL 1978. Er sieht in dem Gedicht auch die »Erfahrungen der Februarrevolution« (311).

12 Benjamin, Schriften I, 485. (Vgl. meinen Aufsatz Die Widersprüche Walter Benjamins.) – Zur Mode vgl. Roland Barthes; er nennt sie »tyrannisch« und spricht von ihrer »Euphorie«. Système de la mode, Paris 1967, 263 und 253.

13 Schon in »Einladung zur Reise« (in Vers wie in Prosa) war insgeheim Amerika das Ziel; vgl. Leakey und seinen Hinweis auf den Fourieristen Toussenel (241). – Baudelaire träumte sich als Indianer; vgl. Butor 192 und 248.

14 Das reale »Ikarien« war 1861 längst gescheitert, aber Baudelaire schreibt insgeheim eben über 1848. – Cabets »Eine Reise nach Ikarien« enthält ein Kapitel »An die Priester«. (Dt. Übersetzung 1914.)

15 Vgl. das Kapitel »Eine Nacht in den einsamen Gegenden der Neuen Welt« in Chateaubriands Génie du Christianisme (Paris 1857, 140 ff.) Dazu Jean Pommier, Mystique 19 f.

16 Die Selbsterzeugungsphantasie ist hier wieder zu erschließen (vgl. die erotischen Gedichte der ersten Phase).

17 Baudelaire spricht hier von der »Schöpferkraft Gottes«, von »unzähligen Wesen«, die aus dem »Limbus der Zukunft« entspringen können. – Baudelaire war gegenüber Hugo durchaus zwiespältig eingestellt (wie manche Briefe zeigen); für seine *Dichtung* in dieser Zeit aber spielt Hugo eine zentrale und primär positive Rolle, als ein Vorbild, als hilfreiche Vaterfigur. (Fietkaus Kritik scheint mir die Wendung Hugos nach 1851 nicht genügend zu berücksichtigen. Schwanengesang, Diss. FU Berlin 1975.)

18 Zu den bereits aufgeführten Kennzeichen (s. oben S. 78) lassen sich weitere stellen. In der Masse geschieht eine »Regression der seelischen Tätigkeit auf eine frühere Stufe, wie wir sie bei Wilden oder bei Kindern zu finden nicht erstaunt sind.« Durch die Identifizierung mit anderen Kindern »bildet sich in der Kinderschar

ein Massen- oder Gemeinschaftsgefühl«. Der »Karneval« und die »Feste« basieren auf dem »Durchbruch der Verbote«. Freud XIII, 129, 133, 147. Auch erwähnt Freud Christus, er habe »die Rolle des gütigen älteren Bruders« eingenommen und sei ein »Vaterersatz«, der »die rücksichtslosen und feindseligen Impulse gegen andere Personen nicht aufkommen ließ«. Ebd. 102 und 107. (Freud verbindet seine Beschreibungen mit seiner Theorie der »Urhorde«; vgl. dazu N. O. Brown, Love's Body.)

19 Es liegt nahe, Baudelaires Erlebnis der Utopie vom Februar 1848, wie es sich in dem Gedicht spiegelt, mit Gedanken von Marx aus den Pariser Manuskripten von 1844 zu vergleichen: »Das *menschliche* Wesen der Natur ist erst da für den *gesellschaftlichen* Menschen; denn erst hier ist sie für ihn da als *Band* mit dem *Menschen*, als Dasein seiner für den anderen und des anderen für ihn, wie als Lebenselement der menschlichen Wirklichkeit; erst hier ist sie da als *Grundlage* seines eigenen menschlichen Daseins.« Man könnte sagen, Baudelaire vollzog »die *sinnliche* Aneignung des menschlichen Wesens und Lebens«. MEW, Erg. bd. 1. Teil 537 und 539.

20 Mauron sagt, es handele sich um »ganz imaginäre Kontakte« (49). Gleiches gilt auch für das Prosagedicht »Die Fenster«, eine realistisch-bescheidene Parallele zu »Die Menge«, wo sich der Dichter in eine arme alte Frau und einen armen alten Mann einfühlt; danach ist er stolz darauf, »in anderen als er selbst gelebt und gelitten zu haben.«

21 Dieser seelische Durchbruch deutet sich im Guys-Aufsatz an, wo Baudelaire die »Inspiration« in eine »Beziehung zum Blutandrang« stellt; sie sei von einer »starken Erschütterung begleitet, die bis ins Stammhirn reicht.« (II, 690) Man würde heute sagen, daß sie von dort, dem Sitz der Affekte, herkommt. Der späte Nietzsche beschrieb die Inspiration ganz ähnlich [Ecce homo]. (Man könnte hier auch an sein Gedicht »Sanctus Januarius« denken: »Der du mit dem Flammenspeere/Meiner Seele Eis zerteilt,/Daß sie brausend nun zum Meere/ihrer höchsten Hoffnung eilt.«). Zu Baudelaire und Nietzsche vgl. unten Anm. 45.

22 Wie Hartmut Stenzel zeigte: Kein »hermetischer Sozialist«, aber trotzdem ... Eine Replik zu Dolf Oehlers Baudelaire-Interpretation, in: Diskussion Deutsch, 29, 1976. (Zu Fourier s. unten das Schlußkapitel.)

23 Guérin in der Einleitung zu Fourier, Aus der Neuen Liebeswelt.

24 Guérin, Einleitung, 18. Das Fourierzitat aus XII, 615.

25 Guérin, Einleitung, 10 f. – Folgt man Benjamins Assoziationsketten, so führt auch er zu Fourier: Für Benjamin entstammt der Rausch von »Die Menge« dem Warenhaus, das seiner Meinung nach auf Fouriers Idee der Passagen zurückgeht.

26 Mauron sprach bei diesen Gedichten von »Diptychen« (61), wo auf eine »helle Seite« eine »dunkle Seite« folge (58).

27 Mit George Poulet könnte man die Euphorie als »ekstatische Zeit«,

die ein »räumliches Wesen« hat und eine »Bild-Zeit« (»temps-tableau«) ist, bezeichnen. Etudes sur le temps humain, Paris 1950, 334; es folgt der Übergang in die Realität, in die Zeit als fließende, was man mit Josef Gabel eine »therapeutische Temporalisierung« nennen kann. Ideologie und Schizophrenie, Frankf. 1967, 255.

28 Eine ähnliche Thematik enthalten die Prosagedichte »Der Narr und die Venus« und »Welche ist die Wahre«.

29 Vgl. meinen Aufsatz »Die Widersprüche Walter Benjamins.« – Kurios ist das »kleine Segel, das am Horizont flimmert«, da der Dichter in »Lesbos« (Str. 10), der nach Sappho Ausschau hält, die gleiche Vorstellung hat.

30 Vielleicht kam Baudelaire als Kind mit seinem Vater zu einem Volksfest und durfte nicht daran teilnehmen; er empfand Haß auf den Vater und nach dessen Tod Schuldgefühle, wodurch die einstigen Wünsche für immer blockiert wurden.

31 Der Haß auf die verbietende Mutterfigur, bzw. auf die Idealgeliebte vom Typ der Sabatier-Gedichte zeigt sich in »Die wilde Frau und die kleine Mätresse«: Ein Mann führt im Zirkus seine Frau in einem Käfig vor, sie ist wie ein Raubtier und er prügelt sie.

32 Mauron sieht in »Der Strick« das Phantasma der »Kindestötung« (125) und damit der Tötung des Dichters in Baudelaire (ebenso in »Ein heroischer Tod«), aber Baudelaire verwirft nur einen Teil von sich (wie in »Die Reise«). – Für Butor ist »Der Strick« das Ende von Baudelaires Entwicklung, was nicht zutrifft. – Treffend ist Butors Gleichsetzung des Stricks mit dem Kopfauswuchs aus dem Traum vom 15. 3. 1856 (254 und 261): Das Symbol des Zwanges zur Produktion und zum Großsein, der letztlich auf die Gewinnung der Mutter zielte. Die Mutter in dem Gedicht verkauft den Strick stückweise als Souvenir – wie Baudelaire seine Gedichte auf dem literarischen Markt. Diese maßlose, sardonische Selbstironie war eine korrekte Prophezeiung. Baudelaire wurde zur »persona gratissima des Bildungsbürgertums, das im 20. Jahrhundert dem einstmals Verdammten seine hemmungslose, vereinnahmende Neigung zuwandte.« Dolf Oehler, Nachwort zu Sartre, Baudelaite, 119. – Zur »bizarren« Gefühlsmischung am Anfang des Gedichts vgl. die Tagebuchnotiz: »Es gibt in jeder Veränderung etwas zugleich Infames und Angenehmes, etwas das mit der Untreue und dem Umzug zu tun hat. Das genügt, um die französische Revolution zu erklären.« I, 679.

33 Auch »Die Versuchungen« und »Der großzügige Spieler« kann man hier anführen; es werden darin ursprüngliche Wünsche als mythische Wesen dargestellt.

34 Mauron 86 f. (Es zeigt sich hier die Schwäche von Maurons Methode.)

35 Der vierte Junge des Gedichts erinnert an den elfjährigen Baudelaire auf der Reise nach Lyon. Am 1. 2. 1832 schreibt er, »es schien mir, immer zu reisen wäre ein Leben, das mir sehr gefallen würde«. »Da

ich immer in Bewegung sein muß«, heißt es in dem Brief vom 3. 3. 1832. (Zur »Hausangestellten« in diesem Brief vgl. oben S. 102.)

36 Mauron 121; er weist auf das frühe Gedicht »Incompatibilité« hin, dem Vorläufer von »Erhebung«. (Ähnlich Leakey 192).

37 Das Gedicht kontrastiert schichtenspezifische Formen der Sozialisation, wie sie z. B. von Freud dargestellt wurden: Die Tochter des Hausherrn spielt mit dem »Proletarierkind«; es kann geschehen, daß sie sich »an den Genitalien reizen«. Das Proletarierkind wird später, »frei von Neurose, ihr Leben erfüllen.« Bei der Tochter des Hausherrn wird später »die Neurose losbrechen«; ihre »Sexualregungen« blieben »an den armseligen Erlebnissen mit ihrer Kinderfreundin haften.« XI, 366 f. Eine gewichtige Feststellung Freuds; sie besagt, daß die Sozialisation der Proletarier nicht neurotisch macht, also gesund und natürlich ist. (Vgl. zu der Freudstelle Ute Holzkamp-Osterkamp, 2, 419 f.) – Ein Beispiel, wo die Sympathie für die Arbeiterklasse auch frühe emotionale Wurzeln hatte, in meinem Aufsatz Peter Schneiders Lenzfigur, in: Zeitgenosse Büchner, hrsg. Ludwig Fischer, Stuttg. 1978. – Es ist die Frage, ob Baudelaire typische Züge damaliger Arbeiterkinder erfaßte. Zu ihrer heutigen Sozialisation in der BRD vgl. Wilfried Gottschalch und andere, Sozialisationsforschung, Frankf. 1971, 86 und 116 f.; Michael Schneider, in: Kursbuch 25, 75 ff. Jan Raspe findet in Arbeiterkindern Züge einer »widersprüchlichen Persönlichkeit« mit »Direktheit der Aggressivität« und »Kooperationsbereitschaft und Solidarität«. Zur Sozialisation proletarischer Kinder, Frankf. 1972, 32. Harald Wieser spricht von einer »Dialektik von Terror und Liebe« in Arbeiterfamilien. In: Kursbuch 34, 182. – (Eine Parallele zu Baudelaires Gedicht gibt es in Anatole France, La grappe de raisin.)

38 Mauron spricht vom »Wachsen der Aggressivität« (140).

39 In der Vorpubertät kann Freundschaft besonders wichtig werden. »Ums dreizehnte Jahr wird das mitreisende Ich entdeckt, daher wachsen um diese Zeit die Träume vom besseren Leben besonders üppig.« Bloch 24. Vgl. Peter Dettmering, Dichtung und Psychoanalyse, München 1969; er spricht anläßlich der Freundschaft von »Männlichkeitsverstärkung und magischer Wir-Bildung« (62). – Zu erwähnen ist hier Baudelaires auffällige Frühreife; sie zeigt sich im Brief vom 17. 5. 1833, wo eine »große Versammlung« erwähnt wird, »alle diese jungen Leute hatten rote Krawatten«. »Die Saint-Simonisten hatten sich mit den Republikanern vereinigt«. Baudelaire äußert sich dann abschätzig, hier hört man die Erwachsenen (die Eltern wohl) reden, aber er nimmt seine politische Umwelt jedenfalls deutlich wahr, im Alter von zwölf Jahren.

40 So Hartmut Stenzel, 123 f. (aufgrund von Untersuchungen von P. Caspard, Aspects de la lutte des classes en 1848; le recrutement de la garde mobile, Revue historique, Nr. 511, 1974, S. 81-106).

41 Vgl. Dictionnaire biographique du mouvement ouvrier français und Pichois in Corr. II, 1027 f.

42 Vgl. Kopp 345, 347, 354.

43 Mauron nannte das Scheitern der Vorträge eine »unbewußte Sabotage« (151). Ich meine, daß Baudelaires Haß durchbrach, indem er die Zuhörer schockierte. Vgl. Lucien Aressy, Les dernières années de Baudelaire, Paris 1947, 156. – Baudelaire verbreitete auch das Gerücht, er sei Polizeispitzel, habe seinen Vater umgebracht (Aressy 185) und sei Päderast (Porché 463); die letzten beiden Scherze passen recht gut zu »Prügeln wir die Armen!« – Porché findet keinen Grund für Baudelaires Bleiben in Brüssel (468 ff.); Starkie meint, es hatte finanzielle Gründe, was aber nicht recht überzeugt (Baudelaire, London 1957, 486 ff.). Gautier mit seinem Sinn für Paradoxien erfaßte die Lage wohl, als er sagte, »Baudelaire bleibt in Brüssel, wo er deprimiert ist, wegen des Vergnügens, sagen zu können, daß er dort deprimiert ist!«

44 Als Baudelaire nach einem kurzen Besuch in Paris wieder nach Belgien zurückkehrte, schrieb er: »Ich fahre zur Hölle zurück.« (Porché 472; Brief vom 11. Juni 1865). Er fährt also zu Satan, dem Symbol des Bösen. – Baudelaire erlebt eine Wiederkehr des Verdrängten. Er ist in Belgien völlig fasziniert vom Schmutz, d. h. es steigen Bilder in ihm auf. (Vgl. Burke, Attitudes 233). »Belgien ist ein baton merdeux«. II, 919, 923, 953. (Im Tagebuch heißt es, der Franzose ist »Skatophage. Er ist vernarrt in Exkremente.« I, 698.) Diese Tendenz kündigt sich schon 1863 in dem Gedicht »Prüfung um Mitternacht« an, wo der Dichter sagt, er habe »die stupide Materie geküßt« und Pierre Emmanuel kommentiert: »den Hintern des Teufels geküßt« (Baudelaire, Paris 1967, 42). Wie zutreffend dieser Kommentar ist, zeigt das Gedicht »Das Scheusal oder der Paranymphus einer schaurigen Nymphe« von Anfang 1866 (I, 1144), wo es heißt: »Oh, leid tut's mir, glaub meinem Worte,/Nicht zuzuschaun bei Satans Fest,/Wie du ihm seine Hinterpforte/Küßt, wenn er Schwefelfürze läßt!« (Übersetzung der Baudelaire-Ausgabe Leipzig 1973 von Sigmar Löffler.) Auch Baudelaires Kult des Haares (»Das Haar«) läßt jetzt die Tiefenschichten erkennen, in einem Prozeß der Entsublimierung; in dem Gedicht »Die Verheißungen eines Gesichts« von 1865/66 (I, 1143) geht es vom Haar der Frau zu ihrem Schamhaar (was mit Freuds Fetischismustheorie zu bedenken wäre). In den Versgedichten »Amoenitates belgicae« werden vor allem die Themen Frau und Schmutz kombiniert.

45 Einen gewissen Anteil an dieser Wandlung und Umwertung hatte sicher die Paralyse. Wie Pichois in einem sehr wichtigen Aufsatz feststellte, macht sich die Paralyse 1858 in Baudelaires Schrift bemerkbar. (Pichois, Baudelaire 237.) – Ein Vergleich mit Nietzsche ist aufschlußreich, da er sich auch in seiner Jugend mit Syphilis infiziert hatte und auch in seiner Spätzeit zu einer »Umwertung der Werte« gelangte. Ab 1880 »geschieht geistig eine Entwicklung, die einen Neubeginn seiner Gedanken (...) zur Erscheinung bringt. Wir können diese Verwandlung von August 1880 bis zum Höhe-

punkt Juli-August 1881 und bis zu den Zuständen seiner Inspiration in den Jahren 1882 und 1883 beobachten.« »Nietzsche taucht gleichsam in eine neue Atmosphäre«. Es zeigt sich eine »alldurchdringende Stimmung«. »Ein *letzter* Einschnitt beginnt deutlich Ende 87.« »Es entsteht ein neuer Ton des Selbstbewußtseins, durch sein Tun die Weltgeschichte als Ganzes zu entscheiden«. Es zeigt sich »jetzt eine *neue Aktivität* bei Nietzsche, die seinem bisherigen Wesen fremd ist.« Er »beginnt jetzt *Unternehmungen«*. Im Jahre 1888 ist eine »Erregung von gesteigerter Aggressivität« zu beobachten. »Der Wirkungswille herrscht.« Karl Jaspers, Nietzsche, Berlin/Leipzig 1936. 78 ff. (Vgl. auch Lange-Eichbaum/Kurth, Genie, Irrsinn und Ruhm, München/Basel [6]1967, 489.) Die Übereinstimmung des psychischen Verhaltens von Nietzsche mit demjenigen Baudelaires ist deutlich. Nietzsche war 1880 sechsunddreißig, Baudelaire war 1858 siebenunddreißig. Die Periode des Neubeginns und der Inspiration dauerte bei beiden etwa drei Jahre (1880-1883 und 1858-1861). Nach weiteren drei bis vier Jahren erscheinen Aggressivität und Wirkungswille (1887 und 1864/65. Mauron spricht bei Baudelaire vom Übergang »Vom Wort zur Tat« in dieser Zeit. 146). Freilich sollte man Baudelaires Texte nun nicht als Krankengeschichte ansehen. Jaspers sagt von Nietzsche, die »kranken Faktoren (...) haben *nicht nur gestört*, sondern vielleicht sogar ermöglicht, was sonst nicht so entstanden wäre.« (91. Interessant wäre hier ein Vergleich mit Thomas Manns Adrian Leverkühn). Die Krankheit bewirkte bzw. erleichterte den Abbau von Verdrängungsbarrieren, die großenteils von den Chokerfahrungen stammten; sie intensivierte den Erinnerungsprozeß, der 1855 begonnen hatte. Die Krankheit bewirkte eine Tendenz zur Euphorie (von 1859–1861) und zur Aggression (um 1864/65), aber die Inhalte, die darin formuliert wurden, waren psychisch bzw. historisch vorhanden und vorbereitet: Baudelaire und seine Zeit kamen so zu sich selbst, und zwar die vorwärtstreibende, dynamische Seite dieser Zeit, wohingegen bei Flaubert (oder auch Leconte de Lisle) die andere Seite der Zeit, ihre Stagnation und Depressivität, ihre Perspektivelosigkeit, erschien.

46 Eine Abwehr des Hasses bzw. dessen Verkehrung in Mitleid und Selbstmitleid vollzieht sich in »Die guten Hunde«, die die Armut repräsentieren; doch taucht in ihnen auch »Stolz« und »Ehre« auf, d. h. es schimmern Elemente durch, die dann erst in »Prügeln wir die Armen!« hervorbrechen.

47 Galand stellte bereits eine Verbindung zwischen dem Gedicht und der Tagebuchstelle her und deutet auch die Umkehrung der Rollen an (521).

48 Die Phantasie der Muttertötung (wie sie in »Der galante Schütze« auftaucht) steht dabei im Hintergrund, bzw. war ein Durchgangsstadium. – (Über den Penis der Mutter vgl. z. B. Freud, Der Fetischismus.)

49 Kopp sagt dazu: »die Junitage von 1848«. (349) – Vielleicht geht die Anekdote über »K.« auf einen Sachverhalt zurück, den Marx erwähnt: »Die Zöglinge der medizinischen Fakultät mußten den verwundeten Plebejern die Hülfe der Wissenschaft versagen.« 5, 133.

50 Eine Verbindung zwischen »Segen« und »Verlust des Heiligenscheins« wurde schon von Richard Klein hergestellt, doch in schöngeistigem Rahmen. »Bénédiction«/»Perte d'Auréole«: Parables of Interpretation, in: Modern Language Notes, 1970, Vol 85, 515 ff. (Im gleichen Band der interessante Aufsatz von Irving Wohlfahrt, Perte d'Auréole: The Emergence of the Dandy.)

51 Benjamin spricht in Zusammenhang mit diesem Gedicht von der »Zertrümmerung der Aura im Chokerlebnis. Das Einverständnis mit dieser Zertrümmerung ist ihm teuer zu stehen gekommen.« (164) Ähnlich pessimistisch sieht Mauron das Gedicht: »Verlust des Heiligenscheins« wie auch »Der schlechte Glaser« und »Ein heldischer Tod« seien »Träume von Mord und Selbstmord« (156). Galand dagegen erkannte, daß es hier um eine »Manifestation des Appetits nach irdischer Nahrung geht, der bisher verdrängt war« und um die »Rehabilitierung des Körpers und der Instinkte« (520). – Der Chok, der den Verlust brachte, ist eine Alternative zum Chok, durch den der Heiligenschein bzw. die Krone aus »Segen« bzw. der Auswuchs des Traums vom 15. 3. 1856 entstand: Das Kind war vor Schreck erstarrt und produzierte automatisch (s. oben zu dem Traum). Bei einem Schreck kann sich aber auch ein plötzliches Erschlaffen aller Muskeln einstellen (Reich, Charakteranalyse, Frankf. 1973, 349), wobei zu überlegen wäre, welche weiteren (genitalen) Phantasien sich mit den analen verbanden. – Die ökonomische Lage des Literaten ist mitzubedenken, vgl. Benjamin 34.

52 Kopp hat Zweifel, daß der Schlußsatz von Baudelaire selbst gestrichen wurde (359). Meines Erachtens waren es die Herausgeber, die diese Verstümmelung vornahmen. In der Leipziger Baudelaire-Ausgabe von 1973 ist der Text zum erstenmal vollständig abgedruckt.

53 Kopp: »um 1848, im Moment seines revolutionären Fiebers.« (355) – Kurios ist Lemaître, der die Klammer nicht erwähnt, doch später meint, es wäre »ohne großes Interesse, sich allzu lange über Baudelaires politische Ansichten auszulassen.« (215)

54 Zu den Details vgl. Dolf Oehler, der auch diesen Schlüsseltext Baudelaires entdeckte und die politische Bedeutung sowie die Nähe zu Marx darstellte. »Assommons les Pauvres!«: Dialektik der Befreiung bei Baudelaire, in: GRM 4/1975. Auch Oehler 155 ff.

55 Benjamin, Schriften I, 421.

55a Oehler sagt von dem Gedicht, daß »der Dichter sich schmeichelt, den Massen ein Rezept zur Befreiung vermacht zu haben« und daß »Baudelaire die Hoffnung nährt, der (satanische) Erlöser der versklavten Menschheit werden zu können, dafür sprechen bereits die Einleitungsgedichte der »Fleurs du Mal« – besonders »Bénédiction« (»Segen«) –, und auch der späte Baudelaire der letzten Prosagedichte kann diese Hoffnung nicht verleugnen.« (159)

56 Aus dieser Perspektive handelt es sich bei dem Bettler also nicht um einen Vertreter des Lumpenproletariats, wie es ein Brechtsatz nahelegen könnte: »Es gibt das Proletariat und das Lumpenproletariat«. Über Lyrik, Frankf. 1964, 69. – Zum Elend in Frankreich vgl. Kuczynski, Bd. 33. 1852 schrieb Marx, im 19. Jahrhundert wurde »die Masse der französischen Nation in Troglodyten verwandelt. (. . .) Zu den vier Millionen (. . .) offizieller Paupers, Vagabunden, Verbrecher und Prostituierten, die Frankreich zählt, kommen fünf Millionen hinzu, die an dem Abgrunde der Existenz schweben und entweder auf dem Lande selbst hausen oder beständig mit ihren Lumpen und ihren Kindern von dem Lande in die Städte und von den Städten auf das Land desertieren.« 8, 201.

57 Benjamin, Schriften, I, 438.

58 In Gorki, Erinnerungen, Berlin 1928, 245 f., zitiert nach Lukacs, Ästhetik, Neuwied 1963, I, 1 S. 808 f. Vgl. Gorki: »Die wahre Kunst vergrößert oder verkleinert stets. Im ersten Fall versucht sie, den Menschen an den Ohren hochzuziehen, und das ist eine Vergewaltigung, im zweiten klopft sie ihm auf den Schädel, damit er zur Besinnung kommt oder verschwindet.« Zit. nach Fritz Mierau, Revolution und Lyrik, Berlin 1972, 173. Im selben Brief fordert Gorki »revolutionären Haß, wenigstens in der Dosis, in der ihn Verhaeren oder selbst Baudelaire besaßen.« Vgl. in Mieraus Buch auch Gorkis Polemik gegen die Abwertung des »Handelnden« in der Literatur des 19. Jahrhunderts (150) sowie Lenins Ausführungen gegen den »Gefühlssozialismus« (101 f.) – Die Ansicht von Mauron (113) und Fondane (Baudelaire, 1947, 156), daß in Baudelaires Gedicht eine Moral à la Nietzsche vorgeführt werde, ist nicht zutreffend; es geht Baudelaire hier nicht um einen Übermenschen oder eine Herrenrasse. – »Das erniedrigende Almosen soll sich in ein brüderliches Teilen verwandeln.« Luc Decaunes, Baudelaire, Paris 1955, 91.

59 Zu Blanqui vgl. z. B. Engels 18, 529; 7, 523; Arno Münster in der Einleitung zu Blanqui, Schriften 17.

60 So bewegt sich der Dichter von den Büchern der Frühsozialisten in Richtung der Kneipe der Konspirateure, vor der ihn der »Dämon des Kampfes« erfaßt, der dann auf die Ebene der »Theorie« transponiert wird. Man könnte in dieser Bewegung (wie auch in der Wendung gegen Sokrates, der die westliche Philosophie in Sinne einer kontemplativen Haltung begründete) eine Annäherung an Marx sehen. Es ist, als sage Baudelaire: »Die Philosophen haben die Welt nur verschieden *interpretiert;* es kommt darauf an, sie zu *verändern.*« (Elfte Feuerbachthese) Auch ein anderer Gedanke von Marx ist impliziert: Es geht darum, »nicht nur (. . .) die Verhältnisse

zu ändern, sondern (...) Euch selbst zu ändern und zur politischen Herrschaft zu befähigen.« (Zit. nach Marcuse, Nachwort zum Achtzehnten Brumaire, Frankf. 1965, 147). – Der Dichter fühlt sich als »athener Sophist«, was durch die Stellungnahme gegen Sokrates politisch verstanden werden kann. Sokrates »war das Haupt eines philosophischen Kreises junger Aristokraten.« Unter den Sophisten gab es zwei Flügel. »Die demokratisch gesinnten Sophisten teilten die für jene Zeit progressiven Ansichten über das gesellschaftliche Leben.« »Es ist bekannt, daß einer der Sophisten – Alkidamas – die Sklaverei und die auf ihr beruhende politische Ordnung verurteilte.« Geschichte der Philosophie, hrsg. von der Akademie der Wissenschaften der UdSSR, Berlin 1962, I, 91 f.

61 Stenzels These von der »historisch-gesellschaftlichen Negativität« (213 ff.), in der Baudelaire endete, trifft für Baudelaires Bewußtsein zu, aber seine Phantasie machte am Schluß den umwälzenden Ausbruch, ganz nach Freuds Modell (s. oben Anm. 22 und 28 des 1. Kap.): Äußerer Anlaß (der kaum sichtbar ist), Rückgriff (auf mehrere Schichten der Vergangenheit, in denen der Wunsch als erfüllter vorgestellt wurde), Entwurf in die Zukunft.

62 »(Für den Bürgerkrieg) Die Kanone donnert ... die Glieder fliegen, ... das Gestöhn der Opfer und das Gebrüll der Opferer wird hörbar ... Es ist die Menschheit, die das Glück sucht.« Da hier zentrale Themen Baudelaires erscheinen, wird man die Notiz als bedeutungsträchtigen Text ansehen können. Am Anfang steht eine Szene, die sich als reale Erinnerung an den Juni 1848 verstehen läßt; die Kanone könnte eine der Kanonen sein, die bei der Eroberung der letzten Bastionen des Aufstands eingesetzt wurden. (Vgl. Stern III, 239 f. (in: Baudelaire 1848, 68); auch bei Engels 5, 131.) Es folgt das Bild der Glieder, abgerissene Arme und Beine fliegen durch die Luft; Baudelaire hört das Stöhnen der Verwundeten und das Gebrüll der angreifenden Truppen – aber jetzt spricht er von »Opferern«, »sacrificateurs«, d. h. die reale Szene verwandelt sich, es schiebt sich eine andere Vorstellung darüber, offenbar eine religiöse Figur. Der Bürgerkrieg wird zum Mythos: Ein Opferer, ein Priester oder ein »grausamer Gott« agiert (vielleicht nach dem Modell von Abraham und Isaak): Es ist Baudelaires »Urszene«, das Klischee von »Opfer und Henker«, in dem die Liebe wahrgenommen wurde (im Tagebuch I, 651 und in »Der Selbsthenker«) und auch die Revolution (in der Belgiennotiz und im Tagebuch I, 678 und 680). Dies Klischee ersetzte die Wirklichkeit und wurde zur Grundlage einer pessimistischen Ideologie, wie das Ende des Entwurfs zeigt. Dieser letzte Satz ist ironisch, sarkastisch, zynisch, er wertet die Szene ab, der Dichter distanziert sich damit von ihr. In dem Klischee ist die »Chokerfahrung« verborgen; es diente ihrer Verarbeitung und der Abwehr der Angst, die aber darin gleichsam eingefroren ist. Das Bild der abgerissenen Glieder wurde von Baudelaires Bewußtsein (vom »Reizschutz«, vgl. Benjamin 120)

nicht abgewehrt, sondern drang ins Unbewußte und evozierte die frühen traumatischen Bilder der Zerstückelung und der Kastrationsphantasien und damit das kindliche Szenarium von Opfer und Henker, das später mit den Bildern der christlichen Religion rationalisiert und gleichsam petrifiziert wurde. Diese Bilder wurden im Juni evoziert und damals noch bewältigt, am 2. Dezember brachen sie dann massiv herein (und führten zu »Die Verleugnung des heiligen Petrus«, »Eine Reise nach Cythere«, »Die Lust«, »Der Weinbeutel der Lust«, »Der Blutbrunnen«). Stellt man den Entwurf »Für den Bürgerkrieg«, die Belgiennotiz und »Prügeln wir die Armen!« nebeneinander, so zeigt sich, wie Baudelaire das Klischee aufsprengt, indem er die darin enthaltenen erstarrten Erinnerungen wieder zum Leben bringt, d. h. er holt die Erinnerungen von 1848 herauf und ebenso die Erinnerungen aus der Kindheit, die sich damit durch die »Chokerfahrung« verknüpft hatten, und mit letzteren baut er die Szenen von 1848 und 1851 um. Der Phantasieprozeß besteht sowohl aus der Arbeit der Aneignung der Erinnerung wie in der Konstruktion des Neuen (ganz wie Baudelaire selbst es sah, vgl. II, 621; oben S. 155.) – Peter Kutter schreibt, daß es Fälle gibt, wo »während der Psychoanalyse noch niemals erlebte Beziehungen in einer Art ›Neu-Beginn‹ (Balint) erst hergestellt werden müssen. Dann geht es bei der Tätigkeit des Analytikers nicht um ›Re-Konstruktion‹, sondern um echte ›Konstruktion‹«, um »Ich-Aufbau«, um »›Neu-Konstruktion‹. Diese neugeschaffene innerpsychische Struktur im Subjekt war ursprünglich außer-seelische oder objektive soziale Struktur, die im Wege der Verinnerlichung subjektive Struktur wurde.« Neuere Entwicklungen der Psychoanalyse, in: Psychoanalyse im Wandel, hrsg. Peter Kutter, Frankf. 1977, 15. (Er verweist auf Arbeiten von W. Loch.) – Über den »grausamen Gott«, der »seinen Sohn und die Söhne der Menschen opfert«, Freud XII, 119. Zur »Urszene« ebd. 65 und 135. (Die Fülle der Parallelen zwischen der Psyche Baudelaires und derjenigen des »Wolfsmannes« (»Aus der Geschichte einer infantilen Neurose«) ist höchst merkwürdig und weiterer Betrachtung wert.) – Es scheint mir, daß das Wort »Klischee« hier im Sinne Lorenzers verwendet werden kann. Er versteht darunter die »unbewußten Repräsentanzen«. Klischees »bedürfen eines szenischen Arrangements zur Auslösung«. »Klischeebezogene Impulse« laufen »aus innerer, unreflektierter Zwangsläufigkeit ab.« Kritik des psychoanalytischen Symbolbegriffs, Frankf. 1970, 93 ff.

63 Im Tagebuch, wo auch das Thema erscheint (I, 655), ist von »Halluzination« die Rede. – Zu den beiden Ärzten vgl. Kopp 356 und Lemaître 216; letzterer erwähnt Brierre de Boismont, »einen der Lieblingsautoren Baudelaires«, der einen Traktat über die Halluzinationen schrieb. – »Die Irrenärzte« ist der Titel eines geplanten Prosagedichts.

64 Man kann in dieser Muse »Levana« entdecken, die »römische

Göttin«, die über den ersten Stunden des Kindes wachte und ihm sozusagen die menschliche Würde verlieh. Sie lehrt die Kinder die Leidenschaft, den Kampf, die Versuchung, die Energie des Widerstandes.« de Quincey in »Der Opiumesser«, I, 508.

65 »Das Geschlagenwerden der männlichen Phantasie (...) ist (...) ein durch Regression erniedrigtes Geliebtwerden im genitalen Sinne. Die unbewußte männliche Phantasie hat also ursprünglich nicht gelautet: Ich werde vom Vater geschlagen (...) sondern vielmehr: *Ich werde vom Vater geliebt.*« Freud XII, 219; vgl. auch XIV, 134 f. (»Die unbewußte verdrängte Homosexualität hat sich in den Darm zurückgezogen.« XII, 148.) – Man muß die verschiedenen Ichs im Dichter wahrnehmen. Er hat Durst und ist auf dem Weg zur Kneipe, d. h. ein orales, regressives Ich ist tätig, hinter dem aber ein Ich steht, das zu männlichen Gefährten strebt, um die Lage zu ändern. Der Bettler ist ein Vaterbild, das auf die Vergeblichkeit dieses Strebens deutet, womit zugleich das orale Ich zusammenfällt; es wendet sich zum Ursprung seiner Frustration, zur frühen Mutter und nun identifiziert es sich mit dieser, es wird zur phallischen Frau, zum Aggressor und koitiert als solche den schwachen Vater, um ihm Lust einzuflößen. Das gelingt, der innere Vater tut nun das Gleiche mit dem Sohn, der auf diese Weise den väterlichen Phallus spürt, dies Gefühl übernimmt und sich damit identifiziert (vgl. Freud über »sein« und »haben« bei der Identifizierung. XIII, 116) und so gleitet die Muttergestalt von ihm ab. (Vgl. einen ähnlichen Vorgang, in oralen Bildern, bei Tilmann Moser, Lehrjahre auf der Couch, Frankf. 197, 195). Dahinter steht eine Zeugungs- bzw. Selbsterzeugungsphantasie: Der Sohn zeugt mit dem mütterlichen Phallus in dem schattenhaften Vaterbild einen Mann, einen lebendigen, starken Vater, der dann in dem Sohn, der noch in der Muttergestalt ist, einen Mann erzeugt, der wie der starke Vater ist. – Wesentlich ist, daß der Dichter aktiv wird, er liebt den Vater und erweckt ihn zum Leben (wie Christus den Lazarus in »Der Flakon«, s. oben 116). Er erschafft sich seinen Vater, er erschafft sich selbst: Das ›Genie‹ des Dichters besteht darin, die psychischen Mechanismen zu erkennen und sie dann auf sich selbst anzuwenden. – Mauron schreibt, »eine Fabel«, in der »durch Gewalt die Freiheit erobert werden soll, bedeutet, daß die Angst vor der Abhängigkeit wächst«, was mit einem »Rückzug verbunden« sei (115). Er spricht weiterhin von »Abbruch der Kontakte, Konzentration, Wut, nietzscheanischer Moral.« (126) Aber Kontakt gibt es hier zum erstenmal! (Nur in »Der Albatros« wurde er schon probiert, doch in maskierter Form.) Maurons Bemerkungen leiden am Fehlen des realen, gesellschaftlichen Anlasses, den Freud als die Ursache einer Phantasie erkannte (s. oben Anm. 22 und 28 des 1. Kapitels); auch immanent-psychoanalytisch wirken sie nicht sehr vielsagend. – Leo Bersani nähert sich dem Kern des Gedichts (er weist auf Freuds Aufsatz »Ein Kind wird geschlagen«, XII, 195 ff.), aber sieht dann am Ende

doch nur Masochismus. L. B., Baudelaire and Freud, Berkeley/Los Angeles 1977, 139 ff. – Galand sah die Dinge richtiger, wenn er sagt, die »Energie« des Dämons ist die von »elementaren Mächten, die verdrängt waren.« (522) Freilich hat er den diffusen Blick der Jung-Schule; allerdings ahnte sie etwas von den frühen Prozessen der Ichbildung. Vgl. z. B. Erich Neumann, Ursprungsgeschichte des Bewußtseins, Zürich 1949 (241 ff., über die Aufrichtung des Dedpfeilers). – Vgl. Volker Popp, Initiation, Frankf. 1969, 7 ff.

66 Über »das Tabu der Berührung« schreibt Freud, es sei »nichts so geeignet, zum Mittelpunkt eines Verbotssystems zu werden.« XIV, 152.

67 Vgl. Peter Weiss, Die Ästhetik des Widerstands, Frankf. 1976. Man hat das Buch eine Wunschbiographie genannt.

68 Bei Benjamin (der aus Geffroy, L'enfermé, Paris 1897, 276 f. zitiert): »Wenige Jahre nach Baudelaires Ende krönte Blanqui seine Laufbahn als Konspirateur mit einem denkwürdigen Meisterstück.« Auf den Champs-Elysées fand das »Defilée der Truppen« statt, »deren geheimnisvoller General Blanqui war.« »Blanqui hielt seine Revue ab, ohne daß irgendwer etwas von dem merkwürdigen Schauspiel ahnte. In der Menge und unter den Leuten, die zuschauten wie auch er selber schaute, stand der Alte an einen Baum gelehnt und sah aufmerksam in Kolonnen seine Freunde herankommen, wie sie stumm unter dem Gemurmel sich näherten, das durch Zurufe immerfort unterbrochen wurde. Die Kraft, die so etwas möglich machte, ist mit Baudelaires Dichtung im Wort verwahrt.« (109 f.)

69 Siehe unten Anm. 14 von S. 192.

70 In der Widmung ist von »kränklichen Blumen« die Rede. Aus der Perspektive der letzten Prosagedichte mit ihrer Betonung des Themas von Krankheit und Heilung gewinnt die Bedeutung von »Krankheit« das Übergewicht. Es ist die Krankheit der Gesellschaft, die sich im Individuum reproduziert. Baudelaire sprach von den »Neurosen« (»Das doppelte Zimmer«; auch Gautier in seinem Baudelaireaufsatz von 1868 verwendet dies Wort. Portraits et souvenirs littéraires, Paris 1875, 160, 171, 302). Für Friedrich (46), Auerbach (113) und auch Adorno (Ästhetische Theorie 19 f.) ist dies Thema tabu.

71 Vom »Mut« Baudelaires im Juni 1848 sprach LeVavasseur (Baudelaire 1848, 24 f.) Es geht um eine Integration der Aggression und deren Wendung nach außen in einem rationalen Sinn. Eine Parallele findet sich bei Brecht; der Weg seiner Lyrik bis etwa 1930 »entspricht einer erfolgreichen Psychoanalyse, die von der zuletzt gebildeten Schicht bis zu der frühest gebildeten vordringt und sie nacheinander reaktiviert. So läßt sich die Entwicklung von Brechts Lyrik als Ausdruck eines Selbstheilungsprozesses verstehen, in dessen Verlauf es ihm schließlich gelingt, seine Aggressivität bewußt für Ziele einzusetzen, die er als richtig erkennt.« Carl Pietzcker, Die Lyrik des jungen Brecht, Frankf. 1974, 299. Bei Baudelaire handelt

es sich freilich um einen einmaligen Vorstoß der Phantasie, zu deren bewußter Verarbeitung er nicht mehr gelangte.

72 Die Darstellung von Marx ist *faktisch* nicht korrekt (vgl. Stenzel 122 f., er verweist auf P. Caspard in: Revue historique, Nr. 511, 1974, 81-106 und Tilly/Lees in: Annales ESC 29/1975, 1061-1091) aber doch prinzipiell und welthistorisch, und (fast) so erlebte es auch Baudelaire, der aber wohl den Konflikt spürte (in dem Hugo verharrte, Choses vues und Les Misérables V, 1).

73 Sartre, L'idiot de la famille, III, 403. Er zieht die Linie bis zu Gide (289).

74 Dolf Oehler sagt treffend, das Gedicht zeigt »den Dandy« als »dialektischen Materialisten – wobei beide Termini zu betonen sind«. »Assommons les Pauvres!« Dialektik der Befreiung bei Baudelaire, in: GRM 4/1975, 462. – Baudelaire ist auch hier immer noch auf dem Weg zur Revolution. »Denn der Weg des Intellektuellen zur radikalen Kritik der gesellschaftlichen Ordnung ist der weiteste wie der des Proletariers der kürzeste.« Benjamin, Angelus Novus, Frankf. 1966, 291.

75 Über die Herausbildung einer neuen Charakterstruktur (eines »Beziehungs-Ichs« statt des bürgerlichen »Konkurrenz-Ichs«) in diesem »Opferfest« vgl. meinen Aufsatz »Ein Nachmittag in Sachsenhausen«, in: Kontext 2, München 1978.

76 In dem jungen Genossen von Brechts »Die Maßnahme«, der geopfert wird, kann man die Gestalt des »Baal« im Hintergrund erkennen: Ein altes Ich wird durch ein neues ersetzt, um den gesellschaftlichen Konflikt bestehen zu können. (Diese Thematik bei Burke 43 ff. Vgl. Baudelaire 1848, 154). – Gottfried Benn entschied sich 1933 für die Herrschenden. Auch er (Pfarrerssohn wie Baudelaire) wird erst am Ende seines Lebens sich mit seiner Entscheidung konfrontieren (doch in einer Weise, die die historische Situation verschleiert läßt): »Auch wir gingen aus, uns zu üben/zu Sprüchen und sanfter Tat,/doch es schleifte uns zum Trüben/und zu guter Herzen Verrat.« »Wir ziehn einen großen Bogen –«. (Vgl. meine Darstellung in Gottfried Benns Phantasiewelt 196)

77 Diese Umwertung zeigt sich rein faktisch darin, daß es für die letzten fünf Prosagedichte Vorstufen gibt, wo Baudelaire das Thema in entgegengesetzter Weise behandelt. »Der Kuchen« ist die Umkehrung von »Erhebung« und »Incompatibilité« (s. oben S. 173). Zu »Das Spielzeug des Armen« vgl. den Aufsatz »Die Moral des Spielzeugs«, wo das Prosagedicht bereits angedeutet ist, doch das lebende Spielzeug wird als »das traurigste« bezeichnet (I, 584). Zu »Frl. Bistouri« vgl. die Tagebuchstelle über die Liebe als »Operation«. Das Thema von »Verlust des Heiligenscheins« wird im Tagebuch erwähnt; der Verlust wird dort als »schlechtes Vorzeichen« verstanden und der Dichter hebt ihn wieder auf (I, 659). Zu »Prügeln wir die Armen!« gibt es die Tagebuchstelle (I,

655), wo der Heilige das Volk prügelt, »zum Wohle des Volkes«. (Hier ist Baudelaire im Schema des Entwurfs »Für den Bürgerkrieg«, s. oben Anm. 62 von S. 82). Im übrigen ist das letzte Gedicht auch eine Verwandlung der Prügelszene aus dem »Salon von 1846« (vgl. Anm. 16 von S. 64).

78 Benjamin, Schriften I, 498. Bei diesem »Gegen den Strich bürsten« wird man den Aspekt der »Form als Abwehr« beachten (N. N. Holland, in: Psychoanalytische Literaturkritik, hrsg. Reinhold Wolff, München 1975), Abwehr nicht nur psychischer, sondern auch gesellschaftlicher Elemente, die unterdrückt sind. – Die allmähliche Aufsprengung der Abwehrformationen zeigt sich auch am Vordringen des Dialogs, der dann in den drei letzten Gedichten zentral wird. (Vgl. Russel E. King, Dialogue in Baudelaire's Poetic Universe, in: L'Esprit créateur, XIII, 2 1973.)

79 Kunst wird im letzten Gedicht Baudelaires also ein »Aufruf zu gemeinsamer Handlung«, was Kris gerade bestreitet (40). Adorno würde Kris wohl beigepflichtet haben: »Die Dichtung Baudelaires hat als erste kodifiziert, daß Kunst inmitten der vollentwickelten Warengesellschaft nur ohnmächtig deren Tendenz ignorieren kann.« »Denn der unmittelbare Einspruch, der nicht auch den Befehdeten sich selbst überläßt, wäre in Kunst reaktionär«. »Moderne ist Kunst durch Mimesis ans Verhärtete und Entfremdete«. (Ästhetische Theorie 39). – Indem Hanns Sachs die psychoanalytische Kunsttheorie mit der Urhorde in Verbindung bringt, ist das gemeinsame Handeln im Sinne des Aufstands impliziert (s. oben Anm. 25 von S. 23). Der progressive Aspekt der psychoanalytischen Kunstauffassung erscheint bei Lorenzer, wenn er sagt, daß »die künstlerische Tätigkeit allemal den oder die Künstler über die künstlerische Darstellung hinweg mit den Rezipienten in eine umfassende Subjektivität stellt« und dann fortfährt: »Ganz zu schweigen von der Subjektivität des revolutionären Subjekts als Klasse.« Sprachspiel 208 f.

80 Titel des Buches von Jacques Duclos über die Commune; Paris 1961.

»Traum und Tat« – Fourier und Blanqui

1 Benjamin, Schriften I, 498 und 484.

2 Marx/Engels 3, 502. August Bebel schrieb, Fourier zeige »eine tiefe und großherzige Auffassung der menschlichen Natur«. Für ihn seien »alle Triebe natürlich und darum nützlich und vernünftig«. »In dieser seiner Auffassung der menschlichen Triebe ist Fourier der eigentliche Revolutionär. Wer diesen Sensualismus teilt, wird logisch und mit Notwendigkeit ein soziales System bekämpfen und

verwerfen müssen, das der menschlichen Natur nur Zwang bereitet, zur Fälschung, Verkümmerung und Unterdrückung der menschlichen Triebe führt und dadurch das wahre Wesen der menschlichen Natur aufhebt.« Charles Fourier – sein Leben und seine Theorien, Bonn/Bad Godesberg 1973, 253. (Dort S. 256 Bérangers Nachruf auf Fourier »Les fous« mit der Zeile »Qui découvrit un nouveau monde?«)

3 Rolf Tiedemann bringt im Nachwort des Baudelairebuches ein Nachlaßfragment Benjamins: In einer Gesellschaft ohne Ausbeutung wird die Arbeit »sich dann nach dem Modell des kindlichen Spiels vollziehen, das bei Fourier dem travail passionné der harmoniens zugrunde liegt. (...) Eine nach solchem Bilde bestellte Erde würde aufhören, ein Teil zu sein ›D'un monde où l'action n'est pas la soeur du rêve‹. Auf ihr wäre die Tat mit dem Traum verschwistert.« (184) Es ist auffällig, daß Benjamin hier diese Baudelairezeile dazu benutzt, um Fourier und Baudelaire zu verknüpfen; an anderer Stelle (110) verband er damit Baudelaire und Blanqui. – Bemerkenswert scheint mir hier, daß für Freud das Spiel des Kindes das Modell der Kunst ist (VII, 214).

4 Einleitung zu Fourier, Aus der neuen Liebeswelt, 7.

5 Im Brief an Toussenel schreibt Baudelaire, daß der Dichter »in *souveräner Weise* intelligent ist, daß er die *Intelligenz* par excellence ist; und daß die *Phantasie* die *wissenschaftlichste* der Fähigkeiten ist, denn sie allein begreift die *universale Analogie* oder was eine mystische Religion die *Entsprechungen* nennt.« Wichtig ist nun der folgende Satz: »Aber wenn ich diese Sachen drucken lassen will, sagt man mir, daß ich verrückt sei«. Toussenel möge ihn nicht »auslachen«. Corr. I, 336

6 Baudelaire sagt, er beschreibe eine »fiktive Persönlichkeit«, »ein zartes Herz, ermüdet durch das Unglück, aber noch bereit zur Verjüngung«.

7 Im Brief an Toussenel, im Hugoaufsatz, in den »Künstlichen Paradiesen« folgt jedesmal Swedenborg auf Fourier, mit der Funktion, diesen abzuwerten. Die großen Bilder des Herabkommens auf die Erde und der Offenbarung sind aber eben mit Fourier verknüpft: Mit seinem Namen verbanden sich die utopischen Hoffnungen des Februar und damit auch die Enttäuschungen, sowie die Angst, ausgelacht zu werden (s. vorige Anmerkung und »Segen«, Str. 2)

8 Die meisten mystischen Systeme, wie auch die Alchemie, sind Produkte der Phantasie und des Unbewußten, in die der Leser wieder sein eigenes Unbewußtes hineinprojizieren kann. C. G. Jung zeigte diese Aspekte und projizierte dabei selbst wieder, doch kann die Alchemie auch als »eine Art Befreiungsmythologie« (Bloch 753) aufgefaßt werden. Zu Jung vgl. Catherine Clément, Miroirs du sujet, Paris 1975, 62 ff.

9 Hegel, Phänomenologie des Geistes, Leipzig 1949, 39. Vgl. dazu Brown, Life 176. Der Gang des Geistes zu sich selbst ist ein

Vorwärtsschreiten und zugleich ein Prozeß der Erinnerung, die zum ursprünglichen Lust-Ich führt. Dieser Gedanke ist auch bei Habermas impliziert, wenn er in Freuds Therapie, die ein Prozeß der Erinnerung und Selbstaneignung ist, eine Parallele zu Hegels Reflexionsphilosophie sieht. Erkenntnis und Interesse, 29 und 262 ff.

10 Eine Beschreibung dieser Lustenergien findet sich z. B. bei Reich, wenn er schreibt: »Wir finden den wogenden Charakter und die Bläue der Orgonenergie in Van Goghs herrlichen Gemälden und nicht in irgendeinem der Werke seiner wohlangepaßten Zeitgenossen.« Van Gogh endete als »Psychotiker«. Charakteranalyse, Frankf. 1973, 401. (Man kann auch Rilke zitieren: »Masken Masken, daß man Eros blende/Wer erträgt sein strahlendes Gesicht«.) – Viele Tagebuchstellen Baudelaires, in denen ein angsterfülltes, betend-büßendes kleines Kind zu sprechen scheint, sind als Strafmaßnahmen des Über-Ichs aufzufassen, das auf die Durchbrüche des wahren Baudelaire reagierte (mit Forderungen nach »Hygiene«, wie es oft heißt). Die Prosa ist hier nicht eine Parallele zur Poesie, sondern deren Gegenteil und nur auf diese Weise zur Interpretation heranzuziehen.

11 Allerdings auf widersprüchlichen Wegen. Es waren die (weitgehend aristokratischen) Romantiker (wie z. B. Chateaubriand), in denen zuerst das Unbewußte aufstieg. Die »Explosion des Irrationalen« (M. Raymond, De Baudelaire au surréalisme, Paris 1952, 11) verband sich großenteils mit konservativen Ideologien und endete im Faschismus, wie Lukács zeigte (Die Zerstörung der Vernunft – Der Weg des Irrationalismus von Schelling zu Hitler), der aber das Phänomen nur teilweise erfaßte. Eine neue Betrachtungsweise brachte Pierre Barbéris (mit seinen Büchern über Chateaubriand und auch über Balzac). Die psychologische Seite des Faschismus (ohne die er nicht zu verstehen ist) bei Reich, Massenpsychologie des Faschismus; auch Theveleit, Männerphantasien. – Wenn Hugo Friedrich (im Rimbaudkapitel) von »kollektiven Tiefenschichten« (62), von einer »Wahnsinnsmelodie« (67) spricht und davon, daß die »Emotion« aus »den normalen Konturen des Gefühlslebens gelöst« (70) sei, so drücken diese Sätze wohl nur die Abwesenheit einer Psychologie und einer Soziologie aus, bzw. den Geist der Zeit ihrer Entstehung (s. unten Anm. 20).

12 Zur Therapie mit Halluzinogenen vgl. Hanscarl Leuner, Die experimentelle Psychose, Berlin/Göttingen/Heidelberg 1962 und meinen Aufsatz »Kleinbürger, Jahrgang 1933, von innen«, in: Kursbuch 45, 1976. – Bei Freuds Entdeckung des Unbewußten scheint die Droge auch eine gewisse Rolle gespielt zu haben. Vgl. Jürgen vom Scheidt, Freud und das Kokain, München 1973. (Aldous Huxleys ›Pforten der Wahrnehmung‹ verblieben im mystischen Bereich.)

13 Roland Barthes, Sade-Fourier-Loyola, Frankf. 1974, 95. – Fourier inspirierte Baudelaire durch seine Verbindung von Sinnlichkeit und

Konstruktion zum Entwerfen von Lustwelten, von ›irdischen Paradiesen‹, in denen sich das Subjekt und seine Phantasie entfaltet. Die fortschreitende Entwicklung der Produktivkräfte vergrößerte diese utopischen Wünsche, doch die Fesselung jener durch die Produktionsverhältnisse ließen sie in aggressiven (und destruktiven) Protest umschlagen (Baudelaires Weg von »Die Menge« zu »Prügeln wir die Armen!« zeigt diese Grundfigur) und so wurde die »Dissonanz« ein Hauptmerkmal der modernen Kunst, von der Adorno schreibt: »Durch unversöhnliche Absage an den Schein von Versöhnung hält sie diese fest inmitten des Unversöhnten, richtiges Bewußtsein einer Epoche, darin die reale Möglichkeit von Utopie – daß die Erde, nach dem Stand der Produktivkräfte, jetzt, hier, unmittelbar das Paradies sein könnte – auf einer äußersten Spitze mit der Möglichkeit der totalen Katastrophe sich vereint.« (Ästhetische Theorie 55 f.) Adorno betont aber nun einseitig das Negative und Dissonante. Dabei ist es interessant, daß die ersten drei Kapitel seiner Ästhetischen Theorie großenteils vom Beispiel Baudelaire deduziert werden, und zwar vom traditionell (à la Hugo Friedrich) gesehenen, pessimistischen Baudelaire, wie er sich im »Spleen« darstellt. Moderne Kunst als »traurige« (49), als »finstere«, die unter einem »Ideal des Schwarzen« subsumiert wird. Ein Satz wie »Bedeutende Kunstwerke vernichten tendenziell alles aus ihrer Zeit, was ihren Standard nicht erreicht« oder das Zitat »›Ein Kunstwerk ist der Todfeind des anderen‹« könnten auf Valérys Baudelaire-Konzeption zurückgehen (s. Anm. 52 von S. 51). – Ein Licht auf die utopisch-fourieristischen Aspekte von Baudelaires Werk wirft die Tatsache, daß Ledoux ein Phalansterium entwarf (abgebildet in Fourier 160). Für Bloch ist Ledoux der »eigentümlichste Entwerfer künftiger Siedlungen überhaupt, der in der Geschichte der utopischen Architektur vorkommt«. In seiner »Idealstadt Chaux« gibt es ein »›Haus der Leidenschaften‹ (eine Art Tempel der sexuellen Emanzipation)«. »Ledoux nannte den Baumeister den ›Rivalen Gottes‹; das ist ein großartiges Selbstbewußtsein der menschlichen Schöpfung«. (867 f.)

14 Prinzipielle theoretische Überlegungen drängen sich hier auf, etwa hinsichtlich gewisser passiver bzw. reaktiver Komponenten in der Theorie Freuds. Er sah die psychische Entwicklung des Kindes als eine Folge von Verarbeitungen von Verlust- und Trennungserlebnissen (XIV, 160; vgl. auch Alfred Lorenzer, Zur Begründung einer materialistischen Sozialisationstheorie, Frankf. 1972, 43). Der psychische Apparat als solcher strebe nach Reduktion von Spannungen. Gegen diese Position wendet sich Klaus Holzkamp; er sieht die menschliche Psyche bestimmt durch eine »Orientierungsaktivität«, durch eine *»verselbständigte (...) Motivation zur manipulativ-explorativen Umwelterfassung«. »Der seiner biologischen Motivationsausstattung nach lediglich primär bedürftige, ›spannungsflüchtige‹ Mensch, wie Freud und Hull ihn sehen, hätte die sensorisch-*

motorischen Einrichtungen, über die er heute verfügt, in der Evolution niemals ausbilden können«. Viele »Aktivitätsformen« lassen sich nur »durch Annahme eines selbständig motivierten Strebens nach Meisterung von Umweltgegebenheiten, Erfassung neuer Tatbestände, kognitiver und motorischer Beherrschung der Welt hinreichend verständlich machen«. »Die Erkundungs- und Meisterungsmotivation« ist auf *»Spannungserhöhung* gerichtet.« Das »Kind« ist von einem *»Bedürfnis nach Eindrücken* beherrscht«. Dies »Bedürfnis« ist »perspektivisch gerichtet, da hier das Kind Anregungen aus der Außenwelt verlangt, die gegenständliche Wirklichkeit erkundet«, worin sich ein »Neugierverhalten« zeigt. Sinnliche Erkenntnis, Frankf. 1973, 183 ff. – Das zentrale Motiv des frühen Baudelaire, die »Neugier« (s. oben S. 36), die dann um 1859 von ihm als Grundantrieb des Kindes und des Künstlers bezeichnet wird, läßt sich in diesen Ausführungen erkennen (die kaum im Gegensatz zum *frühen* Freud stehen und die Reich sicher akzeptiert hätte). Vgl. Groeben, Literaturpsychologie 49.

15 Man kann Baudelaires Erforschung seiner Welt von der Fragestellung aus bedenken, die Jürgen Habermas entwickelt: »Können komplexe Gesellschaften eine vernünftige Identität ausbilden?«, in: J. H., Zur Rekonstruktion des historischen Materialismus, Frankf. 1976.

16 Zur Entwicklung dieses Baudelairebildes vgl. die Aufsätze von Barbey d'Aurevilly (1857, in Crépet-Blin-Pichois 410 ff.), Mallarmé (1865, Œuvres complètes, Paris 1945, 263 f.), Gautier (1868; s. Anmerkung 65 von S. 184). Bezeichnend für die Rezeption Baudelaires ist der 1917 von Ernest Raynaud herausgegebene Band »Le Cinquantenaire de Charles Baudelaire«, wo ein aufgeschönter, edler Dichter präsentiert wird. Stefan George sprach von Baudelaires »glühender Geistigkeit« (Baudelaire: Die Blumen des Bösen, 1908, 5) und Paul Valéry dekretierte schließlich: »Die Politik erscheint hier nicht« (Variété II, Paris 1930, 149). Die linke Kritik war im Prinzip der gleichen Ansicht. Jules Vallès nannte Baudelaire 1867 in einem Nachruf einen »Frömmler« mit einem »dümmlichen und traurigen Mystizismus«. (J. V., Littérature et Révolution, Paris 1969, 323 ff.) Für Plechanow nahm Baudelaire nach 1851 eine »reaktionäre Einstellung« an. (So 1912, in: Plechanow, Kunst und Literatur, Berlin 1955, 256.) Brecht sah 1936 in Baudelaire einen »Verkäufer von Rauschgiften« und den »Dolchstoß in den Rücken Blanquis«. (Brecht, Über Lyrik, Frankf. 1964, 68. Es handelt sich freilich um Notizen aus dem Nachlaß, die gegen Benjamins Thesen gerichtet waren. Vgl. auch R. Heise in Benjamin, Das Paris des Second Empire bei Baudelaire, Berlin/Weimar 1971, 19.) Erst in den fünfziger Jahren erfolgte durch Balaschow und Aragon eine objektivere Würdigung von marxistischer Seite. Balaschow zitiert Äußerungen von Gorki und Lunatscharski, in denen Baudelaire verteidigt wird. Aragon widerspricht Jules Vallès (in: Baudelaire

heute, in: Aufbau, 5/1957, 507. Original in: Les Lettres françaises, Nr. 612, 14.-20. Mai 1957). Die FKP beantragte 1946 im Parlament, das Urteil gegen die »Blumen des Bösen« offiziell aufzuheben (vgl. Les Lettres françaises, 25. 10. 1946; auch Baudelaire 1848, Umschlag.)

17 Benjamin spricht von der »Verschiedenheit« zwischen Baudelaire und Blanqui, doch tiefer reiche, »was ihnen gemeinsam ist, reicht der Trotz und die Ungeduld, reicht die Kraft der Empörung und die des Hasses – reicht auch die Ohnmacht, die ihrer beider Teil war.« (110) Wie richtig die These der Beziehung zwischen Baudelaire und Blanqui ist, zeigen »Pariser Landschaft« und »Prügeln wir die Armen!«, die Anfang und Ende von Baudelaires Entwicklung bilden. Merkwürdigerweise übersah Benjamin beide Gedichte und auch den Bericht von LeVavasseur, die drei Texte, die den Beweis für seine Behauptung darstellen.

18 Vgl. meinen Aufsatz »Die Widersprüche Walter Benjamins«, in: Neue Rundschau 3/1974, 481 f.

19 Zu Fondane vgl. die »Note de l'éditeur« in seinem Buch Baudelaire et l'expérience du gouffre, Paris 1947: »On sait que, déporté à Auschwitz, il devait y trouver la mort, le 3 octobre 1944.« – Einen »Auszug« aus »Le Cygne« »trug der von den Faschisten hingerichtete Literaturwissenschaftler Jean Prévost auf der Brust, als er erschossen wurde.« Balaschow 22.

20 Benjamins erste Baudelaire-Arbeit wurde 1938 von Adorno und Horkheimer abgelehnt, was Benjamin tief deprimierte (vgl. meinen Benjamin-Aufsatz). Er schrieb dann die sehr pessimistische Arbeit »Über einige Motive Baudelaires«, wo von Blanqui nicht mehr die Rede ist. Nur dieser spätere Aufsatz wurde 1955 in die von Adorno herausgegebenen Schriften Benjamins aufgenommen. 1956 (auf einem der Höhepunkte des kalten Krieges, dem Jahr des KPD-Verbots) erschien Hugo Friedrichs Buch, das eine immense Verbreitung fand und über zehn Jahre lang die Literaturwissenschaft der BRD beeinflußte. (Es hat inzwischen eine Auflage von 148 000 erreicht.) Liest man dort die Angabe »Über den Verfasser« (291), so kommt man ins Sinnieren: Er machte seine Karriere unter Hitler; zur gleichen Zeit schrieb Benjamin unter »bis zur physischen Bedrohtheit erschwerten Arbeitsbedingungen« (Heise in der DDR-Ausgabe, 9) seine Baudelairearbeit, »im Wettrennen mit dem Krieg« (Benjamin, Briefe II, 778). Und ein Jahr *vor* dem Erscheinen von Friedrichs Buch wurde Benjamins große Baudelairearbeit von Adorno und Horkheimer geheimgehalten. Sie erschien erst 1969 bzw. 1971.

21 Vgl. zu den vier Kritikern meinen Aufsatz »Der Neubeginn der historisch-materialistischen Erforschung Baudelaires. Zu den »Cygne«-Interpretationen von Dolf Oehler und Karlheinrich Biermann«, in: Lendemains 10/1978.

22 Ich meine das nicht abwertend, im Gegenteil. Baudelaire wurde

zum Kristallisationskern für Phantasien, wodurch vergessene Erfahrungen aufstiegen, freilich in einer verschleierten, unkenntlichen Form, die durch das (falsche) Bewußtsein bestimmt war.

23 Laforgue nannte sein Buch »Das Scheitern Baudelaires«. Auch Sartre spricht vom »Scheitern« (22). Zu Sartres Baudelaire vgl. das Nachwort von Dolf Oehler. – Sicher wird man den Spruch, mit dem Sartre sein Buch beginnt – »›Er hat nicht das Leben gehabt, das er verdiente‹« – bedenken müssen, aber eben aus der Sicht der historischen Ereignisse in Baudelaires Leben (die Sartre kaum zur Kenntnis nimmt); aus dieser Sicht wirkt dann Sartres These sehr sinnvoll: »Freiheit ist jene kleine Bewegung, die aus einem völlig gesellschaftlich bedingten Wesen einen Menschen macht, der nicht in allem das darstellt, was von seinem Bedingtsein herrührt.« »So wird aus Jean Genet ein Dichter, obwohl er dazu bedingt war, ein Dieb zu werden.« Dolf Oehler (der dies Zitat des späteren Sartre anführt) fügt hinzu: »Und Charles Baudelaire? War er nicht ganz ›dazu bedingt‹, eine glänzende bürgerliche Laufbahn einzuschlagen, und hat er seine Freiheit wirklich schlechter genutzt als Genet?« (122) Er verließ seine Klasse und versuchte, sich der neuen Klasse anzuschließen. Die »gewaltige Körpermasse und kraftstrotzende Muskulatur der Gestalt wird nur zum leiblichen Ausdrucksmittel für die höchste psychische Leistung, die einem Menschen möglich ist, für das Niederringen der eigenen Leidenschaft zugunsten und im Auftrag einer Bestimmung, der man sich geweiht hat.« Diese Sätze Freuds über den Moses des Michelangelo (X, 197) enthalten eine Figur, die man auch auf Baudelaire anwenden kann.

24 Auf die Parallele zu Brecht wurde schon hingewiesen (Anm. 58 von S. 181), auch auf die Tatsache, daß Baudelaires letztes Gedicht nur ein Entwurf seiner Phantasie ist (Anm. 66 von 184). Zu erwähnen ist die düstere Grundstimmung der letzten Gedichte, die z. T. mit Baudelaires ganz persönlicher Situation zusammenhängt: Er wußte (oder ahnte), daß sein Ende nahe war. So ist sein letztes Gedicht kein großer Neuanfang (mit dem Pathos von Aragons Hourra l' Oural), kein großer Sonnenaufgang (wie es Baudelaire in »Der Balkon« erhofft hatte), der auf den »Untergang der romantischen Sonne« gefolgt wäre, sondern stammt eben aus der »Kraft der Empörung und des Hasses« (Benjamin 110). Durchaus unzutreffend sind aber die Ansichten von »Baudelaires Lebensbild, das keine Entwicklung kennt«; daß »wenige Existenzen so sehr wie die seine stagnierten«; vom »Entwicklungslosen, Stagnierenden seines Zustandes«. Benjamin, Schriften I, 481; Sartre 101; Auerbach 113. – Interessant ist der Vergleich mit Wagner, der vor 1848 in der »Nähe der utopischen Sozialisten« stand, unter dem Einfluß von Fourier und Proudhon; nach dem Scheitern der revolutionären Hoffnungen kam »die berühmte Wendung von Bakunin und Feuerbach zu Schopenhauer.« Und »Wotan muß, im Rahmen dieser Umfunktionierung des Nibelungenthemas, *den Weg von der Zerstö-*

rung zur Selbstzerstörung gehen.« (Hans Mayer, Anmerkungen zu Richard Wagner, Frankf. 1966, 96 f.) Anders als Wagner und Flaubert gelangte Baudelaire nicht in die Gesellschaft der Monarchen, sondern fand schließlich seinen revolutionären Impuls wieder. (Flaubert gehörte mit Gautier, Sainte-Beuve und anderen zum Kreis der Prinzessin Mathilde.)

25 Um diese Kraft der Hoffnung zu begreifen, ist ihr Ursprung in der Gesellschaft wie auch im Individuum wahrzunehmen. Der Dichter ist ein »Spiegel« (s. oben S. 9 ff.), der aber eben eine Geschichte hat, in der sich Einflüsse der Umwelt, der Gesellschaft zu einer individuellen Konfiguration zusammengesetzt haben. Um die Widerspiegelung durch die Phantasie als Vorgang zu verstehen, sind deren Gesetzmäßigkeiten und Wirkungsweisen zu kennen, die, soweit ich sehe, nur die Psychoanalyse erforscht hat. Produkte der Phantasie sind nicht Produkte der Ratio; in die Tätigkeit des Bewußtseins mischen sich hier Figuren aus dem Gedächtnis, aus dem Unbewußten, aus der Vergangenheit des Individuums, die oft aus den Affektzentren des Gehirns aufsteigen, welches auch das Ich, das im Traum (dem Kino unserer geheimen Wünsche) denkt und konstruiert, stark beeinflußt. Die Existenz des Unbewußten ist durch die Tatsache des Traums evident; die Einwirkung des Unbewußten auf das bewußte Verhalten läßt sich sehr leicht feststellen, indem man eine Psychoanalyse macht; die Umsetzung von Gefühlen in Bilder ist heute experimentell vorführbar (vgl. Hanscarl Leuner, Die experimentelle Psychose, Berlin/Göttingen/Heidelberg 1962; auch meinen Aufsatz in Kursbuch 45, 1976). Die Diskussion über die Phantasie ist nur dann sinnvoll, wenn man von Erfahrungen, Befunden, Tatsachen ausgeht; zu untersuchen ist dann, in welchem Maße eine Handlung, ein Gedanke oder eine Phantasie jeweils direkt von der gegenwärtigen Umwelt, der Gesellschaft oder von der Vergangenheit, den sedimentierten Erfahrungen, bestimmt wird. – Ob eine psychologische Theorie, die aus der 6. Feuerbachthese (die eine These *gegen* Feuerbach war, d. h. ein polemisch zugespitzter Angriff gegen dessen Einseitigkeiten) deduziert wird, richtig oder falsch ist, läßt sich nur entscheiden, wenn man vom Bereich der Philosophie in den der Wissenschaft übergeht, d. h. wenn man die Theorie anhand von Tatsachen überprüft (was z. B. bei Lucien Sève (Marxismus und Theorie der Persönlichkeit) oder Sandkühler (Praxis und Geschichtsbewußtsein) noch nicht geschehen ist). – Nach dem jahrzehntelangen Insistieren auf den Schwächen Freuds (wie etwa dem Todestrieb, der bereits von Reich in der ›Charakteranalyse‹ hinreichend kritisiert wurde) hat jetzt mit Ute Holzkamp-Osterkamp (Grundlagen der psychologischen Motivationsforschung Frankf./New York 1975 und 1976) die wissenschaftliche Auseinandersetzung von marxistischer Seite aus begonnen. – Sucht man nach den Ursachen des Unbehagens gegenüber der Psychoanalyse, so ist zu bedenken, daß Freud eine

wissenschaftliche Revolution vollzog, die als Bedrohung empfunden wurde, wie die maßlosen Angriffe zeigen (Beispiele bei Hermann Lang, Die Sprache und das Unbewußte, Frankf. 1973, 13 ff.), die an die anderen wissenschaftlichen Revolutionen (Kopernikus, Darwin, Marx) gemahnen. Die Abwehrreaktionen gegenüber der Psychoanalyse hatten zeitweise eine gewisse Berechtigung, da ein Bekenntnis zu ihr (unter Hitler und auch unter Stalin) tödlich sein konnte; doch sind derartige Ängste heute weniger angebracht. Problematisch ist die Verwendung der Psychoanalyse im Bereich der Literaturwissenschaft allerdings insofern, als eine Literaturpsychologie nicht zum Kanon der Ausbildung gehört (und es auch kein Schulfach ›Selbsterkenntnis‹ gibt) und daher Verunsicherung erzeugt. Tatsächlich bedeutet die Aneignung der psychoanalytischen Theorie einen gewissen Zeitaufwand, doch kann dieser auch eine Erweiterung der Selbsterkenntnis mit sich bringen. – Auf die Notwendigkeit einer wissenschaftlichen Psychologie zum Verständnis von Kunstwerken wies der Marxist Lew S. Wygotski schon 1925 hin: »Es läßt sich außerordentlich leicht zeigen, daß jede Untersuchung zur Kunst immer und unbedingt gezwungen ist, sich dieser oder jener psychologischen Prämissen und Angaben zu bedienen. Fehlt eine abgeschlossene psychologische Theorie der Kunst, dann bedienen sich diese Untersuchungen der vulgären Spießerpsychologie und der Beobachtungen in den eigenen vier Wänden.« (Psychologie der Kunst, Dresden 1976, 22) »Die Psychoanalytiker selber vermögen mit dem ungeheuren Ergebnis, das ihre Lehre gezeigt hat, nichts anzufangen. Was sie herausgefunden haben, besitzt im Grunde allein einen sozialpsychologisch überaus wesentlichen Sinn. Sie behaupten, die Kunst sei ihrem Wesen nach eine Verwandlung unseres Unbewußten in soziale Formen, das heißt in Verhaltensformen, die einen sozialen Sinn und Zweck haben. Diese Formen aber auf der sozialpsychologischen Ebene zu beschreiben und zu deuten, darauf haben die Psychoanalytiker verzichtet.« (Ebd. 89) Leider führte Wygotski die von ihm geforderte Aufgabe nicht durch, sondern entwickelte eine recht formalistisch-abstrakte Katharsistheorie. (Er meint, daß »jedes Kunstwerk – die Fabel, die Novelle und die Tragödie – unbedingt einen affektiven Widerspruch in sich birgt, wechselseitig entgegengesetzte Gefühlsreihen auslöst und ihren Kurzschluß und ihre Vernichtung herbeiführt.« Ebd. 248) – Anregend und ermutigend waren für mich in diesem Zusammenhang die Bücher von Kenneth Burke, Sartres Marxismus und Existentialismus, Peter Dettmerings Dichtung und Psychoanalyse (München 1969), Wolfgang Beutins Einleitung von Literatur und Psychoanalyse (München 1972), Carl Pietzckers Die Lyrik des jungen Brecht (Frankf. 1974), Reinhold Wolffs Psychoanalytische Literaturkritik (München 1975) und das von Mechthild Curtius herausgegebene Seminar: Theorien der künstlerischen Produktivität (Frankf. 1976).

Abkürzungen

I, 10 oder II, 10 = S. 10 von Band I bzw. II der Œuvres complètes Baudelaires, hrsg. von Claude Pichois (Pléiade), Paris 1975 und 1976.

Pichois I, 1000 = Pichois im Kommentarteil seiner Baudelaireausgabe.

Corr. I, 80 = S. 80 des Bandes I der Correspondance Baudelaires, hrsg. von Claude Pichois und Jean Ziegler (Pléiade), Paris 1973.

Le Dantec = Baudelaire, Œuvres, hrsg. von Y.–G. Le Dantec (Pléiade), Paris 1954.

Lemaître = Henri Lemaître im Kommentarteil seiner Ausgabe der Petits Poèmes en prose (Garnier), Paris 1962.

Kopp = Robert Kopp im Kommentarteil seiner Ausgabe der Petits Poèmes en prose (Corti), Paris 1969.

Crépet–Blin–Pichois = Charles Baudelaire, Les Fleurs du Mal, Ed. crit. Jacques Crépet – Georges Blin, refondue par Georges Blin et Claude Pichois (Corti), Paris 1968.

Crépet–Blin = Baudelaire, Les Fleurs du Mal, Ed. crit. par Jacques Crépet et Georges Blin, Paris 1942.

Wer war Baudelaire? = Wer war Baudelaire? Kritische Studie von Georges Poulet, biographisch kommentiert von Robert Kopp, Genf 1969.

Baudelaire 1848 = Baudelaire 1848: Gedichte der Revolution, hrsg. und kommentiert von Oskar Sahlberg unter Mitarbeit von Peter Fischer, Berlin 1977.

Adam = Antoine Adam im Kommentarteil seiner Ausgabe der Fleurs du Mal (Garnier), Paris 1961.

Agulhon = Maurice Agulhon, 1848 ou l'apprentissage de la république, Paris 1973.

Auerbach = Erich Auerbach, Baudelaires ›Fleurs du Mal‹ und das Erhabene, in: E. A., Vier Untersuchungen zur Geschichte der französischen Bildung, Bern 1951.

Austin = Lloyd James Austin, L'Univers poétique de Baudelaire, Paris 1956.

Balaschow = N. I. Balaschow, Das Schaffen Baudelaires, in: Beiträge zur Romanischen Philologie, 2/1964.

Benjamin = Walter Benjamin, Charles Baudelaire, Frankf. 1969.

Benjamin, Schriften = Die Ausgabe von 1955.

Beutin = Literatur und Psychoanalyse, hrsg. von Wolfgang Beutin, München 1972.

Blanqui, Schriften = Louis-Auguste Blanqui, Schriften zur Revolution, Nationalökonomie und Sozialkritik, hrsg. von Arno Münster, Reinbek 1971.

Bloch = Ernst Bloch, Das Prinzip Hoffnung, Frankf. 1959.

Brown, Life = Norman O. Brown, Life Against Death, New York 1959.

Brown, Love's Body = Norman O. Brown, Love's Body, München 1977.
Burke, Dichtung = Kenneth Burke, Dichtung als symbolische Handlung, Frankf. 1966.
Burke, Attitudes = Kenneth Burke, Attitudes toward History, Boston 1961.
Butor = Michel Butor, Histoire extraordinaire, Paris 1961.
Chérix = Robert-Benoit Chérix, Commentaire des ›Fleurs du Mal‹, Genève 1949.
M. Curtius = Seminar: Theorien der künstlerischen Produktivität, hrsg. von Mechthild Curtius, Frankf. 1976.
Dautry = Jean Dautry, 1848 et la Deuxième République, Paris 1957.
Deleuze/Guattari = Gilles Deleuze, Félix Guattari, Anti-Ödipus, Frankf. 1974.
Duveau = Georges Duveau, 1848, Paris 1965.
Etudes baudelairiennes III, Neuchâtel 1973.
Freud, zit. nach Gesammelte Werke, London 1955.
Freud, Drei Abhandlungen zur Sexualtheorie, Fischer Bücherei 422.
Fourier = François Marie Charles Fourier, Aus der neuen Liebeswelt, Vorwort von Daniel Guérin, Berlin 1977.
Galand = René Galand, Baudelaire, Poétiques et Poésie, Paris 1969.
Habermas = Jürgen Habermas, Erkenntnis und Interesse, Frankf. 1968.
Histoire littéraire = Manuel d'histoire littéraire de la France, t. IV, (Hrsg. Pierre Barbéris/Claude Duchet), Paris 1972.
Norman N. Holland, The Dynamics of Literary Response, New York 1968.
Ute Holzkamp-Osterkamp, Grundlagen der psychologischen Motivationsforschung I und II, Frankf./New York 1975 und 1976.
Höppner = J. Höppner /W. Seidel-Höppner, Von Babeuf bis Blanqui, I und II, Leipzig 1975.
Hubert = J.-D. Hubert, L'Esthétique des ›Fleurs du Mal‹, Genève 1953.
M. Klein = Melanie Klein, Psychoanalyse des Kindes, Wien 1932.
Kohut = Heinz Kohut, Narzißmus, Frankf. 1973.
Kris = Ernst Kris, Die ästhetische Illusion – Phänomene der Kunst in der Sicht der Psychoanalyse, Frankf. 1977.
Leakey = F. W. Leakey, Baudelaire and Nature, Manchester 1969.
Lehmann = Günther K. Lehmann, Phantasie und künstlerische Arbeit, Berlin/Weimar 1966.
Leuner = Hanscarl Leuner, Die experimentelle Psychose, Berlin/Göttingen/Heidelberg 1962.
Lorenzer, Sprachspiel = Alfred Lorenzer, Sprachspiel und Interaktionsformen, Frankf. 1977.
Marx und Engels, zit. nach Marx/Engels, Werke, Berlin 1958 ff.
Marcuse = Herbert Marcuse, Triebstruktur und Gesellschaft, Frankf. 1971.

Mauron = Charles Mauron, Le dernier Baudelaire, Paris 1966.
Mauron, Métaphores = Charles Mauron, Des Métaphores obsédantes au mythe personnel, Paris 1964.
Mossop = D. J. Mossop, Baudelaire's Tragic Hero, Oxford 1961.
Mouquet/Bandy = J. Mouquet/W. T. Bandy, Baudelaire en 1848, Paris 1946.
Naumann = Manfred Naumann und andere, Gesellschaft – Literatur – Lesen, Berlin 1973.
Oehler = Dolf Oehler, Pariser Bilder 1 (1830–1848) – Antibourgeoise Ästhetik bei Baudelaire, Daumier und Heine, Frankf. 1979.
Pichois, Baudelaire = Claude Pichois, Baudelaire – Etudes et témoignages, Neuchâtel 1967.
Pommier = Jean Pommier, Dans les chemins de Baudelaire, Paris 1945.
Porché = François Porché, Baudelaire – Histoire d'une âme, Paris 1944.
Praz = Mario Praz, Liebe, Tod und Teufel, München 1970.
Prévost = Jean Prévost, Baudelaire, Paris 1964.
Richard = Jean-Pierre Richard, Poésie et profondeur, Paris 1955.
Ruff = Marcel Ruff, L'esprit du mal et l'esthétique baudelairienne, Paris 1955.
Ruff, La pensée = Marcel Ruff, La pensée politique et sociale de Baudelaire, in: Littérature et société, Recueil d'études présenté à Bernard Guyon, Paris 1973.
Oskar Sahlberg, Die Widersprüche Walter Benjamins, in: Neue Rundschau 3/1974.
Oskar Sahlberg, Gottfried Benns Phantasiewelt – »Wo Lust und Leiche winkt«, München 1977.
Oskar Sahlberg, Der Neubeginn der historisch-materialistischen Erforschung Baudelaires. Zu den »Cygne«-Interpretationen von Dolf Oehler und Karlheinrich Biermann, in: Lendemains 10, 1978.
Sartre = Jean-Paul Sartre, Baudelaire (Neu hrsg. von Dolf Oehler), Reinbek 1978.
Stenzel = Harmut Stenzel, Der historische Ort Baudelaires, München 1979.
Theveleit = Klaus Theveleit, Männerphantasien, 1. Band, Frankf. 1977.

Wenn als Quelle der Zitate französische oder englische Bücher angegeben sind, so stammt die Übersetzung von mir.

Register

Abraham, K. 232
Adam, A. 195, 210 f., 213, 227, 230, 236
Adorno 196, 201, 211, 229, 251, 253, 256, 258
Affre 73, 221
Agulhon, M. 219
Albert 73, 193
Aragon 184, 194, 205 f., 219, 233, 257, 259
Aressy, L. 244
Argelander, H. 229
Arvers, F. 195
Auerbach, E. 232, 251, 259
Austin, J. L. 203

Babeuf 28
Bach, W.-D. 198
Badesco, L. 228
Balaschow, N. I. 109, 203, 208, 225, 257 f.
Balint, M. 197, 234, 249
Balzac 36, 64, 69, 85, 107, 125, 195, 207, 209, 217, 234
Bandy, W. T. 207 f.
Banville 206
Barbéris, P. 205, 207, 217, 234, 255
Barbès 35, 64, 73, 76, 193
Barbey d'Aurevilly 233, 257
Barbier 53 f., 82, 84, 131, 212
Barthes 134, 205, 233, 240, 255
Bataille 216
Baudouin, Ch. 229
Bebel, A. 252
Beethoven 165
Béguin, A. 163
Bem, J. 236
Benjamin 9, 26 f., 29 f., 43, 55, 65, 80, 89, 109, 112 f., 128 f., 133, 137, 160, 166, 178 f., 185, 189 bis 192, 202-206, 209, 212, 215, 218, 220-223, 227-230, 240, 246-248, 251-254, 257-259
Benn 193, 210, 221, 252
Béranger 254
Bergler, E. 198
Bernard, S. 239
Bersani, L. 250
Bertaux, P. 221
Beutin, W. 262
Biermann, K. 192, 206, 212, 226, 236 f., 240
Binswanger, L. 223 f.
Blanqui 35, 64, 73, 99, 113, 132 f., 181, 185, 191-194, 211, 215, 219 f., 225, 227 f., 247, 251, 254, 258
Blin, G. 222, 226, 233
Bloch 23 f., 27 f., 35, 40, 44, 55 f., 79, 135, 165, 184, 187, 196 f., 199 f., 203, 208, 212, 235, 243, 254, 256
Boismont, P. de 249
Bonaparte, M. 225
Bopp, L. 198, 225
Borel 211
Bornemann, E. 239
Bowman, F. P. 224
Brecht 187, 194, 204, 246, 251 f., 257, 259
Brill, A. A. 198
Brown, N. O. 198, 202, 205, 229, 239, 241, 255
Bruhat, J. 224
Bruschlinski, A. W. 201
Buchez 37
Burke, K. 140, 203, 207, 210, 233 f., 244, 252, 262
Busst, A. J. L. 212
Butor 9, 27, 29, 60, 62, 109, 133 f., 203, 208-210, 216-218, 220,

222, 225, 232 f., 240, 242
Byron 227

Cabet 37, 161 f., 240
Cargo, R. T. 231
Carnot, H. 89
Caspard, P. 243, 252
Castille 133 f., 178
Caussidière 74
Cellier, L. 207, 218, 234
Champfleury 72, 219
Chateaubriand 234, 240, 255
Chérix, R.-B. 195, 213, 228, 238
Clément, C. 199, 254
Clésinger 110
Constant, A. 230, 232
Courbet 214, 230
Crépet, E. 220
Crépet, J. 219, 222
Cumont, F. 199
Curtius, E. R. 198, 202
Curtius, M. 210, 262
Cuvillier, A. 223, 238

Dahmer, H. 197
Dante 69, 124 f., 135, 199, 218
Darwin 261
Dautry, J. 209, 219, 232, 238
Decaunes, L. 247
Delacroix 53-55, 82, 131, 218
Delatouche 64
Deleuze, G. 41 f., 175, 202, 208, 216, 233 f., 238 f.
Demar, C. 64
Dettmering, P. 199, 243, 262
Diderot 121, 216 f., 237
Dommanget, M. 232
Duclos, J. 253
Dupont 52, 57, 74, 78, 84, 88, 97, 222-224
Duveau, G. 219, 221, 224

Eggert, H. 206
Eliade, M. 239
Eliot 204
Emmanuel, P. 244
Enfantin 54, 64-66
Engels 55, 72, 74, 79, 89, 95 f., 98, 109, 111, 113, 180, 186, 193 bis 195, 201, 203, 208, 211 f., 217, 232, 238, 247 f., 253
Erikson, E. H. 216, 234
Esnault, G. 238
Esquiros 220
Etiemble 233

Favre, J. 148
Federn, P. 202
Ferenczi 229
Feuerbach 196
Feuillerat, A. 231
Fietkau, W. 192, 238, 240
Flaubert 199, 221, 245, 260
Florenne, Y. 220
de Flotte 89, 220
Fondane, B. 192, 233, 247, 258
Fongaro, A. 238
Foucaut, E. 209
Fourier 29, 64, 69, 77, 99, 122 f., 162-164, 189 f., 192, 194, 197, 214-218, 221, 223, 231, 237, 239, 241, 253-255, 259
France 243
Frégier, H. A. 209, 212, 223
Freud, A. 224, 232
Freud 16, 23, 31, 41, 59, 77, 80, 102, 115, 157, 165, 180, 185, 189, 191 f., 200, 202, 204 f., 208, 210, 213 f., 218, 225 bis 227, 229, 231 f., 234 f., 240, 243, 245, 248-251, 254, 256, 259, 261
Friedrich, H. 29, 203 f., 251, 255 f., 258

Gabel, J. 224, 242
Galand, R. 115, 195, 203, 213, 223, 228, 230, 232, 234-236, 238 f., 246, 251
Gautier 64, 69, 110, 135, 195, 205, 207, 209-211, 216, 232 f., 236, 240, 252
Geffroy 251
De George, F. E. 239

George 213, 257
Gide 252
Giese, H. 230
Gilman, M. 235
Gölter, W. 217
van Gogh 255
Goldmann, L. 216
Gorki 247, 257
Gorsen, P. 230, 239
Gottschalch, W. 243
Goya 233
Granier de Cassagnac 45, 87, 209
Gray 99
Greimas, A. J. 203
Groddeck, G. 59
Groeben, N. 197, 257
Guattari, F. s. Deleuze
Guérin, D. 189, 231, 241
Guillaumin, J. 205
Guys 13, 148 f., 150 f.

Habermas 199, 204 f., 208, 228, 255, 257
Hambly, P. 218
Hauser, A. 209
Hausenstein, W. 233
Haussman 167
Haussouiller 210
Hegel 77, 191, 203, 206, 235, 255
Heine 222, 224
Heise, R. 257
Hess, G. 228, 238
Hiepe, R. 207
Hitler 238, 261
Hölderlin 77, 192, 221
Höppner, J. 206 f., 219, 232
Hofmann, W. 230
Holland, N. N. 203, 252
Holzkamp, K. 256
Holzkamp-Osterkamp, U. 204, 243, 261
Horaz 205
Horkheimer, M. 258
Houston, J. s. Masters
Hubert, J.-D. 195, 213, 223, 228 bis 230, 232, 238
Hugo 35, 55, 109, 146, 153, 161 f., 164, 181, 190, 206, 211 f., 216, 232 f., 236, 240, 252
Huxley, A. 253

Ingarden, R. 195, 204
Iser, W. 204

Jakobson, R. 232
James, H. 204
Jaspers, K. 245
Jones, E. 196
Julia, D. 208
Jung, C. G. 196, 210, 254

Kambas, Ch. 211 f.
Kamerbeek, J. 211
Kayser, W. 238
Kendall 237
King, R. E. 253
Kinsey 189
Klein, M. 197 f., 223, 236
Klein, R. 246
Knapp-Tepperberg, E.-M. 236
Kohut, H. 17, 196, 198
Kopernikus 261
Kopp, R. 220, 226, 239, 244, 246, 249
Kracauer 149, 237
Kris, E. 40, 81, 201, 208, 210, 253
Kubie, L. S. 197
Kuczynski, J. 211, 237, 247
Küchler, W. 239
Kutter, P. 249

Lacan 198 f., 224
Lacollonge, H. 193
Lacordaire, H. 73
Laforgue, R. 133, 193, 197, 208 f., 214, 231, 235 f., 259
Lamartine 73, 234
Lamenais 37, 73, 162
Lang, H. 261
Lange-Eichbaum 197, 245
Leakey, F. W. 27, 35, 45, 114 f., 118, 202, 206, 223, 226, 235, 238, 240, 243
LeBon, G. 77

Leconte de Lille 136, 154, 245
Ledoux, N. 237, 256
Lees s. Tilly
Le Hir, Y. 232
Lehmann, G. K. 201, 204
Lemaître, H. 65, 226, 246, 249
Lenk, E. 221
Lenin 181, 247
Leontjew, A. N. 240
Leroux 37, 74
Lersch, Ph. 204
Leuner, H. 196, 205, 228, 238, 255, 260
LeVavasseur 74-76, 79 f., 193, 220, 251, 258
Lévi-Strauss 204
Loch, W. 249
Löffler, S. 244
Lombroso 197
Longfellow 99
Lorenzer 18, 69, 197 f., 202, 204 f., 207, 224, 249, 253, 256
Lukács 247, 255
Lunatscharski 257

Mahler, M. 197, 199
de Maistre, 96
Mallarmé 233, 257
Mann, Th. 245
Marcuse 22, 66 f., 135, 217, 233
Marx 24, 28 f., 51, 72, 74, 79, 89 f., 95 f., 98, 109, 111, 132, 135, 162 f., 175, 179, 181, 186 f., 192 f., 195, 203, 208, 215, 217, 220 f., 224, 227, 238, 241, 245, 247, 252 f., 261
Masters, R. E. L. 228
Maturin 107
Mauron 133, 169, 171, 174, 195, 203, 214, 226, 228, 231 f., 239, 241-244, 246 f., 250
Mayer, H. 260
McGregor, R. R. 195
Mehlman, J. 203
Michelangelo 10, 19, 153, 222, 259
Michelet 234
Mierau, F. 247
Milton 277
Mitscherlich, A. und M. 221
Moeller-Gambaroff, M. 214
Molènes, P. de 231
Moritz, K.-Ph. 195
Moser, T. 250
Mossop, D. J. 196
Mouquet, J. 219-221
Münster, A. 247
M'Uzan, M. 201

Napoleon III. (Louis Bonaparte) 31, 90, 95 f., 98, 110, 112, 123, 128 f., 136 f., 146 f., 149, 164 f., 179, 205, 209, 224, 233, 238
Naumann, M. 202, 204
Nerval 195
Neumann, E. 239, 251
Nies, F. 239
Nolte, E. 233

Oehler, D. 64, 192, 203, 215, 224, 236, 242, 246, 252, 259
O'Neddy 211
Orsini 148

Pascal 163
Patton 42
Pawlow, T. 201
Pestalozzi, K. 229
Petrarca 227
Piaget 201
Pichois, Cl. 27, 45 f., 83, 94, 121, 195 f., 202, 206-212, 216 f., 219-221, 225-227, 229 f., 232, 236 f., 243 f.,
Pietzcker, C. 251, 262
Piranesi 232
Piron-Audard 201
Pizzorusso, A. 212
Plato 58, 214, 217
Plechanow 109, 136, 233, 257
Poe 38, 99, 149, 225 f.
Pommier, J. 206-208, 228, 238, 244
Popp, V. 251

Porché, F. 207-209, 216, 232, 238, 244
Pottier 188
Poulet, G. 239, 241
Poulet-Malassis 173, 181
Prarond, E. 206, 237
Praz, M. 209, 212, 234
Prévost, J. 192, 195, 213, 238, 258
Proudhon 29, 74 f., 79 f., 85 f., 96, 178-182, 194, 203, 220 bis 224, 227, 238, 259
Proust 239
Pujol 80, 193, 209

de Quincey 154, 250

Ranke-Graves, R. 217, 219
Raspail 73, 193, 219-221
Raspe, J. 243
Raubaum, J. 207
Raymond, M. 234, 255
Raynaud, E. 257
Reich 189, 233, 246, 255, 261
Richard, J.-P. 210, 229
Riffaterre, M. 238
Rilke 239, 255
Robespierre 112, 227
Roheim, G. 212
Rothschild 73
Rotmann, M. 199
Roudinesco, E. 196
Rühle, O. 211
Ruff, M. 195, 203, 208, 213, 219-221, 227, 231
Rutschky, M. 206

Sachs, H. 201, 253
Saint-Amant 222
Sainte-Beuve 211, 216 f., 225, 260
Saint-Just 227
Sand 195
Sandkühler, J. 260
Sappho 214
Sartre 134, 187, 193, 199, 202, 205, 207, 213, 220 f., 228, 234, 236, 252, 259, 262
Scheidt, J. v. 255
Scheler, M. 204
Schmidt, B. 200
Schneider, M. 243
Schneider, P. 243
Scribe 207
Seidel-Höppner s. Höppner
Sève, L. 197 f., 260
Shakespeare 82
Sokrates 247
Spartacus 185
Specht, E.-K. 199
Spitzer, L. 232, 237, 239
Stalin 224, 261
Starkie, E. 216, 244
Stendhal 222
Stenzel, H. 192, 207, 216, 218, 220, 224, 236, 241, 243, 248, 252
Stern, D. (= Marie d'Agoult) 193, 221, 232, 248
Stirner 196
Storck, J. 199
Sue 52
Swedenborg 196, 220, 254

Thalheimer, A. 233
Théroigne de Méricourt 54, 131, 138, 182, 234
Theweleit, K. 211 f., 255
Thiers 238
Thoré, Th. 181
Tieck 195
Tiedemann, R. 254
Tilly 252
Topitsch, E. 77, 221, 229, 233
Torok, M. 214, 230, 240
Toubin, Ch. 72, 77, 219-221
Toussenel 164, 190, 230, 240, 254

Ueding, G. 200

Valéry 210, 233, 238, 256 f.
Vallès 257
Vergil 154, 185 f., 199, 218, 236
Verhaeren 247
Vetter, A. 204
Vidal, F. 89

Vigny 146, 195
Voltaire 222
Vossler, K. 218

Wagner 232, 259
Wallis Budge, E. A. 196
Weber, J.-P. 198, 228
Weinberg, B. 238
Weinrich, H. 237 f.
Weiss, P. 251
Wellek, R. 204
Werner, H. 228
Wetherill, P. M. 226
Wieser, H. 243
Willi, J. 240
Winnicott, D. W. 197, 199
Wohlfahrt, I. 246
Wolff, Ch. 59, 62, 66, 213, 218
Wolff, R. 198, 262
Wronski 220
Wygotski 201, 261

Ziegler, J. 214
Zimmermann, H.-D. 201 f.